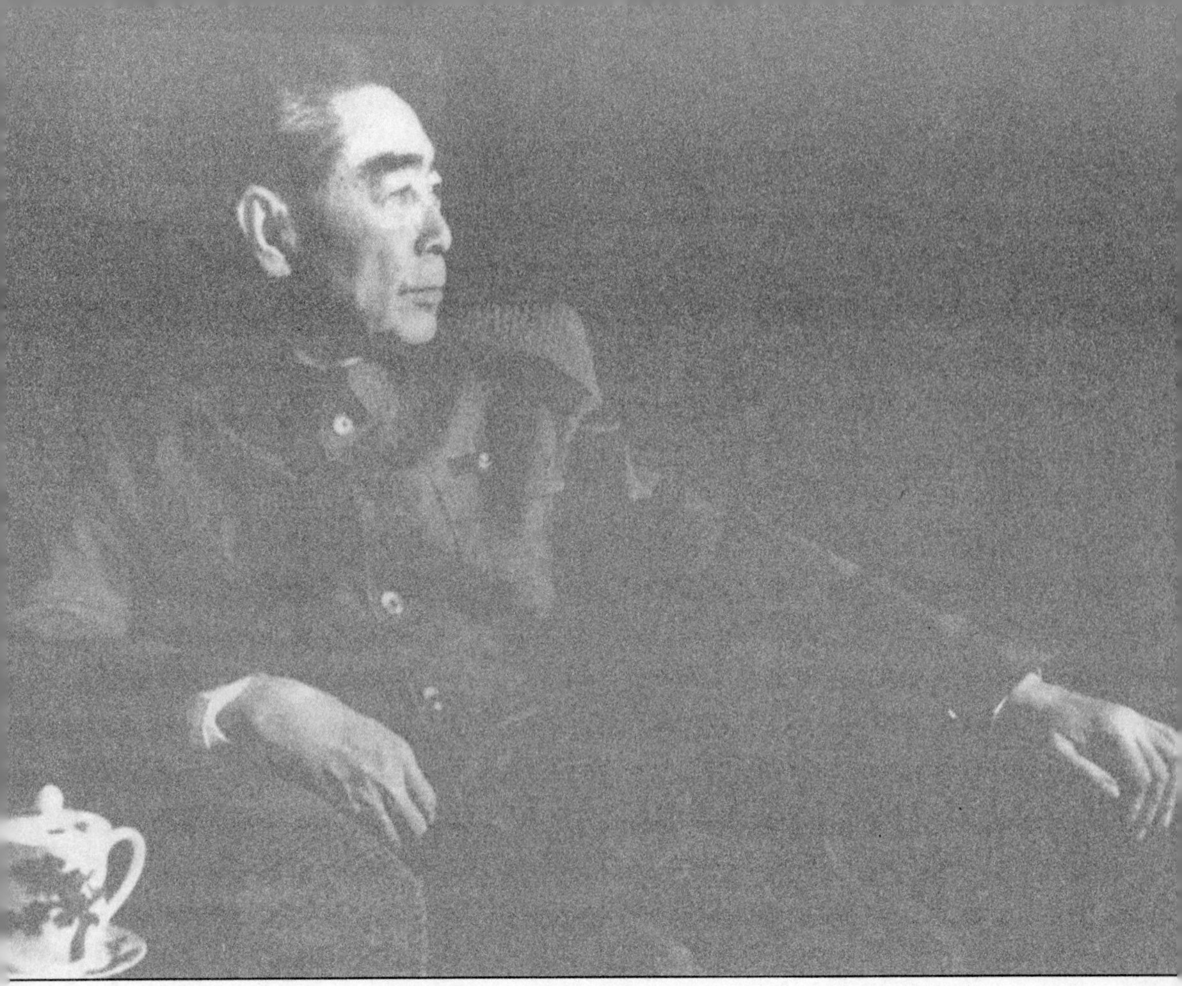

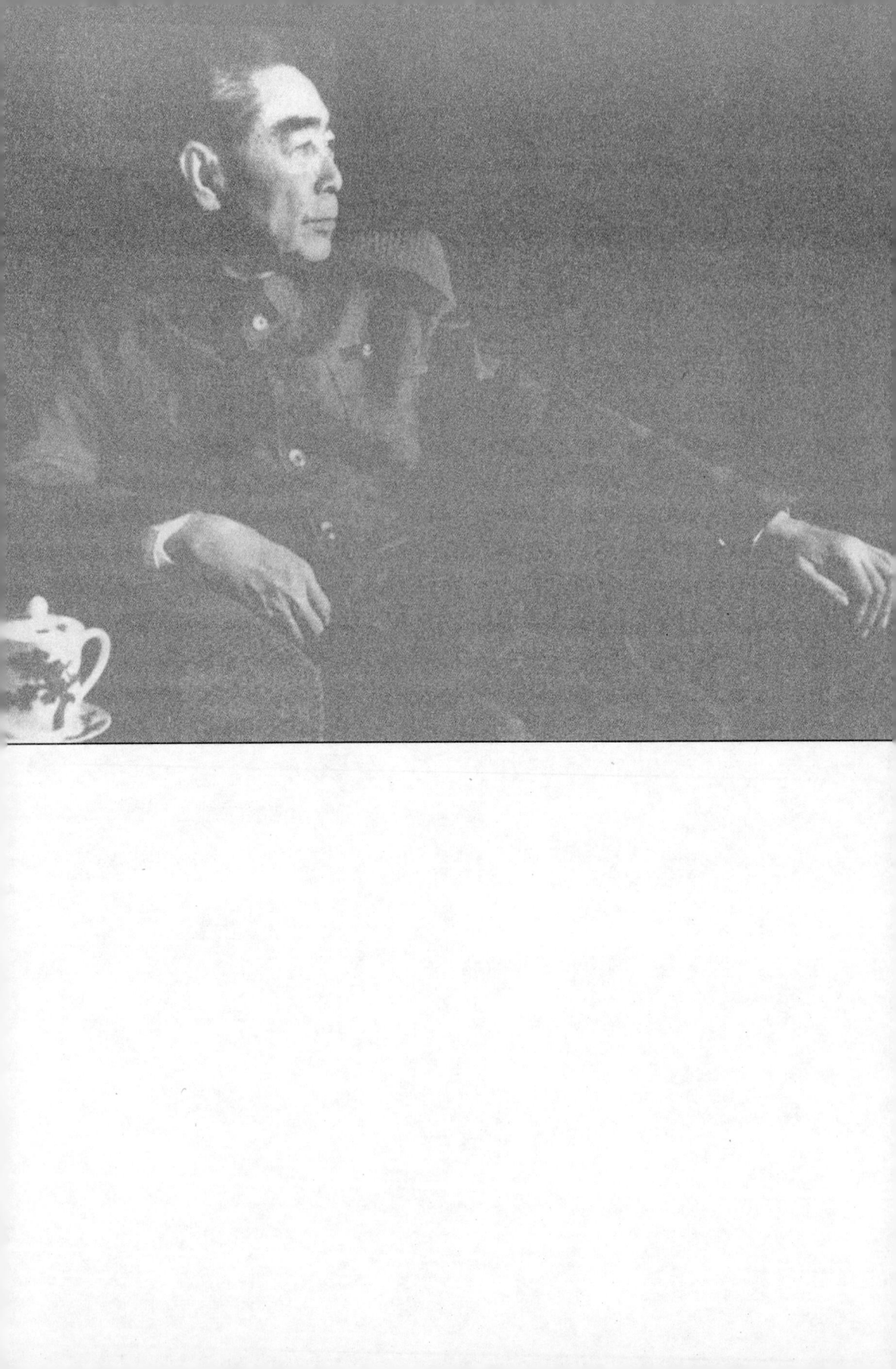

# 周恩来
## ZHOU EN LAI
## 与中国力量

中国中共文献研究会周恩来思想生平研究会 ◎ 编

黑龙江人民出版社

图书在版编目(CIP)数据

周恩来与中国力量/中国中共文献研究会周恩来思想生平研究会编. —哈尔滨:黑龙江人民出版社,2017.8
ISBN 978-7-207-11119-7

Ⅰ.①周… Ⅱ.①中… Ⅲ.①周恩来(1898—1976)—人物研究—文集 Ⅳ.①K827=7

中国版本图书馆 CIP 数据核字(2017)第 234936 号

责任编辑：李　珊
封面设计：王　刚

## 周恩来与中国力量
中国中共文献研究会周恩来思想生平研究会　编

| 出版发行 | 黑龙江人民出版社 |
|---|---|
| 通讯地址 | 哈尔滨市南岗区宣庆小区 1 号楼 |
| 邮　　编 | 150008 |
| 网　　址 | www.longpress.com |
| 电子邮箱 | hljrmcbs@yeah.net |
| 印　　刷 | 北京万博诚印刷有限公司 |
| 开　　本 | 787×1092　1/16 |
| 印　　张 | 23.75 |
| 字　　数 | 450 千字 |
| 版　　次 | 2017 年 8 月第 1 版　2021 年 1 月第 2 次印刷 |
| 书　　号 | ISBN 978-7-207-11119-7 |
| 定　　价 | 70.00 元 |

版权所有　侵权必究　　　　举报电话：(0451) 82308054
法律顾问：北京市大成律师事务所哈尔滨分所律师赵学利、赵景波

## 编·委·会

主　　审：闫建琪　费虹寰
主　　编：杨亚军　潘敬国
执行主编：朱延华　唐　蕊
副 主 编：阎大伟　钱怀如

# 目录

| 闫建琪 | 001 | 在"周恩来与中国力量"学术研讨会上的讲话 |
| 姚晓东 | 005 | 在"周恩来与中国力量"研讨会开幕式上的讲话 |
| 朱林生 | 008 | 在"周恩来与中国力量"研讨会开幕式上的讲话 |
| 刘春秀 | 010 | 周恩来在中国抗日战争中的重要贡献 |
| 司云胜 | 025 | 周恩来与抗日民族统一战线 |
| 邱文利 | 039 | 试述周恩来为抗日民族统一战线做出的卓越贡献 |
| 王怀斌 | 048 | 周恩来对抗日民族统一战线形成的历史贡献 |
| 王家云 | 057 | 周恩来对凝聚中国抗战力量的杰出贡献 |
| | | ——以推进抗日民族统一战线的建立与发展为视角 |
| 周 欧 | 066 | 胜利一定属于中国 |
| | | ——周恩来关于全民族抗战的理论和实践 |
| 董一冰 刘 静 | 073 | 抗日战争时期周恩来统一战线思想论析 |
| 李正军 | 080 | 周恩来与东北抗日联军 |
| 曹 阳 | 088 | 从几封书信看周恩来在西安事变前的统战工作 |
| 傅红冬 | 099 | 周恩来对抗日民族统一战线建立的贡献 |
| | | ——以西安事变和平解决为例 |
| 杨晓成 | 106 | 从"反蒋抗日"到"联蒋抗日"的转变 |
| | | ——周恩来为建立抗日民族统一战线所做的努力 |
| 汪 浩 | 117 | 凝聚中国力量：周恩来山西抗战的回眸与思辨 |
| 陈 雪 | 125 | 周恩来"论持久战"研究 |
| 毛 胜 | 134 | 论周恩来对全民族持久抗战的贡献 |
| 董志铭 | 142 | 周恩来与抗日战争初期国共合作局面的开创 |
| 何信恩 | 155 | 周恩来统一战线思想在抗日战争中的伟大实践 |
| | | ——以1939年周恩来的绍、诸之行为例 |

· 1 ·

| | | |
|---|---|---|
| 沈安龙 | 163 | 浅谈周恩来抗日战争时期绍兴之行的重要意义和积极影响 |
| 金延锋 | 173 | 抗战时期周恩来浙江之行的重要意义 |
| 王德蓉 | 183 | 抗战相持阶段周恩来与南方局党的工作方针的转变 |
| 王欣媛 | 191 | 民族化、大众化、民主化：抗战时期周恩来与国统区文化运动的思想与实践 |
| 钟　波 | 205 | 重庆时期周恩来与抗战大后方党的知识分子工作 |
| 李　潇 | 219 | 周恩来与国统区的抗战文化 |
| 吴小宝 | 235 | 周恩来与国统区的抗战文艺工作 |
| 钱耀华 | 242 | 周恩来在重庆期间领导的抗战文化力量 |
| 房士鸿 | 249 | 周恩来与抗战期间的香港文化界 |
| 张同刚 | 256 | 传播党的声音，凝聚中国力量 |
| | | ——抗战时期周恩来领导报刊宣传的重要要求 |
| 唐　蕊 | 266 | 周恩来与抗战时的《新华日报》 |
| 刘　燕 | 274 | 浅谈皖南事变前后周恩来对国统区文化宣传工作的领导与实践 |
| 徐　行 | 282 | 周恩来与抗战时期的南开 |
| 张红安 | 293 | 周恩来与大后方青年学生的抗日救亡运动 |
| 吴继金 | 303 | 周恩来与美术界抗日民族统一战线 |
| 史艺军　张　磊 | 312 | 周恩来在中共南方局领导的国际统战工作的历史考察 |
| 杜俊华 | 324 | 论抗战时期周恩来对美国来渝人士的国际统战工作 |
| 庞廷娅 | 332 | 从两次讲话看周恩来对新四军抗战的指导 |
| 阚延华　付　津 | 338 | 试论抗战时期周恩来对国民党军队的统战工作 |
| 刘小花 | 346 | 对抗战时期周恩来赴苏疗伤时在共产国际活动的历史考察 |
| 陈永红 | 358 | 周恩来对华南抗战做出的贡献 |
| 杨明伟 | 367 | "领导干部应该起示范作用" |
| | | ——从抗战期间周恩来反复强调的一个重要问题想到的 |
| | 376 | 后记 |

# 在"周恩来与中国力量"学术研讨会上的讲话

闫建琪[*]

今年是中国人民抗日战争胜利暨世界反法西斯战争胜利70周年。70年前,中国人民取得了抗击日本帝国主义侵略的伟大胜利,开启了中国近代史上的崭新一页。在纪念这一伟大胜利的招待会上,习近平总书记讲话指出:"最伟大的力量是同心合力。"今天,我们在这里召开"周恩来与中国力量"学术研讨会,就是要研讨是什么力量把中国人民凝聚在一起;是什么力量让中国人民能坚持全面抗战八年,最终打败日本帝国主义;是什么力量让中国人民浴火重生,重新走上统一、独立、富强、民主之路;特别是要深入研讨周恩来同志在凝聚中国力量,实现全民族抗战中,是如何发挥重要作用,在哪些方面做出了重要贡献。

1939年7月7日,中国共产党在抗日战争两周年之际发表对时局宣言,提出了"坚持抗战,反对妥协;坚持团结,反对分裂;坚持进步,反对倒退"的总方针。整整八年的全面抗日战争,中国共产党正是在这个总方针下,凝聚了中国力量,使进步最终战胜了反动,光明最终战胜了黑暗,正义最终战胜了邪恶。在贯彻中国共产党"三坚持,三反对"总方针的斗争中,可以从三个方面概述周恩来做出的贡献。

## 一、周恩来作为中国共产党的优秀代表,在建立和巩固抗日民族统一战线过程中,为凝聚中国力量,共御外侮,做出了重要贡献

鸦片战争以后,中华民族饱受外来侵略,民族危机日益深重。这种民族危机到了1935年"华北事变"后已演变成前所未有的亡国危险。华北危急,中华民族危急,积贫积弱的中国能否抵御强敌的步步蚕食?面对这个巨大的问号,中国共产党从中华民族的根本利益出发,率先提出了建立抗日民族统一战线的主张。"兄弟阋于墙,外御其侮。"周恩来在和平解决"西安事变"中居功至伟,使其"成为

---

[*] 闫建琪,中央文献研究室研究员,周恩来思想生平研究会会长。

时局转换的枢纽"。为推动国共两党的第二次合作,促进抗日民族统一战线的形成,他受中共中央委派,先后与国民党进行五次谈判。由他起草的《中共中央为公布国共合作宣言》被国民党中央社公布,标志着国民党正式承认共产党的合法性,由此开始了国共两党第二次合作。可以说,在历史转折关头,正是以毛泽东、周恩来为代表的中国共产党人不断调整政策,积极促成中国的两大政治力量共赴国难,合作抗日,才推动了抗日民族统一战线的建立,实现了全民族抗战。这种全民族的抗战,使中国人民在面临亡国灭种的危险时刻,产生了巨大的民族觉醒,实现了空前的民族团结,开始了英勇的民族抗争,从而使中华民族重新焕发出巨大的凝聚力和旺盛的生命力。正如习近平总书记指出的,抗日民族统一战线是各方面力量"携手跨进同一条战壕,汇聚起挽狂澜于既倒的强大力量"。周恩来为凝聚这种力量做出了杰出的贡献。

## 二、周恩来作为中国共产党的优秀代表,在艰苦的抗日战争相持阶段,为展示中国力量,坚持抗战,做出了重要贡献

抗日战争既是一场军事实力和经济实力的较量,更是一场意志和精神的较量。日本发动全面侵华战争时,日中双方总的实力对比是敌强我弱。随着战争的深入,国民党由于正面战场的失利、日本的政治诱降和英美对日实行绥靖主义政策的影响,投降主义逐渐抬头。国共合作能否坚持,抗日民族统一战线能否巩固和扩大,又成为抗日战争中至关重要的问题。为了科学阐明抗日战争的发展趋势和正确道路,驳斥亡国论、速胜论,鼓舞全体人民的信心和斗志,1938年毛泽东撰写了《论持久战》和《抗日游击战争的战略问题》等重要著作,科学地预见抗日战争将经过战略防御、战略相持和战略反攻三个阶段,而相持阶段是持久抗战转到最后胜利的"枢纽"。周恩来不但大力向各方面人士介绍和宣传毛泽东的有关论述,而且亲自撰写文章,反对妥协求和,号召坚持抗战。他强调:"坚持抗战,特别要紧的是要有最后胜利的信心。"在国民党副总裁汪精卫公开降日后,他亲赴东南前线,指导新四军战略方向,鼓舞前线军民斗志。在山西地方实力派阎锡山对抗战逐渐丧失信心,表示抗战的前途是"中日不议而和,国共不宣而战"。"天快下雨了,我们快准备雨伞"时,他致函阎锡山,晓之以理,希望他"对团结有进一步办法""以挽危局,以利抗战"。"皖南事变"后,他指导重庆文艺界,以文艺演出的形式打破大后方万马齐喑的沉闷局面,鼓舞了大后方人民的士气。他在国民党顽固派制造的三次反共高潮中,通过冷静分析形势,以又联合又斗争、以斗争求团结为原

则,坚持党中央提出的"发展进步势力,争取中间势力,孤立顽固势力"的策略总方针,一次又一次地克服了顽固派投降、分裂和倒退的危险,维护和巩固了抗日民族统一战线。作为党在国统区的主要领导人,周恩来"为团结谈商而奔走渝延之间",被《大公报》记者曾敏之称为"政府与中共间唯一的桥梁"。

## 三、周恩来作为中国共产党的优秀代表,在抗日战争反攻阶段,为动员中国力量,开创复兴之路,做出了重要贡献

1943年后,随着世界反法西斯战争的节节胜利,中国抗日战争也逐步发展到战略反攻阶段。在这种情况下,彻底打败日本侵略者已成为必然,曙光就在前面,但在抗日战争胜利后中国向何处去又成为必须做出正确回答的问题。事实上,抗日战争不仅是一场民族战争,也是中国共产党领导的新民主主义革命进程中的重要一部分。中国人民通过抗日战争觉悟空前提高。在抗日战争的最后阶段,进步的和民主的思想潮流滚滚向前,对封建专制主义发起了一次比一次猛烈的攻击。中国共产党从人民的根本愿望出发,主张团结一切爱国民主力量,谋求通过和平的途径建立民主联合政府,建设一个独立、自由、民主、统一、富强的新中国——新民主主义的中国。周恩来作为中共南方局的主要领导人,积极参与和领导大后方的民主运动,在反对独裁统治的民主斗争中发挥了重要的影响和作用。他支持和帮助大后方的各种民主力量,组织和促进大后方各种民主活动。许多民主党派都是在周恩来的长期支持与关心下建立和发展起来的,许多民主人士都是在与周恩来的长期交往中逐渐走向进步的。日本宣布投降后,他和毛泽东等赴重庆同国民党进行和平谈判,有力地推动了国民党统治区的民主运动。中国人民抗日战争的胜利,是中华民族走向复兴的历史转折点。它不仅改变了中国的政治力量对比,也为中国共产党夺取新民主主义革命的胜利奠定了重要基础。中国人民深刻认识到,中国共产党不仅是全民族团结抗战的中流砥柱,它所提出的改造旧中国、建设新中国的主张也代表了历史发展的正确方向,符合中国人民和中华民族的根本利益;正是在抗日战争胜利的基础上,中国共产党领导中国人民取得了新民主主义革命胜利,建立了中华人民共和国,实现了中国历史上最伟大最深刻的历史变革。

同志们,习近平总书记在中央政治局集体学习时强调,深入开展中国人民抗日战争研究,必须坚持正确历史观、加强规划和力量整合、加强史料收集和整理、加强舆论宣传工作,让历史说话,用史实发言,着力研究和深入阐释中国人民抗日

战争的伟大意义、中国人民抗日战争在世界反法西斯战争中的重要地位、中国共产党的中流砥柱作用是中国人民抗日战争胜利的关键等重大问题。周恩来研究同样需要解决这些问题。作为参加党的统一战线工作时间最长、贡献最大的领导人，周恩来在整个抗日战争时期始终指导着国统区的统一战线工作，最大限度地动员了全国军民共同抗战，最大限度地展现了以爱国主义为核心的伟大民族力量。经过几十年的研究，有关周恩来在抗日战争时期的研究已经有了很好的基础。希望同志们按照习近平总书记对抗战研究"总体研究要深、专题研究要细"的要求，把这次研讨会作为一个新的起点，继续把周恩来与抗日战争的专题研究深入细致地开展下去。

预祝我们研讨会开得成功。谢谢大家。

# 在"周恩来与中国力量"研讨会开幕式上的讲话 姚晓东*

今天全国"周恩来与中国力量"学术研讨会暨周恩来思想生平研究会2015年年会在淮安召开,体现了闫会长、廖主任对周恩来家乡的深情眷顾,也为我们近距离向各位专家学习、请教提供了难得的机会,对于我们更好地挖掘、弘扬、传承周恩来总理的崇高精神,具有十分重要的意义。在此我代表中共淮安市委、淮安市人民政府向学术研讨会和研究会年会的召开表示热烈的祝贺,向闫会长、廖主任以及各位专家的到来表示诚挚的欢迎,向大家长期以来给予淮安发展的支持表示衷心的感谢!

在座的领导专家有的是初次来到淮安,借此机会我向大家简要介绍一下淮安的基本情况。

淮安地处长三角北翼和江苏省北部的中心,总面积1.01万平方公里,总人口560万。现辖四县四区、淮安经济技术开发区、工业园区、生态新城。淮安这座城市集中体现了南北兼容的鲜明特征,处于中国南北地理的分割线,南北气候的过渡带和南北文化的融合区。有着丰富的矿产资源,秀丽的宜居环境和鲜明的文化特质。近年来,我们坚持以落实习近平总书记关于"把周总理的家乡建设好很有象征意义"的嘱托要求为动力,抢抓江苏省委省政府支持淮安加快苏北重要中心城市建设的政策机遇,开拓进取,创新实干,经济社会始终保持健康较快发展的良好势头。主要经济指标增幅连续九年位居江苏省前列,综合实力不断迈上新的台阶,用实实在在的发展成效诠释了作为周总理家乡的责任与担当。习总书记指出实现中国梦必须走中国道路,必须弘扬中国精神,必须凝聚中国力量,这三个必须清楚地概括了实现中国伟大复兴的三项基本要求,指明了实现中国梦的三个基本路径。这次学术研讨会,以周恩来和中国力量为主题,具有十分现实而又特殊的意义。

---

* 姚晓东,中共淮安市委书记。

提到周总理,我们每个人的脑海中都会浮现出一幅幅感人的画面。他把我们党的性质宗旨、奋斗目标、精神境界、思想作风,形象地展现在世人面前,赢得全国人民广泛衷心的爱戴和深切持久的怀念。周总理的精神风范是共产党员党纪修养和中国传统美德的完美结合,具有鲜明的实践性,丰富的时代性和广泛的人民性,总能在一代又一代人中引起共鸣,永续传承,总是激励和感召着我们不断开拓进取,砥砺前行。可以说,凝聚中国力量,周总理的崇高精神就是一面旗帜,一根标杆,它所激发出的力量正是无往不破,无坚不摧的中国力量。一直以来淮安人民以家乡拥有这位举世公认的伟人而感到无上光荣和自豪,他的崇高精神更是留给我们最宝贵的财富。

周总理辞世近四十年来,淮安市委、市政府领导班子换了一茬又一茬,但学习弘扬周恩来精神这一主题始终没有变,践行周恩来精神这一传统始终没有换,传承周恩来精神这一责任始终没有忘。在社会层面上,我们通过推动周恩来精神进校园、进机关、进企业、进社区、进社会组织等一系列活动,深入挖掘周恩来精神的实在价值、社会价值、文化价值,广泛宣讲周恩来故事,大力宣扬周恩来精神,持续掀起学习践行的热潮。尤其是前年,我们坚持全民参与,组织开展了新时期淮安精神大讨论活动,全市每一百四十二人就有一人撰写了表述语,累计征集表述语达三万七千多条,最终提炼出以周恩来精神为核心的"包容天下,崛起江淮"的新时期淮安精神,更好地凝聚了广大干部群众的精气神。可以说,周恩来精神已融铸进淮安的城市精神当中,融入淮安每个人的血液当中,成为百万淳朴而又充满激情的淮安人的进取动力。

在党员干部中,我们始终坚持学在前列,争做表率的要求。通过建设周恩来五德教育馆,深入开展"学习伟人周恩来,践行五德作表率"专题教育等活动,领导党员干部自觉以周恩来精神为教材、为镜子、为标尺,努力使其成为干部队伍的精神特质和自觉追求。尤其是群众路线教育实践活动以来,我们在打造党性实践课堂的基础上,于去年创办了恩来干部学院,以传承和弘扬周恩来精神为核心,面向党员干部开展理想信念和宗旨意识教育,既为新形势下党员领导干部经常性受教育搭建了新平台,也为加强干部德的教育与考核提供了有益探索,被中组部全国组织干部学院和江苏省委党校、省行政学院确定为党性教育现场教学基地。周恩来纪念地教学点被命名为"江苏省首批党性教育现场教学基地"。目前已培训中组部全国组织干部学院、中央统战部、人社部、教育部、团中央等中央部委和河北省、山东省、安徽省、海南省、新疆生产建设兵团等13个省市,927个批次,45 263

名党员干部。

淮阴师范学院作为周总理家乡的第一所本科院校,多年来,始终坚持把学习弘扬周恩来精神贯穿于学校育人工作的全过程。形成了丰厚的历史积淀和鲜明的办学特色。在中央文献研究室的支持下,学校早在1998年就开始了周恩来班的创建活动,目前已成为高校思想政治教育工作的知名品牌。周恩来班创建的淮师模式已在全省高校推广,淮阴师范学院已成为全省乃至全国周恩来精神研究的重要阵地。

2009年,新中国成立六十周年前夕,中国中央文献研究会周恩来思想生平研究分会在淮安召开成立大会。经过几年发展,研究会已经成为周恩来思想生平研究和周恩来精神宣传的主导力量。这次学术研讨会和研究会年会再次选择淮安,一百多位研究周恩来的知名专家学者齐聚淮安,既是对我们的认同,更是对我们的激励。我们将珍惜这一宝贵机会,全力搞好服务,认真做好对接,深入学习,加强研究,共同感悟周恩来总理的丰富思想、崇高精神和伟大人格,努力让本次研讨会的成果在淮安落地生根,开花结果。希望我市相关部门及驻淮高校充分利用周恩来家乡的独特优势,在中央文献研究室的指导下,密切加强与研究会成员单位和广大专家学者的联系与合作,争取推出更多的研究成果,不断弘扬和扩大周恩来精神的影响力和感召力。

弘扬传承好周恩来精神,是淮安干部群众肩负的责任和内在的需求,以他的崇高精神为动力,推动淮安在科学跨越的发展新征程上不断取得突破,更是对总理最好的告慰。我们将在以习近平同志为总书记的党中央坚强领导下,更加积极地传承周总理的崇高精神,更加广泛地凝聚淮安力量,有力谱写好实现中华民族伟大复兴中国梦的淮安精彩篇章,更好地展示作为周总理家乡的象征意义。

最后,预祝"周恩来与中国力量"学术研讨会暨周恩来生平研究会2015年年会取得圆满成功。祝各位领导,各位专家身体健康,工作顺利,万事如意,谢谢。

# 在"周恩来与中国力量"研讨会开幕式上的讲话 朱林生[*]

春华秋实，丹桂飘香，在举国上下热烈庆祝中国抗日战争胜利七十周年，欢庆新中国成立六十六周年之际，"周恩来与中国力量"学术研讨会暨周恩来思想生平研究会2015年年会在淮阴师范学院召开。我首先代表淮阴师范学院对参加本次年会的领导专家表示最热烈的欢迎，向长期以来一直关注、投身周恩来研究的学者们表示由衷的敬意。周恩来总理是中国共产党的优秀代表和精神楷模，是中华民族传统美德和共产党人崇高理想的完美结合，是历代先贤和当代楷模的集中代表，他的精神超越时代。淮安是总理的故乡，淮师坐落在淮安，多年来一直注重周恩来思想生平研究，这些研究已经成为我校马克思主义学科的重要支撑之一。学校不仅有周恩来精神研究学术梯队，还建有江苏省周恩来精神与青少年教育研究中心、周恩来研究基地等研究机构与平台。其中周恩来精神与青少年教育研究中心是由学校和中央文献研究室合作共建，是江苏省首批马克思主义大众化学习实践基地。目前，科研梯队的成员主持国家和省厅相关研究项目二十九项，出版《周恩来研究概念》等专著二十余部，先后举办和承办周恩来精神学术研讨会十余次。淮阴师范学院学报常年开设《周恩来研究》专栏，自开设以来，刊发周恩来研究论文两百余篇，被评为"全国高校社科学报优秀栏目"。

研究周恩来精神是为了更好地传播、弘扬总理精神。在多年的办学实践中，淮阴师范学院坚持用周恩来精神办学育人，形成了较为深厚的历史底蕴和比较鲜明的办学特色。在中央文献研究室的支持之下，学校自1998年起，开展"周恩来班"创建活动。十多年来，全校共有两千多个班级，十万余名学生参加了创建活动，先后有一百六十八个班级获得"周恩来班"称号，其中十五个班级被命名为江苏省和淮安市"周恩来班"。2008年，学校专门对用周恩来精神办学育人进行了科学规划，坚持把周恩来精神融入育人全过程，用周恩来精神办学育人这一办学

---

[*] 朱林生，淮阴师范学院党委书记。

特色得到广泛认同。2011年,江苏省委宣传部、教育厅、共青团省委联合向全省高校推广淮阴师范学院创建"周恩来班"工作。周恩来精神与青少年教育研究中心还接纳了全市中小学生进行参观,三年来,已经有两万多名中小学生进入我们的基地。淮阴师范学院正逐步成为淮安红色教育的一个重要组成部分。

  各位领导,各位专家,党的十八大以来,习近平总书记提出并深刻阐述了实现中华民族伟大复兴的中国梦。习总书记在接待青年代表座谈时强调,中国梦是我们的,更是青年一代的。中华民族的伟大复兴将在广大青年的奋斗中变为现实,青年是祖国的未来,是民族的希望,也是我们党的未来和希望。要实现党的十八大提出的"两个百年"奋斗目标,实现民族伟大复兴的中国梦,当代中国青年重任在肩。尽管我校在研究学习和传播周恩来精神方面做了一些工作,也取得了一些成绩。但是,周恩来精神博大精深,有很多方面还有待进一步挖掘。周恩来思想生平研究会将这次重要会议放在淮安,由淮师承办,对于我们学校来说是一次重大机遇。我们会以这次会议为契机,进一步加强对周恩来精神的学习研究与传承,为更好地培养优秀人才提供理论支撑和精神动力。借此机会也感谢中央文献研究室的领导和各位专家,也感谢淮安市委市政府,感谢在座的各位专家学者在淮师办学过程中一直以来的关心、支持和帮助。

  最后,预祝本次大会圆满成功,祝各位领导专家身体健康,万事如意,谢谢大家!

# 周恩来在中国抗日战争中的重要贡献　刘春秀[*]

抗日战争，是中国人民在近代史上第一次取得反抗外敌入侵的完全胜利的战争。在这场全民族的反侵略战争中，充分展示了中国共产党所起的中流砥柱作用。作为中国共产党主要领导人之一的周恩来，在抗日战争中所起的作用，早已载入史册。他不仅促成以国共合作为基础的抗日民族统一战线的形成，而且亲赴山西同阎锡山商定红军出师共同对日作战问题，并迅速对八路军三个师的活动区域及开展敌后游击战争进行战略部署；他既关心新四军、华南东江纵队的组建、发展，又适时派遣彭雪枫赴豫东开创苏鲁皖边根据地，迅速打开了华中、华南的抗日局面；他通观全局洞察世界风云，及时向苏联通报法西斯德国将攻苏的情报。并预见太平洋战争爆发，提出反击和战胜日寇的策略方针，为战胜日本帝国主义，为世界反法西斯战争的伟大胜利做出重大贡献。周恩来深谋远虑、精辟睿智的军事理论和机智灵活的军事实践，为中国抗日战争的胜利和人民军队的发展壮大做出重要贡献，也丰富和发展了毛泽东军事思想。

## 一、洛川会议后，周恩来赴山西后在同阎锡山等商定红军出师共同对日作战及平型关战役和忻口会战的作战计划等问题的同时，迅速对八路军三个师的活动区域和开展敌后游击战争进行战略部署。平型关大捷，打破了日本"皇军"不可战胜的神话，使全国人民看到了民族的希望

1937年7月7日夜，日本侵略军在北平卢沟桥一带突袭中国驻军的"七七事变"发生后，在中华民族危亡的严重关头，中共中央在通电全国，呼吁"全国同胞、政府和军队团结起来，筑成民族统一战线的坚固长城，抵抗日本的侵略"的同时，于8月22日至25日，在洛川召开政治局扩大会议。会议决定成立由毛泽东为书记（实际称主席），朱德、周恩来为副书记（实际称副主席）的中共中央军事委员会，

---

[*] 刘春秀，中共中央文献研究室研究员。

通过《中共抗日救国十大纲领》。8月25日,中共中央军委发布红军改编为国民革命军第八路军的命令,朱德任八路军总指挥、彭德怀任副总指挥。周恩来出席了洛川会议,提出对形势要有持久战的估计,要继续推动国民党抗战,要加强全国群众运动的发动。并认为关于红军的作战方针,"还是运动游击战好"。他主张"我们的地区,是布置敌人后方游击战争,必要时集中力量消灭敌人"。①

(一)周恩来赴山西后,同阎锡山等商定红军入晋共同对日作战等问题的同时,迅速对八路军三个师的活动区域进行了战略部署,并取得平型关大捷的伟大胜利

洛川会议后,周恩来遵照毛泽东的指示,以中共中央代表的身份和彭德怀、徐向前等,于9月3日晚赴山西太原。

周恩来到山西后,首先同阎锡山和第二战区北路军前敌总指挥傅作义就八路军入晋后的活动区域、指挥关系、作战原则及平型关、雁门关的防御等问题进行会商。由于当时日本侵略军长驱直入,而国民党实行片面抗战、消极防御的方针,出现了兵败如山倒的局面,晋北局势吃紧。周恩来在同急切地盼望八路军与之配合作战的阎锡山会谈中,即商定了八路军到山西后以太行山脉及太行山北端以阜平县为中心的周围十一个县为八路军活动地区,进行独立自主的游击战争。后来根据时局和敌情变化,周恩来按照毛泽东来电指示进行交涉后,将一一五师仍按原计划部署在涞源、灵丘、阜平一带。将一二〇师部署于以管涔山为依托的晋西北地区。他提议并经中共中央采纳后,一二九师"速开正太线南北地区,夺取先机,以武装民众、组织游击战争,并扩大自己,以后逐渐向西南太行山转移"②。

与此同时,周恩来对由薄一波提议,经阎锡山委托,组建的以牺盟会为核心的、实际上是中国共产党人组建和领导的革命军队山西青年抗战决死队,"即山西新军的前身",也予以关心。周恩来勉励他们做好发动群众、武装群众的工作,担当起领导与组织山西民众抗日的责任,保卫山西、保卫华北。周恩来还和中共北方局副书记杨尚昆致电朱德、彭德怀等,要求凡在八路军驻地及其附近,如有决死队、教导团驻扎,不管他们有没有党的关系,都应该以积极精神争取和影响他们,同他们密切合作。"我们必须组织和发展这一左派力量。"③

---

① 《周恩来年谱(1898—1949)》,中央文献出版社1998年版,第386页。
② 《周恩来军事文选》第二卷,人民出版社1997年版,第23页。
③ 周恩来、杨尚昆致朱德、彭德怀、任弼时、邓小平并贺龙、关向应、甘泗淇报毛泽东的电报,1937年10月18日。

9月22日,周恩来和朱德同阎锡山研究平型关战役计划,并决定用运动战来配合阎所拟的平型关围歼日军的作战计划的第二天,①八路军总部向一一五师下达侧击平型关的日军的作战命令。9月24日,周恩来电告毛泽东、洛甫:根据日寇以主力猛攻保定,以一部袭击平型关等态势,部署"八路军第一一五师在广灵、灵丘以南平型关一带待机"②。9月25日,第一一五师主力在平型关伏击日军板垣师团,取得歼敌1 000余人、缴获步枪10 000余支、击毁汽车100余辆的胜利。平型关大捷是八路军出师华北前线打的第一个大胜仗,也是中国抗战以来取得的第一个大胜仗,打破了日本"皇军"不可战胜的神话,使全国人民看到了民族的希望。

(二)周恩来在仔细研究阎锡山制订的忻口会战的作战计划后,提出修改意见和八路军配合作战的方略。忻口会战是在华北抗战中国共两党团结合作协同抗敌的一次成功尝试

平型关战役后,周恩来又多次与阎锡山、卫立煌、傅作义商谈忻口会战的作战计划。周恩来针对阎锡山把作战地区划分为左、中、右三个地区,以主力用在正面防御的作战计划,在经过考察忻口地区的实际情况后提出:着重正面防堵损失必大,建议在中路地区以少数部队钳制当面之敌,而以主力"诱敌到代县、忻口之线,求得侧面出击消灭敌人";"右路地区部队","主力展向平型关、沙河镇、繁峙之线,行广泛的游击,并与朱、彭原定一支队向浑源县西南,面向雁门关方向游击",以牵制敌军;"左地区贺(指贺龙——作者注)部除宋(宋时轮——作者注)支队外,应向宁武南北游击,以破坏和阻止敌军的前进计划"。③周恩来又同阎锡山商定:为了统一指挥部队,负责守卫石岭关和太原的预备军的各部队将领,右翼各军(包括国民党军队十个团)归朱德、彭德怀指挥,中路归卫立煌指挥,左路归杨爱源指挥。阎锡山、卫立煌、傅作义均赞同此方案,毛泽东也复电表示同意。阎锡山虽然同意改变作战计划,但他并没有完全按照周恩来的建议去做。尽管如此,在1937年10月13日至11月2日历时二十一天的忻口战役中,中路指挥卫立煌指挥前线将士英勇奋战;八路军总部令第一一五、一二〇、一二九师协同配合国民党正面战场的作战,既切断了日军通往张家口、北平的交通线,又于10月19日夜袭阳明堡机场烧毁日机二十四架。此战役歼敌逾万,是华北抗战中规模最大、战斗最激烈的一次

---

① 《周恩来传》,中央文献出版社1998年版,第466页。
② 《周恩来年谱(1898—1949)》,中央文献出版社1998年版,第391页。
③ 《周恩来军事文选》第二卷,人民出版社1997年版,第32页。

战役,也是国共两党团结合作协同抗敌的一次成功范例。

(三)周恩来对于游击战重要性的论述及其坚持广大发展游击战争之方针,既牵制打击了日本侵略者,又和国民党军队担负的正面战场互相配合,对稳定全国战局、唤起国人对抗战的胜利信心,起了重要作用

1937年11月1日,周恩来即按照毛泽东关于"整个华北的工作应以游击战争为唯一方向"①的指示,与中共中央北方局将华北划分为绥西、绥察边、晋西北、晋南、冀察晋等九个战略区域,部署开展全华北的抗日游击战争。他还派邓小平以八路军政治部和"动委会"共同名义赴五台山动员同蒲路东、正太线北各县民众武装起来发展游击战争。并征得阎锡山同意,发枪4 000支武装民众,发展抗日游击战争。

太原失守后,在华北国民党军队正面战场上的大规模作战基本结束后,周恩来便将工作重心转入开展以八路军为主体的抗日游击战争方面。他一面呼吁我军应该"收集武装散兵""广泛发展游击战争,并训练干部,以坚持抗战"②,一面于11月6日在临汾各界群众大会上,发表《目前抗战危机与坚持华北抗战的任务》的讲演,进一步强调发展华北游击战的意义。他说:"这个抗战的性质,在极困难的时候,将成为以游击战为主体,来坚持华北抗战。"他在分析了持久开展的游击战对于影响和推动全国抗战的开展及同时也使日本无法结束这场战争等方面的利害关系和影响后,指出:"因此这个游击战将有胜利的前途。他要在持久战中,壮大自己,武装人民,恢复许多城镇,破坏敌人交通,消灭部分敌人,最后得到了全国生力军的参加,可以转到胜利的反攻,收复失地,驱逐日寇帝国主义出中国!"③

周恩来还向中共中央提出,"必须发展绥远游击战争"④的战略性建议。他说,敌已入包头,转瞬将达五原,西北门户洞开。欲保陕甘宁边区及争取西北蒙、回族,联系新疆、内蒙古,必须发展绥远游击战争。11月15日,在归绥失守,蒙骑随时可能突入伊盟进扰陕北之时,他再次致电洛甫、毛泽东提出该建议。并提议组织一千多人的武装,配备一部分骑兵,由一大员率领去发展这一地区的游击战争,中共中央采纳了这一建议,派出骑兵团和蒙汉支队,前往三边以北开展工作。

周恩来对华北敌后游击战争的发展功不可没。他对于以袭击为主要手段的

---

① 《周恩来军事文选》第二卷,人民出版社1997年版,第29页。
② 《周恩来军事文选》第二卷,人民出版社1997年版,第60页。
③ 《周恩来选集》上卷,人民出版社1980年版,第84~86页。
④ 《周恩来传》,中央文献出版社1998年版,第472页。

具有高度的灵活性、主动性的敌后游击战争的组建、发展,不仅从理论上进行系统的论述,而且从实践中予以指导。他根据敌人现有的兵力,不论其在北方、在津浦、在东南,只能占领我国交通要道及重要城市,如其继续前进,其后方将愈加薄弱等情况,指出:"我们应该抓住敌人这一弱点,派遣某些得力部队,到敌人占领地区的侧面后方,作游击战争的骨干,去动员、组织和武装民众,首先以自立的原则,一直发展到脱离自己乡村城镇的武装队伍,去发展广大的游击战争,以袭击、扰乱、疲惫、分散和吸引敌人,并配合我主力作战。"①对于什么是游击战,周恩来曾进行了科学定义和诠释,他说:"游击战不是正规战,并不负决战的任务。它是以两种方式形成,一是部队中派出的游击队,一是群众武装的队伍,在不固定的战线上,进行袭击、扰击、截击和破坏的战斗,以达到吸引、牵制、分散、迷惑、迟滞、扰乱、疲惫、削弱和打击敌人的目的。""游击战术最妙的十六字诀是'敌进我退,敌驻我扰,敌疲我打,敌退我追'。"②随着时局的变化,周恩来强调"敌后游击战争的任务有二:一个是建立游击根据地;一个是消耗敌人的有生力量"③。在已被占领区域发动游击战争,必须"要有坚强的领导""要有坚强的干部""要到处把民众组织起来""行动要采取秘密性质""要时时与敌人接触""在不断与敌人接触中,才能生长出新的力量"。④1939 年 6 月 6 日,周恩来又详细论述了发展敌后游击战争的几个认识问题,进而指出:凡是在敌后组织游击战争的部队创建根据地,"必须要认识人人不仅是游击战争的战士,而且要做到人人是政治工作人员,这样的游击战才能够发展";"必须要坚持"和"要动员民众",只有"靠群众的组织,靠群众的掩护",才能"在群众中间创建游击根据地";必须"要有各种各样的游击战术",鉴于有些游击战术已经超过十六字诀的原则,他将游击战的战术原则补充为:"敌击我隐""敌分我扰""敌进我伏""敌围我散";必须"有新的技术标准"。"现在跟近代化的敌人作游击战,我们的本领要更强,技术要更多。否则就没有办法在敌后游击战中存在、发展。"⑤

在周恩来的指导下,经中共中央北方局与八路军总部的共同努力,党领导与人民群众血肉相连的人民军队,在华北敌后开展的游击战争迅猛发展。八路军敌

---

① 《周恩来军事文选》第二卷,人民出版社 1997 年版,第 90 页。
② 《周恩来军事文选》第二卷,人民出版社 1997 年版,第 107 页。
③ 《周恩来军事文选》第二卷,人民出版社 1997 年版,第 211 页。
④ 《周恩来军事文选》第二卷,人民出版社 1997 年版,第 101 页。
⑤ 《周恩来军事文选》第二卷,人民出版社 1997 年版,第 227~233 页。

后战场的开辟和各抗日革命根据地的创建,尤其是战斗在华北的八路军广泛开展的抗日游击战争和发动得以破袭敌人交通线为主要目标的"百团大战",既粉碎了敌人的"扫荡"政策,牵制打击了日本侵略者,又和国民党军队担负的正面战场互相配合,对稳定全国战局,乃至唤起国人对抗战的胜利信心,均起了重大作用。

## 二、周恩来历经与蒋介石等进行五次谈判,终于促成以国共合作为基础的抗日民族统一战线正式形成。国共两党携手抗战,不仅使日本侵略军叫嚣的三个月灭亡中国的计划彻底破产,而且使人们认识到中国共产党才是团结全民族抗战的中坚力量

(一)周恩来在西安事变和平解决的基础上,历经五次与蒋介石等进行谈判,终于促成以国共合作为基础的抗日民族统一战线正式形成,自此开始了全民抗战的新时期

自1936年逼蒋抗日的西安事变和平解决后,周恩来即按照中共中央的部署在西安、杭州、庐山和南京与国民党谈判,以促成国共合作团结抗战的局面。因为日本对中国觊觎已久,继"九一八"事变东北沦陷之后,1935年日本侵略军又蚕食侵犯华北地区,虎视眈眈妄图吞并中国。怎奈蒋介石百般设置障碍,直到1937年"七七事变"发生后,尤其是8月13日,日本侵略军突然发动对上海的大规模进攻,国民党当局在其统治受到致命威胁时,迫于全民抗战的形势和急欲调红军开赴前线作战的需要,蒋介石不得不改弦更张,接受中国共产党的建议,久拖不决的国共谈判才急转直下地得以解决。8月18日,国共双方达成将红军主力改编为国民革命军第八路军、在国民党统治区若干城市设立八路军办事处和出版《新华日报》等协议,并于8月22日由国民政府军事委员会正式发表。9月22日,国民党中央通讯社发表《中共中央为公布国共合作宣言》。9月23日,蒋介石发表讲话,承认中国共产党的合法地位,自此以国共合作为基础的抗日民族统一战线正式形成。

(二)在抗战初期和抗日民族统一战线形成后,国共两党携手抗战不仅谱写了团结协作抗敌御侮的英雄史诗,而且使日本侵略军叫嚣的三个月灭亡中国的计划彻底破产

在抗战初期和抗日民族统一战线形成后,国民党曾表现出一定的积极性。国民党军队先后进行了平津、淞沪、忻口、徐州会战及保卫武汉等战役,并取得台儿庄战役的胜利。八路军不仅同国民党军共同进行了忻口会战,而且为酝酿台儿庄

战役计划出谋划策,可以说忻口会战和台儿庄战役是国共两党所谱写的团结协作抗敌御侮的英雄史诗。周恩来在与国民党政府谈判促成国共合作的抗日民族统一战线期间,也广泛与各界人士接触。由于他多次与国民党高级将领中的主战派、桂系的领袖之一、后出任国民政府军事委员会副总参谋长兼军训部部长的白崇禧接触,致使白崇禧在奉命去徐州协助第五战区司令长官李宗仁指挥作战时,特意把周恩来和叶剑英请到他的寓所,请教对敌作战方针。周恩来根据日本侵略军在津浦铁路北段大举增兵企图直下徐州打通南北战场的态势,建议:在津浦铁路南段,由李品仙、廖磊两个集团军在新四军第四支队的配合下,采取运动战为主、游击战为辅的联合行动,运动于辽阔的淮河流域,使津浦铁路南段的日军时时受到威胁,不敢贸然北上支援南下日军;而在徐州以北,以主力采取阵地战与运动战相结合的方针,守点打援,以达到各个击破的目的。白崇禧对周恩来这个建议甚为赞赏。他到徐州协助李宗仁指挥时,基本采纳了周恩来这个建议。①后来,周恩来和叶剑英又派张爱萍以八路军代表的名义,去徐州见李宗仁,转告周恩来关于要李宗仁在济南以南、徐州以北抵抗日军,同日本侵略军打一仗的意见。李宗仁和白崇禧采纳周恩来的意见,终于在1938年3月下旬至4月上旬,促成歼敌万余人,缴获大量武器及其他军用物资的台儿庄大捷。这是继平型关大捷后,国共合作取得的又一次重大胜利。它打击了日本侵略者的嚣张气焰,坚定了全国军民坚持抗战的信心。

国民党军队在正面战场顽强抵抗,再加上八路军、新四军在敌后建立抗日民主政权,广泛开展独立自主的游击战争,阻滞了日军的推进,使日本侵略军叫嚣的三个月灭亡中国的计划彻底破产。

(三)周恩来按照中共中央关于在统一战线中坚持独立自主原则,同国民党的妥协、分裂、倒退行为进行有理有利有节的斗争,既巩固扩大了抗日民族统一战线,又逐步壮大了自己。并使更多的人认识到,中国共产党及其领导的人民抗日力量,才是中国取得抗战胜利的希望

第二次国共合作实现后,国共两党曾有一段时间合作关系比较融洽。中国共产党为了加强在国民党统治区的工作,以推动国民党实行全面抗战路线,扩大和巩固抗日民族统一战线,1937年12月,中共中央长江局在当时国民党统治区的抗战中心武汉成立,在周恩来等领导下,统一领导南方各省党的工作,发展长江流域

---

① 程思远:《政坛回忆》,广西人民出版社1983年版,第116页。

和南方各省的抗日运动。这期间,八路军、新四军先后在西安、兰州、武汉、重庆、桂林等地设立办事处。共产党主办的《新华日报》《群众》周刊也在武汉公开出版。周恩来还担任国民政府军事委员会政治部副部长,共产党人还可以参加国民党召开的参政会。同时,驻武汉的中共代表团,负责同国民党联系谈判,以推动国民党实行全面抗战。

但是,由于国共两党原本就代表着不同的阶级利益,加之1938年10月日本侵略者占领武汉和广州后,中国抗战进入战略相持阶段。日本侵略者在亡我之心不死的总方针下调整侵华策略,将主力用于打击八路军和新四军,对国民党则采取政治诱降为主、军事打击为辅的方针,企图动摇我们的抗战意志。在日本的政治诱降和英、美等国的劝降下,以国民党副总裁汪精卫为首的国民党亲日派公开投敌,以蒋介石为代表的国民党亲英、美派开始推行消极抗日、积极反共政策。在1939年1月国民党五届五中全会上制定的"溶共""防共""限共"的方针蛊惑下,陕西、河北等地相继发生袭击、杀害共产党领导的抗日军民的反共摩擦事件。

针对国内时局的逆转和国民党的妥协、分裂、倒退等倒行逆施,1939年1月担任在重庆成立的中共中央南方局书记的周恩来和董必武等,遵照中共中央提出的坚持抗战到底反对中途妥协、巩固国内团结反对内部分裂、力求全国进步反对向后倒退的原则,始终把民族矛盾放在第一位,坚决揭露卖国汉奸汪精卫,谴责反击国民党顽固派掀起的一次次反共高潮,以斗争求团结,继续争取同蒋介石为首的国民政府合作,巩固并扩大抗日民族统一战线,牢牢掌握抗战的领导权。尤其是在皖南事变后那些极艰险的日子里,周恩来将生死置之度外,坚持战斗在雾都重庆,以高超的斗争艺术和对党对人民的一腔赤诚之心,本着"团结则存,分裂则亡;合作则胜,独霸则败[①]"的中国抗战铁则,对国民党顽固派的反动活动进行了"有理、有利、有节"的斗争,艰难地维系着国共两党之间的联系和团结,以推动国民党积极抗日。同时,周恩来等领导南方局党的建设、文化宣传、群众工作、军事工作和情报工作,特别是争取和团结民主党派、无党派人士、国民党民主人士、地方实力派、著名知识分子,巩固扩大抗日民族统一战线,推动了国民党统治区抗日民主运动的发展,并广泛开展国际统一战线,赢得国际社会对中国抗日战争的了解、同情和支持。

正是由于周恩来按照中共中央关于在统一战线中坚持独立自主的原则,同国

---

[①] 《周恩来军事文选》第二卷,人民出版社1997年版,第365页。

民党的妥协、分裂、倒退行为进行有理有节的斗争,既巩固并扩大了抗日民族统一战线,又逐步壮大了自己,使更多的人认识到,中国共产党及其领导的人民抗日力量,是团结抗战的中流砥柱,是取得抗战胜利的决定力量。

## 三、周恩来既关心新四军和东江纵队的组建、发展,又适时派遣彭雪枫赴豫东开创苏鲁皖边根据地,迅速打开了华中、华南的抗日局面。八路军、新四军和华南抗日武装相互配合,不仅成为中国抗战的中流砥柱,使日本侵略军陷于人民战争的汪洋大海之中,而且是对世界反法西斯战争的重要支持

新四军的成立、发展、壮大,蕴含着周恩来的心血。七七事变后,中共中央一面命令八路军迅速向华北敌后挺进,一面就改编南方八省红军游击队(未包括琼崖游击队)为新四军,开赴华中敌后抗战事宜同国民党谈判。1937年8月,周恩来派人把自广州起义失败后流亡国外十年、失去党的关系的北伐名将叶挺请到上海,希望他出任新四军军长做改编南方红军游击队的工作。9月28日,叶挺被国民政府军事委员会任命为国民革命军新编第四军军长后,即赴延安同毛泽东、朱德、周恩来等中共中央领导人商议改编南方八省红军游击队为新四军的具体事项。11月12日,叶挺由延安到武汉着手组建军部和改编部队。中共中央在12月政治局会议上决定成立东南分局和中央军委新四军分会,以项英为分局书记兼军分会书记。同月,周恩来到达武汉担任中共中央长江局副书记后,即和董必武、项英、叶剑英、叶挺等商谈筹建新四军军部问题,12月25日新四军军部在武汉成立。

新四军成立并集中在皖南岩寺后,本应趁日军只占领大江南北的大中城市和交通要道,尚未控制广大的农村之机,迅速派部队向敌后挺进,以执行中共中央和毛泽东关于建立根据地、扩大新四军基地的指示。但是由于项英对国民党第三战区存有某些幻想,又过高估计了敌情,犹豫不决,1938年4月28日,才派粟裕率先遣支队挺进江南敌后。先遣支队于6月17日取得伏击日敌的韦岗战斗的胜利。6月至7月,陈毅、张鼎丞率第一、二支队相继进入苏南敌后,创建以茅山为中心的苏南抗日根据地。第三支队在策应第一、二支队挺进苏南后,即进抵皖南抗日前线对敌作战。1939年1月,李先念率新四军独立游击大队(后组编为鄂豫独立游击支队,改编为鄂豫挺进纵队、新四军五师),汇聚武汉外围的抗日武装,执行中共中央赋予的挺进豫鄂边区,开创武汉外围敌后抗日根据地的战略任务。初步打开了江南敌后的抗战局面。

但是新四军与八路军在华北、山东开创的局面相比,还是有较大的差距。加之因项英对叶挺很不尊重,致使叶挺感到难以工作,曾一度离开新四军。为此,周恩来在重庆曾耐心细致地做叶挺的工作,并受中共中央委托于1939年春到新四军军部的驻地安徽泾县云岭,处理上述两个问题。周恩来到云岭后,按照中共中央同意他提出的"叶回四军""工作关系必须改变",建议"新四军委员会可以叶正项副,项实际上为政委"①,及中央关于"应尊重叶之地位与职权""项多注意四军总的领导及东南局工作,而将军事指挥与军事工作多交叶办"的复电精神,②多次找项英谈心,要他搞好与叶挺的团结。同时,周恩来经过实地观察和调查了解新四军的工作、军训和生活情况,及其驻地一面临敌、三面受围的艰难处境后,在皖南新四军军部干部大会上讲话,他在分析了武汉失守后的形势和新四军的任务后,明确提出新四军在敌后开展游击战争的战略方针:"向北发展,向东作战,巩固现在阵地。"③陈毅、粟裕等积极执行该方针,8月,成立新四军江南指挥部。1940年7月率部挺进苏北,成立苏北指挥部。10月在粉碎国民党顽固派军队进攻的黄桥战役后,巩固发展了苏北抗日根据地,开创了华中敌后抗战的新局面。

　　与此同时,为了使华北和华中敌后抗战区域相互连接,以阻止日本侵略军南进,1938年9月2日,周恩来和叶剑英电示中共河南省军事部部长兼河南确山县竹沟新四军四支队第八团留守处主任彭雪枫:"把你们工作重心移向豫东,创造苏鲁皖边新局面,与八路军冀鲁豫活动部队(徐向前、陈再道)联系起来,对整个战局有重大意义。"④9月29日,根据日军集中兵力逼近武汉的紧急情况,周恩来再电彭雪枫:"情势紧急,你宜速去豫东发展游击战争。"⑤彭雪枫遵照周恩来的指示,于9月30日率部东征,不久与吴芝圃等部在杜岗会师,于淮阳首战告捷。此后彭雪枫灵活运用游击战的战略战术,率领这支铁流及其组建的令敌人闻风丧胆的骑兵团,回师睢县、杞县、太康一带,驰骋于江淮大地,创建了新四军第四师,完成了开创豫皖苏敌后根据地的战略任务。豫皖苏敌后根据地和新四军五师的建立,打通了华北和华中敌后之间的连接,宛如一把利剑插入日本侵略者的心脏。

　　周恩来对于华南抗日武装的成长、壮大,也极为关心。从1937年8月国共谈

---

① 《周恩来军事文选》第二卷,人民出版社1997年版,第174页。
② 中共中央书记处致周恩来并转新四军的电报,1939年1月10日。
③ 周恩来在中共中央政治局会议上的发言提纲,1938年8月4日。
④ 《周恩来军事文选》第二卷,人民出版社1997年版,第143页。
⑤ 《周恩来军事文选》第二卷,人民出版社1997年版,第145页。

判达成改编红军在南方的游击队协议后,周恩来即通过中共中央请令闽西南方方迅速来南京。1938年10月12日,周恩来对日寇进攻华南的估计进行分析后,提出"我之方针应坚持华南抗战,以击退日寇冒险的进攻"①的战略性建议。1942年在国民党发动第三次反共高潮时,周恩来于11月8日提醒东江游击队,"你们在任何时候都需准备好对付顽方及日寇两方面的可能进攻形势"。并"同意成立军政委员会,以林平为主任,指挥东江及中路两部游击队"。② 1943年2月,在部队受到损失后,周恩来电示林平:"你们应加紧实行精兵简政政策,缩小后方,充实战斗部队。最近受损失的都是非武装人员就是显明教训。"③ 1943年12月2日,战斗在广东东江地区的广东人民抗日游击总队改编为广东人民抗日游击队东江纵队(简称东江纵队)后,周恩来致电广东省临时工作委员会书记、广东军政委员会主任、东江纵队政治委员林平,明确东江纵队的工作方针:"凡你们游击所到及其周围地区,你们均可自派干部,发展党与群众工作,并依靠武装,创立和扩大抗日民主政权。唯在敌顽易侵入区,必须布置秘密工作,并与原有地方党割断关系。"④ 1944年在日寇内阁更迭,但对打通粤汉路仍势在必行之时,7月25日,周恩来指示林平转军政委员会与临委,"你处工作应一本开展敌后游击战争之方针加紧进行。凡敌向北侵占之区,只要其有久占意图,即应有你处派出得力干部或武装小队至该区与当地党员取得联系,尽力来发展抗敌武装斗争"⑤。1944年10月26日,周恩来根据目前重心在桂,但西、北江已成为敌人进出之路,而西江、南路在目前最为空虚,敌占区亦较东江为广等情况,致电林平转军政委、临委:"如此估计不变,我广东游击战争应以向西发展为目前主要方向。同时联系南路,打通琼崖联络,应该成为目前重要任务之一。"⑥ 1945年3月6日,周恩来根据国民党为准备配合盟军可能在华南登陆,已将三、七、九战区放在顾祝同指挥下,成立东南行辕。因此湘粤桂边区,国民党的兵力较为薄弱等情势,指示林平等:"我华南抗日武装斗争应以小北江入手,以湘粤桂边为主要发展方向,方能向北有所依靠,并便于造成更大的根据地,进行持久的斗争。"⑦同年6月16日,周恩来在获悉美国不在华南

---

① 《周恩来军事文选》第二卷,人民出版社1997年版,第166页。
② 《周恩来军事文选》第二卷,人民出版社1997年版,第410~411页。
③ 《周恩来军事文选》第二卷,人民出版社1997年版,第414页。
④ 《周恩来军事文选》第二卷,人民出版社1997年版,第435页。
⑤ 《周恩来军事文选》第二卷,人民出版社1997年版,第437页。
⑥ 《周恩来军事文选》第二卷,人民出版社1997年版,第465页。
⑦ 《周恩来军事文选》第二卷,人民出版社1997年版,第476页。

登陆,日寇似在缩短广西阵线,转向粤赣边扩大战场的情势后,电示广东区党委:"须在华南利用目前有利条件,迅速建立战略根据地。以便在敌人败退时,我华南武装能进退有据"。"华南战略根据地""应以湘、粤、赣边区为中心,并可东联闽、粤、赣,西联湘、粤、桂"。①东江纵队坚决执行上述方针,开创了华南抗战新局面,有力地配合了全国抗战。

在党中央、周恩来的亲切关怀和正确领导下,八路军、新四军和华南抗日武装相互配合,不仅"成为中国抗战的中流砥柱"②,使日本侵略军陷于人民战争的汪洋大海之中,而且是对世界反法西斯战争的重要支持。

四、周恩来洞察世界风云,不仅及时把获取的法西斯德国将攻苏的情报通报苏联;而且预见太平洋战争爆发,提出战胜日寇的策略方针;并为八路军总司令朱德连续起草六道进军命令,为中国乃至世界的反法西斯战争的最后胜利做出重要贡献

(一)周恩来洞察欧战风云,密切关注苏联东欧局势。他在获悉6月21日法西斯德国进攻苏联的情报后迅即报告中共中央通报苏联,为世界反法西斯战争做出杰出贡献

1939年9月,抗日战争进入相持阶段后,周恩来一面提醒人们认清日寇变单纯军事进攻为军事进攻和政治诱降的两面政策,同时洞察世界风云,密切关注苏联东欧局势。1941年6月16日,周恩来从他领导下的从事国际情报工作的中共秘密党员阎宝航处获悉6月21日法西斯德国进攻苏联的代号为"巴巴罗萨计划"后,综合各方面的情况,通过冷静分析,立即判断出这份情报的价值。并迅即电告毛泽东并中央书记处,指出:"此种守势,是暂时的,蒋确有所待。第一、等六月下旬德攻苏(他甚至连日子都定了,是六月二十一日开始)。"③对此,党中央、毛泽东极为重视。毛泽东阅读来电后,在周恩来落款韵目代日处注明"六月十六日",并立即通报苏联。当时苏联虽然也担心德国在西方得手之后将回师东进,但仍然对《苏德互不侵犯条约》存有幻想,甚至认为西方舆论指出的德军将转向东方的猜测是"挑拨苏德关系"。由于我党及时准确地向苏联通报了德军突袭的时间,加上其

---

① 《周恩来军事文选》第二卷,人民出版社1997年版,第525页。
② 《朱德选集》,人民出版社1983年版,第136页。
③ 《周恩来军事文选》第二卷,人民出版社1997年版,第333页。

他情报来源的佐证,在6月22日法西斯德国发动对苏联进攻之前的一周内,使得苏联红军争取时间,提早进入战备,避免了更惨重的损失。对此,苏方曾表示对我中共中央谢意。同年7月24日,毛泽东致周恩来电:"二十一日开战的预测,彼方甚为重视。现急于欲查明者为德军之主攻方向,请极力设法探查密告至盼。"①

对于阎宝航等在国际反法西斯战争中的特殊贡献,1995年11月在世界反法西斯战争胜利五十周年之际,俄罗斯驻华大使罗高寿受叶利钦总统委托曾代表苏联政府,予以表彰。

(二)周恩来通览世界全局分析时局,预见太平洋战争爆发,并提出战胜日寇的策略方针。中国的抗战及国际反法西斯联盟的形成,使德、意、日陷于穷途末路

苏德战争爆发后,具有丰富政治经验和敏锐识别力的周恩来,从苏日虽缔结了中立协定,但日本连德国攻苏的消息事先都不知道这一点判断出:"现在日本正处在焦急彷徨等待之中"。事实果不出周恩来所料,苏德战争爆发后,日本内阁争论激烈。随着近卫下台,东条英机上台,日本法西斯军人内阁之出现,周恩来敏锐地指出,"这次日本军人内阁的出现,是日寇大冒险行动的信号"②"是太平洋新危机之到来"③。并准确地判断出,日寇的最大冒险行动是向南。周恩来这一判断也被当时我有关情报系统的分析所证实。太平洋战争爆发前夕,周恩来致电在香港工作的张友渔,提醒日美有开战可能,要他做好应变准备。果然,1941年12月7日,日本以海军的航空母舰舰载飞机和微型潜艇突袭美国海军太平洋舰队在夏威夷的基地珍珠港,太平洋战争爆发。

太平洋战争爆发前,周恩来针对日寇"不管其是在积极准备北进,或者南进,或者南北并进,但其灭华方针决不会有任何变更"的侵略行径,一方面呼吁"转变这一局势的关键,是在太平洋沿岸反侵略国家的共同奋斗""全世界的正义人士,一切反侵略国家""更加联合行动起来""群起扑灭人类的公敌——东西法西斯"。④一方面提出"久已成了东方反法西斯的先锋"的中国,现在"更应继续担任牵制日本的光荣任务""努力牵制敌人,使其陷于两面乃至多面作战的困难,以尽国际反法西斯侵略阵线的主员之一的责任"。⑤并提出为要打倒敌人,"非集合全中

---

① 《周恩来军事文选》第二卷,人民出版社1997年版,第334页。
② 《周恩来军事文选》第二卷,人民出版社1997年版,第371页。
③ 《周恩来军事文选》第二卷,人民出版社1997年版,第368页。
④ 《周恩来军事文选》第二卷,人民出版社1997年版,第374页。
⑤ 《周恩来军事文选》第二卷,人民出版社1997年版,第363页。

国人民的努力、各抗日党派的才智,通力合作,不能达到。""首先必须加强军事力量""加强国防建设""加强政治民主化""团结起来打敌人"。①

太平洋战争爆发后,面对从"九一八"以来,就是世界侵略战争的戎首,现在又做了太平洋大战罪魁的日寇,所发动的完全是侵略的非正义的战争,周恩来在精心部署有关人员组织大批民主人士和文化界人士,经过各种途径转移到安全地带的同时,于1941年12月14日,撰文《太平洋战争与世界战局》,通览世界战争全局,对太平洋战争的局势进行深刻分析和科学预见。并强调:"必须以持久的消耗战和太平洋上联合的力量打击它,才能制它最后的死命。"②"全世界一切反侵略国家和民族团结起来,便是战胜德、日、意法西斯的政治保证。"③"敌人一日不退出中国,我固不能止抗战之火。"④

太平洋战争的整个发展过程,也正如周恩来所预料的那样一步步地展开。由于日本帝国主义和德、意法西斯穷兵黩武,在侵略战争的道路上越走越远,激起中国人民和世界人民的切齿痛恨。为了维护世界和平,1942年1月1日,美、英、苏、中等26国的代表,在华盛顿签署了《联合国家共同宣言》(又称《二十六国宣言》)。宣言表示决心共同战败德、意、日法西斯侵略,不到侵略国无条件投降,决不和敌国单独议和。此宣言标志着国际反法西斯联盟正式形成。世界反法西斯统一战线的形成,预示着德、意、日法西斯已经到了穷途末路。

(三)周恩来通过中共中央向苏联通报的"关东军"在东北的详细布防,及周恩来为八路军总司令朱德连续起草的六道进军命令,为迎接抗日战争的最后胜利做出贡献

太平洋战争爆发后,以毛泽东为首的中共中央领导集体,领导八路军、新四军和抗日根据地军民,高举反法西斯的旗帜,在没有外来枪弹的补充,没有外来粮服的供给、没有外来医药器材的接济下,全凭人民艰苦奋斗、浴血奋战和自力更生,度过了艰难的1941、1942年,成了真正打击日寇的中坚力量。

为了"坚持抗战到底,不达到驱除日寇出境,决不罢休"的目的,1944年夏,周恩来指示阎宝航获取曾被日本法西斯捧为"皇军之花"的"关东军"在我国东北中、苏边界上详细布防图,其中包括陆、空军的配置、要塞地点、布防计划、兵种兵器、

---

① 《周恩来军事文选》第二卷,人民出版社1997年版,第365页。
② 《周恩来军事文选》第二卷,人民出版社1997年版,第385页。
③ 《周恩来军事文选》第二卷,人民出版社1997年版,第381页。
④ 《周恩来军事文选》第二卷,人民出版社1997年版,第406页。

部队番号、人数及将领姓名等详细材料。苏联红军得到这些材料后,调兵遣将于1945年8月9日对日作战中,由于目标明确、掌握主动,所以势如破竹、出奇制胜,将关东军打得溃不成军,至8月底将部署在我国东北和朝鲜北部的关东军全部解除武装。

8月9日,在苏联对日作战的同日,毛泽东发表《对日寇的最后一战》的声明,向全中国人民下达最后战胜日本侵略者的动员令。8月10日夜至11日,周恩来为八路军总司令朱德连续起草六道进军命令:"各解放区任何抗日武装均得依据波茨坦宣言规定,向其附近各城镇交通要道之敌人军队及其指挥机关送出通牒,限其于一定时间向我作战部队缴出全部武装","如遇敌伪武装部队拒绝投降缴械,即应予以坚决消灭"。①

在中、美、英、苏四国的强大攻势下,8月15日,日本广播了天皇亲自宣读的《终战诏书》,公开宣布无条件投降。9月2日,日本投降签字仪式在停泊于东京湾的美国"密苏里"号战列舰上举行。至此,中国抗日战争和第二次世界大战胜利结束。

抗日战争,是中国人民反抗日本军国主义侵略、争取民族解放的正义战争,充分展示了中国军民在世界反法西斯战争中的重要地位,展示了中国共产党以民族大义为重,在抗日战争中发挥的中流砥柱作用,也展现了周恩来百折不挠、坚忍不拔的刚强意志和不畏强暴与敌人血战到底的英雄气概。

在纪念抗日战争胜利70周年的今天,重温中共中央、周恩来对抗日战争乃至世界反法西斯战争所做的伟大理论和实践贡献,更引起我们对以毛泽东为核心的第一代中央领导集体及毛泽东军事思想的主创人之一周恩来的深切怀念。同时,我们也更清楚地认识到,如果日本不能切实正视和深刻反省过去那段给中国及亚洲人民带来深重灾难的侵略历史,同军国主义划清界限,那么日本重蹈覆辙的危险依然存在。对此,我们绝不可以掉以轻心。

---

① 《周恩来军事文选》第二卷,人民出版社1997年版,第534页。

# 周恩来与抗日民族统一战线

司云胜*

抗日战争是自1840年以来,中国人民反抗外来侵略第一次取得完全胜利的民族解放战争,是中国近代史上最艰难困苦、最惨烈悲壮的生死搏斗,是中华民族大动员、大觉醒的历史奇观,是中国由百年沉沦、百年屈辱走向民族复兴、民族辉煌的伟大开端。抗战胜利,原因多重,而中国共产党倡导建立的抗日民族统一战线无疑是胜利的政治基础和基本保证。周恩来肩负重任,亲历了抗日民族统一战线的全程,置身前沿,指挥全局,总结了全面经验,做出了无可替代的独特贡献,堪称中国共产党"从事统一战线工作的第一个模范"[1]。

## 一、肩负重任、全程亲历

(一)参与抗日民族统一战线政策的制定

1931年"九一八"事变后,日本侵略者的魔爪伸向中国东北,中日之间的民族矛盾逐渐上升为我国主要矛盾。1935年,日本又制造华北事变,把黑手伸向中国内地。1935年8月1日,中共驻共产国际代表发表《为抗日救国告全国同胞书》。红军到达陕北后,11月中共中央、中华苏维埃政府和中国工农红军先后发表反蒋抗日救国宣言。12月13日—25日中共中央在瓦窑堡召开政治局扩大会议,批判了"左"倾关门主义,制定确立了抗日民族统一战线的政策,使党在新时期掌握了政治主动权。周恩来在瓦窑堡会议上积极批判"左"倾错误,坚定拥护中央决策。1936年1月,周恩来在政治局会议上指出:"整个政治形势中心问题是开展民族战争,党的组织任务是团结领导千千万万群众在党的周围,进行民族革命战争。"[2]周恩来作为党中央的核心领导成员积极参与、坚决拥护抗日民族统一战线政策的制定和确立。

(二)联合东北军、西北军,打开抗日民族统一战线的突破口

---

* 司云胜,徐州市委宣传部原副部长。

[1] 胡耀邦:《在全国统一战线工作会议上的讲话》,1982年1月5日。转引自李世平《周恩来和统一战线》,四川大学出版社1986年版,第188页。

[2] 《周恩来传》,中央文献出版社1998年版,第376页。

抗日民族统一战线的发展,首先在东北军中取得突破。瓦窑堡会议后,周恩来任东北军工作委员会书记。毛泽东强调:张、杨两部关系,由周统一接洽并指导之,我们一般不予发生关系,对外表示统一,对内专责成。在周恩来直接领导下,李克农与张学良秘密会谈,取得突破性进展。1936年4月9日周恩来与张学良在延安会面,张接受中共停止内战、一致抗日的主张,并提出争取蒋介石抗日的意见。双方还就互不侵犯、互相帮助、互派代表、准备抗日等问题达成协议。与此同时,中央又派人与第17路军总指挥杨虎城密谈,杨素有抗日愿望,很快达成合作抗日的初步协议。到1936年秋,西北地区形成了红军、东北军、第17路军三位一体的新局面,从而打开抗日民族统一战线的突破口。

(三)和平解决西安事变,使抗日民族统一战线的建立成为实际可能

张学良自"九一八"事变后,背着"不抵抗将军"骂名,集国仇家恨于一身,特别与周恩来会面后,坚信中共真正抗日,决心向蒋介石进谏:停止剿共,联合抗日。先是"苦谏",继而"哭谏",蒋不改剿共立场,最后不得不实行"兵谏",于1936年12月12日在西安扣留了蒋介石,这就是震惊中外的"西安事变"。事变一发生,张学良立即电告中共,中共决定派周恩来为全权代表赴西安共商大计。西安事变来得如此突然,当时国内外政治形势错综复杂,瞬息万变,许多事情只有临机处置。周恩来既要协调好与张、杨的关系,又要与宋美龄、宋子文谈判,还要与蒋介石直接会面。同时冒着生命危险处理好东北军中少壮派与元老派的尖锐矛盾。在西安事变的20多天中,可谓风云变幻,惊险万状,跌宕起伏,一波三折。在这样的险恶环境中,周恩来沉着坚毅,审慎精细,忘我工作,力挽狂澜,以自己的大智大勇、大情大义圆满地完成了党交给的和平解决西安事变的任务,被人誉为和平解决西安事变的"灵魂"。正如亲历西安事变的罗瑞卿等人所评价的:"没有周恩来同志在西安,毛主席、党中央和平解决西安事变的方针很难得到贯彻,内战可能再起,西安事变和平解决的初步胜利就无法巩固。周恩来同志为党的革命事业,为中华民族建立了不朽的功勋。"[①]

(四)与国民党五次谈判,终于促成抗日民族统一战线的正式建立

西安事变和平解决,使国共合作有了可能,但并不等于实现。周恩来从1937年2月开始先后赴西安、杭州、庐山、南京同蒋介石等国民党政要进行五次长达七个月的谈判。周恩来说:"谈判的内容是要他们承认我们的军队,承认我们的边

---

① 罗瑞卿等:《西安事变与周恩来同志》,人民出版社1978年版,第73页。

区,承认各党派的合法地位,组织各党派的联盟,就是统一战线。"①由于蒋介石态度反复无常,谈判波折频仍。周恩来以其卓越政治家的谈判智慧和才能,与蒋介石进行坚决斗争和巧妙周旋。有时针锋相对、唇枪舌剑,有时妥协退让,迂回转圆。直至1937年"七七"卢沟桥事变爆发,日寇进攻上海,逼近南京,蒋介石才不得不同意红军改编为国民革命军第八路军,同意公布由周恩来起草的《中共中央为国共合作宣言》,同时蒋介石发表讲话,承认共产党的合法地位,实现了第二次国共合作,促成抗日民族统一战线的正式建立。

(五)打退三次反共高潮,维护抗日民族统一战线

抗日时期,周恩来以中共外交代表团团长身份与国民党谈判,同时任中共南方局书记,领导国统区工作。毛泽东指出:"国民党区域的党,均由恩来负全责管理,以统一党的领导。"②

应当说,抗战初期,国共合作是比较好的。武汉、广州失陷之后,战争转入相持阶段,蒋介石随之实行消极抗日、积极反共政策。1939年1月,国民党五届五中全会提出"溶共、防共、限共、反共"方针。此后,不断制造矛盾和摩擦,先后掀起三次反共高潮。特别是第二次反共高潮制造的"皖南事变",使我新四军损失惨重。对此,周恩来针锋相对,寸步不让,无情揭露血案,坚决予以回击。他直书蒋介石,强烈要求下令撤围;他在电话中痛斥何应钦:"你们的行为,使亲者痛、仇者快。你们做了日寇想做而做不到的事"。"你何应钦是中华民族的千古罪人!"③当《新华日报》撰写的揭露皖南事变真相的文章被国民党新闻检查机关扣压后,他愤然写下"为江南死国难者志哀"的悼词和"千古奇冤,江南一叶,同室操戈,相煎何急!?"的挽诗刊载于新华日报。通过坚决揭露和有力抨击,真相大白于天下,激起国内外正义力量的公愤,使蒋介石集团陷入空前孤立的窘境。

周恩来就是这样身处敌人心脏,在异常险恶的环境中顽强地战斗着。他根据党的方针政策,把公开工作与秘密工作结合起来,把合法斗争与非法斗争结合起来,把坚定的革命原则与灵活的斗争策略结合起来,领导大后方党组织和广大人民群众击退三次反共高潮,维系抗日民族统一战线不致完全破裂,直至抗战胜利。

(六)为争取民主,成立联合政府而斗争,把统一战线坚持到底

---

① 《周恩来选集》上卷,人民出版社1980年版,第195页。
② 《周恩来传》,中央文献出版社1998年版,第582页。
③ 《南方局党史资料大事记》,重庆出版社1986年版,第134页。

抗日战争后期,根据新的形势,废除一党专政,成立联合政府成为国共谈判的中心问题。周恩来一直认为,抗日民族统一战线不能没有民主,抗日与民主是相辅而行的。联合政府就是抗日民族统一战线在政权上的最高形式。然而,国民党顽固派一党专政、个人独裁、特务统治的政策不会改变,"反共"的方针不会改变,因此关于成立联合政府的谈判只能是无果而终。周恩来深沉地回忆道:"差不多十年了,我一直为团结谈商而奔走渝延之间。谈判耗去了我现有生命的五分之一,我已经谈老了!""民主事业的进程是多么艰难呵!我虽然将近五十之年了,但不能自馁,我一定要走完这最后而又艰苦的一段路。"①

## 二、置身前沿,全局指挥

抗日民族统一战线的本质就是凝聚民族精神、民族共识、民族力量,集中一切人力、物力、财力、军力、智力,打败日本侵略者。其对象包括一切阶级、民族、政党、团体和社会力量;其内容涵盖政治、军事、经济、文化、外交各个领域;其地区涉及国统区、敌占区、根据地以及港澳和有爱国侨胞的世界各地。周恩来始终置身前沿阵地,指挥统战全局。

(一)紧紧抓住国共合作这一主轴

综观中国现代革命史,基本上是以国共合作与斗争为轴心而发展的历史。深谙中国革命史的周恩来懂得,抗日民族统一战线应以"国民党为主要合作对象",以"国共合作为基础"。②首先,周恩来和以蒋介石为首的国民党政要进行持续不断的谈判。此点前文已述,不再赘言。回望整个抗日战争时期的诸多重大事件:西安事变、皖南事变、政协会议召开、争取联合政府成立,都是以国共两党为主轴展开的。正是由于周恩来身处前沿,洞若观火,既联合,又斗争,使中国共产党始终立于主动,把抗日民族统一战线一直延续下去。其次,周恩来还主动与国民党左派冯玉祥、李济深、邵力子、王昆仑、朱学范等深入交谈,共商抗日。他还利用一切机会做国民党内部各派系的工作,如与黄埔系陈诚、CC派陈果夫兄弟、元老派于右任、欧美派宋子文、太子派孙科都有广泛接触,做争取团结工作,以扩大和巩固抗日民族统一战线。

(二)努力争取中间力量

---

① 郑敏之:《谈判生涯老了周恩来》,《文萃》第31期,1946年5月23日。
② 《周恩来研究学术讨论会论文集》,中央文献出版社1988年版,第161~162页。

党内有"左"倾思想的人,把中间势力视为"最危险的敌人"。周恩来则认为,为了开展统一战线,为了扩大民主运动,必须争取中间派。

1. 争取民主党派及爱国人士。抗日战争进入相持阶段,蒋介石不仅消极抗日,积极反共,而且取消民主,打压民主党派。当时在重庆的民主党派主要有以沈钧儒为首的救国会、以章伯钧为领导的第三党、以黄炎培为首的职业教育社、以梁漱溟为首的乡村建设派、以曾琦为代表的青年党、以张君劢为代表的国社党。1939年11月,这些党派及少数无党派人士在周恩来的推动下,成立为统一的"建国同志会"。1941年3月改为"中国民主政团同盟",公布政党宣言:贯彻抗日主张,加强国内团结,实践民主精神。1944年9月,该组织改组为"中国民主同盟"。周恩来与各党派代表人物保持密切联系,经常参加他们的座谈会、聚餐会、纪念会或个别交谈,分析国内外形势,阐述党的方针政策,互相交流思想,共商抗日大计。周恩来以诚相待、平易近人的风范,获得民主党派和爱国人士的尊敬与爱戴。党的亲密朋友刘仲容说:"很久以来,我一想到中国共产党,脑子里就出现周恩来的形象。"

2. 争取民族资产阶级。抗日时期,中国民族工商业不仅遭日军摧残,而且受四大家族垄断资本的压榨。周恩来与四川的卢作孚、胡子昂、康心如、古耕虞,云南的缪云台,上海的刘鸿生、胡厥文,天津的李烛尘等广泛接触,深入交谈,激发爱国热情,决心抗战到底。号召工商界共同抗日,共同抵抗四大家族,共同参加和平建国,极大地鼓舞了工商界的抗日救国热情和民主建国意愿。

3. 争取地方实力派。周恩来分析道:地方实力派在阶级本性上接近反动派,但在反蒋上又起中间力量作用。因此,应把争取地方实力派作为统战工作的原则之一。抗战爆发,他做山西实力派阎锡山的工作,形成了正面战场与敌后战场相互配合的作战态势;他做桂系李宗仁、白崇禧的工作,大批进步文化人士转移广西,桂林成为抗日救亡的中心;他做川军刘湘、刘文辉的工作,鼓励他们团结西南进步力量,巩固后方抗日基地;他派人到云南做龙云的工作,鼓励他积极抗日,支持民主运动,使昆明一时成为国统区的"民主堡垒"。

4. 争取宗教界。周恩来同宗教界领袖吴宗耀先后在武汉、重庆多次接触交谈。肯定他对抗日和民主做出的贡献,向他介绍国内外形势,希望一切爱国党派和人士团结起来,反对法西斯统治,为建立独立、自由、民主的新中国奋斗。吴宗耀对周恩来留下深刻印象,他说:"在他身上,我看到了能够代表共产党人的一切最优秀的品质。"①

（三）广泛动员人民群众

抗日战争是全民族的人民战争，只有宣传群众、动员群众、组织群众、武装群众、依靠群众才能取得最后胜利。周恩来深刻指出："抗日战争胜利的基础，在于广大人民群众之深厚的伟大力量。""四万万五千万人的团结，是我们抗战胜利的最大保障。"②

1. 发动工人。"七七"事变发生，周恩来正在上海，立即指示负责中央联络工作的潘汉年，利用全面抗战时机，放手发动职工运动，充分开展统一战线工作。在武汉时期，根据周恩来指示，全国18个工人团体筹备成立中国工人抗敌总会。后来，重庆市成立了总工会，《新华日报》发表社论，为国统区工人运动及其统战工作指明了方向。全国工人群众以各种形式参加抗日斗争。长辛店工人组成战地服务团，担任战地救护；上海工人组织抗敌后援会、义勇队、救护队、慰劳队，积极开展斗争；山西省总工会发动铁路沿线工人参加救国运动；天津、广州、南京、武汉等地工人通过救国团、救亡协会、抗战后援会广泛开展抗日活动。

2. 发动农民。中国最广大的地域是农村，占中国人口绝大多数的是农民，这是战胜日本侵略者的深厚源泉。抗战初期，周恩来在山西指示薄一波根据党的统一战线政策，引领"牺盟会"，组建"敢死队"，成立第二战区民族革命战地总动员会，逐步建立起晋察冀边区根据地。在武装农民开展敌后游击战、建立华北根据地方面，周恩来功不可没。随着国民党正面战场节节败退，八路军、新四军挺进敌后，游击战在广大农村根据地迅速展开。农民群众拿起各种武器，依托高山密林、水网芦荡、平原地道、庄稼青纱，开展多种多样的游击战、地雷战、地道战、破袭战、麻雀战、蜂窝战、围堵战、推磨战、水上游击战、铁道游击战，使日本侵略者陷入人民战争的汪洋大海，终遭灭顶之灾。

3. 发动妇女。周恩来号召占人口一半的妇女"要求得自身的解放，必须投身到抗日斗争中去"。为加强对国统区妇女运动的领导，1939年2月成立以邓颖超为书记的妇女运动委员会，动员全国三百多个妇女团体成为争取民族解放的堡垒。上海妇女抗敌后援会，认购救国公债2.3亿元；胶东地区妇女3个月捐黄金50两，白银1.24万两；敌后根据地妇女做军衣、军鞋、送公粮、运弹药、救伤员，充

---

① 转引自李蔚《周恩来和知识分子》，人民出版社1985年版，第16页。
② 《坚持团结抗战的号角》，重庆出版社1986年版，第123页。

分彰显了"妇女能顶半边天"的伟大历史作用。

4. 发动青年。周恩来特别注重青年的革命热情和先锋作用。他说:"谁有青年,谁就有将来。"他经常向青年学生讲形势,讲抗日,讲统战。他号召青年到军队去,到战地服务去,到乡村去,到敌占区去,分散到群众中去,分散到全国各个角落里去,那我们的力量是无比的。①正是在抗日民族统一战线的旗帜引领下,广大热血青年学生组织演出队、宣传队,创办报刊,宣传动员各界群众支援前线。许多人脱下长衫,直奔前线,成为抗日救亡的先锋。更有成千上万国统区的青年和学生抛弃优越安逸的城市生活,奔赴生活艰苦的革命圣地延安,经过一段时间的学习和锻炼,然后分赴抗日前线,这是20世纪中国极具神奇色彩的历史画卷。

5. 发动少数民族。周恩来通过各种渠道、各种关系、各种方式做少数民族的统战工作,筑起各民族团结抗日的铜墙铁壁。北方的满族、朝鲜族、蒙古族、回族,新疆的维吾尔族、哈萨克族、西藏的藏族,广西的壮族、苗族,云南的白族,贵州的布依族、土家族,海南的黎族,台湾的高山族,有钱的出钱,有力的出力,支援抗日。有的直接组织武装斗争,以至献出生命。回民支队英雄马本斋就是杰出代表。

(四)着力团结各界知识分子

周恩来在整个抗日战争时期,用相当大的精力做各界知识分子的工作。这是一个特殊群体,不仅要使他们自觉投入抗日斗争,而且通过他们唤起全民族的觉醒和奋起。周恩来以国民政府军事委员会政治部副主任身份,分管第三厅的工作,通过郭沫若、田汉、阳翰笙、洪深等知名人士把文化界团结起来。三厅成立后的第一件大事就是举办抗战扩大宣传周。周恩来指示:扩大宣传范围,扩大宣传对象,深入到劳动阶层中去,到工厂、农村、前线战壕去,提高工农抗战意识,鼓励战士杀敌热情。十万人火炬游行;几十个演剧队、几百个宣传队进入工厂、码头、郊区宣传;上万人的歌咏队的抗日歌曲响彻云霄;全城剧院、电影院上演抗日话剧、戏曲、电影;最后一天是60万人大游行。沉寂十年的江城沸腾了,爆发出青春的革命气息。三厅又组织了"七七"献金活动,周恩来带头捐出副部长240元的月薪。参加献金的达50万人,献金总额超过100万元。很多人看到献金的热烈场面,由衷地说:"中国不会亡!""中国一定复兴!"

三厅撤销后,周恩来利用文化工作委员会继续做文化界的工作。经常举办座谈会、演讲会、报告会、纪念会等各种活动,宣传抗日,扩大文化统一战线。周恩来

---

① 《周恩来选集》上卷,人民出版社1980年版,第89~90页。

还巧妙运用戏剧做突破口,指导阳翰笙的《天国春秋》和郭沫若的《屈原》成功演出,引起强烈的社会共鸣,轰动了整个山城。

周恩来十分关注教育界的统战工作。他和马寅初、陶行知、陈望道、张伯苓多有交往。马寅初因揭露四大家族发国难财而被捕入狱,周恩来组织营救并为其祝寿。他和陶行知、陈望道谈国内外形势,讲抗日统一战线。他曾说:一个教员每学期教五十个学生,两年之后就有二百多人,假如我党有五百个教师在大后方工作,就可以团结十万青年,这个数字是何等惊人啊!①

新闻宣传具有敏感迅捷、波及广、影响大的特点,对巩固和发展抗日民族统一战线发挥着特殊作用。周恩来亲自抓党报党刊《新华日报》和《群众周刊》。他把《新华日报》定位为党的喉舌,人民的向导,坚持团结抗战的号角,爱国民主的旗帜。他不仅对报刊做具体指导,而且亲自为《新华日报》写文章58篇,题词11次,在《群众周刊》发文13篇,这种亲力亲为、率先垂范的好作风,为党报党刊树立了榜样。他对夏衍办的《救亡日报》指导说:"讲人民大众想讲的话,讲国民党不肯讲的,讲《新华日报》不便讲的,这就是方针。"②周恩来还亲自约见救国会"七君子"之一、主办《生活周刊》的邹韬奋,亲切地称邹为朋友,表示无论什么时候有困难,中共都愿相助。邹韬奋深受感染,把周恩来视为"良师益友""最可敬佩的朋友"。《大公报》著名记者范长江一直与周恩来保持密切关系,并由周介绍加入中国共产党。

周恩来同样关心科技界。1939年春,他指示潘梓年把自然科学家组织起来,投入抗日救国洪流。在他指导下成立了由林学家梁希、心理学家潘菽、农学家金善宝、气象学家涂长望等20余人组成的"自然科学座谈会"。周恩来经常参加他们的活动,帮他们分析形势,辨明是非,认清前途。李四光是杰出的地质学家,周恩来亲自与他交谈,阐明中共政治主张,指明国家前途,使他从黑暗中看到曙光。在周恩来推动下,1945年成立了"中国科学工作者协会",得到100多位科学家支持,这是中国科技史上的一大创举。

(五)大力争取港澳同胞、海外华侨支援抗战

香港是中国获取海外援助的重要中转站。1938年1月在周恩来直接领导下的廖承志、潘汉年负责成立了八路军香港办事处。购置转送各种军需物资,介绍

---

① 《周恩来传》,中央文献出版社1998年版,第623页。
② 《周恩来传》,中央文献出版社1998年版,第513页。

和协助华侨及港澳青年回国参加抗日,还创办报刊进行宣传,在海外尤其在东南亚产生很大影响。

澳门同胞也利用其"中立"的特殊地位,大力开展抗日救亡工作。由学术界、音乐界、体育界、戏剧界50多个社团组成的澳门救国会成立了回乡服务团,在珠江三角洲等地活动。中共澳门地下党也动员组织青年回乡服务团,参加宣传群众、战地服务、前线作战、部队政治工作等。

周恩来极为重视争取海外华侨共同抗日。南洋华侨领袖陈嘉庚组织"南洋华侨筹赈国内总会",号召华侨各尽所能,各竭所有,贡献国家。抗战爆发5年间,募捐50亿元;另捐献军需物资,有相当一部分给予八路军、新四军和华南抗日纵队。1940年3月,陈嘉庚率团回国慰问考察,他对国民党贪污舞弊、奢华无度极为不满。结识周恩来后,毅然冲破蒋介石阻拦,到延安考察。回来的结论是:"中国的希望在延安。"美国著名华侨领袖司徒美堂与周恩来会见后,深受感动。回美后捐款数亿美元,从物力、财力上给予国内抗战很大援助。周恩来还通过各种渠道和关系,与世界各地华侨取得联系。抗日时期,以南侨总会、旅美华侨救国会、全欧华侨抗联会为代表的各种团体3 940多个,他们联系着800万海外华侨,共捐款13.2亿元,寄回侨汇95亿元,成为当时国内经济的重要支柱和军费开支的重要来源。还有许多海外华侨毅然回国,直接投身抗日斗争,仅粤籍华侨就有四万多人,不少人献出了宝贵的生命。

(六)积极推进建立国际反法西斯统一战线

周恩来是一个具有世界眼光的政治家,他不但致力于国内统战工作,而且广泛结交国际友人,结成反对日本帝国主义的国际统一战线。他当时开展的外交工作主要是:主动接触外交官员,积极参加外事活动;同外国记者广泛接触,保持密切联系;热情接待援华的国际友人。长江局期间,他接见的国际友人达100多人次;他与在武汉的40多名外国记者保持经常联系,请他们参加记者招待会,为他们提供新闻资料。抗日时期重庆设有苏、美、英、法等30多个反法西斯国家的使馆,40多个国家建有外交机构,人员多达1 000多人。周恩来利用一切机会,广泛会晤外国人士,其中有美国副总统华莱士、总统行政助理居里、总统特使威尔基、顾问拉铁摩尔、将军史迪威、驻华使馆官员谢伟思、戴维斯、文森特;英国驻华大使卡尔;法国驻华大使贝志高;加拿大驻华大使德伦;苏联驻华大使潘友新、武官崔可夫等。还有美国作家记者斯诺、斯特朗、史沫特莱、海明威和学者费正清,西德作家王安娜,新西兰作家艾黎,荷兰电影导演伊文思,日本作家鹿地亘等。大家熟悉的国际共产主义战士加拿大的白求恩,印度的柯棣华,也是经结识周恩来后,赴延安和解放区的,他们为中国人民抗日战争洒下热血,以至献出宝贵的生命。

周恩来不仅对外宣传中国共产党的统一战线方针政策,而且争取外国记者和友人到根据地参观访问。在他积极推动和精心安排下,不断有外国友人到延安和解放区参观。尤其是1944年6月,由21人组成的中外记者参观团赴延安访问,被称之为"全世界人民的眼睛"。经过两个多月的采访,他们了解到解放区的真实情况,看到了中国人民抗战胜利的曙光,也看到了中国人民的未来和希望。一位常驻中国六年的美国记者总结道:"年轻的中国共产党人终将在中国取得胜利","连做梦都想在英语中进行"的国民党政府,"对自己的人民一无所知","应该让它垮台得愈早、愈彻底愈好"。①

周恩来创造性的抗日民族统一战线工作,凝聚了人心,凝聚了力量,赢得了朋友,赢得了时间,最终赢得抗日战争的彻底胜利! 一位长期跟随周恩来在重庆工作的同志如是说:"周公馆就是统战司令部","没有周恩来就没有统一战线"。②

## 三、理性概括、全面总结

周恩来在《关于统一战线工作》《关于统一战线的策略方法和守则》《关于统一战线情况及策略》《论统一战线》等一系列报告和发言中,对抗日民族统一战线的实践做了全面系统的总结。

(一)系统阐述了抗日民族统一战线的历史进程,揭示其历史必然性

周恩来将抗日民族统一战线的历程分为五个阶段:第一阶段从"九一八"到西安事变;第二阶段从西安事变到"七七"抗战;第三阶段从"七七"抗战到武汉撤退;第四阶段从1939年国民党五中全会到1944年参政会国共两党公开谈判;第五阶段从联合政府口号提出到中共"七大"召开。周恩来指出,以国共合作为基础的统一战线是中国国情决定的,中国历史的大趋势是走向团结和统一。第一次国共合作形成的统一战线,推动了国民革命和北伐的胜利。第二次国共合作形成的抗日民族统一战线,是战胜日本帝国主义的基本条件,是抗战胜利的政治保证。国民党元老于右任说得好:国共两党"合则两利,离则两损"③。"合"是符合中国国情

---

① 白修德:《中国抗战秘闻》,河南人民出版社1988年版,第4页。
② 王功安等:《周恩来与国共关系》,武汉出版社2003年版,前言第14页。
③ 屈武:《周恩来同志与国共合作》,《统一战线的珍贵文献》,浙江人民出版社1985年版,第34页。

的历史必然,"离"则是违反国情的历史错误。周恩来坚定指出:抗日民族统一战线已将千千万万中国人民组织起来,武装起来,"这种力量的伟大团结和发展,将保证着中国抗战的继续,将保证着中华民族的胜利"。当国民党发动第二次反共高潮、统一战线面临破裂时,周恩来大声疾呼:"我再重复说一次:团结则存,分裂则亡;合作则胜,独霸则败。这是中国今天抗战的铁则,谁不遵守这个铁则,谁将成为万世的罪人。"[①]在周恩来看来,抗日民族统一战线是中国现代史发展的必然,也是抗日的现实需要。只有从这样的高度来认识抗日民族统一战线,才能去掉盲目性,增强自觉性,坚持走历史必由之路,反对逆历史潮流而动。

(二)深刻论述了抗日民族统一战线的性质和特点,指出其极端复杂性

关于抗日民族统一战线的性质,周恩来概括为三点:一是民族性。就是说建立在全民族一致对外,团结抗日的基础上的,这是根本的性质。周恩来分析道:为了反对日本帝国主义的侵略,抗日民族统一战线包括全民族不同党派、不同阶级、不同军队、不同组织,这既是其力量所在,也是其优点和强点。二是民主性。这是统一战线建立之初就提出的要求。周恩来认为,正确处理抗战与民主的关系,是巩固和发展抗日民族统一战线的主要内容。民主服从抗战,抗战要民主来推动。抗战与民主犹如自行车的两轮,没有民主,抗战运动不能深入,甚至发动不起来或者被出卖。在这一问题上,国共两党长期存在原则分歧和严重斗争。三是社会性。即是说在对社会解放起初步推动作用。周恩来说,抗日民族统一战线承认民生主义是基本的,但民族危机之下,劳动阶级的阶级利益和民主要求已降到最低点。因此,抗日民族统一战线的社会解放作用,是最薄弱的一环。

关于抗日民族统一战线的特点,周恩来高度概括为:"中国统一战线的特点就是复杂。"抗日民族统一战线尤其复杂。复杂是突出特性,其他特点都由此派生。周恩来从三个层面剖析了"复杂性":一是从国内外重大矛盾交错变化看复杂性。他说:抗日战争新时期的特点就是划分两个中国,一个是法西斯中国,衰弱,死亡;一个是自由中国,兴起,发展。与两个中国并存的有五大矛盾:民族矛盾、国共矛盾、国内矛盾、国际矛盾、国民党内部矛盾。其中民族矛盾是基本矛盾,其他矛盾是从属,而其他四个矛盾又以国共矛盾为主,这些矛盾的交错影响,发展变化,使得统一战线呈现出极为复杂的景象。二是从敌我双方阶级关系状况及变化看复杂性。先从敌人方面看,中国革命不仅面临封建主义这个敌人,而且面临多个凶

---

① 《坚持团结抗战的号角》,重庆出版社1986年版,第133页。

恶的帝国主义敌人,它们和各派军阀勾结,形成复杂的割据局面;又和大地主、大资产阶级勾结,形成买办资产阶级的不同派别。帝国主义有分有合,国内军阀、大地主、大资产阶级也经常分化,特别是各阶级、各派系代表人物也是经常变动的,这样敌人营垒就呈现出极为复杂的局面。再从统一战线内部各阶级关系看,有无产阶级、农民阶级、小资产阶级、民族资产阶级,甚至有一些大地主、大资产阶级,这本身就很复杂。而各阶级都有自身的特点,如民族资产阶级就有革命性和妥协性两个特点,而且在上、中、下层又有不同表现。这样统一战线内部既因有共同的敌人而目标一致,但又因有各自的阶级特点而表现出各自的特殊利益要求。正如周恩来所结论的:"在革命发展过程中,由于敌我关系和斗争营垒时常发生变化,形势时常变动,所以统一战线的问题就很复杂。"[①]三是从蒋介石对抗日民族统一战线态度的变化看其复杂性。蒋介石统治集团掌控全国军、政、财、文大权,他们对统一战线的态度至关重要。周恩来从历史和现实两方面进行了分析。他说,蒋介石是大地主、大资产阶级的代表,思想本质是反动的。但蒋又代表英、美帝国主义利益,抗战后,英美反日,影响蒋介石站在抗战方面,但同时又和日本勾结。抗战以来,他在"联俄反共""联共溶共""要群众而统制群众"这些矛盾中,随抗战形势而变化着。一方面在形式上讲团结抗日,而实际政策又加紧分裂反共、破坏统一战线,存在妥协投降的可能。这正是蒋介石思想和政策的矛盾处,也就是他的政治特征。再加上他狐疑多变、反复无常的性格,更增添了抗日民族统一战线的复杂性。

周恩来在对抗日民族统一战线性质和特点分析的基础上,要求"我们有一个清醒的头脑",认清统一战线的复杂性,从而为抗日民族统一战线制定正确的方针、政策、策略和原则,找到科学依据。

(三)科学地概括了抗日民族统一战线的原则、策略、方法和守则

关于抗日民族统一战线的原则。周恩来在1937年4月的中央政治局会议上强调:中国共产党要坚持三个原则:一是组织的独立性,无论如何不能混合。二是国际性,不能断绝同国际的关系。三是阶级性,是代表无产阶级的。在1938年9月召开的中共六届六中全会上,周恩来关于统战工作报告中就坚持党的政治独立性、服从三民主义、但绝不放弃共产主义等问题,提出十二条原则。在1939年8月的政治局会议上,他就统战工作中遇到的与蒋介石和国民党的关系问题,政权问

---

① 《周恩来统一战线文选》,人民出版社1984年版,第96页。

题,军队问题等十个问题提出了明确的处理原则和方法。1946年1月在政协第三次会议上,就与国民党谈判的经验教训,提出四条重要原则:要互相承认,不要互相敌视;要互相商量,不要独断;要互相让步,不要独霸;要互相竞赛,不要互相抵消。

关于统一战线的策略。为了保证抗日民族统一战线的顺利贯彻执行,周恩来提出十条策略,如第一条"使国内阶级适当分化,以巩固统一战线"和第六条"积极扶持同情分子,努力争取中间分子""以扩大统一战线",这是为了贯彻"发展进步力量,争取中间力量,反对顽固力量"的总方针。

关于统一战线的方法。周恩来从斗争上、组织上、工作上、方式上四个方面提出具体方法。如在斗争上,不失主场,但不争名位与形式;坚持原则,但要机动灵活;争取时机,但不要操之过切,咄咄逼人。又如在工作上,要使竞争互助让步相互为用,但竞争不应损人,克己互助不要舍己耘人,让步不能损害主力。①这些方法如此精细周到,灵活多样,切实可行,不仅是统一战线的工作方法,而且具有普遍的方法论意义。

关于统一战线的守则。周恩来提出六项:坚定的立场;谦诚的态度;学习的精神;勤勉的工作;刻苦的生活;高度的警觉。②这些言简意赅的格言,是周恩来长期从事统战工作实践经验的结晶,是他献身共产主义事业自我修养的准则信条。它不仅是统战工作者的守则,而且是全党增强党性、提高素质、加强纪律的准绳。

(四)特别强调了无产阶级领导权在统一战线中的极端重要性

周恩来着重指出:"领导权的问题,是统一战线中最集中的问题。"③在这个问题上,"无产阶级领导农民、小资产阶级,可以搞得很好,很亲密。对自由资产阶级,虽然他闹独立性,但还可以领导。对大地主、大资产阶级,一般地说不能领导,只能在某个问题上、某个时期内领导"④。周恩来明确指出,领导权不是天然的,是要通过斗争争来的。同无产阶级争夺领导权的是代表大地主、大资产阶级的国民党统治集团。党在历史上几个时期的成功,正在于正确地执行了毛泽东关于领导权问题的思想和路线,"左"右倾机会主义者在这个最关键的问题上都栽了跟头。他生动形象而又深刻经典地论述道:"右的是放弃领导权,'左'的是把自己孤立起

---

① 《周恩来统一战线文选》,人民出版社1984年版,第44页。
② 《周恩来统一战线文选》,人民出版社1984年版,第45页。
③ 《周恩来选集》上卷,人民出版社1980年版,第220页。
④ 《周恩来选集》上卷,人民出版社1980年版,第218页。

来,成为'无兵司令''空军司令'。可以说右倾是把整个队伍送出去,'左'倾是把整个队伍推出去。"①一句话,丧失无产阶级领导权,就没有真正的抗日民族统一战线。这些分析表明周恩来的统战理论日臻成熟。

周恩来如上关于统一战线问题分析得如此清晰、透彻、系统、全面,是与他高瞻远瞩的恢宏气度,体察入微的剖析能力和丰富多彩的实践经验分不开的。毫无疑问,周恩来是我国统一战线理论的奠基人之一。

周恩来在武汉时期的全部活动,始终坚持党和人民的立场,始终坚持独立自主原则,从没有无原则的妥协和屈从。他在抗日民族统一战线中的光辉实践、独特地位、杰出才智和理论贡献是无人可以企及的,至今,仍然为实现中华民族伟大复兴的中国梦提供力量源泉,为实现祖国和平统一大业提供思想智慧,为实现和平、发展、合作、共赢的世界命运共同体提供有力支撑,为新时期统一战线理论的发展创新提供成功范例。

---

① 《周恩来选集》上卷,人民出版社1980年版,第220页。

# 试述周恩来为抗日民族统一战线做出的卓越贡献 邱文利[*]

统一战线,是中国革命胜利的三大法宝之一。中国人民的抗日战争取得胜利,抗日民族统一战线发挥了重要作用。在全面抗战时期,周恩来坚定地贯彻实行党的抗日民族统一战线政策,参与和领导了党在抗日民族统一战线方面诸多比较重要的工作,在抗战、团结、进步的大旗下,凝聚各党派共识、凝聚全中国人心、凝聚国内外力量,同仇敌忾,形成合力,为中国抗战乃至世界反法西斯战争做出了重要贡献。

## 一、广泛凝聚各党派共识,共赴国难

抗日战争是一场关系到中华民族生死存亡的决战,"中华民族到了最危险的时候"。中国共产党率先举起团结抗日的旗帜,反映民族呼声,伸张民族大义,使救亡图存、全民抗战成为各党派、阶级、阶层和集团的共识,空前地团结在抗日民族统一战线的伟大旗帜下,一致对外,共赴国难。为此,周恩来多次奔波于延安、武汉、重庆等地纵横捭阖,穿梭于国共之间以及其他各党派之间,折冲樽俎。

### (一)在国民党人士中进行争取工作

抗日民族统一战线的主体是国、共两党。因此,如何妥善处理两党关系,就成为统一战线能否建立、坚持和发展的关键。在共产党方面,周恩来一直具体负责同国民党进行谈判、协商及解决两党关系方面问题。由于周恩来在第一次国共合作时期,就有广泛的军事活动,在军界中与许多国民党高级将领有交往,在上层中做了卓有成效的工作。国民党军队中凡愿意抗日、愿意和共产党合作的,周恩来都是以真诚的态度尽量争取。在争取他们时,主要向他们指明政治上的出路,并给予必要的关心和合作。在统一战线形成过程中,周恩来对十九路军将领和张学良、杨虎城等人的争取,取得了良好的效果。统一战线形成后,周恩来做的这类工

---

[*] 邱文利,天津周恩来邓颖超纪念馆副馆长。

作就更多了。如对冯玉祥、鹿钟麟领导的西北军,对李济深、李宗仁领导的两广军,对龙云、卢汉等领导的滇军,对刘文辉、潘文华、邓锡侯领导的川康军的争取,以及程潜、卫立煌、张治中等领导下的一部分中央军都建立了比较友好的关系。

周恩来与国民党中央组织部副部长张冲的交往和争取,堪称化敌为友的传世佳话。张冲曾在1932年炮制《伍豪等脱离共产党启事》,诬陷周恩来。1936年西安事变和平解决后,张冲作为蒋介石的和谈代表,与周恩来的交往多了起来。周恩来在与张冲的接触中主动捐弃"宿怨",凡事以国家民族利益为重,深深感动了张冲。两人携手站在抗日的大旗下,为了民族的大义,并肩战斗。

(二)以斗争求联合,维护国共合作大局

由于国共两党各有自己的政权和军队,此外,双方没有正式制定合作的共同政治纲领,也没有固定的组织形式。这些特点,决定了抗日民族统一战线在对外进行民族斗争的同时,内部必然存在着严重的阶级冲突。因此,我党在统一战线中实行又联合又斗争的政策,斗争的目的是联合,并且制定出发展进步势力、争取中间势力、孤立顽固势力的策略方针和对顽固派采取有理、有利、有节斗争的原则。周恩来坚决执行党的这些政策和方针。

周恩来在揭露和批评国民党错误政策的同时,善于发现、扩大各种有利于团结抗日的因素,让人们真切感受到我党坚持统一战线政策的诚意。如1941年初皖南事变后,在两党关系濒临破裂的情况下,周恩来仍为维护统一战线而努力。他连续写了《民族至上与国家至上》《"七七"四年》《团结起来打敌人》《"九一八"十年》等文章,反复强调"'团结则存,分裂则亡;合作则胜,独霸则败',这是今天中国抗战的铁则"。对国民党政府有利于抗战的言论,如"九一八"十周年告全国国民书中表示的抗战到底的态度,也给予肯定,呼吁大家"使这些主张坚持下去,实现起来"。同时,周恩来加强与国民党上层人士的接触、沟通。1942年下半年,两党代表又坐到了谈判桌旁。周恩来所做的这些工作,对于缓和顽固派发动反共高潮造成的两党紧张关系,坚持国共合作,巩固统一战线,是很有作用的。[1]

(三)注重团结中间党派

毛泽东曾说,中国是一个两头小、中间大的社会。中间力量的主要代表有救国会、第三党、中华职业教育社、乡村建设派和中国民主同盟("民盟")等,在外敌入侵面前,他们也都参加了抗日统一战线。

---

[1] 黄志英:《周恩来与抗日民族统一战线》,《华南师范大学学报(社会科学版)》1995年第3期。

抗战初期,中间党派一致拥护执政的国民党、其中一部分反对共产党的独立性,有的甚至主张取消共产党。由于中间党派社会影响力大,争取他们,对中共而言,意义重大。为了争取中间党派,周恩来经常和他们互通情况、商谈时局、研讨抗日民主大计。1938年底,汪精卫叛国投敌,周恩来致信中华职业教育社发起人黄炎培,通报有关动向,提出反对投降派主张,引起了他们的警觉和斗争。皖南事变发生后,周恩来亲自向黄炎培和救国会的沈钧儒、邹韬奋等介绍情况、讨论时局和解决办法。周恩来还经常对中间党派给予关心、支持和帮助。在政治上,当他们受到压制、迫害时,为他们伸张正义,鼓励和支持他们的斗争。在经济上,从实际出发,在有利于抗日民主运动的前提下,尊重和照顾他们的利益。

在周恩来的努力下,中间党派的政治态度有了很大进步:到了抗战后期,大多数反对国民党的独裁统治及其对抗日战争的妥协态度,要求革新政治,实行民主,动员人民,抗战到底。这大大有利于抗日战争的发展和统一战线的巩固。

(四)重视争取民族工商业

周恩来也重视对民族工商业者的统战工作。为此,重庆南方局设立经济组,专门负责工商界统战工作。1939年1月25日,周恩来等到胡厥文的合作五金厂参观,并以题词表达敬意:"供给方的生产,是国防工业第一要义。"1942年1月,周恩来又前往渝鑫钢铁厂了解后方民营工业情况,并题词:"没有重工业,便没有民族工业的基础,更谈不上国防工业,渝鑫厂的生产已为我民族工业打下了初步的基础。"周恩来还多次在"特园"邀请古耕虞、康心远等外贸界人士谈话,向他们阐明中国抗战胜利的前景,鼓励他们"要努力发展生产""保证供应,支援抗战"。周恩来与民族工商界人士的广泛交往、真诚鼓励,使他们明白了自身经济发展与民族抗战救国的内在联系,并坚持生产、支援抗战。同时,他们也在这种交往中加深了对中共的了解,逐步接受了中共的政策主张。[①]对于民族工商界的觉醒,周恩来后来回顾道:"1944年,不仅小资产阶级,连民族资产阶级也靠拢了我们。"[②]

## 二、凝聚全中国人心,举国御侮

中华民族具有"兄弟阋于墙外御其侮"和"天下兴亡,匹夫有责"的爱国主义传统。面对日本军国主义的野蛮侵略,全国各族人民发扬高度的爱国主义精神,团

---

[①] 周勇:《重庆抗战史1931—1945》,重庆出版社2013年版,第227页。
[②] 《周恩来传》,人民出版社、中央文献出版社1989年版,第713页。

结一致,"用我们的血肉筑起我们新的长城",义无反顾地投身到这场关系民族生死存亡的伟大斗争中。为此,周恩来始终战斗在统一战线的最前沿,他既是一位运筹帷幄、智慧超群的指挥员,又是一名浴血奋战、舍生忘死的勇士,一直奔走、呼号、战斗。

(一)广泛动员人民群众投身抗战

关于团结广大人民群众,周恩来曾经有一个著名的"圈子论述":党的着眼点是要争取最广大的人民大众团结在无产阶级周围,要"划一个最大的圈子",去夺取革命的胜利,而不是"把自己划在一个小圈子里边"空谈革命。①周恩来正是以这种广阔的眼界和博大的胸怀,大量进行争取各种抗日民主力量的工作。

周恩来充分利用担任国民政府军事委员会政治部副部长的有利条件,以其下辖的"第三厅"这一合法的政府机构名义,直接地、公开地领导各阶层、各界人民救亡团体,掀起了一次又一次的救亡运动高潮。最为突出的是1938年武汉三镇的"扩大宣传周"和"七七献金"运动。前者是为庆祝台儿庄胜利而举行的火炬游行,参加的人数达四五十万。而最能反映广大人民群众抗日爱国热情、出现许多感人肺腑事迹的则是"七七献金"运动。参加献金的人数达五十多万,主力是各行业、各阶层的劳苦大众。周恩来捐献出他担任政治部副部长的一个月薪金240元。仅五天时间,献金总收入即达一百多万元。第三厅用这些献金买了十辆卡车,组成交通队,定期将宣传品、慰劳品送往前线。这场献金救国运动,不仅轰动武汉,而且轰动全国乃至世界。在武汉"七七献金"的影响下,该运动在中国其他城市热烈开展,长沙、广州、重庆纷纷行动,都大获成功。此举堪称广泛动员人民群众、凝聚人心共同抗战的成功范例。

(二)领导文化界人士,推动抗战文化发展

文化界是抗战队伍的重要组成部分。周恩来领导下的第三厅,广泛团结和组织文化界进步人士开展抗日活动,推动轰轰烈烈的抗日救亡文化宣传运动。

中华全国文艺界抗敌协会("文协")是周恩来团结文化界人士的一块阵地。"文协"鼓励作家深入现实斗争,曾组织作家战地访问团,多次访问慰劳各地战场,推动了文艺工作者的下乡和入伍。文协成立后,文艺界各部门的统一战线团体也相继出现,作家、艺术家空前广泛地团结在一起服务抗战,坚决反击日本军国主义的精神文化侵略;同时,他们用笔杆发动民众抗日,唤起全民族的抗战意识,突破

---

① 《周恩来选集》上卷,人民出版社1980年版,第326~330页。

国民党的片面抗战宣传。这些使抗战时期的文艺活动呈现出生气蓬勃的新气象。

周恩来关心、爱护文化界人士。1941年太平洋战争爆发前,为了保证留居香港的进步文化人士和民主人士的安全,周恩来紧急电示八路军驻香港办事处主任廖承志,必须将聚集在香港的文化人士、民主人士抢救回来。周恩来坐镇红岩,做出了具体安排。这是一场空前绝后的秘密大营救,历时二百多天,行程数万里,遍及十余省市,在中共财力极其窘迫的情况下,耗费百万,共营救三百余人。

重庆每年10月至次年5月为雾季。抗战时期,日寇飞机在这期间减少空袭。周恩来领导南方局积极引导重庆进步文化界,利用这段时间,举行大规模演出,以唤醒民众,宣传抗战。从1941年到1945年,在长达4年的雾季公演活动中,共演出了《北京人》《棠棣之花》《天国春秋》《屈原》《结婚进行曲》等110多部话剧。正是由于党在这个阶段对群众进行宣传、鼓动、教育和组织工作,后来有一大批工人、青年和文化人士奔赴延安、奔赴敌后抗日根据地,或参加八路军、新四军,直接踏上新的抗日救亡征途。

(三)关心重视少数民族干部

中国是一个历史悠久的统一的多民族国家。为了发动各民族同胞共同抗日,周恩来指出:"今天在反对日本强盗的自卫战争面前,我们的统一战线是全民族的,不分任何种族、阶级、党派、信仰、性别,都应该联合起来……中国抗战,非全中华民族团结起来,不能成功。"[①]

周恩来关心少数民族干部的成长、关注少数民族地区革命力量的发展。

抗战时期,冯白驹组建领导的包括黎、苗等少数民族青年参加的琼崖独立纵队,为太平洋地区反法西斯战争的胜利做出了很大贡献,冯白驹被周恩来誉为"琼崖人民的一面旗帜"。

1944年2月,抗日英雄、冀中回民支队司令员马本斋因病逝世,延安各界举行马本斋追悼大会,周恩来等中央领导送了花圈和挽联。周恩来的挽词是:"民族英雄、吾党战士!"马本斋的逝世,是冀中回民武装的一大损失,也是回族人民和中国人民的重大损失。

出生于蒙古族家庭的乌兰夫,是我党早期党员,在长期的革命工作中,他得到了周恩来的指导和帮助。在周恩来的影响下,抗战时期,乌兰夫为发展内蒙古地区的革命力量做出了重大贡献。

---

① 《周恩来政论选》上册,人民日报出版社1998年版,第227页。

（四）以笔做刀枪，坚守舆论阵地

周恩来重视报刊宣传工作，他曾在给中华职教社的王席君题词中明确指出："笔战是枪战的前驱，也是枪战的后盾。"

1938年初，周恩来经过与国民党反复交涉和谈判，争取到了在国统区创办《新华日报》《群众》周刊的合法权利。周恩来担任《新华日报》董事长，对《新华日报》倾注了大量心血，他曾为该报题词："坚持长期抗战，争取最后胜利。"

《新华日报》上刊登了大量毛泽东、周恩来等的著作、文章，宣传我党全面抗战、游击战争的战略地位和持久抗战的方针。其中，周恩来先后发表共约24万余字，各类代论、文章、讲话、声明和题词等共计108篇。《新华日报》在国统区被誉为"灯塔""北斗"。毛泽东曾高度评价《新华日报》：我们不仅有一支八路军、新四军，还有一支"新华军"！[①] 中共中央的机关刊物《群众》周刊，在武汉、广州被大量翻印，广为发行。通过这些党报党刊，宣传了我党的政治主张，大量报道和表彰八路军、新四军英勇抗战的事迹，推动国统区的抗日救亡运动。

宣传工作，是我党的喉舌。人民力量的形成，宣传工作是起了重要作用的。当时在武汉出版的刊物40多种，大部分是我党领导或受我党影响编辑出版的。这些报刊和其他抗日救亡宣传工作，一方面动员群众同仇敌忾，参加到抗战的行列中来，许多青年甚至走上了革命的道路，参加了共产党；另一方面，它牵制了国民党的投降倾向，使党在群众中的威望越来越高。

## 三、凝聚国内外力量，并肩抗敌

抗日战争是世界反法西斯战争的东方主战场。中国人民英勇抗击日本侵略者的战略局面，极大地支援了世界反法西斯战场。中、美、苏、英等反法西斯主要国家联合起来，互相支援，互相配合，并肩打击德日法西斯。具有广阔国际视野的周恩来，敏锐地关注中国与世界战局的风云变幻，把国际上一切可以团结的力量团结在统一战线周围。

（一）争取国际人士，赢得他们的同情和支持

周恩来作为有远见的政治家和外交家，深刻洞悉国际社会也"极注意中国问

---

[①] 毛磊、刘继增等：《武汉抗战史要》，湖北人民出版社1985年版，第43页。

题"①。

全面抗战伊始,周恩来便主张要把国内形势与国际形势联系在一起,把中国抗战放到世界反法西斯战争的大背景中去考察,尽可能把中国抗战宣传工作扩大到国外,以争取国际社会对中国抗战的同情与支持。周恩来本着"宣传出去,争取过来"的方针,着重从两方面开展工作:

1. 与国际人士广泛接触,广交朋友。美国进步作家斯诺、斯特朗、史沫特莱,德国朋友王安娜,新西兰友好人士路易·艾黎等,他都曾多次会见过,有过深入的交谈,还先后安排他们到敌后了解情况。这些国际友人对中国的抗战形势、国共两党关系、边区和军队的建设等,都有过客观的报道宣传,使我党的政策和做法在许多方面获得了国际舆论的同情。如对皖南事变真相的揭露:斯特朗、斯诺、白修德等外国作家、记者,把从周恩来等共产党人处了解到的事实写了报道,引起不少国际人士对中国事态的关切,仅华侨人士及团体从世界各地发往中国要求停止内战的电报就达千封以上,英美政府也派人对事件真相进行调查,并从其战略利益出发,要求国民党停止冲突行为。

2. 冲破阻挠,开展与外国政府官方及民间团体的交往。国民政府迁都重庆后,在周恩来的领导下,中共代表团通过各种途径同各国驻重庆的官方及民间团体建立联系,对云集重庆的三十多个反法西斯国家的大使馆、四十余家外交代表机构、三十多个中外文化协会、数十家外交通讯报刊机构以及频繁往来的各国群众团体等展开了卓有成效的工作。

抗战时期,英美苏等国对中国事务的态度非常微妙,他们各自根据世界形势的变化和自己的战略需要,来确定对华政策。只有及时洞察形势发展趋向和各国政策的奥秘,才能在对外关系中取得主动。周恩来做到了这一点。1940年9月德意日签订同盟后,日本帝国主义配合德意的欧洲攻势,加紧南进,与美国的利益发生了日益尖锐的冲突,美国迫切需要中国加强抗日力量,拖住日本,遏制其南进。基于这样的考虑,美国不希望中国发生内战而希望共产党领导的抗日武装力量能较好地发挥作用。周恩来抓住这一时机,在与罗斯福总统代表居里、美国共和党领袖威尔基、知名人士巴特雷等的深入晤谈中,争取他们对共产党及其领导的抗日力量的同情和赞助,取得了一定的效果。当时美国驻远东军司令史迪威,就曾

---

① 陆诒:《周总理教我怎样做记者》,《新闻资料研究》第1辑,中国社会科学出版社1988年版,第34页。

建议国民党把封锁陕甘宁边区的几十万军队和共产党用来抵抗的军队调出来打日军,并主张美国援华物资中应有一部分供给共产党的抗日军队。①

周恩来以他的超人智慧和巨大的人格魅力深深折服了与他接触的外国人。抗战时期,美国著名作家海明威曾说:"周恩来是一个具有极大魅力和智慧的人……他成功地使几乎每一个在重庆与他有接触的人,都接受共产党人对于所有发生的任何事情的立场。"②国际社会通过周恩来了解了真实的中国,认识了共产党,很多国家把同情和支持放在了共产党一侧。这些间接地促进了抗日民族统一战线力量的壮大。

(二)团结动员海外华侨,投入祖国抗日救亡运动

广大海外华侨历来具有爱国主义的优良传统。为了开辟最广泛的国际统一战线,抗战期间,周恩来积极团结海外华侨,动员他们投入祖国抗日救亡运动。

1940年3月,著名南洋爱国侨领陈嘉庚率领南侨慰劳团回到阔别19年的祖国。此行目的:一是向抗战军民致敬慰之意;二是考察国内政治状况。他首先到了重庆,又冲破重重阻拦到访延安,在延安期间,会见了当地各界人士以及毛泽东、朱德等人,却没能见到周恩来。当陈嘉庚访问延安归来时,周恩来也从外地回到重庆。7月21日,周恩来在重庆会见了陈嘉庚,对陈嘉庚和海外侨胞为国内抗日所做出的贡献十分赞许。陈嘉庚最盼望的是国共两党团结合作,一致对外。周恩来态度鲜明地说:"国共合作是历史潮流。坚持抗战,反对投降;坚持团结,反对分裂;坚持进步,反对倒退;这是我们共产党人(对抗战)的三大主张。顽固派搞磨擦是不会得逞的!"延安之行的实地考察和周恩来在重庆的郑重表态,进一步坚定了陈嘉庚认为"中国的希望在延安""最后胜利必属我"的信念。③周恩来与陈嘉庚的交往是中国共产党对海外侨胞统一战线工作的缩影。

1941年,著名北美爱国侨领司徒美堂被国民政府遴选为参政会的华侨参政员。他目睹了国民党腐败和大后方民众困苦,对国民党感到极为失望,于是拒绝加入国民党并不肯任官职。司徒美堂到达重庆的次日,周恩来和邓颖超到旅馆看望。周恩来高度评价了司徒美堂的爱国热忱及其在美洲华侨中所做出的卓越贡献,还介绍了延安和祖国各抗日民主根据地坚持抗战、坚持团结和坚持进步的情

---

① 黄志英:《周恩来与抗日民族统一战线》,《华南师范大学学报》,1995年第3期。
② 童小鹏:《风雨四十年》,中央文献出版社1996年版,第317页。
③ 曾昭铎:《陈嘉庚与周恩来的深厚情缘》,《炎黄纵横》2008年第4期。

况。听完周恩来向他介绍敌后根据地军民坚持抗战的情况,并亲眼看到共产党人的精神风貌后,司徒美堂对祖国抗战坚定了信心。1943年2月,司徒美堂决定回到美国做华侨工作,周恩来亲自为司徒美堂送行,并嘱咐他将祖国抗日的重要性及抗日的真相告知旅美华侨,司徒美堂欣然应允。回到美国后,他便呼吁国内各党派团结抗战,反对国民党的独裁统治。司徒美堂还积极发动华侨捐款支持抗战,在美洲,他不顾国民党右派分子的攻击,在财力上给予八路军、新四军以极大的支持。①

综上所述,在全民族抗战时期,周恩来作为抗日民族统一战线的领导人,处在国际国内风云激荡、政治斗争纷繁复杂的武汉、重庆统一战线的第一线,置身国统区险恶的政治环境和艰苦的工作环境之中,时刻经受着信念、意志与生死的考验。他始终贯彻执行党中央的决策、坚定抗战必胜的信念,高举抗战、团结、进步的旗帜,以卓越的领导才干、丰富的斗争智慧特别是独特的人格魅力,维护了抗日民族统一战线的建立、巩固和发展,向世人展示了中国共产党顾全民族利益大局的博大胸襟,发展了进步力量,争取了中间势力,孤立了顽固势力,打击了日寇及投降派,从而凝聚了各党派共识、凝聚了全中国人心、凝聚了国内外力量,为这场伟大的民族战争的胜利立下不可替代的卓越功勋。

当前,中国人民正在为实现中华民族伟大复兴的中国梦而奋斗。周恩来在抗日民族统一战线中做出的卓越贡献启示我们:必须将实现中华民族伟大复兴这一目标,凝聚为中华儿女的根本利益、共同愿景和最大共识;必须凝聚13亿人心,团结一致,和衷共济,"心往一处想,劲往一处使",同向发力、齐心协力、形成合力;必须广泛吸收世界文明有益成果,博采各国文明之长,充分利用国内国外两个市场,两种资源,相互交流,合作共赢,广泛凝聚国内外力量,围绕"四个全面"战略布局,为实现"两个一百年"奋斗目标、实现中华民族伟大复兴的中国梦,汇集起"不可战胜的磅礴力量"。

---

① 王起鹍:《浅述司徒美堂的洪门、华侨、致公之路》,《广东致公》2013年第3期。

# 周恩来对抗日民族统一战线形成的历史贡献

王怀斌[*]

抗日民族统一战线,是以国共两党合作为基础的,全国各族人民、各民主党派、各爱国军队、各阶层爱国人士以及海外华侨参加的团结抗日的全民族统一战线,是中国人民战胜日本侵略者的重要法宝。

周恩来从日本侵华伊始就致力于国共两党合作的实现,并为之付出不懈的努力。从中国共产党制定抗日民族统一战线政策到担任国民政府军事委员会政治部副主任期间,周恩来既是建立抗日民族统一战线的主要决策者之一,又是统一战线最重要的组织者和统一战线工作的模范执行者,为抗日民族统一战线的形成做出了巨大贡献。

## 一、制定政策,促使国共合作抗日

"九一八"事变爆发后,日本帝国主义开始侵略我国东北,民族危机日益深重。周恩来清醒地认识到中日民族矛盾已经摆到中国人民面前,就此写了数篇短文。1932年2月9日,周恩来撰写文章《帝国主义大战的危机与党的目前紧急任务》,指出:"党的中心紧急任务是要以'拿民族革命战争反对日本帝国主义侵占中国','变帝国主义瓜分中国的战争为反帝国反国民党的民族革命战争'的口号动员全中国群众。"[①]周恩来由此开始大力倡导建立统一战线,反抗日本侵略。在他的推动下,1933年1月17日,中华苏维埃临时中央政府和中国工农红军革命军事委员会发表宣言,"向全国国民党的军队提议,在停止进攻、给予人民以自由权利和武装人民三个条件之下,订立停战协定,以便一致抗日"[②]。

随着局部抗战局面的发展和中共对国民党集团的不断斗争,周恩来同中共中央从实践中不断总结经验,在建立抗日民族统一战线问题上的认识也不断更新。

---

[*] 王怀斌,周恩来邓颖超纪念馆工作人员。
① 《周恩来年谱1898—1949》(修订本),中央文献出版社1998年版,第221页。
② 《周恩来选集》上卷,人民出版社1980年版,第191页。

1935年华北事变后,中央红军还在艰苦跋涉的长征途中,周恩来已意识到华北危急,同毛泽东、朱德等联名发布《为反对日本并吞华北和蒋介石卖国宣言》,号召全国工人、农民、海陆空军以及一切爱国志士、革命民众起来,"反对日本帝国主义占领华北,反对蒋贼等卖国,坚决对日作战,恢复一切失地,驱逐日本帝国主义出中国"①。随着华北危机的日益深重,8月1日,中共中央发布《为抗日救国告全体同胞书》,即"八一宣言",呼吁停止内战,反蒋抗日,提出组织国防政府,抗日联军的主张。中央红军长征胜利到达陕北后,1935年12月,中共中央在瓦窑堡召开政治局会议,讨论了当前形势及任务,决定建立抗日民族统一战线。周恩来在会上几次发言,和毛泽东、张闻天等一起,为制定这一决策发挥了重要作用。

瓦窑堡会议后,周恩来以其主要精力贯彻会议精神,致力于抗日民族统一战线工作。他受中央委托,统一主持对东北军和西北军的工作,并参与领导我党与蒋介石集团的秘密谈判。在他的努力下,抗日民族统一战线的发展,首先在以张学良为首的东北军和以杨虎城为首的西北军工作中取得了突破。1936年4月9日,周恩来来到肤施(今延安)与张学良举行会谈,共商救国大计。会谈中,张学良表示,完全同意停止内战,一致抗日;同意组织国防政府与抗日联军,愿参与酝酿此事。同时,张学良希望联蒋抗日,目前尚做不到反蒋,如蒋降日,当离开蒋;在公开抗日之前,不能不接受蒋介石的命令,进驻苏区。虽然直到这时,中共仍然反蒋抗日,但考虑到整个抗战的大局和张学良联蒋抗日的主张,周恩来经过深思熟虑,明确建议中共中央放弃反蒋口号。既然放弃反蒋,就意味着有可能实现联蒋抗日。显然,这比既主张国共合作同时又要反蒋的方针大大前进了一步。周恩来的建议得到批准后,5月5日,中华苏维埃中央政府在发布的《停战议和一致抗日通电》中,首次放弃了反蒋的口号,呼吁"在全国范围内、首先在陕甘晋停止内战,双方互派代表磋商抗日救亡的具体办法"②。这是中国共产党实现第二次国共合作的一个重要步骤,也是周恩来对抗日民族统一战线做出的重要贡献,同时丰富和完善了他的统一战线思想。

为了促成第二次国共合作,周恩来做出各种尝试,广泛发动各方力量,乃至直接与国民党要员甚至蒋介石本人进行沟通劝解。1936年5月15日,周恩来分别致函老师张伯苓和同学谌小岑,希望他们力促国共两党实现合作,共同抗日。在

---

① 《周恩来年谱1898—1949》,中央文献出版社1998年版,第285页。
② 《周恩来年谱1898—1949》,中央文献出版社1998年版,第313页。

致张伯苓的信中，周恩来赞扬老师呼吁停止内战、一致对外的救国热忱，指出："居今日中国，应不分党派，不分信仰，联合各地政府及各种军队，组织国防政府与抗日联军，以统一对外。"①在致谌小岑的信中，周恩来希望他"推动各方，'迅谋联合'，'共促事成'，并表示欢迎曾养甫、谌小岑到陕北来'商讨大计'"②。8月25日，中共中央发布《中国共产党致中国国民党书》，表示在这亡国灭种的紧要关头，愿意同国民党"立即停止内战，组织全国的抗日统一战线，发动神圣的民族自卫战争，抵抗日本帝国主义的进攻，保卫及恢复中国的领土主权，拯救全国人民于水深火热之中"③。这正式表明了中国共产党建立最广泛的抗日民族统一战线的主张，向国民党发出了寻求合作、一致抗日的强烈信号。此方针确定后，周恩来又成为抗日民族统一战线最强有力的推动者。9月1日，周恩来致函陈果夫、陈立夫，信中说明中国共产党为实现国共两党合作抗日的诚意，希望他们力劝蒋介石"立停军事行动，实行联俄联共，一致抗日"④。9月22日，周恩来致函蒋介石，信中再次强调"共产党今日所求者，唯在停止内战、建立抗日统一战线与真正发动抗日战争"⑤。这是中国共产党第一次致函蒋介石，呼吁实现国共合作，一致抗日的主张，周恩来在其中所起的作用不言而喻。

## 二、力挽狂澜，和平解决西安事变

1936年12月12日，震惊中外的西安事变爆发。事变发生后，张学良致电中共中央，希望能够听取中国共产党的意见。13日，中共中央政治局就这一突发事变，召开紧急会议，周恩来做长篇发言，分析了南京政府内部各派系和地力军阀以及国际上种种力量对事变可能采取的态度，提出了共产党应取的对策：在军事上应准备迎击南京方面对西安的夹击，在政治上不采取与南京对立，努力争取蒋之大部，要深入群众运动，巩固我们的力量。实践证明这一对策是完全正确的。在毛泽东、周恩来等人的力主下，会议确定和平解决西安事变的基本方针，并派周恩来、秦邦宪、叶剑英等组成中共代表团，赶赴西安参加谈判。当天中午，毛泽东、周恩来复电张学良："恩来拟来西安与兄协商尔后大计，拟请派飞机赴延安来接。"⑥

---

① 《周恩来统一战线文选》，人民出版社1984年版，第15页。
② 《周恩来年谱1898—1949》，中央文献出版社1998年版，第314页。
③ 《中共中央抗日民族统一战线文件选编》（中），档案出版社1985年版，第235页。
④ 《周恩来统一战线文选》，人民出版社1984年版，第17页。
⑤ 《周恩来统一战线文选》，人民出版社1984年版，第21页。
⑥ 毛泽东、周恩来致张学良的电报，1936年12月13日。

17日晚,周恩来率先抵达西安,不顾旅途劳累,当即认真听取张学良、杨虎城关于发动西安事变情况的介绍,肯定二位将军的爱国行为,随后向张学良、杨虎城表明我党关于和平解决西安事变的方针。周恩来指出,西安事变的前途有两种可能性,一种是争取到蒋介石停止内战,一致抗日,这会使中国今后走上更好的前途,应该争取西安和南京在团结抗日的基础上和平解决矛盾,走上团结抗日的前途,必须反对新的内战。另一种可能,就是杀掉蒋介石,这会引起新的更大的内战,使中国走向更坏的道路。周恩来表示,中国共产党对西安事变极表同情,决定对张、杨两位将军以积极的实际援助,使西安事变的抗日主张能够彻底实现。① 经过周恩来耐心细致的说服工作,张、杨两位将军完全赞同我党和平解决西安事变的主张。这是决定西安事变发展前途的关键性决策,体现了周恩来的长远战略眼光。周恩来当晚电告中共中央这一处置办法,得到中央的认可。第二天,中共中央公开发表宣言,致电国民党中央,呼吁和平解决西安问题。

经过各方面尤其是中国共产党和西安方面的共同努力,12月23日,谈判正式开启,西安方面由周恩来作为中共代表与张学良、杨虎城出席,国民党方面由宋子文出席。会上,周恩来提出关于和平解决西安事变的六项主张:子、停战,撤兵至潼关外。丑、改组南京政府,排除亲日派,加入抗日分子。寅、释放政治犯,保障民主权利。卯、停止剿共,联合红军抗日,共产党公开活动(红军保存独立组织领导。在召开民主国会前,苏区仍旧,名称可冠抗日或救国)。辰、召开各党各派各界各军救国会议。已、与同情抗日国家合作。② 在谈判的过程中,周恩来充分表明我党的原则立场和寻求和平解决西安事变团结抗日的诚意,为谈判达成一致协议发挥了重要作用。经过两天艰苦的谈判,在周恩来的斗争与周旋下,双方达成了停止剿共、联合红军抗日,公开承认中国共产党的合法地位,改组国民政府,释放政治犯以及相关外交政策等十项协议。24日,周恩来前去探望蒋介石,蒋介石表示同意"停止剿共,联红抗日"③等相关协议内容,并邀请周恩来去南京继续谈判。至此,中国共产党倡导和平解决西安事变的方针基本实现。可以看到,面对突如其来的西安事变和之后错综复杂的局面,周恩来能够在后方以精准的战略眼光做出冷静分析、周全决策,也能在事变的最前线"冲锋陷阵",沉着应对、灵活处理、与各

---

① 《张学良与西安事变》,中华书局1980年版,第114页。
② 《周恩来选集》上卷,人民出版社1980年版,第70~71页。
③ 《周恩来选集》上卷,人民出版社1980年版,第73页。

方协商斡旋,为事变的和平解决发挥了至关重要的作用,也为实现第二次国共合作、建立最广泛的抗日民族统一战线奠定了坚实的基础。

### 三、五次谈判,形成统一抗战局面

回到南京后,蒋介石并不甘心与中国共产党和解,仍坚持"根绝赤祸",拖延抗战的策略。为真正实现国共两党第二次合作,周恩来不辞劳苦,先后赶赴西安、杭州、庐山和南京等地与国民党高层代表直至蒋介石本人,进行了长达七个月之久的谈判,为抗日民族统一战线的最终建立付出了巨大努力。

2月9日,周恩来在西安与国民党代表顾祝同举行会谈。这是十年内战后国共两党高层领导人关于第二次合作问题进行的首次正式会谈。2月24日,周恩来致电毛泽东、洛甫,提出了我党与国民党谈判的原则和方针。周恩来提出,可以服从三民主义,但放弃共产主义信仰绝无谈判余地;承认国民党在全国的领导,但取消共产党绝不可能,唯国民党如能改组民族革命联盟性质的党(蒋在西安有改组的发轫),则共产党可整个加入这一联盟,但仍保持其独立组织。同时,周恩来还就红军改编、共产党的公开活动等问题提出意见。第二天,中共中央书记处复电同意。当时,国民党正在筹备召开五届三中全会,为促使国民党当局政策的转变,中共中央向国民党提出了五项要求和四项保证。谈判中,由于周恩来据理力争,双方意见曾一度趋于接近。后因国民党方面顾祝同横生枝节,推翻原议,企图改变红军的领导和控制苏区政府,以至未达成协议。

1937年3月下旬,周恩来前往杭州,与蒋介石举行直接会谈。会谈中,周恩来首先向蒋介石说明了中国共产党对国共合作的立场是站在民族解放、民主运动、民主改善的共同奋斗的纲领上的,并重申了在西安谈判中我党坚持的陕甘宁边区行政区完整,不容分割;红军改编为三个师,改编后的人数以及红军领导人不变等事项的主张。蒋介石表示西安所提具体事项都是小节,容易解决,并要求商量出一个永久合作的办法。4月初,周恩来返回延安,在中共中央政治局扩大会议上汇报了与蒋介石会谈的情况,会议商讨了起草共同纲领及如何与国民党展开第二次合作的问题。会议决定由周恩来拟定统一战线纲领草案,在下次会谈时向蒋介石提出。

6月4日,周恩来飞抵庐山,继续与蒋介石会谈。周恩来向蒋介石提交了中共中央提出的《关于御侮救亡、复兴中国的民族统一纲领草案》,同时向蒋申述了所准备的各项意见。对于国共合作中急需解决的具体问题,蒋介石一反常态,推倒了以前的许多承诺,给谈判设下了许多新的障碍。他推翻了在杭州时答应的红军改编后可在三个师以上设总司令部,只答应"三个师以上设政治训练处指挥之"①。他还特别强调:"请毛先生、朱先生出洋"②,各边区武装也要"实行编遣,其首领需离开"③。周恩来坚持原则,对蒋介石的态度当即表示:有关红军指挥机关和边区人事安排等问题,不能同意;并驳斥要朱、毛"出洋"的安排。④ 双方争执很久,问题仍无法解决。

周恩来回到延安后与中共中央书记处研究了蒋介石的意见。为了顾全大局,中共中央再次做出让步,提出新方案:原则上统一组织国民革命同盟会,但要求先确定共同纲领,以便奠定同盟会及两党合作之政治基础;同盟会组织原则,在共同承认纲领的基础上,可同意国共两方各推出同数干部组织最高会议,另以蒋为主席,承认其依据纲领有最后决定权。中共中央在这个新方案中做出了重大让步,尽可能照顾了蒋介石所提的要求,同时拒绝或限制了其中一些极端无礼的要求,为以后的谈判打开了通路。

7月初,周恩来再次来到庐山进行会谈。周恩来向蒋介石提交了《中共中央为公布国共合作宣言》。双方对红军的指挥机关和人事安排的问题分歧较大。蒋介石坚持红军改编后不设统一的军事指挥机关,三个师直属行营,政训处主任只传达人事、指挥。周恩来当即拒绝了蒋介石的无理要求。由于国民党方面企图通过谈判取消中共的独立性,削弱中共的力量,因而讨价还价、一再反复,谈判一时陷入僵局。

七七事变后,日本帝国主义向中国发动全面战争。8月1日,蒋介石电邀毛泽东、周恩来、朱德到南京商讨国防大计。经中共中央研究决定,毛泽东不去。8月9日,周恩来、朱德、叶剑英飞赴南京,参加国防会议。同时,与国民党继续谈判。淞沪抗战爆发后,全国各界人民强烈要求团结抗日,也对蒋介石态度有很大的影响。最终,南京谈判终于就两党关系和团结抗战的若干具体问题达成协议,接受中共和爱国民主人士的建议,实行团结抗日。以国民政府正式宣布将红军改编为八路军,任命朱德、彭德怀为正、副总指挥,国民党中央通讯社发表周恩来起草的国共合作宣言,蒋介石于庐山发表承认共产党合法地位的谈话为标志,抗日民族

---

① 《中共中央抗日民族统一战线文件选编》(中),档案出版社1985年版,第515页。
② 《周恩来选集》上卷,人民出版社1980年版,第195页。
③ 周恩来致毛泽东的电报,1937年6月15日。
④ 周恩来致毛泽东的电报,1937年6月15日。

统一战线正式形成。

纵观五次谈判,国民党由坚持内战,消灭中共与工农红军的政策转变到同意国共合作抗日,其过程是曲折而缓慢的,这充分体现了抗日民族统一战线达成之不易,也让周恩来高尚的品格与杰出的才能得到了充分展现。他既始终坚持民族大义,竭力促成以两党合作为基础的抗日民族统一战线的形成,又不顾个人安危,同国民党削弱控制共产党和红军的企图进行了坚决斗争,并巧妙地把革命原则的坚定性同斗争策略的灵活性结合起来。历史证明,周恩来在实现全民族抗战的历史转折关头书写了浓墨重彩的一笔。

### 四、任职国民政府,扩大抗日民族统一战线基础

1937年12月,中共中央政治局会议决定,在武汉成立中共中央长江局,统一领导中国南方各省党的工作,同时,组成中共代表团,常驻武汉,继续同国民党就两党关系、团结抗战的有关事宜进行谈判与沟通,积极推动国民党抗战。18日,作为长江局副书记兼中共代表团负责人的周恩来到达武汉。为了巩固和扩大抗日民族统一战线,周恩来决定与国民党谈判时采取开诚合作方针,迫使国民党积极抗战。对于国民党提出的有助于加强抗战的措施,一般地采取赞同立场,对于国民党破坏两党关系、危害抗战的行为表示批评和反对态度。

1938年2月,国民政府军事委员会改组,蒋介石任命陈诚为政治部部长,并邀请周恩来出任政治部副部长。鉴于蒋介石、陈诚等人的坚持,中共代表团致电中共中央书记处,认为"政治部属军事系统,为推动政治工作,改造部队,坚持抗战,扩大共产党影响,(周恩来)可以担任此职"[①],后经中共中央同意,批准周恩来出任国民政府军事委员会政治部副部长,成为整个抗战期间中共在国民党军政部门担任要职的第一人,也是唯一的一人。

周恩来上任后,依靠分管的政治部第三厅,广泛地团结各界人士,宣传抗日方针,巩固和扩大抗日民族统一战线。周恩来力劝不愿负责宣传工作的郭沫若担任第三厅厅长,他认为"第三厅是个政权组织,政权组织的作用是很大的,我们不能小看它"[②]"要突破国民党顽固派的封锁,到前线去,到后方去,去宣传群众,发动群

---

① 《周恩来年谱1898—1949》,中央文献出版社1989年版,第410页。
② 《周恩来传》(二),中央文献出版社1998年版,第493页。

众,组织群众,使大家团结起来,共同抗击日本侵略者"①。同时,周恩来表示,"有你做第三厅厅长,我才考虑接受他们的副部长,不然那是毫无意义的"②。经周恩来劝说,郭沫若同意担任第三厅厅长一职,同时又希望自己能以共产党员身份参加到革命中去。周恩来又说服他要以党的利益为重,以非党员身份工作为好。在周恩来和郭沫若的领导下,第三厅聚集了许多文化、艺术界人士。3月27日,在周恩来的积极推动下,成立"中华全国文艺界抗敌协会(简称'文协')",以便把未参加第三厅的众多文艺界人士团结起来,共同抗战。文协团结了许多不同政治倾向的文化界人士,对巩固和扩大抗日民族统一战线起到了一定的积极作用。

在武汉时期,周恩来利用这里的独特优势,与国内外各界人士广泛交往,积极争取他们共同抗日。这一时期,是中共经历十年内战后,重新与外界公开接触的重要时期。周恩来率中共代表团,积极主动地向各方面阐明共产党的主张,宣传巩固抗日民族统一战线的重要性。

周恩来十分重视与国民党上层人士的交往。他与在大革命中就相识的陈诚、邵力子、张治中等人有较多的工作接触,对他们当时的政治倾向产生了一定的影响。不仅如此,周恩来还与冯玉祥有较为密切的关系。冯玉祥是国民党中著名的主战派,"九一八"事变后曾与中共合作,共同抗击日军。1938年2月14日,周恩来登门拜访冯玉祥,双方交谈对时局和抗战前途的看法。谈话中,周恩来向冯玉祥介绍了中共的全面抗战主张,分析中国目前持久战的条件,给冯玉祥很大的启发。第二天,冯玉祥就在会客室写下八个大字:"吃饭太多,读书太少",以示自我鞭策。后来,周恩来又安排叶剑英、邓颖超等中共代表团成员,为冯玉祥讲授统一战线、游击战、持久战、妇女工作的问题,使他的思想倾向于中共,成为巩固国共合作的重要代表。

周恩来还与白崇禧、李宗仁等国民政府军政要员进行了积极交往。1938年2月,广西学生开赴前线,白崇禧邀请周恩来给学生军做讲演。徐州会战期间,白崇禧奉命到徐州协助李宗仁指挥作战之前,专门向周恩来、叶剑英请教作战方针。周恩来指出,津浦铁路南段采取运动战为主、游击战为辅的联合行动,驰骋于辽阔的淮河流域,时刻威胁日军,使这里的日军不敢贸然北上支援南下日军;徐州以北则采取阵地战与运动战相结合的方针,守点打援,以达到各个击破的目的。白崇

---

① 《周恩来传》(二),中央文献出版社1998年版,第493页。
② 郭沫若:《洪波曲》,人民文学出版社1979年版,第16页。

禧对周恩来的建议十分欣赏,到徐州后,协助李宗仁指挥时基本上采纳了这个意见。

周恩来对民主党派及无党派知名人士一直坚持积极团结的方针,经常邀约他们座谈、茶叙,向他们介绍中共代表团与国民党谈判的进展情况以及中共全面抗战方针,分析当前政治军事形势,并听取他们的意见。通过开诚交谈,他们对中国共产党有了更深的认识,纷纷拥护中共抗战的主张。周恩来与他们的交往,使抗日民族统一战线具有了更加广泛的代表性,还为以后他们与中共长期合作奠定了良好基础。此外,周恩来与文艺界、新闻界、工商界、妇女界以及外国友好人士等各界都保持积极、广泛的联系。周恩来和中共代表团经常向他们宣传党的主张,帮助和指导他们工作,推动他们宣传抗战,使抗日民族统一战线更加深入人心。

在以周恩来为代表的中国共产党人和优秀中华儿女的不懈努力下,抗日民族统一战线从无到有,范围逐渐扩大。全国各族人民、各民主党派、各爱国军队、各阶层爱国人士以及海外华侨团结在这个最广泛的统一战线中,凝聚成一股磅礴的中国力量,奋勇抗击日本侵略者,最终取得抗战胜利,雪洗百年来的民族耻辱,为中华民族重新走向伟大复兴奏响了序章。

# 周恩来对凝聚中国抗战力量的杰出贡献
王家云[*]
## ——以推进抗日民族统一战线的建立与发展为视角

中国共产党倡导的抗日民族统一战线的建立与发展,使被视为"一盘散沙"的中国人民被有效地组织起来,中国抗战力量得到空前的凝聚与增强,最终成为打败日本帝国主义、赢得抗战胜利的重要法宝。周恩来为抗日民族统一战线的建立与发展,进而凝聚中国抗战力量,做出了杰出的历史贡献,其历史功绩将永远彪炳史册。

## 一、努力促成抗日民族统一战线策略的重大转变与完善

周恩来虽非抗日民族统一战线策略的首倡者,但他在开展对国民党统战工作的实践中,适时完善了抗日民族统一战线策略。

(一)周恩来对确立抗日民族统一战线策略有坚实的思想认识基础

1931年九一八事变发生后,身为中共苏区中央局书记的周恩来即高举抗日旗帜,反对日本帝国主义的侵略。他表示"党的中心紧急任务是要以'拿民族革命战争反对日本帝国主义侵占中国','变帝国主义瓜分中国的战争为反帝反国民党的民族革命战争'的口号动员全中国群众"[①]。之后,当国民党第十九路军派员与红军商讨联合抗日反蒋时,身为中共中央局成员苏维埃政府中央革命军事委员会副主席的周恩来,立即派人接洽,并亲自与其代表谈判,双方签订了《反日反蒋的初步协定》。随后,以李济深为主席的中华共和国人民革命政府(通称福建人民政府)宣告成立。当蒋介石于1934年初大举进攻福建人民政府时,周恩来立即起草以毛泽东、朱德名义发出的声援电报,并提出了挽救时局的六项紧急建议,倡导抗日反蒋。同年7月15日,作为中国工农红军革命军事委员会副主席的周恩来,又与毛泽东、朱德联合发表《为中国工农红军北上抗日宣言》,宣告联合全国抗日武装共同抗日。1935年10月,中央红军到达陕北之初,周恩来再次联同朱德、王稼

---

[*] 王家云,淮阴师范学院教授。
[①] 《周恩来年谱(1898—1949)》,人民出版社、中央文献出版社1989年版,第217页。

祥等红军将领率红军全体指战员向全国党政军界发出快邮代电,呼吁停止内战、共同御侮。同年12月,在共产国际七大精神的影响下,中共中央政治局在瓦窑堡召开会议,正式确定建立广泛的抗日民族统一战线的策略方针,即发动、团结与组织全中国各族一切革命力量去反对当前主要的敌人——日本帝国主义与蒋介石(简称"抗日反蒋")。

(二)周恩来率先提出放弃"抗日必须反蒋"的口号,完善抗日民族统一战线的策略

瓦窑堡会议后,作为中共中央东北军工作委员会书记的周恩来,在开展统一战线工作的实践中,致力于抗日民族统一战线策略的完善。在1936年3月下旬召开的中共中央政治局会议上,周恩来即提出抓住"联共"的口号和红军率先抗日来推动抗日民族统一战线的建立,并提出中共同国民党建立统一战线的具体原则。这次会议接受了周恩来的意见,没有再谈反蒋的问题。在同年8月10日召开的中共中央政治局会议上,周恩来更加明确主张放弃"抗日必须反蒋"的口号①,并为会议所采纳。周恩来之所以提出放弃"抗日必须反蒋"的口号,有以下几个方面的原因:一是从抗日力量的组织来看,蒋介石为首的国民党不仅拥有全国政权,而且拥有全国最多的军队,抗日若无国民党及其政府与军队的参加,抗日民族统一战线是不完整的,真正的全民族的抗日战争是难以实现的。二是从蒋介石为首的国民党内外政策来看,尽管仍飘忽不定,但多种信息表明其反共政策也在发生变化,并有与中共谈判的意愿。只要我们适时调整抗日民族统一战线策略,即放弃"抗日必须反蒋"的口号,就有实现逼蒋抗日、壮大抗日力量的可能。三是从东北军张学良的认识与态度来看,他认为蒋介石虽不会彻底抗战,但有可能争取与其合作;张本人目前也做不到反蒋;张还提议,他在里面劝,共产党在外面逼,内外夹攻,能够实现联蒋抗日。对此,周恩来感受尤为深切。四是从共产国际的意见来看,共产国际执委会书记处对中国问题的意见,也希望中共放弃"抗日反蒋"的口号。综上所述,周恩来审时度势,及时提出这一建议。毛泽东在做会议结论时,接受了周恩来的这一建议。接着,1936年9月1日,中共中央向党内正式发出《关于逼蒋抗日问题的指示》,阐明放弃反蒋口号的必要性。

从"抗日反蒋"到"逼蒋抗日",这是中国共产党在抗日民族统一战线策略上的重大转变与完善。这一策略的完善,旨在努力推动蒋介石为首的国民党及其政府

---

① 《周恩来年谱(1898—1949)》,人民出版社、中央文献出版社1989年版,第317页。

与军队参加抗战。这一策略的完善,有助于推动抗日民族统一战线的建立,凝聚与壮大抗日力量。周恩来为此所做的历史贡献是显而易见的。

## 二、竭力推动抗日民族统一战线的建立

瓦窑堡会议后,党的任务就是努力逼着蒋介石为首的国民党与中国共产党再次合作,共同抗日,建立抗日民族统一战线。为此,周恩来有三大贡献。

(一)努力促成西北"三位一体"合作格局的形成,从外围逼着蒋介石联共抗日

为了推动抗日民族统一战线的建立,周恩来既以极大的热情协同毛泽东直接开展对包括蒋介石在内的国民党上层的统战工作,又以其主要的精力重点开展对东北军、十七路军为主的地方实力派的工作。在与东北军与十七路军的工作中,他既精辟地向同盟者阐明中华民族面临的形势,指明团结御侮的方向;又全面阐明中国共产党建立抗日民族统一战线的主张与政策;还以极大的耐心倾听同盟者的意见,以其诚意去说服、感动同盟者。经过他不懈地努力,不仅分别与东北军、第十七路军在互不侵犯、互派代表、密切联系、共同抗日等主要问题上签订了协定;而且还有效地协调东北军与第十七路军的相互关系,消除误会,增进了解与团结。这样,在中央红军与国民党的东北军、第十七路军相互之间停止敌对行动,在西北地区实现了"三位一体"的合作格局。这一格局的形成,既解除了红军东征抗日的后顾之忧,又壮大了抗日力量,还在国民党及其领导的军队中打开了缺口,逼着蒋介石走向抗日道路,为抗日民族统一战线的建立打下了基础。

(二)亲赴西安,直接推动西安事变的和平解决

1936年12月12日,东北军的张学良与第十七路军的杨虎城在西安实行"兵谏",扣留了前往西安督促剿共的蒋介石,这就是震惊中外的西安事变。张、杨在通电全国的同时,致电中共中央,言明本意,并希望得到中国共产党的帮助。周恩来协同毛泽东及时电复张学良,阐明态度,提出建议,并告周拟到张处协商大计。在事变第二天召开的中共中央政治局会议上,周恩来即提出要推动、争取国民党的黄埔系、CC派、元老派和欧美派积极抗日;巩固西北三方的联合;还要在抗日援绥的原则下与山西阎锡山、四川刘湘、西南桂系联合;向全国解释清楚,西北这一行动是为了抗日,而不是针对南京政府。他还提议:在军事上我们要准备打,但在政治上不与南京政府对立。[①]12月15日,周恩来又联同毛泽东致电国民党南京政

---

① 《周恩来年谱(1898—1949)》,人民出版社、中央文献出版社1989年版,第333页。

府,呼吁国共合作,"共赴国仇"。12月17日下午,周恩来偕罗瑞卿、许建国等飞抵西安。在抵达西安的当晚,周恩来即与张学良进行会谈,双方坦诚交流,分析形势,共商对策,既商定中央红军与东北军、第十七路军的军事部署,又商定了与宋子文谈判的具体条件,给张学良以极大的支持。会议后,周恩来连夜将会议情况电告中央。12月18日上午,周恩来在与杨虎城达成和平解决西安事变的共识后,再次致电毛泽东并中共中央,报告事变后国民党各派的反应,并陈述解决西安事变的意见。接到周恩来的电报后,中共中央立即就西安事变致电国民党中央,提出和平解决西安事变的条件。经过周恩来与张杨的共同努力,蒋介石于12月25日在表示同意谈判议定改组国民党政府、联合红军抗日等六项条件的前提下,被释放回南京,这标志着西安事变的和平解决取得初步胜利。紧接着,因为陪蒋回南京的张学良被扣,在如何救助张问题上,东北军出现内讧,主战的少壮派打死主和的王以哲将军,形势尤为严峻。周恩来置个人安危于度外,坚持留在西安,平息内乱,避免新的内战,巩固了西安事变的初步成果。西安事变的和平解决,成为时局转换的枢纽,加快了抗日民族统一战线建立的步伐。

(三)主持与国民党的谈判,最终推动抗日民族统一战线的建立

蒋介石能否兑现其承诺的六项条件,实行联共抗日,这实际上取决于国共双方的博弈,其主要形式是国共双方历时七个月五个回合的谈判。首轮谈判始于1937年2月8日,周恩来、叶剑英同国民党代表顾祝同、张冲、贺衷寒等在西安的谈判,持续一个月。接着从3月下旬周恩来分别在杭州、庐山、南京等地同蒋介石进行四轮会谈,一直持续到8月上旬。其间,周恩来作为中共中央与国民党代表、蒋介石进行正面交锋的主将,其贡献主要体现在以下三个方面。

首先是坚持主动性,积极推进谈判。尽管蒋介石也曾向中共发出过谈判的邀请,但并无诚意。为此,周恩来于1937年2月24日致电张闻天、毛泽东,提出具体的谈判方针。这个方针就谈判中涉及的国共合作、红军改编、陕甘宁边区地位等重要问题阐明我们的对策,既有保证又有要求,既有让步又有底线,不仅显示中共推进谈判的诚意,而且将国共谈判推进到实质性阶段。其次是坚持原则性,恪守中国共产党的独立性。周恩来洞悉蒋介石谈判的本意,就是借谈判用和平的方式千方百计地限制和削弱共产党的力量。针对这一企图,周恩来在中共中央政治局会议上讨论《御侮救亡、复兴中国的民族统一纲领草案》时指出:中共在党的问题上坚持了独立性、国际性和阶级性三个原则,认为这些原则必须要在统一战线中

得到承认。①本着这些原则,周恩来不仅坚持共产主义信仰、党组织的独立性、党对军队的领导,而且拒绝蒋介石提出的请毛泽东、朱德出洋和各边区武装首领离开而由国民党人任边区政府正长官等无理要求,确保我党我军独立自主的地位。再次是坚持灵活性,努力彰显中共合作抗日的诚意。当蒋介石不断节外生枝制造谈判障碍时,周恩来一方面坚持原则,在重大问题上决不妥协;另一方面又努力因势利导,积极推进谈判。当蒋以要商量一个永久合作的办法而借故拖延谈判时,周恩来迅即在中共中央的支持下提出《御侮救亡、复兴中华的民族统一纲领草案》。当蒋介石在商谈这个纲领草案中又提出一些苛刻的要求时,周恩来又立即提出中共谈判的新提案,并做出必要的让步。尽管谈判一波三折,但因为周恩来的灵活与诚意,谈判不仅没有破裂,而且步步向前推进。

到1937年七八月间,国共谈判中尽管还有不少问题,但终究在一些重要问题上达成协议,包括将红军主力改编为国民革命军第八路军,并设总指挥部,任命朱德为总指挥,彭德怀为副总指挥;在国民党统治区南京、武汉等城市设立八路军办事处;出版《新华日报》;同意周恩来起草的国共合作宣言等。按照谈判的约定,同年9月22日国民党中央通讯社发表《中共中央为公布国共合作宣言》;次日,蒋介石发表了事实上承认中共在全国合法地位、团结御侮的谈话,标志着国共再次合作为中心的抗日民族统一战线的建立。

抗日民族统一战线的建立,不仅揭开了全民族抗战的序幕,而且为中国抗战力量的凝聚、发展与壮大,奠定了坚实的基础,这是一个巨大的历史进步。成就这一历史进步,既有国共两党团结御侮、共赴国难的共识,也有中国共产党人坚持民族利益至上的胸襟,更有周恩来敢于担当、善于担当的胆识与智慧。

## 三、极力推进抗日民族统一战线的发展

第二次国共合作形成后,周恩来在指导华北抗战到领导南方各省党的工作实践中,始终高举抗日民族统一战线的大旗,极力推进抗日民族统一战线的发展。

(一)在军事上发展统一战线

1937年9月初,周恩来受中央委托,为八路军开赴华北战场、开辟抗日根据地,迅速先行赶赴山西抗日前线,与友军建立军事统战关系。他既帮助友军正确认识抗战形势,增强抗战信心,协助友军确定战略方针与作战计划;协调友军相互

---

① 《周恩来年谱(1898—1949)》,人民出版社、中央文献出版社1989年版,第362页。

关系,努力扩大军事上的合作;又积极配合友军正面战场上的防御作战。当阎锡山在平绥抗战要地相继失守而组织会战时,周恩来积极响应,与其共商作战计划。周恩来于9月24日向中央报告,我一一五师在平型关一带待机,一二〇师驰援雁门关。次日,在平型关待机的一一五师根据第二战区的部署对日军进行伏击,歼敌千余人,这是华北战场上中国军队主动寻机歼敌的第一个大胜仗,给友军以极大的鼓舞。在友军随后组织的忻口会战中,周恩来又参与作战计划的研究,并积极建言献策。他强调不应将所有兵力都放在正面打阵地战,尤其是八路军所属部队应在敌侧翼和后方配合,努力造成日军侧背受创。这些意见不仅得到中共中央的认同,也得到友军的赞赏。因此,就有了我一二〇师雁门关伏击战、一二九师夜袭阳明堡机场的传奇。其结果是有效地削弱了日军的有生力量,迫使敌军分兵守备后方,减轻友军正面作战的压力,有力地配合了主力部队的正面作战。在1938年三四月间组织的台儿庄战役中,周恩来、叶剑英不仅向第五战区李宗仁、白崇禧提出战略战术的具体建议,运用阵地战与运动战相配合的战法,而且有效地组织八路军与人民抗日武装对主要的交通线实施破袭战,有力地支援了友军作战,创造了抗战以来国民党正面战场歼灭日军一万余人的最大胜利。从平型关大捷、忻口会战到台儿庄大捷,周恩来作为中共代表积极参与谋划,创造了一个又一个国共军事合作的成功战例,推动了抗日民族统一战线在军事上的显著发展。

(二)在政治上发展统一战线

1938年12月18日周恩来率中共代表团抵达武汉。作为长江局副书记的周恩来除了指导中共在南方各省党的工作,还代表中共中央开展对国民党和其他党派的统一战线工作,就国共两党关系、团结抗战等问题继续进行谈判。尽管这个谈判异常艰难,但因为以周恩来为代表的中国共产党积极推动,国民党当局也有了一些改革措施,诸如改组军事委员会,邀请周恩来与黄琪翔担任设立的政治部副部长,郭沫若任掌管宣传工作的第三厅厅长;召开国民党临时全国代表大会,通过了《中国国民党抗战建国纲领》;决定设立国民参政会,邀请毛泽东等七名共产党人为国民参政会参政员。这从政治上发展了国共合作为中心的抗日民族统一抗战。不仅如此,周恩来还利用政治部副部长这一身份,积极地对国民党各个派系、民主党派代表人物及文艺、新闻等社会各界人士开展统战工作。在与社会各界的接触、交往、联络中,分析抗战形势,指明抗战方向,宣传中共的抗战主张。在交流中,周恩来既注重倾听他们的意见,又坚持加以引导与帮助,努力在联共抗日这一大局上达成共识,进而扩大抗日民族统一战线。

## （三）在动员组织抗战力量上发展统一战线

周恩来于1937年9月初到山西时,即与阎锡山商定:在第二战区行营直接指挥下,成立有共产党、八路军代表参加领导的各级战地总动员委员会(简称动委会),以发动民众,组织游击战争,其工作纲领由中共拟出。[①]接着他领导起草动委会工作纲领,旨在通过实行减租减息,改善人民生活,实行民主政治、组织训练武装民众等壮大抗战力量。经与阎锡山多次商议后,第二战区民族革命战地总动员委员会于9月22日在太原宣告成立。总动委由国民党爱国将领续范亭任主任,中共代表程子华任人民武装部部长,南汉宸任组织部部长。这个动委会实际上是具有统一战线性质的政权组织,是发展抗日民族统一战线的创新。之后,动委会在晋西北、晋东北、雁北、察哈尔、绥远等地,在配合八路军及牺盟会动员群众、组织人民自卫军、开展游击战争、支援前线等方面均发挥了重大作用。

## （四）在外事工作上发展统一战线

中国抗日战争是世界反法西斯统一战线的一部分,为争取更多的国际支持,周恩来领导的长江局着力开展外事工作,拓展统一战线范围。首先是通过中共代表团国际宣传组,翻译出版抗日民族统一战线的政策主张,特别是宣传中共领导的八路军、新四军及抗日民主政权坚持抗战的业绩,争取国际社会对中国共产党发展抗日民族统一战线有准确的了解与认识。其次是广交朋友,特别是重视与外国记者与作家的联系。周恩来不仅多次主动接见来自世界各国的记者、作家,而且先后安排外国友人到解放区去参观考察,通过他们对中国的抗战形势、抗日民族统一战线的运行状态以及重大事件的真相做全面准确的宣传报道,争取国际舆论对中国抗战的支持。再次是排除干扰,积极开展与外国政府官方的交往。周恩来领导中共代表团突破国民党的禁令,通过各种途径主动与各国驻武汉重庆使团及援华组织建立联系。周恩来等人不仅热情接待援华的外国友人,向他们介绍我八路军新四军抗战的情况,还给他们的援华工作给予具体的帮助与服务,为他们创造良好的工作条件。与此同时,特别重视与英美来华访问的外交官员与相关团体的接触、联络与接待。比如与英国公使卡尔、美国罗斯福总统代表居里、美国的史迪威将军、美国共和党领袖威尔基等人的晤谈,既争取他们对中国共产党及其领导的抗日力量的了解、同情与支持,又通过相关政府对蒋介石的反共政策有所抑制,客观上推进了中国抗日民族统一战线的发展。

---

[①] 《周恩来年谱(1898—1949)》,人民出版社、中央文献出版社1989年版,第380页。

上述历史事实表明,从1937年7月全国抗战的开始到1938年10月广州、武汉相继失守这一年多的时间里,以国共合作为中心的抗日民族统一战线得到较大的发展。虽然国共之间还有诸多不协调的地方,但总体上是团结的、合作的,共同致力于抗日。诚然成就这一局面的原因是多方面的,但应该承认周恩来为此所做的努力是全方位的,效果是尤为显著的。

## 四、悉力维护抗日民族统一战线的巩固

中国抗日战争进入相持阶段之后,日本侵略者对侵华的战略与策略做了调整,对国民党正面战场由以军事进攻为主、政治诱降为辅的方针,转变为以政治诱降为主、军事打击为辅的方针,企图诱使国民党政府妥协投降。因此,国民党的反共妥协倾向明显增长,消极抗日,积极反共。国民党顽固派不仅不断制造摩擦事件,而且相继发动了三次大规模反共高潮。面对抗日民族统一战线遇到的严重困难与危机,周恩来坚持党的抗战团结进步方针,努力维护抗日民族统一战线的巩固与扩大。

(一)反对顽固势力,对国民党顽固派坚持"又联合又斗争""以斗争求团结"的方针,努力抑制统一战线中的投降、分裂、倒退倾向

每当国民党发动反共高潮时,周恩来都及时予以坚决的斗争。比如针对国民党顽固派发动的第一次反共高潮,周恩来立即在《新华日报》《抗敌半月刊》等报刊上发表文章,揭露国民党顽固派的倒行逆施,指出投降妥协的危险,表明共产党坚持团结抗战的意志。面对国民党顽固派制造的皖南事变,周恩来不仅代表中共中央向国民党当局提出严重抗议,而且组织《新华日报》报告事变真相,揭露国民党顽固派的暴行。同时,还向国际友人进行宣传,争取国际舆论对中国共产党坚持团结抗战的支持。为反击国民党顽固派发动的第三次反共高潮,周恩来组织南方局把批判、驳斥法西斯主义的文章印成中、英文小册子,在国统区的中外人士间广为宣传,联合国内外一切正义力量共同制止统一战线中出现的分裂、倒退行为。在击退顽固派进攻时,又继续与国民党进行合作抗日的谈判。在谈判中,坚决反对其妥协退让政策,又极力肯定其有利于抗日的言论。为表明中共团结抗战的诚意,在不损害党和人民根本利益的原则下,又做些适当的让步,以此维持国共合作到底的局面。

(二)争取中间力量,努力扩大抗日民族统一战线

周恩来十分重视团结和争取民主党派和无党派民主人士,通过在重庆的中共

参政员同国民参政会中的各界知名人进行广泛的联络,与他们交朋友,共商团结抗战之大计。当民主党派及民主人士受到国民党当局压制时,周恩来及时组织有关部门不仅在政治上给予旗帜鲜明的支持,而且在经济上给予大力帮助。经过不懈的努力,主要的民主党派及民主人士在反对蒋介石独裁统治与对日妥协的态度上,与中国共产党基本保持一致。与此同时,周恩来还积极争取国民党内被排挤的地方实力派。周恩来不仅亲自会见川康地区实力派刘文辉,还派人与云南实力派龙云取得联系,分别建立秘密电台,扩大了中国共产党与国民党地方实力派的合作。这些努力,对于反对孤立顽固势力,发展进步力量,维护巩固抗日民族统一战线,都是非常必要且有益的。

(三)发展进步力量,努力发挥中共在抗日民族统一战线中的支柱作用

主持南方局工作的周恩来提出,要把西南的党建设成为更加坚强更能战斗的党,思想上组织上更加巩固的党;党的领导机关不仅要有独立领导的能力,还要有自信;党的干部要成为坚强有力的、与群众有联系的、善于影响和推动群众的干部。为此,他领导南方局重视开展以工人、农民、青年、妇女为主要对象的群众工作,培养发展大批积极分子,努力扩大共产党的影响。同时,他还亲自指导新四军的发展。新四军主要领导人不仅对统一战线中独立自主原则认识不足,没能在敌占区放手发动群众,而且对叶挺军长尊重不够,致使叶挺多次表示辞职离军。这种状况既影响新四军的发展,又影响蒋介石对中共合作的认识。为此,受中央书记处的委托,周恩来于1939年初以国民政府军委会政治部副部长之身份到东南视察工作之名,专程到皖南新四军军部指导工作。其间,既帮助新四军解决发展方向,开拓新四军发展的新局面;又协调、改善叶挺与项英的关系,增进合作。

抗日民族统一战线是最大限度地凝聚增强中国抗战力量的有力武器。周恩来善于使用这一武器,妥善处理国共关系,不仅推动抗日民族统一战线的建立与发展,而且着力巩固抗日民族统一战线。他既坚决反对孤立顽固势力,又努力争取中间力量、积极发展抗日进步力量,有效地维护了国共合作抗日的局面,为争取抗日战争的胜利做出了杰出的历史贡献。回顾和总结周恩来这一历史贡献,不仅是对抗日战争胜利70周年的最好纪念,而且对凝聚中国力量、实现中国梦也具有十分重要的现实意义。

# 胜利一定属于中国 周 欧[*]
## ——周恩来关于全民族抗战的理论和实践

中国抗战是指1931年至1945年历时14年的抗日战争。在这场艰苦卓绝的伟大斗争史册上,铭记着周恩来的不朽功勋!抗战爆发后,敌强我弱,中国危急!中华民族危急!在这国难当头之时,在这一场艰苦卓绝的抗日战争中,以毛泽东、周恩来为杰出代表的中国共产党人,提出实行全民族的抗战路线、持久战的战略总方针、抗日民族统一战线的政策、抗日游击战争的战略、新民主主义社会和民主联合政府的建立等一系列重大思想理论,最大限度地指引全国军民动员起来,陷日寇于人民战争的汪洋大海,对取得抗战胜利发挥了重要作用。杰出的马克思主义政治家周恩来,在领导中华儿女抗击日本帝国主义侵略中国的伟大革命斗争中,为推动全民族抗战,建立、巩固和发展中国共产党领导的抗日民族统一战线做出了杰出的贡献,是我们党建立以来坚持持久抗战、建立抗日民族统一战线的奠基者、探索者和先行者。

## 一、必须实施持久抗战,才能取得抗战胜利

"为着动员组织人民群众进行全面抗战,必须明确地提出抗战的军事战略方针。"[①]作为中共政治、军事重要领导人之一的周恩来,提出并坚持持久制胜、长期抗战的思想和实践,为中国抗日战争的胜利做出重要贡献。史料显示,作为以毛泽东为核心的中共中央重要的军事、政治领导人之一的周恩来,亦是毛泽东思想的创始人之一。在历经14年的抗战中,他不仅在思想上与毛泽东持久抗战的主张保持一致,而且利用各种实践,活跃在抗战一线,并紧密结合抗战的前线实际,积极、充分地发挥自身的聪明才智,不断地向中共中央、全国人民乃至海内外宣传、推行、阐述关于持久抗战的思想。抗战初期,他在组织、指挥抗战的具体实践中,也先后在不同的时间、地点,以会议演讲、电报、文章等形式阐释了山西、华北、

---

[*] 周 欧,中共宁夏区委党史研究室。
[①] 《中国共产党的七十年》,中央党史出版社1991年版,第151页。

全国的持久抗战问题,持久抗战思想无疑是中国抗战中最具有决定性的思想,持久抗战思想的问世,不但扫除了国人心头的迷雾,指明了抗战必胜的前途,而且极大地鼓舞了全国人民争取抗战胜利的信心,成为中国人民打败日本侵略者强大的思想武器。可以说,周恩来是伟大的持久抗战思想的奠基者、探索者和先行者之一。

1937年8月4日,周恩来在他和朱德等向中共中央提出的《关于红军主力出去抗战的意见》中,简要提到为适应持久战的需要,"主力出去仍可节约兵力,谨慎使用,不打硬仗,多行侧面的运动战与游击战"[①]。这是周恩来第一次明确谈到持久抗战问题。同月9日,周恩来在国民政府军事委员会军政部谈话会上发言指出:当前战争中,必须培养出可以独立持久的能力。他和朱德在这次会上代表中共中央发表的意见对国民政府军事委员会制定全国抗战的战略方针产生了积极影响。[②]同月22日至24日,周恩来出席洛川中共中央政治局扩大会议。这是抗日战争爆发后中共中央举行的一次重要会议,讨论、分析全国抗战开始以后的新形势,研究中国共产党在抗日战争中的战略任务和基本政策。周恩来在会上指出:"对形势要有持久战的估计,要继续推动国民党抗战,要加强全国群众运动的发动。"[③]11月16日,周恩来在山西临汾群众大会上发表了《目前抗战危机与坚持华北抗战的任务》的演讲,指出:抗战局势出现了"政府军队抗战颇难为继,全民抗战犹未兴起""国内外调停的空气相当抬头"的危机,要"坚持抗战必须坚持以华北战争为中心。华北抗战能持久,日寇将无法实现其全部阴谋"。而坚持在华北持久抗战"是绝对地能"[④]。12月17日,周恩来在西安召开的各团体代表谈话会上做《目前抗战形势与坚持长期抗战的任务》的报告,指出:坚持长期抗战必须巩固与扩大以国共合作为基础的抗日民族统一战线,必须在国民政府基础上加强统一的国防政府,必须在现有的国民革命军基础上增加与扩大统一的国防军,并强调动员和组织千百万群众来争取长期抗战的最后胜利。[⑤]此报告,跳出了山西坚持持久战、华北坚持持久战的视阈,俯视全国的抗战形势,高屋建瓴地提出坚持长期抗战的基本条件。[⑥]1938年1月8日,周恩来在《群众》周刊第一卷第五期发表《怎样进

---

① 《周恩来年谱(1898—1949)》,中央文献出版社1998年版,第382~383页。
② 《周恩来年谱(1898—1949)》,中央文献出版社1998年版,第383页。
③ 《周恩来年谱(1898—1949)》,中央文献出版社1998年版,第386页。
④ 《周恩来军事文选》第2卷,人民出版社1997年版,第63页。
⑤ 《周恩来军事活动纪事》上卷,中央文献出版社2000年版,第438页。
⑥ 姜兆儒、兰江华:《周恩来与毛泽东持久抗战思想的形成》,《兰州学刊》,2007年第6期。

行持久抗战》一文,提出了争取持久抗战最后胜利的八项具体办法,坚定指出:"只有持久抗战,才能争取最后胜利,这是抗战五个月中最主要的教训!"①文章最后指出:"只要贯彻抗战到底的方针","日本帝国主义强盗的进攻必然会遭到最后的惨败,中华民族的独立解放事业必然会达到最后的成功"。②此文是周恩来自抗战以来,结合国内外形势,深入思考如何进行持久抗战问题的重要理论成果,对于指导全国的抗战具有重大现实意义。作为毛泽东思想的重要组成部分——《论持久战》于1938年5月26日至6月3日,毛泽东在延安抗日战争研究会上正式发表。1981年6月,党的十一届六中全会通过的《关于建国以来党的若干历史问题的决议》明确指出:"毛泽东思想是中国共产党集体智慧的结晶。"也由此可见,周恩来关于持久抗战的理论和实践对毛泽东的《论持久战》具有理论和实践上的启迪和补充作用。中共中央制定和贯彻执行的持久抗战思想及策略是周恩来等老一辈无产阶级革命家的集体智慧。

作为持久抗战思想的提出者之一,周恩来并不仅仅停留在理论层面,而是身先士卒,以一个坚定的、纯粹的马克思主义践行者,在抗战前线亲自参与协调、组织和指挥,在实践中逐步落实持久战的长期战略部署,并随着具体变化的战局不断总结经验,提升理论,宣传和落实持久抗战思想和具体的战略战术。他指出:持久抗战必须"发挥红军运动战、游击战、持久战的特长"③。作为日寇侵华必争之地,山西抗战,事关华北抗战大局,事关全国抗战全局。1936年9月,周恩来亲临山西抗日前线,积极和阎锡山、黄绍竑等商谈作战动员和山西持久战等问题。双方约定,在作战问题上,八路军在山西开展独立自主的游击战争,并在有利条件下配合友军做运动战。山西的持久战,周恩来指出必须节节抗击敌人前进,战术上尤重在侧击、伏击与发展在敌人侧后方的游击战争;战地动员委员会是最好最实际的政权组织,它作为统一战线的"初步政权"能把八路军、中国共产党、群众和地方当局几方面结合起来。④正是由于周恩来在山西努力统一参战各方思想,调动其积极性,千方百计组织山西持久战,为中共中央提供了最新最具有实践意义的关于持久抗战的思想,直接充实了毛泽东的持久抗战思想,《论持久战》一文中,数次皆以山西抗战为例来阐明持久抗战的道理就可见周恩来在山西的积极作用。

---

① 《周恩来军事文选》第二卷,人民出版社1997年版,第83页。
② 刘春秀:《周恩来关于持久抗战的理论和实践》,《觉悟》2005年第2期。
③ 《周恩来军事文选》第二卷,人民出版社1997年版,第7页。
④ 《周恩来年谱(1898—1949)》,中央文献出版社1998年版,第391页。

1941年和1942年,周恩来分别为《新华日报》撰写《"九一八"十年》和《第十一年的"九一八"》两篇纪念"九一八"社论文章,深入分析国内外和东北地区形势,指出东北抗战必须坚持和必然胜利。这两篇文章通过《新华日报》传入东北后,给东北坚持抗战的军民以极大的鼓舞,也成为指导抗联后期斗争的重要文献之一。

## 二、必须建立抗日民族统一战线,推动全民族抗日,才能取得抗战胜利

毛泽东指出:"日本敢于欺负我们,主要的原因在于中国民众的无组织状态。"[1]因此,建立抗日民族统一战线,是抗战胜利的政治前提,是凝聚全民族力量的有效方式。而"人民是抗战力量的源泉"[2]。周恩来认为:"这种力量的伟大团结和发展是敌人任何的军事分割和政治分化所不能分割的,它将保证着中国抗战的继续,它将保证着中华民族的胜利!"[3]但是,要取得抗战的胜利,"必须由现实中央政府所发动领导的全国军队的抗战,发展到全民族全面的抗战,才能争取民族革命战争的最后胜利"。因此,抗战期间,周恩来运用全面抗战思想,以坚定的政治信念、谦虚诚恳的态度和高超的谈判艺术,以求同存异的方法,创造性地把原则的坚定性与策略的灵活性紧密地结合起来,发动全民族起来抗战,并卓有成效地进行了统一战线工作,使各爱国党派、各社会阶层、各团体同仇敌忾,共赴国难,对最终成功建立抗日民族统一战线做出了巨大的贡献,发挥了独特的不可替代的作用。

建立抗日民族统一战线的基础是国共合作抗战,但国民党始终摆脱不了反共灭共的阶级局限和独裁专制的思维桎梏,使得实现全民族抗战的过程步履艰难。在激烈复杂的现实斗争中,周恩来坚持在和平统一、团结御侮的基础上与国民党谈判,始终坚持抗战团结进步的方针,从而解开了国共摩擦的死结,建立和巩固了统一战线,开创了全民族抗战的新局面。周恩来指出,"我们伟大的中华民族,一向是多难能够兴邦的民族。敌人打进中国来这一事实,使全中国人民认识:只有团结,才能外御其侮,只有统一,才能众志成城,打到最后"[4]。而"抗战的各党派——国民党、共产党、青年党、国家社会党、第三党、救国会以及一切其他的政治

---

[1] 《毛泽东选集》第二卷,人民出版社1991年版,第511页。
[2] 《周恩来军事文选》第二卷,人民出版社1997年版,第512页。
[3] 《周恩来政论选》上册,中央文献研究室、人民日报出版社1993年版,第211页。
[4] 《周恩来政论选》上册,中央文献研究室、人民日报出版社1993年版,第336~337页。

集团,成为全中国人民所仰望的团结中心"①。"我们的抗日民族统一战线,包括无产阶级、农民、小资产阶级、自由资产阶级和一部分大资产阶级。"②周恩来为此殚精竭虑,抓住一切可能利用的机会,通过巧妙的谈判技巧和分寸感极强的沟通策略加深与国民党人士及其他爱国人士包括同情和关注中国命运的国际友人的共识、避免冲突,最终使国民党决策层在某种程度上接受中国共产党的建议,改弦更张,在国共两党之间形成了抗战初期的良性互动。正是在全民族抗日救亡运动不断高涨和毛泽东、周恩来等中国共产党人倡议合作抗战的情况下,1936年7月,蒋介石在庐山发表谈话:"如果战端一开,就是地无分南北,年无分老幼,无论何人,皆有守土抗战之责任,皆应抱定牺牲一切之决心。"③即使如此,蒋介石依然没有完全放弃对日媾和的幻想,直至日军侵占北京、上海,直接威胁到国民党统治集团的心脏地区和英、美等国的在华利益,在全民族要求坚决抗战的洪流下,国民政府才决心接受中国共产党的建议,团结抗日。在始终坚持"统一战线中独立自主"的原则前提下,1940年8月9日,周恩来在延安高级干部会上做《目前抗日统一战线的形势、策略和工作》的报告,强调要坚决执行中共中央的指示方针及斗争策略,发展进步势力,争取中间势力,孤立与分化顽固势力;斗争要有力、有利、有节。要将一切抗战力量的成败视同自己的成败,与之休戚有关;对主张抗战却又反共的分子和集团,必须打击其反共行动而争取其抗战;统战要与群众工作联系起来并以之为基础。④ 同时,周恩来在发展抗日运动与"抗日高于一切"的旗帜下以过人的智慧和人格魅力解决与国民党的矛盾摩擦,使国共关系即便出现皖南事变的重大危机也没有破裂,维持了国共合作抗战到底的局面,成为抗日民族统一战线中中国社会各种抗战进步力量团结的轴心。

周恩来发挥共产党人的表率作用,以崇高精神和模范行动鼓舞全国人民的抗战意志和必胜信念,积极开展统一战线工作。在坚决站在中国人民抗战立场的前提下,"愿意与国民党的抗战领袖及其群众亲密合作,愿意与中国的抗战军队戮力同心,一致的为着中华民族的解放事业而奋斗到底"⑤。1936年9月,他在会见山西将领陈长捷等人时,强调"必须发动群众,才能取得抗战的伟大效果"⑥。1937

---

① 《周恩来政论选》上册,中央文献研究室、人民日报出版社1993年版,第483页。
② 《周恩来政论选》上册,中央文献研究室、人民日报出版社1993年版,第262页。
③ 《周恩来年谱(1898—1949)》,中央文献出版社1998年版,第379页。
④ 《周恩来年谱(1898—1949)》,中央文献出版社1998年版,第472页。
⑤ 《周恩来政论选》上册,中央文献研究室、人民日报出版社1993年版,第261页。
⑥ 《周恩来年谱(1898—1949)》,中央文献出版社1998年版,第392页。

年,周恩来到山西同阎锡山商谈合作抗日,以打开统一战线工作的新局面,推动地方实力派坚持抗战。经过周恩来的努力协商,双方就八路军的作战区域、作战方针和原则、补充给养等方面进行会谈,并达成协议。9月20日,第二战区民族革命战地总动员委员会成立,由国民党爱国将领续范亭任主任委员,八路军代表程子华任人民武装部长,南汉宸任组织部长。战地动员委员会是抗战初期中共领导下的一个抗日民族统一战线组织,是共产党在山西同国民党地方当局合作、一致抗日的战争动员机关,可以说,它是周恩来在抗战实践中创造出的一种具有统一战线性质的政权形式。

作为中国共产党重要领导人之一,周恩来在繁重的政务之余亲自执笔撰写了大量政论文章和讲演辞,高度颂扬了中国人民为维护国家独立、争取民族解放而献身的爱国主义精神。他经常利用各种机会发表演讲,这些讲演为宣传中国共产党的抗日民族统一战线的政治主张,鼓舞抗战士气起了重要作用。1936年9月中旬,在太原国民师范礼堂向各抗日救亡团体成员和群众讲演,分析抗战形势,阐释建立抗日民族统一战线的重要性。[①] 1936年8月中旬,周恩来指示夏衍协助从日本回国的郭沫若筹办《救亡日报》,提出要把该报办成文化界抗日民族统一战线性质的报纸。8月24日,《救亡日报》在上海创刊。[②] 1938年1月9日,周恩来为中共在国民党统治区的机关报《新华日报》创刊题词:"坚持长期抗战,争取最后胜利"。[③] 1939年7月,周恩来撰写《抗战两年》,发表于7月7日《新华日报》,强调:"必须坚持抗战到底,反对中途妥协;坚持统一战线,反对挑拨离间;发动全面战争,反对包办国策。"[④] 这些文稿和讲演,在社会各界都产生了巨大的影响,极大地激发了中国抗战的士气,但也使得国民党政府甚为惊慌和不满。1940年9月29日,周恩来在重庆做了最后一次公开演讲——中华职业教育社举办的讲演会上做题为《国际形势与中国抗战》的报告,指出帝国主义战争正在扩大,中国必须坚持自力更生,抗战到底,利用日美矛盾,但不能使抗战性质变化,成为帝国主义战争的工具。报告强调加强国内团结,反对妥协投降。[⑤] 这些既具有历史预见性又颇具个人魅力的讲演,在中国抗战史上留下了浓重一笔。历史演进也一一验证了这些

---

[①] 《周恩来年谱(1898—1949)》上卷,中央文献出版社1998年版,第390页。
[②] 《周恩来年谱(1898—1949)》上卷,中央文献出版社1998年版,第384页。
[③] 《周恩来年谱(1898—1949)》上卷,中央文献出版社1998年版,第407页。
[④] 《周恩来年谱(1898—1949)》上卷,中央文献出版社1998年版,第453页。
[⑤] 《周恩来年谱(1898—1949)》上卷,中央文献出版社1998年版,第479页。

科学的预见:日本投降、中国抗战取得了最后的胜利!

周恩来作为一名共产党人,在中华民族危亡时机,运用全民抗战思想,以崇高的使命感和凝聚力,成为坚持抗日民族统一战线、推进全民族抗日民主运动的模范。在他身上表现的共产党人所具有的顽强的抗战意志,强有力地感染和激励着全国人民的抗战热情和斗志,取得了中国抗战的最终胜利。

# 抗日战争时期周恩来统一战线思想论析

董一冰　刘　静[*]

抗日战争时期,周恩来领导的南方局在国民党统治区极其复杂的情况下,利用各种公开或隐秘的渠道进行大量的统战工作,高举抗日民族统一战线的大旗,贯彻中共中央"抗战、团结、进步"的方针,向广大人民群众宣传中国共产党的政策和主张,为争取抗战进步势力做出了卓越贡献。在此期间,周恩来提出的一系列关于统一战线思想,推动了抗日民族统一战线的形成和壮大。当前研究周恩来的统一战线思想,为党做好统一战线的各方面工作提供理论支撑和智力支持,巩固全国人民共同的爱国统一战线思想基础,为实现社会主义现代化提供广泛的力量支持。

## 一、抗日战争时期周恩来统一战线思想的理论渊源和实践基础

周恩来是中国统战工作的重要组织者和实践者。抗日战争时期,他的统一战线思想逐步发展成熟,尤其是他在1945年党的"七大"上所做的《论统一战线》的发言,系统地总结了我党不同的历史时期在统一战线问题上的经验教训,显示了周恩来对统一战线问题的真知灼见,是马克思主义基本原理同中国革命实践的结合,具有鲜明的中国特色。但是,抗日战争时期周恩来统一战线思想的形成不是一蹴而就的"纯理论",而是在马克思主义基本原理指导下,结合中国革命的具体实际和经验教训以及在当时特殊的国际国内环境的各方面条件的共同作用下形成的。

(一)马克思列宁主义的统一战线思想是其重要的理论渊源

马克思、恩格斯对于统一战线没有专门的一般论述,他们的统一战线思想主要是针对当时特殊的时代特征体现在其各种无产阶级理论之中,旨在为推翻资产阶级的剥削统治、建立无产阶级政权提供正确的方法和策略。1848年,马克思、恩

---

[*] 董一冰,牡丹江师范学院教授。
[*] 刘　静,牡丹江师范学院在读硕士生。

格斯的统一战线思想在《共产党宣言》中有明显的体现,他们指出无产阶级的人数不断增加,因为手工业者、农民、小工业家、小商人以及小食利者都来到这个队伍中结合成更大的集体同资本家进行斗争,初步描述了各阶级联合起来的巨大作用;指出共产党人优于工农群众的地方,突出共产党对于推翻资产阶级斗争的领导作用;同时还强调共产党人注重同全世界民主党派的团结和协调关系;最后呼吁"全世界无产者,联合起来",这一号召实际上已经鲜明地蕴涵着无产阶级统一战线的思想。1883年,恩格斯在《〈共产党宣言〉德文版序言》中指出:"被剥削被压迫的阶级(无产阶级),如果不同时使整个社会永远摆脱剥削、压迫和阶级斗争,就不再能使自己从剥削它压迫它的那个阶级(资产阶级)下解放出来。"①这一论述鲜明地指出了无产阶级统一战线的指导思想:无产阶级只有解放全人类,才能最后解放自己。马恩毕生专注于全人类的解放事业,他们关于统一战线的思想为马克思主义统一战线理论宝库提供了重要的理论渊源。

列宁根据俄国革命的具体实际,继承和发展了马恩统一战线的思想,指导着革命的最终胜利。1902年,他在《论社会主义民主运动的任务》中明确提出:"号召全国一切进步分子都来进行革命工作,号召全体受苦受难的劳动者都来支持社会主义。"②他指出了进行社会主义革命必须要争取一切进步力量和劳动者的支持。在之后的社会主义革命和建设中,列宁时刻以马列主义理论为指导对统战工作进行了大量实践,提出了诸如无产阶级领导权、多党合作以及对资产阶级的和平赎买等一系列观点,形成了丰富的统一战线思想的理论体系。

毛泽东十分重视统一战线问题,将统一战线提高到中国共产党在中国革命中战胜敌人的三大法宝之一的高度。1935年12月,毛泽东在科学分析中国社会各阶级状况的基础上提出党的基本策略任务就是建立广泛的民族革命统一战线并对其进行了专门的论述,号召团结一切可能团结的力量对抗日军的侵略,他指出:"只有统一战线的策略才是马克思列宁主义的策略。关门主义的策略则是孤家寡人的策略。"③自此,中国共产党为早日实现抗日民族统一战线的形成进行了大量的宣传和组织工作:向抗战军民、各民主党派、爱国华侨等宣传建设抗战统一战线的重大意义;党中央领导人亲自接见、致信民主人士,希望得到他们的支持和帮

---

① 《马克思恩格斯列宁斯大林论科学社会主义》第一卷,中国人民大学出版社1987年版,第170页。
② 《列宁全集》第七卷,人民出版社1986年版,第41页。
③ 《毛泽东选集》第一卷,人民出版社1991年版,第155页。

助;中国共产党提出"停止内战、一致抗日"的口号,与国民党军事将领张学良、杨虎城等取得联系并获得他们的信任和支持。1936年12月,西安事变的和平解决标志着以国共第二次合作为基础的抗日民族统一战线的初步形成。1937年5月,毛泽东在延安召开的中国共产党全国代表会议上指出要建立坚实的抗日民族统一战线的必要条件:第一,要争取国内和平,停止国内武装冲突,以便团结一致;第二,政治制度的民主改革和人民的自由权利。他还强调人民群众在统一战线中的巨大力量,中国共产党要为争取千百万群众进入抗日民族统一战线而斗争,因为"抗日民族统一战线的组成、巩固及其任务的完成,民主共和国在中国的实现,丝毫也不能离开这一争取群众的努力。"[①] 1938年党的六届六中全会,毛泽东对统一战线中无产阶级领导权问题做出了重要强调,提出要"保存党派和阶级的独立性,保存统一战线中的独立自主"[②]。毛泽东统一战线的思想内容是马列主义统一战线思想与中国革命具体实际相结合的科学理论,它指导着中国革命和抗日战争不断走向胜利。

(二)抗战前中国共产党开展统一战线的经验教训是其实践基础

中国共产党自成立以来就十分注重统战工作,在新民主主义革命的不同历史阶段发展了不同的统一战线。在抗日战争之前,我党在开展统一战线工作方面既有成功的经验也有失败的教训,为周恩来抗战时期所形成的统一战线思想提供了有益的指导。大革命时期,1924年国民党"一大"在广州召开,孙中山确立了"联俄、联共、扶助农工"的新三民主义,实现了国共两党历史上的第一次合作,反帝反封建的民族统一战线开始形成,促进了国民大革命的高涨,促成了北伐战争的胜利。1927年,以蒋介石为代表的国民党右派叛变革命,肆意屠杀共产党人和进步人士,实施白色恐怖,大革命以失败而告终,统一战走向破裂。第一次国内革命战争时期,毛泽东正确分析了中国革命的实际情况,放弃攻打大城市的战略而转入敌人力量薄弱的农村地区,建立红色政权——井冈山革命根据地,领导工农红军进行土地革命,反封建压迫、反国民党军阀统治的工农民主统一战线在此形成。从此,中国共产党走上了"农村包围城市、武装夺取政权"的正确道路,"星星之火"在敌人的夹击中已成燎原之势。

---

[①] 《毛泽东选集》第一卷,人民出版社1991年版,第279页。
[②] 《毛泽东选集》第二卷,人民出版社1991年版,第538页。

## 二、抗日战争时期周恩来统一战线思想的主要内容

1935年瓦窑堡会议中提出建立广泛的抗日民族统一战线的策略,周恩来响应中共中央的正确路线身体力行实践统战工作,为抗日民族统一战线的建立、发展和壮大做出了不可磨灭的贡献。为促成抗日民族统一战线的建立,周恩来给南开大学校长张伯苓致信:"居今日中国,应不分党派,不分信仰,联合各地政府及各种军队,组织国防政府与抗日联军,以统一对外,并开抗日人民代表会议,以促其成。"① 1936年,以周恩来为代表的中共领导人通过不懈的努力促成了西安事变的和平解决,标志着抗日民族统一战线的初步形成,也为实现国共两党的第二次合作奠定了基础。抗日战争期间,周恩来指导南方局抗战,积极宣传中共的路线、方针、政策,争取各党派进步人士壮大抗日民族统一战线,为争取抗战的胜利提出了一系列符合中国革命实际的统一战线思想。

（一）统一战线具有复杂性

1945年党的"七大"上,周恩来做了题为《论统一战线》的报告。他在文中指出:"在革命发展过程中,由于敌我关系和斗争营垒时常发生变化,形势时常变动,所以统一战线的问题就很复杂。"②总结出统一战线在革命发展中的最明显的特点就是复杂。他分析,根据以往经验,要认清敌人不是一件容易的事情。在大革命失败后,蒋介石和汪精卫实现"宁汉合流",他们与帝国主义相互勾结,是我们共同的敌人;而抗日战争时期,美英等国家成为我们的同盟军共同对抗日本,其国内某些大资产阶级却也与日本勾结,这样情况更加复杂。正确认识和对待敌人是我们党进行统战工作时必须要注意的,因此,周恩来强调:"我们要有一个清醒的头脑,善于调查研究,分析问题。"③同时,还要认清敌人具有两面性。比如在抗日战争初期,蒋介石虽然参与抗日,但同时也要看到其反动性依然存在,采取既斗争又联合的策略。敌人的营垒也在时刻变化,昨天是朋友今天可能成为敌人,昨天是敌人今天可能成为联合的对象,要根据形势的变化进行分析,利用矛盾,各个击破。1943年,周恩来在《坚持抗日民族统一战线 反对蒋介石的新专制主义》中对这一问题进行了详细的分析,指出蒋介石是中国的法西斯。

---

① 《周恩来统一战线文选》,人民出版社1984年版,第15页。
② 《周恩来选集》上卷,人民出版社1980年版,第207页。
③ 《文献和研究（一九八四年汇编本）》,人民出版社1986年版,第376页。

抗日民族统一战线包括无产阶级、农民、小资产阶级、自由资产阶级和一部分大资产阶级。在这样一个队伍中，无产阶级是领导阶级，农民是革命的主力军，小资产阶级具有动摇性，民族资产阶级具有两面性，而大资产阶级更不具有革命意识，各阶级的力量对比不平衡，情况也比较复杂，不容易统一。面对这种情况，周恩来指出："对这样一个队伍要弄得很清楚，要会分析，懂得怎么争取队伍的大多数，反对这个队伍中和我们争领导权的少数人，同他们斗争。不懂得这一点就要犯错误。"①周恩来还进一步对统一战线各阶级的情况进行了详细的分析，有助于我们进一步认识他们。

（二）统一战线中的领导权问题

领导权问题是中国革命的中心问题，只有无产阶级掌握领导权才能取得抗战的胜利，这是历史的经验和教训证明了的。大革命失败最根本的原因就是中国共产党放弃了革命的领导权，令党的事业和队伍严重受挫。周恩来系统地总结了我党历史上关于领导权问题的"左"右倾错误，肯定了毛泽东在统一战线中"又团结又斗争，在斗争中有理、有利、有节"的原则，他强调："领导权的问题，是统一战线中最集中的一个问题。"②抗日战争爆发后，周恩来在太原发出声明，要求共产党和八路军要以公开的面目来壮大抗日民族统一战线，要使自己成为统一战线的领导者和组织者。1939年在中共中央政治局会议上，周恩来对统一战线的策略、方法和守则进行了论述，指出要坚持原则、不失立场，指出统一战线的领导权问题的重要性，强调必须保持独立自主，在统一中独立，在独立中实行统一。

（三）统一战线要面向群众

统一战线最重要的就是广大人民群众的参与，离开了群众，统一战线也就不复存在。周恩来非常支持党内的群众路线，认识到抗战时期的统一战线也必须深入群众，依靠群众。1937年初，周恩来在西安同国民党代表谈判期间就东北军内部的团结问题进行了分析，提出必须依靠东北群众才能解决。他指出："为要克服这个分化，使东北军更加团结起来，我们除掉在东北军中加强秘密党的工作之外，今天最好的方法便是加紧东北各救国团体的统一运动，用东北群众的力量来推动东北军的团结。"③可以看出，周恩来对群众是非常放心的。同年十月抗日战争全

---

① 《周恩来选集》上卷，人民出版社1980年版，第211页。
② 《周恩来政论选》上册，人民日报出版社1998年版，第491页。
③ 《周恩来统一战线文选》，人民出版社1984年版，第38页。

面爆发以后,周恩来又提出要独立自主地动员群众和领导群众,扩大我党在群众中的宣传,帮助群众改善生活,动员广大群众参军,壮大我军队伍,密切同人民群众的联系。

### 三、抗日战争时期周恩来统一战线思想的现实启示

抗日战争时期,周恩来在大量的统战实践中提出的统一战线的思想,不仅丰富了马克思主义统一战线理论宝库,更重要的是指导着抗日民族统一战线的不断壮大,为抗日战争的胜利提供了有益的指导。当前,巩固和发展最广泛的爱国统一战线是时代的新要求。党始终将统一战线和统战工作作为重中之重,十八大报告中指出:"统一战线是凝聚各方面力量,促进政党关系、民族关系、宗教关系、阶层关系、海内外同胞关系的和谐,夺取中国特色社会主义新胜利的重要法宝。"①因此,研究抗日战争时期周恩来统一战线思想对于我们当前有效开展统战工作、巩固和发展统一战线仍有重要的现实启示。

(一)最根本的是坚持党的领导

中国共产党是中国特色的社会主义事业的领导核心。社会主义新时期,我们面临更加复杂的国际国内环境,做好统战工作,最根本的就是要坚持党的领导,一切政策和措施都要有利于巩固党的执政地位。只有这样,我们才能在纷繁复杂的国际国内环境中坚持正确的社会主义方向,稳定前进的步伐。领导权问题始终是新时期巩固和发展爱国统一战线的中心问题,一刻也不能放弃。

(二)巩固共同思想政治基础

党要始终站在时代前列,与时俱进,坚持以马列主义、毛泽东思想和中国特色社会主义理论体系等在内的科学思想为指导,认真学习、贯彻关于统一战线新的重大理论成果,正确处理多样性和一致性的差异,充分发扬人民民主,走群众路线,形成统一战线的思想共识,巩固共同思想政治基础并将其变成人民的自觉行动。

(三)善于联谊交友

做好统战工作,要注重同各民族、各党派的关系,善于联谊交友。党的十八大报告中提出:"健全社会主义协商民主制度。"②要坚持和完善中国共产党领导的多

---

① 《人民日报》,2012 年 11 月 9 日。
② 《人民日报》,2012 年 11 月 9 日。

党合作和政治协商制度,充分发挥人民政协作为协商民主重要渠道的作用,积极发展同各党派的亲密友党关系,从制度上保障民主党派和无党派人士民主协商、参政议政、相互监督的权利和义务;巩固和发展平等团结互助和谐的社会主义民族关系,促进各民族的友好关系和经济发展;开展党外知识分子工作,尊重知识和人才,支持他们的工作,把他们团结在党的周围,充分发挥他们的才智。

# 周恩来与东北抗日联军   李正军*

在中共中央和东北抗日联军的关系中,周恩来占有特殊的位置,发挥了不可替代的作用。早在"九一八"之际,他就是当时主持领导东北人民抗日斗争的党中央主要成员,一直关注东北抗日联军的英勇斗争,在中共中央和东北抗日联军失去组织联系之后,周恩来的著作和事迹,仍然是东北抗日联军贯彻党中央政治路线、坚持东北抗日斗争的精神动力之一。同东北抗日联军的关系,是周恩来生平和中国人民抗日战争史的重要组成部分。

## 一、局部抗战时期的周恩来与东北抗日联军

"九一八"国难当头之际,中共中央和周恩来正在白色恐怖最为严重的上海坚持地下斗争,受到叛徒特务的严重威胁,周恩来本人更是国民党当局悬赏2万元的"通缉要犯"。[①]为保证他的安全,中共中央已决定停止他的工作,完全隐蔽,待机撤往中央苏区。但面对民族危亡,周恩来一如既往,以对国家和人民的炽热责任感挺身而出,积极参加中共中央制定对"九一八"对策的工作,是最早领导东北人民抗日斗争的党中央主要负责人之一。在部署东北抗日斗争的过程中,周恩来尤其注重武装斗争,于10月在党中央机关报《红旗周报》上发表署名伍豪的《日本帝国主义占领满洲与我们党当前任务》一文中指出:"救国义勇军的组织已成为工农劳苦群众的普遍要求,我们要领导工农及一切被压迫民众自己组织武装的救国义勇军。"[②]这一著作于1932年初传到东北后,成为以罗登贤为首的满洲省委领导东北抗日斗争的理论基础。以这篇著作为指导,满洲省委起草了《抗日救国武装人民群众进行游击战争》的纲领性文件,确立了"只有人民群众起来,只有在群众斗争中创造党直接领导的人民武装,才能保证彻底抗日救国,同时党以这样的武装

---

\* 李正军,辽宁社会科学院地方党史研究所助理研究员。
① 陈铁健:《从书生到领袖——瞿秋白》,上海人民出版社1995年版,第474页。
② 《东北抗日联军史料》上卷,中共党史资料出版社1987年版,第247页。

为核心力量,支持、援助和联合其他非党的一切抗日武装力量,共同反抗日本侵略者"①的基本方针。尽管这一方针受王明"左"倾路线干扰和东北党组织力量薄弱的实际局限,没有得到很好的执行,但毕竟"有了雏形的统一战线的露头"②,其根本方向是完全正确的,并为以后建立东北抗日民族统一战线做了必要的探索。

鉴于东北党组织在"九一八"前力量较为薄弱,难以担负起领导东北人民抗日斗争重任的状况,周恩来以相当精力,主持了向东北派遣干部的工作。他亲自选拔派遣具有丰富军事经验的周保中前来东北,在相当程度上缓解了满洲省委缺乏军事干部的状况。在周恩来的主持下,中共中央和关内各地党团组织相继选派李兆麟(时名李烈生,在东北抗日斗争中化名张寿篯)、赵一曼、魏拯民、张甲洲等赴东北领导抗日斗争。他们到达东北后,在以罗登贤为首的满洲省委领导下,执行中共中央和周恩来的指示,与已在东北的杨靖宇等一起,在义勇军和其他抗日武装中积极工作,发挥先锋模范作用,组建中国共产党领导的人民革命军,广泛发动和组织群众,宣传抗日救国主张,为以后组建东北抗日联军、长期坚持东北抗日斗争奠定了坚实基础。他们中的绝大部分人都在东北抗日战场上为国捐躯。周保中则在吉东地区特别是抗联后期斗争中发挥了举足轻重的作用,被毛泽东赞誉为"我们的民族英雄"③和"一贯地执行党的路线的抗联同志"。④

在"九一八"后的两个多月中,周恩来为东北人民抗日斗争做出了重要贡献。进入中央革命根据地后,周恩来仍然关注着东北抗日斗争的进展。1933年1月21日,他和朱德联名致电苏区中央局转上海中共临时中央,强调把"特别要派人去争取东北及热河义勇军的领导并发展其组织"⑤作为推动全国革命新高潮,支援红军反"围剿"斗争的重要任务之一。这是对东北抗日斗争在中国革命进程中历史地位的充分肯定。

长征胜利后,周恩来致力于建立全国抗日民族统一战线,在实现从土地革命战争向全国抗日战争历史性转变的进程中发挥了决定性作用,期间仍深切关怀东北抗联。1937年3月底,周恩来在上海接见了受中共驻共产国际代表团派遣、返回内地从事统战工作的抗联第四军军长李延禄。听取了他关于抗联斗争的汇报。

---

① 《中共东北地方党史资料,访问录选编,周保中同志专辑》,1980年版,第59页。
② 《中共东北地方党史资料,访问录选编,周保中同志专辑》,1980年版,第59页。
③ 郭红婴:《回忆周保中》,吉林人民出版社1989年版,第205页。
④ 《毛泽东年谱(1893—1949)》下卷,中央文献出版社2002年版,第500页。
⑤ 《朱德年谱(1886—1976)》上卷,中央文献出版社2006年版,第314页。

谈话一开始,周恩来就明确指出:"党中央没有忘掉东北抗联和东北人民,你们武装东北人民抗日是有成绩的。"①并告知李延禄准备向党中央汇报工作,党中央也将尽快派人去东北,与抗联部队取得联系。关于李延禄在内地的工作,周恩来指示:"你们的任务是组织东北救亡团体,在党的领导下,促成蒋介石早日抗战。具体口号是拥护国共合作,共同抗日,共同建国;支援东北抗日联军;营救张学良。"②这时,周恩来正在同国民党当局谈判,以期"在民主统一的基础上,巩固国内团结,加速准备抗战的一页"③,为此,他代表中国共产党,力争"根据民主主义的根基,来召集国民大会"④,并要求国民党当局准许东北抗联和其他东北抗日团体和人士参加国民大会。在1937年5月1日发表的《我们对修改国民大会法规的意见》中,周恩来指出:"东北四省(辽宁、吉林、黑龙江、热河——引者注)的特种选举。应分出一部分代表名额留给现在东北四省奋斗着的革命团体及革命部队直接选举。其在各省的东北四省特种选举亦应废除由国民政府指定候选人的办法,而改由东北四省在各省居留的选民自己举出候选人,以便联合推选候选人。"⑤

## 二、全面抗战时期的周恩来与东北抗日联军

全面抗战爆发后,周恩来先后在武汉、重庆领导党的统战工作,团结一切可以团结的力量,为抗战胜利和建设新民主主义的中国做出了重要贡献。同时通过各条渠道,为恢复党中央和东北抗联的组织联系做出了巨大努力,并设法协助沟通在山海关内外同中国人民并肩战斗的朝鲜共产主义者和爱国力量之间的联系。新中国成立后,周恩来和彭德怀曾就此事向金日成做过通报。金日成回忆:"有一年我访华时,周恩来和彭德怀对我说,抗日战争时期,中国全国有许多全副武装的朝鲜青年要求我们把他们送到金日成部队去,但是当时的条件不允许,他们没能如愿以偿,被分配到华北义勇军去了。"⑥

全面抗战期间,尽管党中央和东北抗联始终没有恢复组织联系,但通过周恩来主持的《新华日报》和其他一些渠道,党中央的主要文件仍能时断时续地传入东北,成为抗联斗争的指导思想和理论依据。这其中也包括周恩来的著作和论述。

---

① 李延禄:《回顾抗联第四军》,《人民日报》,1985年7月28日。
② 《周恩来年谱(1898—1949)》,中央文献出版社1998年版,第367页。
③ 《中共中央文件选集》第11册,中共中央党校出版社1991年版,第205,210页。
④ 《中共中央文件选集》第11册,中共中央党校出版社1991年版,第205,210页。
⑤ 《中共中央文件选集》第11册,中共中央党校出版社1991年版,第205,210页。
⑥ 郑万兴译:《金日成回忆录——与世纪同行》(7—8),中国社会科学出版社2001年版,第507页。

1937年7月,在庐山谈判中,周恩来向国民党当局通报了中国共产党领导东北抗日斗争的情况,高度评价了东北抗日联军的英勇斗争。这一指示当年就传到了东北,给予抗联同志以巨大鼓舞。杨靖宇曾委托魏拯民向金日成做了传达,金日成直至半个多世纪后仍记忆犹新。他在回忆录中写道:"魏拯民说,庐山谈判时,周恩来同蒋介石谈到了共产主义者在满洲、华北和朝鲜积极开展抗日活动的问题。我以满意的心情听了他的这段话。因为它意味着,中共中央正确地评价了朝鲜共产主义者在抗日战争中所占的地位,对由朝鲜共产主义者领导的武装斗争寄予很大期望,并热切地希望得到他们的积极支持和协助。"①9月22日,作为实现第二次国共合作的标志之一,国民党中央通讯社发表了周恩来草拟的《中国共产党为公布国共合作宣言》,这一文件传到东北后,加深了东北抗日联军对第二次国共合作的理解和对中国共产党抗日民族统一战线政策的理解,1938年6月27日,周保中致函北满省委书记金策,提议应将《中国共产党为公布国共合作宣言》作为北满党组织的政治路线基础之一。②

1941至1942年,中国人民抗日战争进入了长期相持阶段中最困难的时刻。在早已与党中央和内地战场失去组织联系、敌强我弱最为悬殊的东北战场,这些困难显得更加明显和深重。法西斯德国入侵苏联后,日本法西斯在东北的殖民统治也更加严酷。对此,周恩来十分关心,在极端困难的情况下,收集研究了大量东北抗战的资料。在"九一八"10周年和11周年之际,周恩来两度为《新华日报》撰写社论,"以最大的关怀和眷念,遥寄给在苦难中的东北同胞和在苦斗中的东北义勇军"③。在这两篇社论中,周恩来指出了东北抗日斗争对中国人民抗日战争和世界反法西斯战争的重要意义:"东北是世界法西斯侵略战争最先爆发的火药库,但,也许是世界反法西斯战争最后结束的场所,而目前又正是日寇企图进犯苏联的一个缺口。东北的得失,具有世界的战略意义"。④针对"东北流亡人士与关外的联系已一天天减少,东北青年流亡到关内来的尤其到大后方来的更一天天困难,关内的东北健儿正在各战线上为国血战,关外的义勇军处境日艰,且更难得到内地的接济和联系,而日寇又正以重兵控制东北,对人民肆行镇压和剥削,在人民中

---

① 郑万兴译:《金日成回忆录——与世纪同行》(5—6),中国社会科学出版社1996年版,第497页。
② 周兴、牛芷萍:《周保中抗日救国文集》上卷,吉林大学出版社1996年版,第704页。
③ 《周恩来政论选》上册,中央文献出版社、人民日报出版社1993年版,第352页。
④ 《周恩来政论选》上册,中央文献出版社、人民日报出版社1993年版,第413页。

间悲观失望的和受其欺骗而生幻想的并非无人"①的特殊困难,周恩来强调要从东北沦陷最早最久的实际出发,清醒认识,"做更多的准备工作"②。但无论怎样困难,"东北问题,只是全中国问题的一部分,而且是有机联系的一部分。全国的困难解决,东北的困难也会跟着解决。"③在社论中,周恩来重申了全国人民的坚定信念:"抗战目的,是要达到中国领土主权的完整,这就是说:起码要恢复九一八以前的状态,不赶走日寇出境,不恢复东北失地,决不能停止抗战。这是全国军民一致的呼声"。④表达了中国共产党的一贯立场:"我们中共党人,历来是坚持自力更生抗战到底的方针。十年来,我们呼吁团结御侮,抗日救国。抗战后,我们更主张加紧团结,加强国力,坚持抗战到底,反对中途妥协,打到鸭绿江边,收复东北失地。在今天,我们更应强调自力更生,准备反攻,反对俯仰依人,反对悲观失望。"⑤

苏德战争的爆发,使世界反法西斯战争进入了新阶段,也给中国抗战带来了巨大影响。1941年6月29日,在苏德战争爆发一周年之际,周恩来为《新华日报》撰写社论《论苏德战争及反法西斯的斗争》,阐述了中国共产党"运用我们站在东方反日本法西斯强盗的前线地位,联合东方一切反法西斯的人民民族和国家,结成更广大的反法西斯的国际统一战线,肃清一切反苏反共及对日妥协的有害思想,以打倒东方法西斯蒂头子的日本强盗"⑥的对外立场和"我们应该乘机努力,加紧国内的团结,改善政治上的设施,克服经济上的困难,尤其是要加强军事的力量,国防的生产,以便一方面能有力的抗击敌人的进攻,收复一些据点,另一方面,在敌人果然北进时,我们也可配合友邦,实行反攻,击败敌人"⑦的对内立场。

周恩来的上述著作,不仅充分肯定了东北抗日联军的英勇斗争和巨大贡献。更为重要的是,对于孤悬敌后、信息不畅的东北抗日联军来说,周恩来的著作和论述,使他们更加明确地了解了中国共产党在抗日战争中的基本立场和政策,认识了自己所从事斗争的价值,坚定了必胜的信心。因此,这些文章通过《新华日报》传入东北后,立即受到了抗联同志的认真学习和热烈拥护。1942年4月10日,周保中致函金日成和抗联5军政委季青等,指示:"如果你们那边能够经常得到《新

---

① 《周恩来政论选》上册,中央文献出版社、人民日报出版社1993年版,第414页。
② 《周恩来政论选》上册,中央文献出版社、人民日报出版社1993年版,第414页。
③ 《周恩来政论选》上册,中央文献出版社、人民日报出版社1993年版,第414页。
④ 《周恩来政论选》上册,中央文献出版社、人民日报出版社1993年版,第353页。
⑤ 《周恩来政论选》上册,中央文献出版社、人民日报出版社1993年版,第358页。
⑥ 《周恩来政论选》上册,中央文献出版社、人民日报出版社1993年版,第358页。
⑦ 《周恩来政论选》上册,中央文献出版社、人民日报出版社1993年版,第333页。

华日报》,你们应充分利用该报来作政治生活的参考材料。此间给你们抄送新华日报社论三件,其中一篇题为:《加强党性的锻炼》,希望三人团(即道南党工作三人团,成员为季青、金日成、安吉——引者注)和B野营党委深刻研究,贯彻到每一个同志的认识中去,尤其是从来的东北党组织问题,值得我们根据这篇论文的原则精神来回味,来自我批评,来解决组织问题,来加强组织性和发展组织性。其余两篇《九一八十年》和《论苏德战争和反法西斯斗争》。虽然时间过去很久,但是论文的内容,有重要原则性,代表中共党中央的政治主张。这两篇也希望加以深刻的领会和作为目前生活中的政治参考。"①此后,周恩来的这两篇著作一直是抗联部队的主要政治教材,对抗联教导旅加强部队建设特别是思想政治工作、自觉贯彻以毛泽东为核心的党中央政治路线发挥了重要作用。

与周恩来的著作同时,《随军西征见闻录》《西行漫记》等书籍也先后传入东北。并成为抗联部队和东北地下党的政治教材。在以李兆麟为总指挥的抗联第三路军中,曾多次组织学习廉臣即陈云的《随军西行见闻录》,抗联战士因此对"周恩来为黄埔军官学校的政治部主任,国内各方军队之黄埔学生很多与周熟悉者。周恩来之勇敢、毅力之办事精神,黄埔学生对之仍有好感"②的革命事迹和品格、对周恩来这位"极有政治头脑的政治家"③开始有所了解。1939年6月15日,在李兆麟主持下,三路军总指挥部训练处发出关于党政工作的指示,指示在部队中悬挂或张贴毛泽东、朱德、周恩来像。身在日伪监狱中的地下党员,在极端严重的白色恐怖下,组织学习传阅了日本《世界知识》杂志刊载的《西行漫记》片断,几十年后,翻译《西行漫记》并在奉天(沈阳)狱中流传的杨坚白仍对"周恩来骑着一匹大马的照片"④记忆犹新。

## 三、抗战胜利后的周恩来与东北抗日联军

抗战胜利后,东北抗联恢复了与党中央的组织联系,踏上了建立和建设新中国的征程,在新的历史时期,周恩来一如既往地肯定抗联贡献、关心抗联同志。

在同国民党政府的谈判中,针对蒋介石集团否认抗联贡献和以"接收主权"为名发动东北地区内战的阴谋,周恩来明确肯定了东北抗联在中国人民抗日战争中

---

① 周兴、牛芷萍:《周保中抗日救国文集》下,吉林大学出版社1996年版,第506~507页。
② 《陈云文选》第1卷,人民出版社1995年版,第88页。
③ 《陈云文选》第1卷,人民出版社1995年版,第90页。
④ 《铁窗丹心——中共满洲省委时期狱中斗争纪实》,辽宁人民出版社1991年版,第420页。

的巨大作用,特别是后期斗争的作用。在1946年4月22日同马歇尔的会谈中,周恩来指出:"历史上东北的游击战是有过很大的发展的。在九一八以后到抗战以前,东北的游击战在中国是十分有名的。抗战爆发之后,东北的游击队削减了一些,但直到一九四一年、一九四二年,日本的报告仍不能不承认其有广大的活动。同时,八路军这时早已开到了辽西,建立了冀热辽根据地。在日本投降之前,东北的西部便有了八路军,其东部和北部仍有打散了的游击队。这些游击队的数量虽不大,但有着很大的潜势力。在抗日战争胜利之后,他们缴获了许多枪支,解放了广大的人民。"①

在14年的东北抗日斗争中,涌现了许多民族英雄和革命志士,杨靖宇、周保中、李兆麟、赵一曼、张甲洲就是他们的杰出代表。周恩来曾明确指示:"对杨靖宇将军这样伟大的民族英雄的事迹进行宣传非常重要,中央决定在吉林省的通化市修建杨靖宇陵园。"②对周保中的健康极为关心,1954年周保中病重时,周恩来指示派专机将他从重庆接到北京治疗,之后又多次亲往探望。1958年11月27日和1963年6月9日,周恩来和金日成、崔庸健一起接见了李兆麟夫人金伯文和女儿张卓亚,向她们致以亲切问候。1963年6月18日,周恩来陪同崔庸健向哈尔滨李兆麟墓敬献花圈。新中国成立初期,周恩来亲自过问电影《赵一曼》的拍摄工作,选定长征老红军石联星扮演赵一曼,提名冯仲云为驻外大使候选人之一。1953年1月1日,在视察哈尔滨东北烈士纪念馆时,周恩来表示了对张甲洲的深切怀念。1963年崔庸健访华期间,周恩来还组织并参加了周保中、崔庸健等中朝抗联战友在北京的联欢活动。

对抗联历史的宣传研究,周恩来极为关心。1953年1月1日和1963年6月,周恩来两次视察东北烈士纪念馆,认真听取抗联烈士事迹介绍,亲笔题词:"革命先烈永垂不朽。"③指示:"要广泛搜集革命烈士的事迹和文物,向群众进行革命传统教育"④,要求东北烈士纪念馆进一步搜集史料、充实内容、更新陈列。50年代末60年代初,周恩来又主持了中国革命博物馆(今与中国历史博物馆合并为中国国家博物馆)和中国人民革命军事博物馆的建设工作,多次审定包括抗联事迹在

---

① 《周恩来一九四六年谈判文选》,中央文献出版社1996年版,第258页。
② 宋晓宏、高峰、傅伟:《永久的丰碑——杨靖宇将军资料汇编》,吉林文史出版社2005年版,第781页。
③ 《周恩来年谱(1949—1976)》,中央文献出版社1998年版,第277页。
④ 《周恩来年谱(1949—1976)》,中央文献出版社1998年版,第277页。

内的两馆陈列,并在1959年9月22日中央书记处审查两馆会议上发表了重要讲话。这两个博物馆的抗联陈列,长期以来一直是抗联史宣传研究的主要成果。60年代初,周恩来指示:"要从多方面收集资料,编写东北抗日联军的历史。"①在党中央和毛泽东、周恩来的关心领导下,自建国后到"文革"前进行了大量有关抗联历史的宣传和资料收集整理工作,为抗联史研究奠定了雄厚基础。

东北抗日联军的历史是中朝两国共产主义者和人民群众并肩抗击日本法西斯的历史,以金日成、金策、崔庸健为代表的朝鲜共产主义者在东北抗日联军中发挥了重要作用。周恩来对此一直高度评价。1963年6月,在陪同崔庸健访问哈尔滨期间,周恩来"传达和表示过毛泽东同志和他本人对于东北抗联中朝同志共同作战关系的看法,即应该认定东北抗联实际上是中朝两国人民的联合军"②。1971年5月1日,在会见平壤市羽毛球代表团时,周恩来又指出:"抗日战争时期,金日成首相直接参加,在东北进行斗争,牵制了日本军队和伪满军队,支援了我们。"③

"文化大革命"时期,针对林彪、江青反革命集团和康生迫害抗联同志的行径,周恩来进行了坚决斗争,在极端困难的情况下,保护了朱德海、李延禄等抗联干部。1969年4月,在毛泽东、周恩来的努力下,李延禄参加了党的"九大",这是当时历史背景下肯定抗联事迹的最有效办法,对捍卫抗联旗帜、改善抗联同志的待遇并使他们尽快恢复工作,发挥了重要作用。

---

① 陆毅:《韩光党史工作文集》,中央文献出版社1997年版,第49页。
② 陆毅:《韩光党史工作文集》,中央文献出版社1997年版,第65页。
③ 《周恩来外交活动大事记(1949—1975)》,世界知识出版社1993年版,第587页。

# 从几封书信看周恩来在西安事变前的统战工作  曹  阳[*]

自"九一八"事变以后,国共两党重新合作,共同抗日已逐渐成为国内舆论的共同呼声。至1936年,日本帝国主义一步步蚕食中华大地,从东北到华北,中华民族已处于国土沦丧、生死存亡的危急关头。在中国和日本帝国主义的民族矛盾上升为主要矛盾的情况下,国内阶级关系也发生了新的变化。不仅广大工人、农民、小资产阶级坚决要求抗日,就连民族资产阶级、农村的富农和小地主的政治态度也有所变化,国民党营垒中的爱国将领也纷纷要求抗日救国。然而蒋介石却坚持"攘外必先安内"的反动政策,以重兵围追堵截突破重围北上抗日的工农红军。面对日益深重的民族危机和广泛的群众抗日救亡运动,中国共产党旗帜鲜明地提出"停止内战,一致抗日"的正确主张。周恩来作为中国共产党的主要领导人,积极贯彻执行我党建立抗日民族统一战线的方针、政策,卓有成效地开展对国民党各界人士的统战工作。1936年,周恩来分别致信东北军将领张学良、爱国民主人士南开大学校长张伯苓、国民党铁道部劳工科长谌小岑、国民党中央执行委员陈果夫和陈立夫、国民党军第一军军长胡宗南及国民党主席蒋介石本人,极力推动国共两党摒弃旧仇宿怨,再次亲密合作,携手共同救国。本文以上述几封书信为主要研究对象,结合中国共产党的统战策略,分析作为中共代表的周恩来在这一时期的主要统战工作思想,以及为建立抗日民族统一战线而做出的杰出贡献。

## 一、周恩来为何选择在这一时期写这样几封书信

(一)日本帝国主义步步进逼,中华民族已处于生死存亡的紧要关头,建立全民族统一战线已刻不容缓

日本帝国主义早有独占中国的野心,1931年发动了"九一八"事变,侵占我国东北三省。1933年又侵占热河省。1935年更是发动了"华北事变",妄图把华北

---

[*] 曹  阳,扬州市委党史办处长。

变成第二个"满洲国",进而吞并全中国。至1936年前后,发动民族自卫战争以抵抗日本帝国主义进攻,保卫及恢复领土主权,救民于水深火热之中已是各党派亟须承担的重要政治责任。共产党高举抗日旗帜,而国民党却对红军一再实行军事围剿,很大程度上分化了抗日的力量。中华民族已到生死存亡的紧要关头,国共合作抗日,建立全民族统一战线已刻不容缓。正如国民党的元老于右任的精辟概括,国共两党是"合则两利,离则两损。"①"合"是符合中国国情的历史必然,"离"是违反国情的历史错误。国民党当权者分裂第一次国共合作后的后果如何?一方面是共产党人和革命群众惨遭杀戮,被迫反抗。另一方面则是周恩来在1936年9月给蒋介石的信中所写到的:"及先生背弃孙先生遗教,分裂两党统一战线后,则众叛亲离,内乱不已,继之以'九一八',五年外患,国几不国。"②在这种形势下,国共重新合作的议题自然就被提上了日程。虽然要实现两党的再次合作存在着远比第一次合作大得多的障碍,但再度合作实在是大势所趋、人心所向,也是迫在眉睫之事。正如周恩来当时所疾声高呼的:"日本大盗已攫去我半壁山河,今且升堂入室,民族浩劫,高压于四万万人之身矣!"出路何在? 周恩来指出,历史昭示的唯一出路是"非战无以止日帝之迈进",要战就必须"兄弟阋于墙,而外御其侮"。③

(二)随着国内战争形势的发展,中国共产党不断调整策略,呼吁建立抗日民族统一战线

"九一八"事变发生后,中国共产党就立即发表抗日宣言。1935年8月1日,中央红军还在长征途中,就发表了《为抗日救国告全体同胞书》,也就是著名的"八一宣言",呼吁在亡国灭种大祸迫在眉睫之时,无论各党派间在过去和现在有任何政见不同和利害不同,无论各界同胞间有任何意见上或利益上的差异,无论各军队间过去和现在有任何敌对行动,首先都就当停止内战。以便集中一切国力(人力、物力、财力、武力等)去为抗日救国的神圣事业而奋斗。④至1935年12月,中国共产党又针对日本进攻中国以来的国内形势进一步给予正确的分析,瓦窑堡会议上批判了"左"倾关门主义,讨论通过了毛泽东提出的建立抗日民族统一战线的政策。周恩来在政治局会议上做《新的形势下党的组织任务》的报告。他说:"现在的一切抗日斗争,都应有共产党在那里领导;就在没有抗日斗争的地方,共产党也

---

① 转引自屈武《周恩来同志与国共合作》,《统一战线的珍贵文献》,浙江人民出版社1985年版。
② 《周恩来统一战线文选》,人民出版社1984年版,第22页。
③ 《周恩来统一战线文选》,人民出版社1984年版,第15页。
④ 《中共中央文件选集》第9册,中共中央党校出版社,第98页。

应发动和推动民族战争；无论哪一条战线上，都要无孔不入地去做工作。"①会议通过了《关于目前政治形势与党的任务决议》，进一步阐明党的抗日民族统一战线的理论、路线和政策。毛泽东深刻地总结了两次国内革命战争的经验教训，科学地分析了日本帝国主义妄图独霸中国的政策，引起我国阶级关系发生新的变化，充分说明我党与民族资产阶级在抗日条件下，重新建立统一战线的可能性和重要性。至1936年8月25日，中共中央又发表了《中国共产党致中国国民党书》，严正指出："现在是亡国灭种的紧急关头了，本党不得不向贵党再一次大声疾呼，立即停止内战，组织全国的抗日统一战线，发动神圣的民族自卫战争，抵抗日本帝国主义的进攻，保卫及恢复中国的领土主权，拯救全国人民于水深火热之中。"中国共产党的统战策略也随形势发展而不断调整，由最初的"反蒋抗日"到"联蒋抗日"，这些都是周恩来统战工作的主要原则与方向。

（三）中国共产党的抗日民族统一战线政策受到全国人民的热烈拥护，推动了抗日救亡运动在全国范围的高涨

国共两党停止内战共同抗日，这不仅是中国共产党提出的正确主张，也是"九一八"事变以来与日俱增的国内舆论的共同呼声，成为了一切爱国人士的共同主张。中国共产党抗日救国号召和红军长征的胜利，极大地鼓舞了中国人民的抗日意志，促进了抗日民主运动的高涨。1935年12月，在日本帝国主义加紧武装侵略华北，民族危机更加严重的关头，北平学生在中国共产党的领导下，开始了大规模的示威游行，呼吁"停止内战，一致对外""打倒日本帝国主义"。这就是震惊全国的"一二·九"运动。运动不仅激发了全国青年的爱国热情，也获得了各界民众的积极响应，全国人民抗日热情高涨，给实行"攘外必先安内"政策的国民政府巨大压力。1936年11月绥远抗战爆发，全国人民开展了援绥运动。风起云涌的群众抗日救亡运动，使得建立抗日民族统一战线的呼声越来越高，合作抗日已势在必行。

（四）在日益深重的民族危机和广泛的群众抗日救亡运动的冲击下，国民党营垒逐渐发生分化，一部分爱国人士尤其是上层人物有着抗日的意愿，这为周恩来在国民党内部开展统战工作提供了可能性

在"九一八"事变后，国民党上层中便开始出现亲日和反日的分歧，至1935年出现所谓"华北自治运动"时，认为中国必须抗日而且能够抗日的见解在国民党上

---

① 《中共中央文件选集》第9册，中共中央党校出版社1991年版，第123页。

层中逐渐形成比较广泛的舆论。11月19日,国民党举行第五次全国代表大会。蒋介石在讲话中虽然仍高唱"和平未到完全绝望时期,决不放弃和平",但也说道:"和平有和平之限度,牺牲有牺牲之决心。"1936年春,日本政府提出所谓"广田三原则",企图独吞中国,使得与蒋介石之间的矛盾变得更加尖锐。蒋介石后来写道:"当时的情势是很明白的:我们拒绝他的原则,就是战争;我们接受他的要求,就是灭亡。""中日战争既已无法避免,国民政府乃一面着手对苏交涉,一面亦着手中共问题的解决。"①这样,在继续"剿共"的同时,蒋介石开始悄悄地伸出一些触角,进行政治试探。因此,周恩来得以有条件向国民党上层人物宣传共产党的抗日民族统一战线的主张和政策,对于争取国民党内英美派在抗日问题上的转变,起了积极作用。

## 二、从周恩来的几封书信中分别看他在这一时期的统战思想和统战目的

(一)"决心扫此两军间合作之障碍"——致东北军司令张学良

要发展抗日民族统一战线,周恩来首先选择在东北军中开展工作。东北军是当时"围剿"陕甘根据地的敌军主力。但自"九一八"后,东北军广大将士身受家乡沦陷的痛苦,不愿同主张抗日的红军作战。这种情绪对张学良本人也产生了影响,他的思想也在逐步发生变化。在经过中国共产党多次派代表与张学良会谈之后,1936年4月7日,周恩来亲往延安与张学良会面,达成了合作抗日的初步意向。

这次会谈后,周恩来即给张学良写了一封信,由中国共产党委派的,负责在红军与东北军之间做联络工作的刘鼎带去交给张学良。周恩来在信中以"快慰""咸服"字样,给予张学良甚高评价,敬佩之情跃然纸上。周恩来在信中还通报了时局动向,针对民族危机日益加深、国内阶级关系发生变化,进一步阐明了中共方面的认识,并告知苏区发展的方向和红军主力的战略行动,"敌军在晋,日有进展,眷念河西,颇以与贵军互消抗日实力为憾"。信中也重申红军与东北军密切合作的态度,实际是对秘密会谈内容的进一步深化。"及告以是乃受日帝与蒋氏目前压迫所致,则又曾增其敌忾,决心扫此两军间合作之障碍。"②此信随刘鼎作为中共代表

---

① 蒋中正:《苏俄在中国》,(台)中央文物供应社1956年版,第55、58页。
② 《周恩来政论选》上册,中央文献出版社、人民日报出版社1993年版,第141~142页。

赴任时面交,也起到了介绍其担当红军与东北军之间联络重任的作用,使刘鼎赢得张学良的信任,张学良当即十分高兴地对刘鼎说:"今后你不再是客人,而是我的助手。"在周恩来书信的引荐之下,刘鼎这位早在德国勤工俭学时即由朱德等介绍加入中共的老资格党员,遂以"秘书"身份入住西安的张学良公馆,为他协助张学良以团结抗日的爱国主义思想教育东北军,加强东北军与红军、十七路军的团结合作,提供了便利。

(二)"请一言为天下先"——致南开大学校长张伯苓

张伯苓一生致力教育,先后创办南开中学、南开大学、南开女中及重庆南开中学,成为中国私人办学的典范。周恩来是张伯苓的学生,毕业于南开中学,后入南开大学。1920年11月由南开范孙奖学金资送赴法勤工俭学,被张伯苓称为"南开最好的学生"。但是在国共合作破裂的白色恐怖年代,张伯苓与周恩来很长时间未能互通音讯。"九一八"事变后,张伯苓作为天津学术界抗日救国会主席积极开展抗日救亡爱国运动,主张停止内战,一致对外。上海"一·二八"事变后,张伯苓甚至拟挺身入江西苏区,促进国共两党合作。为此,红军到达陕北后,周恩来1936年5月15日于瓦窑堡致函张伯苓,信一开头便说:"不亲先生教益,垂廿载矣。曾闻师言,中国不患有共产党,而患假共产党。自幸革命十余年,所成就者,尚足为共产党之证,未曾以假共产党之行败师训也。"接着周恩来在信中赞扬了张伯苓为停止内战、一致对外而奔走疾呼的爱国之情。在信中,周恩来表明了红军停止内战的态度和坚决抗日的决心。"红军不能忍华北五省拱手让人,已于十一月出师东向,力争对日作战,并一再宣言,主张停止内战,一致抗日,红军愿为先驱,集中河北。"在陈述了当前国内局势和中共建立统一战线的主张后,周恩来又诚恳地写道:"先生负华北众望,如蒙赞同,请一言为天下先。想见从者如云,先生昔日之志,将得现于今日也。"①在目前所存文献中,虽未见张伯苓的回信,但可以说,周恩来这封信对张伯苓还是产生很大影响的。在西安事变和平解决后,南开大学为此召开了庆祝大会,张伯苓在会上说:"'西安事变'这么解决好,咱们的校友周恩来起了很大作用,立了大功。"这封书信,不仅体现了周恩来与张伯苓的师生之谊,也反映了这一时期周恩来为建立最广泛的抗日民族统一战线对爱国知识分子、民主人士的积极争取。

(三)"应为民族生存,迅谋联合"——致国民党铁道部劳工科科长谌小岑

---

① 《周恩来统一战线文选》,人民出版社1984年版,第14~15页。

在与东北军的联络取得进展后,周恩来也一直意图打通与蒋介石谈判的渠道。同时,蒋介石对与中国共产党的合作试探也在通过多个渠道进行着。除在国际上,通过苏联转达意图之外,也在国内设法找寻中国共产党的关系。这个任务由蒋介石委派给陈立夫,陈又交给了他的亲信、铁道部次长曾养甫。1935年11月,曾养甫找来他的下属谌小岑,要他设法"打通共产党的关系"①。谌小岑在五四运动时参加过觉悟社,同周恩来比较熟悉,这为周恩来与之联络奠定了基础。

周恩来根据与周小舟、曾养甫、谌小岑洽谈的情况,在政治局会议上对南京政府的一些新动向做出了分析:由于日本侵略者总是前进,这就更尖锐地推动了民族战争的发展。对南京政府说来,"或降日,或抗日,期间的余地更狭了"②。1936年4月25日,中共中央发布了《为创立全国各党各派的抗日人民阵线宣言》,这里所说的各党各派已开始把国民党包括在内了。5月15日,周恩来给谌小岑写信,内容虽简短,但所表达的意思却十分明确:"十余年来,弟所努力,虽与兄等异趣,但丁兹时艰,非吾人清算之日,亟应为民族生存,迅谋联合。"③信中,周恩来邀请曾养甫、谌小岑到陕北共同"商讨大计"。

(四)"立停内战,共谋抗敌"——致国民党第一军军长胡宗南

胡宗南是蒋介石的嫡系心腹和最重要的军事将领,在黄埔系军事集团中,凭着蒋介石对他的赏识,第一个晋升为军长、"集团军总司令"、战区司令长官,成为手握几十万重兵、名震一时的"西北王",在国民党统治集团中起着举足轻重的作用。作为最了解胡宗南的中共领导人之一的周恩来,认为争取了胡宗南,就可影响一大批国民党将领,也可能影响蒋介石与南京国民政府。

胡宗南本身的思想也非常矛盾,是国民党军人中一个典型的具有两面性的将领。一方面,他不得不执行蒋介石的"剿共"政策;另一方面,胡宗南身上有着很深的民族主义与爱国主义情结,"剿共"确非他内心所愿。在中华民族的危机深重时,他曾多次请缨抗日。在这种形势下,中国共产党将胡宗南作为重点争取与统战的对象。1936年9月1日,就在胡宗南率军重回西北之际,周恩来亲笔写了一封密信给胡宗南,对他进行积极的争取、团结,说服其"立停内战,共谋抗日"。信中写道:"久闻贵方当局及黄埔同学中有不少趋向于联俄联共以救国难者,今国难

---

① 谌小岑:《西安事变前一年国共两党关于联合抗日问题的一段接触》,《文史资料选辑》第71辑,中华书局1980年版,第2页。
② 周恩来在中共中央政治局会议上的发言记录,1936年3月23日。
③ 《周恩来统一战线文选》,人民出版社1984年版,第14~15页。

日亟,敝方提议或不致再遭拒绝。惟合作必以停战为先。兄在黄埔为先进,亦为蒋先生所最信赖之人,果能力排浮议,立停内战,则颂之者将遍于国人。"①

胡宗南收到信后,并没有给周恩来回信,也未与中共方面建立任何形式的关系。但是,可以说当时全国抗日救亡运动高涨的形势、周恩来亲切热情的规劝与引导,在胡宗南的心中造成了强烈的震荡,并产生了久远的影响。据胡宗南后来的机要秘书熊向晖(中共地下党员)回忆,胡宗南对周恩来的这封信极为珍视,并妥为珍藏。他对周恩来所说"兄以剿共成名,私心则以兄尚未成民族英雄为憾"这句话尤为感慨。

(五)"停战为先、更进一言"——致国民党中央执行委员陈果夫、陈立夫

为了促成国共两党高层负责人的谈判,周恩来在与曾养甫、谌小岑等取得联系后,1936年9月1日,又给国民党内位高权重的陈果夫、陈立夫兄弟俩写信。1935年底至1936年,陈果夫、陈立夫受蒋介石指定,负责秘密同共产党进行联系和谈判。周恩来在信中赞扬他们主持这项益国非浅,有利于民族的工作。"敝党数年呼吁,得两先生为之振导,使两党重趋合作,国难转机,实在此一举。""敝方现特致送贵党中央公函,表示敝方一般方针及建立两党合作之希望与诚意,以冀救亡御侮,得辟新径。"信中申明了中国共产党关于建立抗日民族统一战线和准备重新实行国共合作的政策。"两先生居贵党中枢,与蒋先生又亲切无间,尚望更进一言,立停军事行动,实行联俄联共,一致抗日,则民族壁垒一新,日寇虽狡,汉奸虽毒,终必为统一战线所击破,此可敢断言者。"

然而,就在南京政府邀周恩来积极商讨合作之时,却同时调集大批军队"围剿"陕甘苏区,这当然是中共所不能接受的,对于国民党再次不顾停止内战的呼吁,大肆进攻苏区和"围剿"红军,中共中央复电国民党当局:需停战方能言谈判。双方高层谈判应在确实停战的前提下进行。否则,既谈又打,没有任何实际意义。但是国民党仍不放松对红军的进攻。

为了促使国民党停止内战,停止围剿陕甘苏区和红军的行动,尽快实现国共两党高层负责人的谈判。周恩来于9月22日,再次致信陈果夫和陈立夫:"日寇图我益急,弟方停战要求已至再至三……窃以为内战不停,一切抗日准备无从谈起。养甫先生曾数次以书信往还,弟方更屡次竭诚相告,而蒋先生迁延不决,敌对

---

① 《周恩来统一战线文选》,人民出版社1984年版,第19~20页。

之势非但未变,且更加甚。此徒长寇焰,丝毫无益于国难之挽救者也。"①周恩来在信中再次表达了希望国共两党停止内战,早日谈判,以实现两党合作,共御强敌的迫切愿望及真诚之意。

(六)"大敌当前亟应团结御侮"——致蒋介石

周恩来在给陈果夫、陈立夫致信后,仍觉言犹未尽,思虑再三后,又给蒋介石本人写了一封信。在信中,他首先分析了蒋介石自剿共以来的严重后果以及国人所面临的民族危机,"日本大盗已攫去我半壁山河,今且升堂入室,民族浩劫,高压于四万万人之身矣!"接着,又重申了中国共产党的政治主张:"共产党今日所求者,惟在停止内战,建立抗日统一战线与真正发动抗日战争。"因此劝说并忠告蒋介石:"大敌在前,亟应团结御侮。自相砍伐,非但胜之不武,抑且遗祸无穷。"针对蒋介石对红军的步步进逼,周恩来也毫不留情地予以警告:"红军非不能与先生周旋者,十年战绩,早已昭示国人。"周恩来考虑到蒋介石可能会因为十年内战间与红军的仇隙,不肯轻易停战议和,因此,他在信中又建议:"先生不妨商定停战地区,邀请国内救国团体各界代表监视停战",由此"必知红军力守信誓,只愿在抗日战争中担任一定防线,以其全力献之于民族解放,他是一无所求也"。作为中国共产党的主要领导人之一,周恩来在信中郑重承诺蒋介石:"内战果能停止,抗战果能实行,抗日自由果能实现,则苏维埃与红军誓将实践其自己宣言,统一于全国抗日政府指挥之下,为驱逐日寇而奋斗到底……先生如决心变更自己政策,则苏维埃与红军准备随时派遣负责代表与先生协定抗日大计。此共产党、红军确定之政策,将千回百折以赴,不达目的不止者也。"②

## 三、从这几封书信看周恩来的统战风范与统战艺术

(一)预测先判,把握统战工作的主动权

在对张学良的统战工作中,周恩来首先是及时地察觉了东北军不愿与主张抗日的红军作战的情绪,接着又与张学良取得联系,达成一致抗日的初步协议。随后,在给张的信中,周恩来分析蒋介石可能会受日帝挟持,有屈服之可能,便提醒张学良早做准备,指出"为抗日固足惜蒋氏,但不能以抗日殉蒋氏"③。在周恩来得

---

① 《周恩来书信选集》,中央文献出版社1988年版,第103页。
② 《周恩来统一战线文选》,人民出版社1984年版,第21~23页。
③ 《周恩来政论选》上册,中央文献出版社、人民日报出版社1993年版,第141页。

知蒋介石派陈立夫秘密赴苏联谈判,希望签订共同对日的军事同盟之后,他立刻敏感地觉察到了两党重趋合作的转机,又不失时机地给陈果夫、陈立夫两兄弟写信,希望国共双方能做进一步的具体谈判。至1936年前后,蒋介石迫于国内舆论的迫切呼吁,对于中国共产党的屡次要求停战抗日的要求,可以说也并非没有丝毫的心动,虽未曾停止对红军的"围剿",但是他的抗日态度还是逐步发生着一些变化的。周恩来及时地捕捉到了这些变化,立刻给蒋介石写了一封深明大义、有礼有节的信。从这些写信的时机及信中的内容,都可以看出周恩来总能根据事态发展提前预测到可能产生的结局,预先制定防范措施及应对策略,从而比对手更快地把握好统战工作中的主动权。

(二)周密部署,多渠道打通合作之路

为促成与国民党的合作抗日,周恩来多渠道打通合作之路。从写信的对象来看,在国民党军队中,既有负责西北"剿共"的东北军司令张学良,又有手握重兵的蒋介石嫡系将领胡宗南;在国民党政府中,既有负责与中共联系的谌小岑等人,也有位居国民党中枢的蒋介石亲信陈果夫、陈立夫。同时,既给爱国民主人士张伯苓写信,以期其以民主人士的特殊身份,敦促国共合作的形成;此外,还给蒋介石本人致信,传递共产党愿开诚合作之意。统战对象包括了国民党党政军的各方人员。而针对不同统战对象,周恩来又周密部署,采用不同的劝说方式,提出了不同的合作建议。在军事上,周恩来侧重于说服对方暂时停止进一步的军事冲突,为商谈合作争取时间及奠定良好的合作基础。在政治上,周恩来一再陈述中国面临的严重危机,并以多年来两党合作则两利,不合作则两损的事实,再进一步阐述共产党的抗日纲领、爱国主张,以劝说对方能与中共开诚布公商谈抗日大计。为打通与国民党的合作之路,周恩来从多个渠道入手,殚精竭虑地进行部署,可见其统战工作的全面性与周密性。

(三)掌控大局,以民族利益为先求大同存小异

在民族危机深重,蒋介石却仍疯狂"围剿"工农红军,不断扩大内战的背景下,周恩来运用"求同存异"的思想方法,对蒋介石等人采取了又斗争又联合的方针,使蒋介石集团成为我们的盟友。东北军司令张学良自1935年9月任"西北剿总"副司令后,曾不遗余力地对我根据地进行"围剿",以扩充实力及取得蒋介石的信任。9月,他们又以十万之众,向我陕甘根据地发动大规模的第三次"围剿",历时三个月,虽被红军彻底粉碎,但对于初到陕北的红军来说也是一次不小的危机。然而,在周恩来给张学良的信中,周恩来却不计前嫌,主动提出要"决心扫此两军

间合作之障碍",这便是明确表达了中国共产党以民族利益为先,将红军与东北军近期内的军事冲突置于后,以谋求合作抗日的态度,同时也显示了周恩来从容沉着、机智灵活地处理着各种复杂事态的统战风范。之后,周恩来在给蒋介石的信中,也摒弃国共两党多年来的仇隙,真诚奉劝蒋介石"从过去之误国政策抽身而出",以促成合作,周恩来也做出表态,承诺只要蒋介石同意停止内战,苏维埃与红军"统一于全国抗日政府指挥之下",并且承诺只要蒋介石决心变更自己的政策,"则苏维埃与红军准备随时派遣负责代表与先生协定抗日大计"。周恩来秉持民族大义,肩负历史重任,竭力促成全国抗日民族统一战线的建立,从这几封信中可以看出他从大局出发,在坚持原则的前提下,求大同存小异,把高度的原则性和必要的灵活性有机地结合起来,将争端放在一边,寻找共同点,求得双方合作的统战策略。

(四)主动协调,以谦诚的态度谋求共同抗日

仔细分析以上提到的这几封书信,我们可以看出,这些信都是周恩来主动致信,而非复信。从信中的具体内容也不难看出,周恩来为挽救民族危机,不仅主动协调,提出组建方案,或热切企盼复信、或主动邀约对方来苏区直接面叙、或提出派代表前往商谈,言辞恳切、意味深长。在给张伯苓的信中,周恩来说:"居今日中国,应不分党派,不分信仰,联合各地政府及各种军队,组织国防政府与抗日联军,以统一对外,并开抗日人民代表会议,以促其成。"这里,周恩来主动提出了组建"国防政府"和"抗日联军"的合作方案,足见其为民族存亡大计已有如何合作的预案与谋划。在给谌小岑的信中,周恩来又主动邀请曾养甫"惠临苏土,商讨大计",并说如果曾不便亲来,也希望谌小岑能"代表贲临""纠合同道就便参观"。在给陈果夫、陈立夫的信中也明晰地表达了中共已做好随时同国民党负责代表做具体谈判的准备,并希望"两先生能直接与会"。这些邀约,都是周恩来代表中共主动发出的,以谦诚的态度传递了中国共产党愿与一切抗日力量以商谈的方式消除各种隔阂与误会,亲密携手,共同救国的愿望。

以上所提到的几封书信是周恩来在中华民族面临生死存亡的紧要关头,为顺应全国人民停止内战共同抗日的要求,按照党建立最广泛的抗日民族统一战线的政策要求,写给爱国民主人士及国民党内军政要员和蒋介石本人的亲笔信函,充分表达了中国共产党愿团结一切抗日力量,共赴国难,救民于水火的真诚态度。诚然,这几封书信只能从侧面体现出周恩来在这一时期为建立抗日统一战线所做的努力,但细细品读,仍可在信中一窥周恩来展现出的预测先判、掌控大局、周密

部署、主动协调的统一战线艺术和统一战线风范。"在坚持党的立场和原则的基础上团结一切可以团结的力量"也在此得到充分体现。周恩来在信中所努力的两党谈判虽最终未能实现,这也正如周恩来在1945年谈到这一段历史时所说:"国民党蒋介石对谈判的想法是怎样呢？那时他是把我们当投诚看待,想收编我们"①,在这种情况之下,国共谈判自然难以取得重大进展。然而,周恩来对各界爱国人士及国民党高层人士的团结争取工作,效果最直接地反映在西安事变的和平解决上,同时也为日后的国共第二次合作打下了一些基础,为建立抗日民族统一战线也产生了重要的推动作用。

---

① 《周恩来选集》上卷,人民出版社1980年版,第192页。

# 周恩来对抗日民族统一战线建立的贡献 傅红冬[*]
## ——以西安事变和平解决为例

周恩来是我党最早从事抗日统一战线工作的领导人之一,早在1924年旅欧期间,他就发表了《革命救国论》《军阀统治下的中国》等文,明确指出:帝国主义列强、军阀官僚和洋行买办是中国革命的对象,海外华侨、劳动阶级、知识界、新兴的工商业家、庞大的农民阶级是中国国民革命的革命势力。抗日战争时期,周恩来利用特殊的工作环境和有利条件,积极开展统战工作,为西安事变的和平解决,为抗日民族统一战线的建立做出了杰出的贡献。

## 一、通过领导军事统战工作,周恩来为和平解决"西安事变"奠定政治基础

1931年九一八事变后,在民族危亡关头,国内各阶级急剧分化,掀起了抗日救亡浪潮,民族资产阶级和一部分爱国将领反对蒋介石不抵抗政策,转向了革命。1935年底,中共中央在瓦窑堡召开政治局会议,根据日军扩大入侵东北的新形势,决定建立最广泛的民族统一战线,以团结一切革命力量反对日本帝国主义。为争取在西北实现与东北军联合抗日的和平新局面,会后,周恩来以主要精力,贯彻会议精神,致力于抗日民族统一战线工作,并首先选准了东北军这个突破口,成立了以他为书记的东北军工作委员会。

不久,周恩来根据实践经验提出:"正确应用统一战线,应该把上层和下层配合起来进行。"[①]并强调重点在国民党军队的上层做好统战工作。1936年4月起,张学良开始了和中国共产党的秘密接触,周恩来与张学良在延安城内的一座教堂里正式举行会谈。张学良承认红军是真正抗日的,表示完全同意停止内战一致抗日,同意组织国防政府与抗日联军;同意红军集中河北并愿以东北军联合掩护;答应东北军为红四方面军北上让路和为尚在云南的红二方面军的安全向中央军方

---

[*] 傅红冬,淮阴师范学院副教授。
[①] 力平:《伟大的军事家周恩来》,军事科学出版社1997年版,第248页。

面做工作,等等。

周恩来对这次谈判相当满意。他对随行的李克农说:"谈得真好呀!想不到张学良是这样爽朗的人,是这样有决心有勇气的人!"[1]从而更加增强了与东北军统战合作的信心。与此同时,在周恩来的精心安排和中共北方局的努力下,对西北军的统战工作也取得积极进展,正式达成了互不侵犯,友好合作,准备抗日等协定。这样,双方实际上从1936年上半年起就停止了敌对状态,彼此间的关系也大为改善。红军与东北军、西北军在抗日救国的基础上,形成了团结合作的良好关系,工农红军、东北军、西北军形成了拥护"民族统一战线"的"铁三角",标志着西北地区三支主要抗日武装大联合的和平局面已经实现,这为"西安事变"的顺利解决奠定了坚实的政治基础。

周恩来参与领导了共产党与蒋介石集团的秘密谈判。针对蒋介石在抗日问题上态度的变化,在1936年8月10日的中央政治局会议上,周恩来最先和最明确地建议,放弃"抗日必须反蒋"的口号。毛泽东做结论时,同意周恩来的意见,既然放弃反蒋,就意味着不排除联蒋,而联蒋则是实现国共合作的关键。显然,这比既主张国共合作同时又要反蒋的方针大大前进了一步。9月1日,周恩来致信陈果夫、陈立夫,表明中共"早已准备随时与贵方负责代表作具体谈判"[2]。可以看出,周恩来是共产党内"逼蒋抗日"方针的最早提出者,是国共第二次合作的最早倡导者之一。

## 二、和平解决"西安事变",周恩来开创了抗日民族统一战线新局面

1936年12月12日,张学良、杨虎城将军发动了旨在逼蒋抗日的西安事变,周恩来以中共全权代表身份率领代表团,不避艰险,以卓越的才能和张、杨一起,经过艰苦谈判斗争,迫使蒋介石接受"停止内战,一致抗战"的主张,为开创抗日民族统一战线的新局面,做出了历史性贡献。

对不同的对象采取不同的争取方式,这一点在抗日战争统一战线的实践中体现得最精彩。如对国民党蒋介石的争取,周恩来提出在抗战困难时援助他,他对中共蛮横时拒绝他;要影响他左右的进步分子,反对他周围的落后分子;要经过抗战将领及有正义感的元老来影响他;既不要对他过存奢望,也不要把他看成一成

---

[1] 童小鹏:《风雨四十年》第一部,中央文献出版社1994年版,第24页。
[2] 《周恩来统一战线文选》,人民出版社1984年版,第18页。

不变。周恩来还通过与别国统一战线的比较,精辟地阐明了我国统一战线是具有中国特色的统一战线。1937年6月23日,在第二次国共合作的抗日民族统一战线正式建立前夕,周恩来接受了美国记者T.A.彼森的采访。当彼森要他回答对统一战线前景的看法时,他指出:国共两党的合作"只能逐步地实现,要先准备抗战,然后争取民主共和国的运动"。①

西安事变发生后,他首先分别同张学良、杨虎城举行会谈,认真听取他们的介绍,肯定他们的爱国义举,仔细分析可能出现的两种前途,开诚布公地表明共产党的态度。周恩来再三强调应竭力避免内战,争取和平解决,从而实现全国团结。既坚定了张学良内求和平、外求抗战和对蒋"保其安全,促其反省"的信心,也使对放蒋有所顾虑的杨虎城茅塞顿开,心悦诚服。周恩来与代表团还通过多种渠道和方式做张、杨两军中其他高级将领、中下层军官及社会各界的工作,苦口婆心地说服持不同意见的朋友以民族利益为重,拥护和平解决事变的方针。23日,周恩来以中共全权代表身份同张、杨一起,与南京方面的代表宋子文、宋美龄进行了谈判。周恩来做了大量细致的工作,从而保证了中国共产党和平解决西安事变方针得以实现。

放蒋以后,军长王以哲被杀,他在东北军中是有威望的高级将领,消息传到了前方,激起了东北军广大官兵的愤慨,西安面临着更加纷繁复杂、变化莫测的形势,三位一体遭到严重打击。为了避免意外的损失,为了协助杨虎城,周恩来自己坚持在西安,尽力之所及,和杨虎城、于学忠、何柱国等在西安协调各方面关系,共同维系三位一体关系,发挥巨大作用,促使宁陕双方用和平手段解决了西安事变善后问题。这几天,是周恩来在西安事变期间最紧张、最困难,也是最危险的日子,他置身危城,但毫不畏惧,敢于担当,他以一片真诚对待朋友,赢得了各方面的信任和友谊,使得他在惊涛骇浪中能够履险如夷。由于周恩来坚持在西安工作,起了中流砥柱的作用。无论东北军和西北军或社会上的各界人士,都相信中共和平解决西安事变的方针是正确的。中共是可以信赖的朋友,也表明了中国共产党是诚意和国民党谈判,达到停止内战一致抗日的目的,从而产生了重大影响。如果没有周恩来坚持在西安,西安事变的后果将不堪设想,亲身参与西安事变的罗瑞卿、吕正操、王炳南在《周恩来与西安事变》一书中这样评价:当时如果"没有周恩来在西安,毛泽东、党中央和平解决西安事变的方针就很难得到贯彻,内战可能

---

① 《周恩来年谱(1898—1949)》,中央文献出版社1998年版,第375页。

再起,西安事变的和平解决的初步胜利就无法巩固。周恩来为党的革命事业,为中华民族建立了不朽功勋!"①应该说,这个评价是公允的。

正如毛泽东所说,"西安事变的和平解决成了时局转换的枢纽"。"直至西安事变发生,在一九三六年年底,中国共产党的全权代表才同国民党的主要负责人取得了在当时政治上的一个重要的共同点,即是两党停止内战,并实现了西安事变的和平解决。这是中国历史上的一件大事,从此建立了两党重新合作的一个必要的前提。"西安事变的和平解决,对国共两党再度合作,团结抗日,起到了重大的推动作用,成为从国内战争走向抗日战争的转折点,而周恩来则是"和平解决西安事变中政治上的主宰者,是事实上的主谋"。张学良的这一评价再客观不过地说明了周恩来于其中的历史作用。

## 三、和平解决"西安事变"后,周恩来是国共统一战线完全实现的强有力的推动者

西安事变和平解决后,为促使两党合作的正式建立,周恩来作为共产党首席代表,不畏艰险,不辞辛苦,奔走于西安、杭州、庐山和南京之间同国民党代表、张冲、顾祝同、蒋介石等人进行了五次谈判。

1937年1月24日,周恩来致电毛泽东、洛甫,提出了与国民党谈判的方针。他说:可以服从三民主义,但放弃共产主义信仰绝无谈判余地;承认国民党在全国的领导,但取消共产党绝无可能,惟国民党如能改组成民族革命同盟性质时,则共产党可整个加入这一联盟,但仍保持其独立组织。在西安谈判中,国民党方面并未平等互让,对中共仍采取限制措施,西安谈判陷入僵局。1937年6月,当海伦·斯诺在延安采访周恩来的时候,周恩来说,共产党已经放缓了它的大目标,只需要一个可以包括地主、中产阶级和小资产阶级,以及工人和农民而没有卖国贼的国家民主体系……我们要在中国各阶级中开展一场大的民主运动……为的是抗击日本的侵略战争,既然国民党打算执行孙中山的原则——民族、民权、民生——共产党就准备全力支持它。周恩来是一个无与伦比的活动家,他的主张是那样具有说服力,使他赢得了众多的与共产党毫无关系的中国人的同情和信任。周恩来在《中共中央为公布国共合作宣言》中写道:"要把这个民族的光辉前途变为现实的独立自由幸福的新中国,仍需要全国同胞,每一个热血的黄帝子孙,坚忍不拔地努

---

① 罗瑞卿、吕正操、王炳南:《周恩来与西安事变》,人民出版社1978年版,第48页。

力奋斗……'党'将取消一切推翻国民党政权的暴动政策……取消红军名义及番号,改编为国民革命军……"①

国民党中央通讯社播发了《中共中央为公布国共合作宣言》,蒋介石在庐山发表谈话,谈话指出了团结救国的深切意义,正式承认了中国共产党的合法地位。至此,"两党的统一战线是宣告成立了。这在中国革命史上开辟了一个新纪元。这将给予中国革命以广大的深刻的影响,将对于打倒日本帝国主义发生决定的作用"。

谈判中,周恩来杰出的外交才能得到了充分展现,他既始终坚持民族利益第一的原则,又同国民党削弱控制共产党和红军的企图进行了坚决的斗争,坚持"要他们承认我们的军队,承认我们的边区,承认各党派的合法地位,组织各党派的联盟,就是统一战线"②。从而巧妙地把革命原则的坚定性同斗争策略的灵活性结合起来,有力地推动了国共合作关系的发展。西安事变奠定的和平局面是很不稳固的,国民党由实行内战政策到同意合作抗日有个转变过程;西安事变是由第二次国内革命战争向抗日战争过渡期间"时局转换的枢纽",从整个国家看,这是历史转折的关头。全国抗日民族统一战线正式形成,为抗日战争的胜利打下了基础,周恩来为建立抗日民族统一战线做出的突出贡献,是周恩来抗战时期最辉煌的亮点之一。

## 四、西安事变以后,周恩来为建立国际统一战线而努力

中国的抗日战争是世界反法西斯的主战场,中国不仅必须首先实现国内的统一战线,还必须努力把统一战线推广到包括所有与太平洋地区和平有利害关系的国家。周恩来敏锐地认识到这一点,为了贯彻中共中央《关于法西斯的国际统一战线的指示》,把国内的抗日民族统一战线和世界反法西斯统一战线有机地结合起来,他做了大量工作。他根据各同盟国的不同地位和政治态度,采取了区别对待,重点争取的策略。③

"西安事变"以后,周恩来就把统一战线对象扩大到西方。周恩来广泛接触英美驻华官员,1936年12月22日至25日,周恩来在西安同英国驻华武官斯卡特会

---

① 《周恩来选集》上卷,人民出版社1980年版,第76~77页。
② 《周恩来选集》上卷,人民出版社1980年版,第195页。
③ 刘焱:《中外学者论周恩来》,南开大学出版社1990年版,第236页。

晤,在回答问题时指出:"这次事变完全是蒋介石对日本帝国主义采取不抵抗政策而造成的。中共认为必须和平解决,迫使蒋介石联共抗日,否则内战再起,日本帝国主义必将侵占全中国。现在中国人民要求的政府必须是抵抗外侮的、民主的、发展经济减轻人民生活痛苦的。"①这应该是周恩来第一次向西方国家官员表明中国共产党的立场。1937年2月15日,周恩来"会见美国新闻记者艾格尼丝·史沫特莱,向她介绍中共和平统一、团结抗战的主张,'颇得其同情'"②。

在抗日战争时期,中国共产党先后接待了十几位西方记者,通过他们,使英、美、法等国对中国共产党的抗日民族统一战线和国际反法西斯统一战线的策略和主张,有了一定的了解和认识,对争取他们加入国际反法西斯统一战线起到了一定的促进作用。1939年4月,为了开展国际统一战线,中共中央南方局根据周恩来的指示,建立了对外宣传小组,这是党的最早的外交机构。这个机构的基本职能是宣传党的统一战线方针,在国际上造舆论,扩大中国共产党的影响力。在这一时期,周恩来同西方记者和著名人士的大量会谈中,表明中国共产党希望造成有利的国际舆论。很多外国人正是通过周恩来认识了中国共产党的正确、正直和代表着中国的光明前途。1937年7月全面抗战到1945年9月日本无条件投降期间,周恩来会见驻华官员及国外友好人士一百多次,广泛地宣传了中国共产党团结抗战的主张,巩固了统一战线,赢得了世界各国人士对中国革命的好评、同情和支持。通过这些途径,更广泛地宣传了中国共产党团结抗战的主张,对赢得国际统一战线对中国革命的支持,对巩固与维系国内抗日民族统一战线免遭破裂,都发挥了很好的作用。如1938年1月,周恩来同英国驻华大使阿奇博尔德·克拉克·卡尔商谈后,并经卡尔帮助,获香港总督批准,八路军香港办事处得以成立。皖南事变发生后,为使国外人士了解事变真相,洞悉国民党顽固派的阴谋,争取国际舆论的同情和支持,周恩来除了组织力量准备材料,动员外国记者分别带往香港、南洋和美国发表外,还安排王炳南、王安娜、龚澎等去访问他们所认识的外交官和记者,告以国民党袭击新四军事件的真相。他还亲自到英国驻华大使卡尔寓所,向卡尔揭露国民党顽固派的阴谋。英国政府收到驻华大使报告后,告诉蒋介石,内战只会加强日军的攻击。2月中旬,周恩来又会见了美国总统罗斯福代表居里,揭露皖南事变真相。居里向蒋介石声明:美国在国共纠纷未解决前,无法大量援

---

① 《周恩来年谱(1898—1949)》,人民出版社、中央文献出版社1989年版,第339页。
② 《周恩来年谱(1898—1949)》,人民出版社、中央文献出版社1989年版,第352页。

华,中美间的经济、财政等各问题不可能有任何进展。这样,蒋介石不敢再有大的摩擦举动,抗日民族统一战线也免遭破裂。正是通过周恩来广泛的国际统一战线活动,进一步扩大了中共在国际上的影响,为中共与国外的接触打开了新局面。

# 从"反蒋抗日"到"联蒋抗日"的转变     杨晓成[*]
## ——周恩来为建立抗日民族统一战线所做的努力

抗日民族统一战线是中华民族取得抗日战争胜利的主要法宝之一。抗日民族统一战线从酝酿到形成，凝聚着中国共产党人的智慧与艰辛付出，周恩来是其中最杰出的代表之一。目前学术界多集中于对抗战时期周恩来对统战工作理论贡献的探析，而对其促成建立抗日民族统一战线的过程大多简略论之，且缺乏整体性。其实，中国共产党所主张的抗日民族统一战线的建立并非一步到位，而是经历了由"反蒋抗日"到"逼蒋抗日"再到"联蒋抗日"的转变过程。周恩来在这一转变过程中扮演了极其重要的角色，正是因为周恩来所做出的艰辛努力，抗日民族统一战线才最终建立起来。那么，建立抗日民族统一战线过程中周恩来到底做了哪些工作呢？本文拟对此进行探寻，以便全面地展现周恩来对于建立抗日民族统一战线的伟大贡献。

### 一、"反蒋抗日"到"逼蒋抗日"转变的倡导者

1927年4月，蒋介石发动"四一二"政变叛变革命，在南京建立起国民政府。1931年9月18日，日本发动"九一八"事变，蒋介石却实行不抵抗政策，导致民族危机加重。自此，阶级矛盾和民族矛盾并存。9月22日，中共临时中央发布《中共关于日本帝国主义强占满洲事变的决议》，指出无产阶级及其贫苦群众的历史任务是"反对日本的殖民地屠杀政策，用革(命)争斗的力量消灭反动的在帝国主义怀抱中献媚乞怜的国民党政府"[①]。这表明，中共开始把"反蒋"与"抗日"紧密地联系在一起，作为领导人民进行革命的主要任务。

1932年1月28日，日本为扩大对中国的侵略，发动了"一·二八"事变，国民政府依然执行不抵抗政策，但驻守上海的第十九路军奋起反抗，淞沪抗战由此打

---

[*] 杨晓成，南开大学研究生。
[①] 《中央关于日本帝国主义强占满洲事变的决议》，《中共中央文件选集（第7册）》，中共中央党校出版社1991年版，第420页。

响。这表明,在对待日本侵略的问题上,国民党内部已出现分化。为了适应这种形势,争取和扩大抗日反蒋力量,1933年1月7日,中共中央、共青团中央联合发布告全国民众书,呼吁"建立群众的统一战线反对帝国主义及其走狗——国民党!"①1月17日,中华苏维埃中央临时政府和工农红军革命军事委员会提出愿在三个条件下与全国各军队共同抗日的宣言。② 11月20日,李济深、陈铭枢、蒋光鼐、蔡廷锴等人以第十九路军为主力,在福州发动抗日反蒋事变,建立起中华共和国人民革命政府。12月5日,中共中央向全国号召"成立反日反蒋的人民革命(军)"③,并同福建人民革命政府和十九路军在四个条件下订立抗日作战协定,这是中国共产党与国民党政府中的一部分人建立的最早的抗日协定。1934年1月13日,周恩来代表中共中央向福建人民革命政府提出建立"反日反蒋联合战线"的紧急建议。④ 这是中国共产党在坚持推翻国民党政府立场的同时,第一次提出与任何抗日武装建立同盟的主张。这表明,中共关于"反蒋抗日"的政策正式形成。

1933年5月,《塘沽协定》签订后,日本于1935年又制造了"华北事变"。"华北事变"使中华民族陷入了空前严重的民族危机。为了联合更加广泛的力量反抗日本帝国主义的侵略,中国共产党倡导建立以国共合作为基础的抗日民族统一战线,"反蒋抗日"的政策开始向"逼蒋抗日"转变。

1935年8月1日,中国共产党发表"八一宣言",呼吁国共"停止内战,一致抗日"⑤。10月,红军到达陕北后,周恩来参与制定《为目前反日讨蒋秘密指示信》,指出要在全国各阶层建立抗日民族统一战线。⑥ 12月17日至25日,中共中央在陕北瓦窑堡召开政治局扩大会议,确定"把国内战争同民族战争结合起来"⑦的方针,决定建立最广泛的民族统一战线。瓦窑堡会议后周恩来任东北军工作委员会

---

① 《中共中央、共青团中央为日本帝国主义占领山海关和进攻华北告全国民众书》,《中共中央文件选集(第9册)》,中共中央党校出版社1991年版,第10页。
② 《中华苏维埃中央临时政府、工农红军革命军事委员会——为反对日本帝国主义侵入华北愿在三个条件下与全国各军队共同抗日》,《中共中央文件选集(第9册)》,中共中央党校出版社1991年版,第458页。
③ 《中国共产党中央委员会为福建事变告全国民众》,《中共中央文件选集(第9册)》,中共中央党校出版社1991年版,第451页。
④ 《周恩来统一战线文选》,人民出版社1984年版,第12页。
⑤ 《中国苏维埃政府、中国共产党中央为抗日救国告全体同胞书》(即"八一宣言"),《中共中央文件选集(第10册)》,中共中央党校出版社1991年版,第522页。
⑥ 《为目前反日讨蒋秘密指示信》,《中共中央文件选集(第10册)》,中共中央党校出版社1991年版,第566页。
⑦ 《中央关于军事战略问题的决议(瓦窑堡会议)》,《中共中央文件选集(第10册)》,中共中央党校出版社1991年版,第589页。

书记,具体负责建立抗日民族统一战线工作。

1936年1月,毛泽东、周恩来、朱德等联名发表《红军为愿同东北军联合抗日致东北军全体将士书》,表示"我们愿意首先同东北军来共同实现这一主张,为全中国人民抗日的先锋"[1]。接着,在周恩来领导下,2月21日,中共中央派李克农到洛川与张学良等人会谈。李克农与张学良在会谈中就停止内战、建立联合政府等方面达成五项协议。4月9日,周恩来亲赴肤施(延安)与张学良举行会谈,取得"停止内战一致抗日"的共同认识。

周恩来针对在延安会谈时张学良所提"蒋介石现在歧路上,虽不会彻底抗战但有可能争取与其合作"的意见,认真分析了蒋介石对日政策的变化。同时,蒋介石既重兵"围剿"陕北根据地,也在寻找机会与中共秘密谈判。从这些变化中,周恩来看到了"逼蒋抗日"存在的可能性。紧接着,在4月25日中共中央发布的《中国共产党中央委员会为创立全国各党各派的抗日人民阵线宣言》中,不再使用"推翻国民党反动统治""反对蒋介石"等口号,而是向包括国民党在内的全国各党派提议"创立抗日的人民阵线"。[2] 5月5日,中共向全国发出了要求南京国民政府《停战议和一致抗日的通电》,呼吁"在全国范围、首先在陕甘晋停止内战,双方互派代表,磋商抗日救亡具体办法"[3]。

同时,周恩来还力图通过私人关系来促成抗日民族统一战线的建立。1936年5月15日,周恩来致信南开大学校长张伯苓,请求张伯苓校长"请一言为天下先"[4]。同一天,周恩来还致信给求学时好友谌小岑,也请他出面推动建立抗日民族统一战线,"亟应为民族生存,迅谋联合""深愿兄能推动各方,共促事成"。[5]

1936年8月10日,中共中央召开政治局会议,周恩来在发言中主张放弃抗日必反蒋的口号,[6]这一建议被中共中央采纳。根据此次会议精神,8月25日,中共中央发出致国民党中央并转全体党员的信,提出"我们愿意同你们结成一个坚固的革命的统一战线如像一九二五至二七年第一次中国大革命时两党结成反对民

---

[1] 《红军为愿同东北军联合抗日致东北军全体将士书》,《中共中央文件选集(第11册)》,中共中央党校出版社1991年版,第7页。
[2] 《中国共产党中央委员会为创立全国各党各派的抗日人民阵线宣言》,《中共中央文件选集(第11册)》,中共中央党校出版社1991年版,第18页。
[3] 《中国共产党中央委员会为创立全国各党各派的抗日人民阵线宣言》,《中共中央文件选集(第11册)》,中共中央党校出版社1991年版,第21页。
[4] 《周恩来统一战线文选》,人民出版社1984年版,第15页。
[5] 《周恩来统一战线文选》,人民出版社1984年版,第16页。
[6] 《周恩来年谱(1898—1949)》,中央文献出版社、人民出版社1989年版,第317页。

族压迫与封建压迫的伟大的统一战线一样"①,倡议国共两党实行第二次合作,共同抗日。

中共中央在采纳周恩来的建议后,于1936年9月1日向全党发出《关于逼蒋抗日问题的指示》,指出"目前中国的主要敌人,是日帝,所以把日帝与蒋介石同等看待是错误的,'抗日反蒋'的口号,也是不适当的"②。提出"我们的总方针,应是逼蒋抗日"③。这表明,中共正式结束了"反蒋抗日"的政策,开始进入到为建立抗日民族统一战线而斗争的"逼蒋抗日"的新阶段。从"反蒋抗日"到"逼蒋抗日",这是中国共产党对国民党和蒋介石方针的重大转变。正如有学者指出的,"正因为有了这一转变,才为日后西安事变的和平解决奠定了思想基础"④。而周恩来正是这一转变的首倡者。

## 二、"逼蒋抗日"到"联蒋抗日"转变的推进者

就在中共中央1936年9月1日向全党发出《关于逼蒋抗日问题的指示》的同一天,周恩来还分别致信国民党要员,力图利用他们各自的威望和地位,影响和推动蒋介石抗日。在给陈果夫、陈立夫的信中,周恩来希望陈果夫、陈立夫向蒋介石建言,建立抗日的统一战线。⑤ 在给胡宗南的信中,周恩来也表达"立停内战,共谋抗敌"的愿望。⑥ 为了能把中国共产党"停止内战,一致抗日"的意愿直达蒋介石,9月22日,周恩来还致信蒋介石,"先生须知,共产党今日所求者,唯在停止内战,建立抗日统一战线与真正发动抗日战争"⑦。呼吁建立抗日统一战线。

为了达到"逼蒋抗日"的目的,中共中央在1936年9月17日发出指示:"推动国民党南京政府及其军队参加抗日战争,是实行全国性大规模的严重的抗日武装斗争之必要条件。但这绝对不应放松对国民党南京政府一切违反民族利益的错

---

① 《中国共产党中央委员会为创立全国各党各派的抗日人民阵线宣言》,《中共中央文件选集(第11册)》,中共中央党校出版社1991年版,第86页。
② 《中央关于逼蒋抗日问题的指示》,《中共中央文件选集(第11册)》,中共中央党校出版社1991年版,第89页。
③ 《中央关于逼蒋抗日问题的指示》,《中共中央文件选集(第11册)》,中共中央党校出版社,1991年版,第89页。
④ 刘春秀:《周恩来对抗日民族统一战线的贡献》,《党史研究与教学》,1995年第5期,第19页。
⑤ 《周恩来统一战线文选》,人民出版社1984年版,第17~18页。
⑥ 《周恩来统一战线文选》,人民出版社1984年版,第19页。
⑦ 《周恩来统一战线文选》,人民出版社1984年版,第21页。

误政策的严厉的批评与斗争"①"同一切丧权辱国及削弱民族统一战线力量的言论行动进行坚决的斗争,我们方能推动国民党南京政府走向抗日"②。希望通过舆论力量迫使蒋介石抗日。

然而,就在全国抗日运动向前发展的时候,蒋介石仍坚持"攘外必先安内"的政策,调重兵进攻红军,特别在1936年12月,他亲赴西安,督促张学良、杨虎城加紧"剿共"。但张、杨在中共的影响下要求蒋介石停止内战,一致抗日。在这一合理要求被蒋介石拒绝后,张、杨联合行动于1936年12月12日在西安发动"兵谏",扣留了蒋介石等人。事发突然,张、杨在事变后对于下一步的行动没有明确的计划和统一的认识。因此,张学良在事变后即刻致电中共中央,希望听取中共的意见。毛泽东、周恩来当夜即电复张学良:"恩来拟来兄处,协商大计。"

12月13日,中共中央紧急召开政治局会议,讨论研究"西安事变"的方针。周恩来在分析了国内国际对于西安事变的反应和态度后,提出"要推动、争取国民党的黄埔系、CC派、元老派和欧美派积极抗日;巩固西北三方的联合;还要在抗日援绥的原则下与山西阎锡山、四川刘湘、西南桂系联合;向全国各派解释清楚,西北这一行动是为了抗日,而不是针对南京政府"③。实际上持和平解决的态度。经过反复研究,中共中央从抗战全局出发,提出了和平解决事变的基本方针。并于12月14日致电北方局刘少奇和上海的潘汉年,告知中共和平解决事变、避免内战的方针。同时,中共中央于12月15日通电全国,表明中国共产党支持张、杨抗日主张及和平解决事变的立场,建议召开由各方代表参加的和平会议,商讨解决事变问题和抗日救国大计。

12月15日,应张学良、杨虎城的邀请,中共中央派周恩来率中共代表团前往西安与张、杨共商和平解决"西安事变"的大计。周恩来于17日到达西安。17日傍晚,在金家巷一号与张学良会谈,商定:"红军加入由东北军、第十七路军成立的抗日联军临时西北军事委员会。"④周恩来向张学良表明了中共的态度是:保证蒋的安全,但要声明如果南京挑起内战,则蒋的安全无保障。经过商谈,周恩来和张

---

① 《中央关于抗日救亡运动的新形势与民主共和国的决议》,《中共中央文件选集(第11册)》,中共中央党校出版社1991年版,第94页。
② 《中央关于抗日救亡运动的新形势与民主共和国的决议》,《中共中央文件选集(第11册)》,中共中央党校出版社1991年版,第95页。
③ 《周恩来年谱(1898—1949)》,中央文献出版社、人民出版社1989年版,第333页。
④ 《周恩来年谱(1898—1949)》,中央文献出版社、人民出版社1989年版,第335页。

学良确定了同宋子文谈判的五项条件。① 18日,周恩来与杨虎城举行会谈,说明中共中央关于和平解决西安事变的主张。杨对此表示没有异议,但怀疑蒋介石能否抗日,并怕蒋报复。周恩来对杨的顾虑表示理解,并做了许多解释,指出:"抗日已是大势所趋,只要西北三方联合一致,进而团结全国人民,蒋想报复也不可能。"② 经过17、18日与张、杨的会谈,周恩来与张学良、杨虎城事实上已确立起和平解决"西安事变"的原则,这为后来的谈判奠定了坚实的基础。

12月20日,周恩来在西安广泛接触各方人士,分别和杜斌丞、杨明轩、卢广绩、曾扩情等二三十人谈话,宣传中共和平解决方针,希望他们为此做出贡献。12月21日,中共中央根据周恩来汇报的情况以及对形势的进一步分析和了解,提出"扶助左派,争取中间派,打倒右派,变内战为抗战"的策略。③ 周恩来根据这一策略,同张学良、杨虎城商定了与蒋介石和南京方面谈判的有关问题。

12月23日,周恩来与张学良、杨虎城同南京政府代表宋子文举行谈判。周恩来提出和平解决西安事变的六项主张。④ 如蒋接受并保证实行所提六项主张,中共、红军愿赞助蒋统一中国,一致对日。经过数次反复谈判,周恩来、张学良、杨虎城与宋子文、宋美龄于24日达成抗战发动,红军再改番号,统一指挥,联合行动;开放政权,召集救国会议;中共公开等九项协议。⑤ 24日晚,周恩来会见蒋介石,再次向蒋阐明中共团结抗战的真诚愿望,尖锐地指出,目前的形势是非抗日无以图存,非团结无以救国;坚持内战,必自速其亡;只有放弃"攘外必先安内"的反动政策,停止内战一致抗日,才是唯一的出路。蒋介石表示同意停止"剿共"、联共抗日等条件,并表示在他回南京后周恩来可以去南京谈判。⑥ 12月25日下午,张学良在没有和周恩来商量的情况下,亲自陪送蒋介石回南京。至此,西安事变和平解决。

经过周恩来等艰苦的工作,西安事变终于和平解决。西安事变的和平解决成为扭转时局的关键,为建立抗日民族统一战线打下了坚实的基础。中国共产党的抗日政策也由"逼蒋抗日"转变为"联蒋抗日"。

---

① 《周恩来年谱(1898—1949)》,中央文献出版社、人民出版社1989年版,第335页。
② 《周恩来年谱(1898—1949)》,中央文献出版社、人民出版社1989年版,第336页。
③ 《中央关于和平解决西安事变问题致周恩来》,《中共中央文件选集(第11册)》,中共中央党校出版社1991年版,第139页。
④ 《周恩来选集》上卷,人民出版社1980年版,第71页。
⑤ 《周恩来年谱(1898—1949)》,中央文献出版社、人民出版社1989年版,第340页。
⑥ 《周恩来年谱(1898—1949)》,中央文献出版社、人民出版社1989年版,第340页。

## 三、"联蒋抗日"的终极谈判者——抗日民族统一战线正式形成

1937年2月,中共中央致电国民党五届三中全会,提出以实现国共两党重新合作、建立抗日民族统一战线为中心内容的五项要求和四项保证。同时,派周恩来率代表团与国民党举行谈判。1937年2月至9月,周恩来代表中共中央辗转奔波于西安、杭州、庐山、南京等地,分别与国民党代表和蒋介石进行了五轮谈判,最终促成了以国共合作为基础的抗日民族统一战线正式形成。

1937年2月9日至3月中旬,周恩来、叶剑英与国民党代表顾祝同、贺衷寒、张冲在西安举行首轮会谈。经过一个月的谈判,3月8日,双方意见大体趋于一致,决定将一月来的谈判做一总结,由周恩来写成条文,送蒋介石最后决定。[①] 但由于国民党方面企图控制红军和苏区政府,单方面对3月8日的提案做了重大修改,以致未达成协议。

国共谈判问题须同蒋介石直接商谈才能解决,3月下旬,按照中共中央书记处来电要求,周恩来飞抵上海,先同宋美龄会晤,根据中共中央十五项谈判条件拟成的书面意见提交给宋美龄,请她转交蒋介石。随后来到杭州,直接与蒋介石进行两党的第二轮谈判。周恩来重申了第一次谈判时中共中央提出的十五项条件,并提出六点具体要求,要求蒋介石实行和平统一团结御侮的方针,实现开放民主、改善民生等项保证。蒋介石在谈话中承认中共有民族意识、革命精神,是新生力量,但要中共检讨过去的决定,不必谈与国民党合作,只是与他合作,拥护他为领袖,要中共提出一个永久合作的办法。周恩来表示制定共同纲领为最好的办法,遂回延安与中共中央商讨制定共同纲领。

1937年4月初,周恩来回到延安出席中共中央政治局扩大会议。周恩来在会上汇报杭州谈判情况。会议决定在抗日救国十大纲领和国民党一大宣言基础上起草民族统一战线纲领,并提议在这个纲领基础上成立包括国共两党及赞成这个纲领的各党派及政治团体的民族联盟。共同推举蒋介石为领袖。会后,周恩来修改了由吴亮平起草的《御侮救亡、复兴中国的民族统一纲领草案》。4月20日,中共中央再次召开政治局会议。周恩来在发言中对纲领的细则做了详细说明,并指出中共在党的问题上坚持了独立性、国际性和阶级性三个原则,认为这些原则必

---

① 《周恩来年谱(1898—1949)》,中央文献出版社、人民出版社1989年版,第356页。

须要在统一战线中得到承认。①

6月4日,周恩来到达庐山与国民党进行第三轮谈判。8日至15日,与蒋介石进行了多次会谈。周恩来向蒋介石提交由中共中央草拟的《御侮救亡、复兴中国的民族统一纲领草案》,但蒋介石自食前言,置共同纲领于不顾,另提:成立国民革命同盟会,国共双方推出同等数目干部组成,蒋为主席,有最后决定权;共同纲领及国共两党一切对外宣传和行动,统由同盟会讨论执行;同盟会将来可扩大为国共合组的党;同盟会可与第三国际发生组织关系以代替与中共的关系。② 企图通过这种方式,达到"溶共"的目的。周恩来明确表示不能同意同盟会的组织原则和有关红军指挥机关与边区政府人事安排等意见,坚决主张根据原定计划先讨论共同纲领的问题,认为共同纲领是两党合作的政治基础,有了这块基石,才可以讨论两党合作的组织形式问题。谈判没有取得实质性进展,周恩来遂回延安。

6月18日,周恩来回到延安后向中共中央汇报谈判情况,并参加中共中央书记处对谈判问题的讨论,于25日起草关于谈判的新提案。26日,南京来电催周恩来再上庐山,继续谈判。中共中央决定,待国共两党合作宣言拟好后,周再去庐山。6月底,周恩来起草《两党关系调整方案》,提出:"国民革命同盟会可负责调整两党关系,决定两党共同行动事项,但不能干涉两党内部事务,两党均须遵守共同纲领,但两党又均保留各自的组织独立性及政治批评和讨论的自由权。"③

第三轮会谈后,中共中央考虑到当时的形势,认为两党合作的纲领和组织形式问题一时难以达成协议,决定先发出国共合作宣言,以促成抗日民族统一战线的建立,争取中共公开活动,发动抗日,决定由周恩来起草合作宣言。7月4日,周恩来代中共中央起草《中共中央为公布国共合作宣言》。7月7日周恩来携《中共中央为公布国共合作宣言》与博古、林伯渠飞抵上海准备与国民党进行谈判。当晚,卢沟桥事变爆发。8日,中共中央发出《中国共产党为日军进攻卢沟桥通电》,号召全国同胞、政府与军队"团结起来,筑成民族统一战线的坚固长城,抵抗日寇的侵掠"④。

7月13日,周恩来率代表团上庐山与蒋介石举行第四轮谈判,随即向蒋介石提交《中共中央为公布国共合作宣言》。7月14日,周恩来会见国民党代表张冲。

---

① 《周恩来年谱(1898—1949)》,中央文献出版社、人民出版社1989年版,第362页。
② 《周恩来年谱(1898—1949)》,中央文献出版社、人民出版社1989年版,第366页。
③ 《周恩来年谱(1898—1949)》,中央文献出版社、人民出版社1989年版,第369页。
④ 《周恩来年谱(1898—1949)》,中央文献出版社、人民出版社1989年版,第371页。

张说,蒋介石提出红军改编后"各师须直隶行营,政治机关只管联络"①。15日,周恩来致函蒋介石:"华北炮火正浓,国内问题更应迅速解决,其最急者为苏区改制与红军改编之具体实施",指出蒋介石上述要求同6月庐山谈判所谈"出入甚大,不仅事难做通",且"恐碍此后各事之进行"。② 17日,周恩来和博古、林伯渠同蒋介石、邵力子、张冲进行会谈。向蒋建议以《中共中央为公布国共合作宣言》作为国共两党合作的政治基础,并尽速发动全国抗战。但蒋介石不允周恩来、林伯渠、博古出席当时在庐山召开的有各界名流及军队要员参加的庐山谈话会。实质上仍不允许中共公开活动。谈判陷入僵持局面,中共中央考虑到全民抗战形势来之不易,为顾全大局,张闻天、毛泽东来电指示:"从大局出发,在谈判中对红军改编后的指挥机关可以承认平时设政训处指挥,朱德为正主任,彭德怀为副主任。但战时不能不设军事指挥部,以资统帅。"③18日,周恩来根据这一精神,就谈判问题草拟出12条意见,通过宋美龄转交给蒋介石。蒋介石虽然承认了陕甘宁边区政府的合法地位,但对所发表的宣言和红军改编问题仍不答复,对周恩来所提的12条意见,也没有任何回应。由于蒋介石坚持红军在改编后不设统一的指挥机关,使谈判再次陷于僵局,周恩来等只得离开庐山前往上海。20日,张闻天、毛泽东致电周恩来:"日军进攻形势已成,抗战有实现的可能,我们决定采取蒋不让步不再同他谈判的方针。"④要求周恩来等暂留沪观察形势,等待谈判重开。

7月29、30日,北平、天津相继沦陷,华北局势空前危急。蒋介石终于发表《告抗战全军将士书》,声称:"和平既然绝望,只有抗战到底。"8月1日,毛泽东转来张冲急电:"蒋介石密邀毛泽东、朱德、周恩来速至南京共商国防问题。"国共谈判重启在即。

8月9日,周恩来和朱德、叶剑英飞抵南京与国民党进行第五轮谈判。11日,周恩来在国民政府军事委员会军政部谈话会上发言,指出:"当前战争中,必须培养出可以独立持久的能力。在正面防御上,不可以停顿于一线及数线的阵地,而应当由阵地战转为平原与山地的扩大运动战。另一方面,则要采取游击战。"⑤周恩来的这一意见对国民政府军事委员会制定全国抗战的战略方针产生了积极的

---

① 《周恩来年谱(1898—1949)》,中央文献出版社、人民出版社1989年版,第371页。
② 《周恩来年谱(1898—1949)》,中央文献出版社、人民出版社1989年版,第371页。
③ 《周恩来年谱(1898—1949)》,中央文献出版社、人民出版社1989年版,第371页。
④ 《周恩来年谱(1898—1949)》,中央文献出版社、人民出版社1989年版,第372页。
⑤ 《周恩来年谱(1898—1949)》,中央文献出版社、人民出版社1989年版,第375页。

影响。12日,周恩来和朱德同张冲、邵力子、康泽商谈《中共中央为公布国共合作宣言》的内容。康泽提出:不提民主,取消对民族民权民生三条的解释,不提与国民党获得谅解、共赴国难等。周恩来、朱德严词批驳,并要求将中共意见报蒋介石。13日,日军大举进攻上海,战火烧到蒋介石的大本营。14日,国民政府发表《自卫抗战声明书》,宣告"中国决不放弃领土之任何部分,遇有侵略,惟有实行天赋之自卫权以应之"。18日,中共中央书记处发出《中央关于与国民党谈判的十项条件给朱德、周恩来、叶剑英的训令》,指出:国共两党合作必须建立在一定原则上,目前最重要的问题,是使党与红军取得合法地位。红军充任战略的游击支队,在总的战略方针下,进行独立自主的游击战争。[①] 随后,周恩来等根据上述原则,同国民党进行反复谈判。经过周恩来等反复不断的努力,蒋介石最终同意主力红军充任战略游击支队,执行侧面战,协助友军,扰乱与钳制日军大部并消灭一部的作战任务。周恩来在南京谈判历时十余天,促成一些根本问题得到解决。21日,周恩来因参加中共中央政治局扩大会议,离南京回延安。谈判中的未了事宜,由叶剑英留在南京继续交涉。22日,国民党政府宣布在西北的主力红军改编为国民革命军第八路军,朱德任总指挥,彭德怀任副总指挥。9月22日,国民党中央通讯社发表《中共中央为公布国共合作宣言》。9月23日,蒋介石发表关于国共合作谈话,正式承认了中国共产党的合法地位。至此,由中国共产党倡导和推动的,以第二次国共合作为基础的抗日民族统一战线正式形成,"联蒋抗日"胜利实现。

## 结语

从上述史实中,可以看出,周恩来对抗日民族统一战线的形成所做出的重大贡献,集中表现在他不仅参与制定抗日民族统一战线的方针、政策,而且积极贯彻执行这一方针、政策以推动抗日民族统一战线的最终形成。从"反蒋抗日"到"逼蒋抗日"再到"联蒋抗日",周恩来参与了这一伟大转变的全过程,凝聚着周恩来艰苦卓绝的努力和舍生忘死的付出。因此,可以讲,周恩来是抗日民族统一战线最主要的组织者和最坚定的执行者之一。正是由于抗日民族统一战线的最终建立,中国人民的抗日战争才有了取得最终胜利的基础。时值抗日战争胜利70周年,总结统一战线形成的历史经验,学习周恩来在抗日民族统一战线方面所建立的伟

---

[①] 《中央关于国民党谈判的十项条件给朱德、周恩来、叶剑英的训令》,《中共中央文件选集(第11册)》,中共中央党校出版社1991年版,第322~323页。

大业绩,对于深刻领会新时期统一战线思想,对于进一步发展新时期爱国统一战线具有重要的指导意义。

# 凝聚中国力量:周恩来山西抗战的回眸与思辨   汪 浩[*]

纪念抗战胜利70周年,缅怀中共老一辈革命家的丰功伟绩,联系当前实现民族振兴中国梦的现实,回顾周恩来山西抗战凝聚中国力量那惊心动魄的一幕幕往事,心中的敬意不觉油然而生。

## 一、临危受命,急赴山西,为凝聚中国力量挑重担

1937年8月25日洛川会议结束后,周恩来受命与博古、彭德怀等去南京与国民党继续谈判,但到西安后,毛泽东两次急电西安:"周宜即赴太原、大同晤阎,商好红军入晋后各事(活动地区、作战原则、指挥关系、补充计划等)。"[①]周即于9月3日由西安出发,5日抵达太原,7日与彭德怀、徐向前等在太和岭口与阎会商山西抗战大计。

当时山西成为中国战场各种力量的交会点。京津沦陷后日军两路突进:一路沿平绥路西犯,经张家口,直逼大同;另一路沿平汉路南下,妄图夺得保定、石家庄后,西取娘子关、直逼太原,其目标是夺取华北战略基地山西。而山西是阎锡山经营20多年的老巢,是他盘踞华北的战略支撑点。他一方面担心蒋介石的中央军趁机掌控山西,破坏他在山西一统天下的局面;另一方面又怕共产党来山西发动群众,革他的命。用他自己的话说,他是在日寇、蒋介石、共产党这"三个鸡蛋中间跳舞,哪个也不能碰着"[②]。他表示:"同共产党搞统一战线,这中间有风险,但是不跟共产党合作,又有什么办法呢……此外不可能抵制日本人和蒋介石,我是用共

---

[*] 汪 浩,淮阴师范学院教授。
[①] 《周恩来传》,中央文献出版社1998年版,第457页。
[②] 《杨尚昆回忆录》,中共党史出版社2008年版,第183页。

产党的办法削弱共产党。"①周恩来就是在华北危急,而中国抗日的方方面面尚未真正形成抗日统一战线的情况下,仓促赶赴山西的。在当时这种情况下,惊慌失措的整个华北抗战前线,既需要协调刚刚入晋的八路军配合友军正面作战,同时独立地深入敌后发动群众开辟根据地,还要在全局上协调国共两党华北战场的方方面面。这不仅需要一个能纵横捭阖、高瞻远瞩、挥收自如、举重若轻的统帅,更需要一个善于精密策划、妥善组织、总揽大局、洞悉细微的参谋长和前方总指挥。正如金新果所指出的"毛泽东认为周恩来是最合适的人选"②。其后的实践证明,毛泽东的这一抉择,是英明正确的。

## 二、晓大义、明大理,坚持合作、排除右的干扰

中国的抗战,其决胜的基本战略在于持久战,以空间换时间。认识这一点并不难,包括蒋介石在内的国民党上层人士中不乏这种有识之士。难的是认识持久战的基点是民众,中国抗战决胜的基础是中国力量的凝聚,关键在于广大民众的发动、教育和组织。这种发动、教育、组织的工作需要排除两个方面的破坏与干扰:其一是害怕群众的右的干扰,这主要是以蒋介石为代表的长期坚持反共反人民立场的国民党顽固派;其二是不相信群众,只相信自己的"关门主义""左"的干扰。周恩来近三个月山西抗战的辉煌业绩也正在于此,他排除来自"左"右两方面的干扰,为中国力量的凝聚、为抗战胜利,做出了重大贡献,积累了宝贵的经验。

在引人瞩目的山西抗战中,周恩来纵横捭阖排除来自国民党山西实力派、一贯反共的阎锡山集团的干扰,争取和团结阎锡山实现了山西国共合作的联合抗日。周恩来一到山西,便耐心与阎分析山西形势,针对阎因受挫败而丧失信心,周恩来进行细致的分析:虽然目前敌强我弱,但打下去,必然是敌人一天天弱下去,我们一天天强大起来,鼓励阎坚持抗战。对阎锡山当时表示的"联共"与"守土抗战"的主张,给予积极评价,并顺势提出"我们共产党主张建立各党各派、各军各界人士的共同联盟。要使山西不做亡国奴,只有联合起来,发动群众,共同抗战"。③经过周恩来的耐心开导,阎锡山同意成立第二战区民族革命战争总动员委员会,

---

① 薄一波:《刘少奇同志的一个历史功绩》,《山西革命回忆录》第1辑,山西人民出版社1983年版,第31~32页。
② 金新果:《周恩来对八路军实施战略展开的杰出贡献》,《二十一世纪周恩来研究的新视野》,中央文献出版社2009年版,第293页。
③ 徐向前:《历史的回顾》下卷,解放军出版社1987年版,第576页。

共产党人薄一波、宋劭文参与领导了战委会和此前成立的"牺盟会"的工作,山西民众抗战组织得到空前的发展。

同时,周恩来一直警惕国民党上层可能的妥协和动摇。1937年10月19日,周恩来致电毛泽东、朱德、彭德怀、博古、叶剑英,指出中国战局新的危机,南京政府对持久战的动摇,加上国际上的引诱,妥协和平空气逐渐抬头,正酝酿着放弃华北的危险。周恩来建议由共产党公开发表宣言,反对和平妥协,要求开放党禁,开放民众运动,改造军队,武装民众,为保卫华北、保卫全中国抗战到底;反对各军队退过黄河南岸;八路军在华北积极主动,直接支持友军作战,并扩大发展游击战争。周恩来的主张,得到10月22日洛甫、毛泽东复电的支持。

战略协同是周恩来主持山西抗战又一重要方面。阎锡山从他"守土抗战"的战略出发,搞消极防御的阵地战。在视察雁门关防御工事后,周恩来建议阎不要死守,而应主动出击,实行侧击,伏击来破坏日军的进攻计划。周恩来坦诚相告:中国共产党根据自己的兵力和战术特长,以山地游击战侧击西进南下之日军,配合友军的正面作战。当周恩来获知阎已令我一一五师参与正面防御时,周恩来提出将一一五师调出开赴五台、灵丘地区,在侧翼待机歼敌,以配合友军正面防御。阎即表示同意,还答应给八路军以补充物品(部分棉衣和弹药,别的没有落实)。9月13日,大同弃守,接着广丘、蔚县被占,日军剑指五台为中心的晋东北地区,太原形势日窘。在此情况下,毛泽东9月16日电示,我三个师已无集中晋东北一处之可能,更无此必要,提出将三个师分布在晋东北、晋西北和晋东南太岳山脉。周恩来与阎锡山商洽后,不久,一一五师开赴以恒山为依托的晋西北,一二〇师、一二九师东渡黄河后,开赴以管涔山为依托的晋西北。其后,周恩来依据山西的地势特点,晋西北山势较薄,建议转向吕梁山脉。五台山、太行山险峻,不利日军机械化兵团。加上日军正猛攻保定,周恩来建议一二九师于9月底开赴正太线两侧,实现了八路军三个师晋东北、晋西北、晋东南的战略布局。

周恩来除了对阎锡山开展相关统战工作,还不失时机地对晋绥军和在华北的国民党中央军高级将领进行持久战战略思想的开导。在视察雁门关的当晚,他与第二战区前线总指挥傅作义进行了3个小时的长谈。当傅表示拥护抗日民族统一战线的主张时,周恩来针对国民党高层害怕发动群众、武装民众而郑重强调:抗击日本侵略者不能单靠正规军,一定要把群众动员起来,武装起来与正规军并肩作战。徐向前后来回忆说:"傅作义对他(周恩来)很佩服。"①9月16日、19日周恩来、彭德怀来到河北保定、石家庄,会见第一战区高级将领徐永昌、程潜、刘峙、冯治安等,商谈八路军准备开赴河北阜平县敌后,开展游击战,创建根据地,以配合友军共同抗日,希望各阶层人民加强团结,以全民抗战打败侵略者,得到了上述将领的认同与支持。

以打胜仗来振军威,聚民心,克服国民党上层笼罩的失败主义情绪,以凝聚中国抗战力量,是周恩来的又一重要主张。在蒋介石消极防御、片面抗战战略的影响下,整个华北虽有局部国民党军的英勇抵抗,但70万国民党军不抵30万日军的进攻,落得一片溃败。在此情况下,周恩来明白摆在华北前线八路军面前的紧迫任务是:能否打胜仗以挫日军而长中国军民的士气。1937年9月25日,八路军一一五师平型关大捷就是在此背景下发生的。周恩来对该战役的策划与发动起了重大作用。原晋军将领陈长捷回忆道:"周恩来至雁门关岭口同阎锡山会商作战方略,决定用运动战来配合阎锡山所拟定的平型关围歼日军的作战计划","他为我们讲授了运动战和游击战的要旨,并一再指示我们:必须发动群众才能取得抗战的伟大效果"②。在周恩来、朱德和阎锡山会商的第二天,9月23日八路军总部向一一五师下达作战命令。24日周恩来电告洛甫、毛泽东,八路军主力的态势和即将打响的平型关战役的区域。9月25日平型关战役打响,在林彪、聂荣臻的指挥下,歼敌1 000余人,击毁全部车辆,并缴获大批辎重。而此时的晋绥军所部,个个惧敌怯战,纷纷退出阵地。两军成鲜明对比。

平型关伏击战是八路军开赴抗日前线第一个大胜利。在平津失守,国民党军望风而逃的情况下,这是给日军的当头一棒,给全国军民以极大的振奋,对失去信心的晋绥军以有力的鞭策。当时在陕北整装待发的一二九师陈赓旅长,在他9月26日的日记中感慨道:"这是红军参战的第一个大胜利……这一胜利虽是局部的但在政治上的意义是无穷的:一、证明我党主张正确;二、只有积极地采取运动战、游击战、山地战、配合阵地战,抄袭敌人,才能胜算;三、证明武器论的破产;四、单纯防御只能丧失土地。捷报传到部队里,人人欢跃,大家都以为我们出动太迟了。"10月1日,他在开赴前线的途中又写道:"沿途群众对我们非常欢迎,特别是

---

① 徐向前:《历史的回顾》下卷,解放军出版社1987年版,第577页。
② 陈长捷:《平型关战役中蒋、阎军对日作战及撤退情况》,《山西文史资料》第14辑,山西人民出版社1980年版,第149页。

平型关战斗的胜利使他们对我们的信仰更加提高。"①

平型关战役和其后不久一二九师夜袭阳明堡,炸毁日军机场和 24 架敌机;一二〇师爷头岭两次伏击战,切断日军补给线,这些战役的一个重要意义在于,既是对抗日军民的一种振奋,又是对失败主义投降主义者的当头棒喝。这是周恩来华北抗战凝聚中国力量的一种重要形式。平型关战役后第 4 天,毛泽东在致周恩来的电文中总结说:"阎必要求我军与他配合来打一、二仗,为了给晋军以更好地影响,如果在确实有利的条件下,当然是可以参加的。"②他后来在同英国记者贝特兰谈话时还说:"现在八路军采用的战略,我们名之为游击战和运动战。"③再后来,毛泽东在《论持久战》中,总结华北抗战的经验时,把八路军的作战方针明确规定为"基本的游击战,但不放松有利条件下的运动战"④。这是吸纳了周恩来的经验,进一步完善了洛川会议强调独立自主的游击战的提法。

周恩来在山西抗战中,从实际出发,既纵观大局,又着力于精微之处的做法,为凝聚山西抗战力量做出了重要贡献。

### 三、《杨尚昆回忆录》对指导山西抗战问题党内不同意见的分析

这些年来,先后出版的《周恩来传》《刘少奇传》《毛泽东传》《杨尚昆回忆录》等,一定程度上触及了党内在指导山西抗战过程中出现的不同意见。其中中央文献出版社 2012 年出版的《杨尚昆回忆录》谈得较为详细。

关于华北抗战,书中认为"大家对发动群众、开展抗日游击战争、同时搞好上层统战工作、扩大统一战线、准备创建抗日根据地,这些基本任务的看法是一致的。但对统一战线的工作怎么做,对形势怎么分析,有时也有不同意见,可以争得面红耳赤,过后彼此关系仍很好,很团结这是当时的一种好风气"⑤。分歧的实质是应不应该支持和怎样支持阎锡山的"守土抗战"。刘少奇认为,"在强敌面前华北早晚要沦陷,我们不必费力去帮国民党军队抵抗,还是抓住时机到处去发展游击队,发动群众建立政权为好;有的用阎锡山的名义,有的可以先斩后奏,不要因统一战线缩手缩脚"。周恩来认为,"应当照顾统一战线"⑥ 1937 年 10 月 8 日华

---

① 《陈赓日记》,战士出版社 1982 年版,第 17 页,见《周恩来传》,第 467 页。
② 毛泽东致周恩来、朱德、彭德怀、任弼时电报,1937 年 9 月 29 日见《周恩来传》(下),第 467 页。
③ 《毛泽东选集》第二卷,人民出版社 1991 年版,第 378～379 页。
④ 《毛泽东选集》第二卷,人民出版社 1991 年版,第 500 页。
⑤ 《杨尚昆回忆录》,中共党史出版社 2008 年版,第 173 页。
⑥ 《杨尚昆回忆录》,中共党史出版社 2008 年版,第 173 页。

北军分会发出一本小册子——《对目前华北战争形势与我军任务的指示》,其中把上述不同意见写进去,认为必须反对民族失败主义情绪与认为华北局势无法挽回的宿命论。小册子传到延安,毛泽东看到后"认为这些话是针对他的",发了火。10月17日,毛泽东和张闻天致电前方,说军分会的指示文件有错误,下令"停止传达"①。杨尚昆说,当时给人的印象是这个文件的大方针错了。11月底,周恩来接到通知并于12月5日回到陕北,出席"12月会议"。会上毛泽东在发言中指出:"洛川会议战略方针是对的,与太原军分会(华北军分会)精神不相冲突,但公开批评中央是失败主义是不对的,因怕中央不同意见而不报告中央是不好的。"杨尚昆从毛泽东的批评中感受到,这个小册子的"问题在于'民族失败主义'的提法和它是否针对中央这两点上"②。客观地说,强调独立自主广泛发动并武装民众,开展游击战,开辟根据地,要让游击战争成为"华北人民反对日本帝国主义的主要形式"③以及周恩来所主张的共产党领导华北抗战"应当照顾统一战线",因为做不好统一战线工作,不仅影响国共合作,而且直接影响抗战成败,也将断送中共前途;以及当时从华北战局出发主张八路军对阎锡山"守土抗战"应尽自己的力量"也是有其道理的",应都看成是对洛川会议精神的贯彻。只是各自"因工作的分工不同而形成不同看法"。④各自关注和强调自己的方面,这其实是部门工作中的常见现象。而周恩来特别是彭德怀日后因这件事受到严厉批评。

　　改革开放后,学术界有人开始涉足这一段历史,《杨尚昆回忆录》可算其代表性的成果。2008年《中共党史研究》第二期发表翁有为《抗日战争初期对华北局势和中共在华北中心工作的思考》,对华北军分会那一场争论做出解读。该文的基本结论是:"总的来说,华北党在这个时期执行的路线是正确的,是灵活地执行了中央路线的","这其中刘少奇的作用是关键的"。⑤应当承认,翁文较早涉及这一重大历史课题,并提出了独到的见解,是有贡献的。但如前所述,周恩来在山西抗战中忍辱负重,委曲求全、力求化解党内高层分歧,同心协力、共赴国难的良苦用心,以及在此间所表现出来的敢于担当,功成不必在我的自我牺牲精神仍是值

---

① 《杨尚昆回忆录》,中共党史出版社2008年版,第173页。
② 《杨尚昆回忆录》,中共党史出版社2008年版,第174页。
③ 《刘少奇选集》上卷,人民出版社1981版,第81页。
④ 翁有为:《抗日战争初期刘少奇对华北局势和中共在华北中心工作的思考》——读《杨尚昆回忆录》,《中共党史研究》2008年第2期,第98页。
⑤ 翁有为:《抗日战争初期刘少奇对华北局势和中共在华北中心工作的思考》——读《杨尚昆回忆录》,《中共党史研究》2008年第2期,第100页。

得我们学习的。

第一,周恩来支持阎锡山的"守土抗日",参与谋划和发动的三大战役:平型关伏击战、忻口和太原保卫战,为稳定山西局势,提振军民士气所做的努力,其意义是很大的。不帮助晋军"守土",八路军怎么进入山西开辟根据地?更重要的是只有通过战争教育民众,才能动员与组织民众,离开"守土"是无法动员民众的,这是常识。没有一一五师的平型关大捷,没有国共合作的忻口保卫战,山西的民众,包括牺盟会、战委会怎么可能那么快地发展起来?当然通过忻口正面堵击"损失大、胜利小",周恩来也用事实说明八路军不赞成正面堵击的道理,并建议阎锡山采取较灵活的战略战术,运动战与游击战相结合。不在事实面前,周对阎的建议怎么能获得很大的效果?

第二,关于党在华北的中心工作。正如《杨尚昆回忆录》中所说,"大家对发动群众,开展抗日游击战争,同时搞好上层统战工作,扩大根据地,这些基本任务的看法是一致的"。翁有为认为,由于"工作的重点不同,其认识问题的侧重点自然也就不同"[①],无论是"工作重心应集中在乡村组织游击战争"[②]。"要广泛地准备游击战争,要扩大八路军到拥有数十万人枪的强大的集团军,要建立起很多的根据地,我们才能担负起独立坚持华北抗战的重大任务"[③],还是周恩来指出的"应当照顾统一战线"都是党的政策路线在面临重大抉择时的一种选择。

1."要扩大八路军到拥有数十万人枪的集团军",统一战线是前提,离开这一点,则是不现实的,也是危险的。八路军(包括其后的新四军)可以扩大和发展,但首先是发动和组织民众,组建左翼民众团体和民众武装,而不适宜迅速扩大共产党旗帜下的武装集团军,这不仅为国民党顽固派所不允许,也为苏联(包括共产国际)和美英法反法西斯国际统一战线所反对。因为那样将意味着国共合作的破裂,内战的重开(或促蒋介石集团步汪精卫之后尘)和抗战前途的葬送。

2.关于"独立坚持华北抗战"。虽然关于华北早晚要沦陷,国民党的军队会大部退出华北,华北的旧政权及国民党部也会退去,那时坚持华北抗战的责任就会全部或主要地落在八路军身上。[④]但如果过分强调这一点,甚至不惜统一战线发生

---

[①] 翁有为:《抗日战争初期刘少奇对华北局势和中共在华北中心工作的思考》——读《杨尚昆回忆录》,第100页。
[②] 刘崇文、陈绍畴:《刘少奇年谱(1898—1969)》上卷,第187页。
[③] 《刘少奇选集》上卷,人民出版社1981版,第255页。
[④] 《刘少奇选集》上卷,人民出版社1981版,第255页。

大破裂,这显然缺乏政治智慧。

第三,中国革命的历史逻辑已经证明:中国共产党自己的战略,包括抗战胜利的方针和政策,就是中国的前途和希望。瓦窑堡会议期间,中共高层讨论富农政策问题,批评博古引用斯大林"中间派最危险"的"关门主义"观点的偏颇;五次谈判中周恩来关于"三民主义"的应答:我们可以拥护三民主义,但必须保持共产党的独立性。[①]这些都是那个时期,共产党处理自己的长远目标与现实需要,进行政策调整的例子。当时博古只相信共产党自己,不相信地主、富农和大资产阶级有抗战的可能;王明鼓吹一切经过统一战线,一切服从统一战线,放弃统一战线中我党领导权,是这种政策调整中两种错误倾向的典型表现。本文不是要纠缠他们的对或错,而是要申述如下观点:华北军分会中共领导层的战略分歧,不应简单地用对或错来考量,其实他们的分歧是在重大历史关头,在大方向和总政策基本相同的情况下,高层领导人在决策的着重点和主倾向性方面的"两种不同选择",各有各的依据,各有对的成分,又各有不够全面的欠缺。他们的"选择"都不应全盘肯定或全盘否定。而事实是他们是相互补充,相互影响,导致抗战实践上的全面结果。总之,当年以华北军分会上的分歧指责谁左谁右未免过于简单化,在纪念抗战胜利70周年之际,华北军分会这一历史公案,应还周恩来等人以公道了。

## 三、像周恩来那样为凝聚中国力量实现伟大的中国梦而奋斗

纪念抗战胜利70周年,回眸那一段历史,我们见识了周恩来不避生死、千难万苦、纵横捭阖,以一身胆识和满腔激情与智慧,同右的势力和"左"的倾向做不屈不挠的斗争,为中华民族的团结和国共两党的合作奔走呼号;对于来自自己营垒中的不同认识,或者坦诚相告,直抒己见,不乏真知灼见;或者发扬民主,充分讨论,甚至辩论,充分听取各方面的意见,择善而从。周恩来华北抗战80多天积累的历史经验告诉我们,中国力量的凝聚,不仅需要有胆有识,富有激情和智慧的协调和斗争,而且还需要敢于担当、忍辱负重、不计较个人得失,甚至不惜自我牺牲,那种功成不必在我的牺牲精神。今天纪念抗战胜利70周年,就是要发扬光大中国共产党人那艰苦卓绝的奋斗精神,其中包括周恩来那种充满智慧的斗争精神和任劳任怨的牺牲精神,为实现习近平所倡导的民族复兴的伟大中国梦,而努力奋斗。

---

① 《周恩来传》,中央文献出版社1998年版,第522页。

# 周恩来"论持久战"研究
陈 雪[*]

中国共产党持久战的战略方针,无疑以毛泽东《论持久战》而达至成熟,各种"持久战"之论,无疑也以毛泽东所论影响最为重大与深远。但是,正像毛泽东思想是中共第一代领导人集体智慧的结晶一样,对于毛泽东思想组成部分的持久战战略方针的形成与发展,周恩来也做出了巨大的贡献,值此中国抗日战争胜利70周年之际,笔者撰写此文,是为纪念。

一

《论持久战》最初只是毛泽东于1938年5月26日至6月3日在延安抗日战争研究会上发表的一个长篇演讲,同年7月1日始由"纪念抗战一周年,中国共产党17周年"第43、44两期合刊纪念版的中共中央机关刊物《解放周刊》公开发表,旋出版单行本。而中共在武汉的新华日报馆则以极快的速度,于7月25日出版了《论持久战》在国统区的第一个单行本。

众所皆知,《论持久战》公开发表、出版后,得到高度评价,也使毛泽东博得了越来越多的人的钦佩与尊重。

而早于毛泽东《论持久战》公开发表半年,周恩来公开发表了他的"论持久战"即《怎样进行持久抗战》。毛泽东在《论持久战》中,为了驳斥"亡国论"和"速胜论",根据"抗战十个月的经验",回答了和持久战这个题目有关的一系列问题。周恩来则是为消灭因失利而对持久战基本方针"发生动摇,失去信心",或"发生埋怨和愤慨"的"离心和动摇的现象",只回答了毛泽东回答一系列问题中的一个问题:"怎样进行持久抗战?"两相比较,毛泽东的可谓"概论",周恩来的则是"专论"。

《怎样进行持久抗战》最初发表于中共长江局主办的时事政治性刊物《群众周刊》1938年第5期,文末注明"一九三八,一,七日完成"。《群众》周刊"编辑室"在文后所加编者按特别说明:"这一期最使我们感觉得兴奋的,是周恩来和叶剑英二

---

[*] 陈 雪,大连工业大学副教授。

先生在百忙中为我们写文章。周先生的文章，本来是拟在上一期发表的，但因为他近日太忙，无法在付排之前完成稿。但是，为了读者诸君，为了整个国家抗战的前途，周先生终于抽出时间，完成他的大作了，这是我们应该感谢的。"①

《怎样进行持久抗战》是何时公开发表的？《群众周刊》创刊于1937年12月11日，这一天是星期六。据此可知其是逢周六出版的周刊，正常情况下，第5期的出版时间当为1938年1月8日。是故，《共和国领袖大辞典 周恩来卷》(王进 蔡松主编，成都出版社，1993年10月)、《周恩来大辞典》(曹应旺等主编，广西人民出版社、漓江出版社，1997年2月，864页)均认为《怎样进行持久抗战》的发表时间是1938年1月8日。选入此文的《建党以来重要文献选编》(中共中央文献研究室、中央档案馆编，中央文献出版社，2011年6月)页下注称"本文原载一九三八年一月八日出版的《群众》第一卷第五期"。但笔者从该期《编辑室》的编者致歉中发现，"本期因为种种关系，仍未能按照规定日期出版"②，显然，《怎样进行持久抗战》发表时间并非1月8日。但作为一周一期的周刊，充其量是"未能按照规定日期出版"，可能仅延误了一两天或两三天，因为1月11日创刊的《新华日报》，报眼处已登载了《群众周刊》第五期出版目录、寄售定价、出版社及地址等。而仅隔一日，即1月13日，延安中共中央机关报《解放周刊》1938年第30期也全文发表了《怎样进行持久抗战》一文。因此可以断定周恩来此文的公开发表，当在1月10日左右。

《怎样进行持久抗战》一经《群众》发表，《解放》立即全文转发，当然说明此文非常重要；同时也说明，此文迅速由当时中国抗战政治军事中心的武汉传播到了共产党政治军事中心的延安，进而在国统区、苏区均得到了传播。

不仅如此，中共江苏省委在上海主办的《真理》1938年第13期也全文发表了该文。尤值得一提的是，国民党方面在长沙的湖南省民众训练指导处机关报《战时民训》(半月刊，创刊于1938年1月10日)1938年1月24日出版的第5期也转发了全文。武汉国民党人办的另一个刊物《血路周刊》也很快在1938年第2期以两个版面节录了周恩来文中关于持久抗战的八个具体办法。

《怎样进行持久抗战》发表后，竟被四个刊物在短时间内转发，足以说明大受欢迎的程度。紧随其后，此文又成为周恩来个人或与他人合刊的单行本小册子的

---

① 《群众周刊》1938年第5期，第84页。
② 《群众周刊》1938年第5期，第84页。

必选文章。1938年2月15日,广州的离骚出版社出版《周恩来邓颖超最近言论集》,收录周恩来"言论"共5篇,自然收录了周恩来"最近"发表的《怎样进行持久抗战》一文。也是在2月,汉口的群力书店出版了《周恩来论抗战诸问题》,也编入此文。3月,抗战知识社将《群众周刊》发表过的7篇文章结集出版,并特别说明:"因为它对于抗战到底,争取最后胜利之军事、政治等各方面,都有详明切实的指示,凡是参加抗敌救亡的同胞,都应有仔细阅读与参考之必要,故特商得《群众》编者的同意,印成这本小册子,以供献于读者诸君。"①小册子所选文章依次为周恩来的《目前抗战危机与坚持华北抗战的任务》,叶剑英的《论北方战局》,彭德怀的《目前抗战形势与今后任务》,叶剑英的《目前战局与保卫武汉》,周恩来的《怎样进行持久抗战》,陈绍禹(王明)的《挽救时局的关键》,秦邦宪(博古)的《抗战形势与抗战前途》。小册子以《怎样进行持久抗战》为名,并署名"周恩来等著",足见周恩来此文的分量。该书不久即销空,旋又再版。与第一版仅隔两月,《周恩来邓颖超最近言论集》也销售一空,离骚出版社也再版了此书。

毛泽东《论持久战》于7月公开发表并出版单行本后,上海建社于12月又出版了抗战知识社版本的《怎样进行持久抗战》,说明周恩来之作仍有读者,仍有不被《论持久战》所取代的价值性。还有两则史料也能够说明同样的问题:其一,1938年下半年,四川达县联立中学中共支部成立后,在组织活动中学习了周恩来的《怎样进行持久抗战》;②其二,已是1940年3月,中共绍兴童家岭支部成立后,《怎样进行持久抗战》仍是支部党员学习的17种党内文献与进步书籍之一。③

笔者据上述史实认为,和后来毛泽东的《论持久战》一样,《怎样进行持久抗战》在当时也是一篇得到高度评价、受到热烈欢迎的大作,也产生了广泛的影响。

## 二

《怎样进行持久抗战》开篇即说:"只有持久抗战,才能争取最后胜利,这是抗战五个月中最主要的教训!"同时又指出:"五个月前,抗战初起,我们即主张坚持长期抗战,决定最后胜负的方针。"④其时,国共合作已经实现,周恩来所说的"我

---

① 周恩来等:《怎样进行持久抗战》,抗战知识社,1938年2月,"刊行者话"。
② 赵开宗:《中共共产党在达县的地下斗争》,《达县市文史资料选辑》第1辑,第20页。
③ 中共绍兴县委党史资料征集研究委员会编:《绍兴童家岭茶农运动》,《越都风云录》,1989年10月,第167页。
④ 《周恩来政论选》上册,中央文献出版社1998年版,第28页。

们",不仅指共产党,也包括了国民党,因为笼统地说,国民党抗战的基本方针也是持久战。

作为一种思想认识,"持久战"一方面是根据中日两国特点而对中国遭受日本侵略后进行的抗战在时间长短上的判断,解决的是"为什么是持久战"的问题;另一方面则是确定进行这场持久战的战略方针问题,即"怎样进行持久战"。对前者的确认,显然内在地包含着对后者的战略性思考。中共在1935年12月瓦窑堡会议通过的《关于目前政治形势与党的任务决议》中不仅首次在党的决议中指出了中国抗战的"持久性",同时也表达了对持久战最初的设想:"准备着长时间同敌人奋斗罢,没有几千万几万万的革命军,是不能最后解决敌人的;一切策略,一切努力,向着组织千千万万民众进入伟大的民族革命战场上去,准备了伟大的力量,就是准备了决战的捷报。"①无疑,这段总书记张闻天笔下的激扬文字,表达的是包括周恩来在内的中共领袖们对持久战方针最初的思考与共识,简而言之即进行全民族的持久抗战。而不断深化的共识,在抗战爆发后的1937年8月洛川会议上,化为体现中共全民族抗战思想的《抗日救国十大纲领》和持久战的基本方针。周恩来在发言中指出:"对形势要有持久战的估计"②,张闻天在报告中提出"要强调持久战的问题,不因胜利而骄傲,也不因失败而丧气"③,毛泽东在做军事问题的报告时则指出:"我们的方针最基本的是持久战,不是速决战,持久战的结果是中国胜利。"④在此之前,国民党于8月7日至12日召开了第一次最高国防会议,也确定了"敌之最高战略为速战速决,而我之最高战略为持久消耗"的持久战总方针。可以说,抗战爆发后,在抗战总方针的问题上,国共两党殊途同归,一致主张"坚持长期抗战,决定最后胜负"的持久战方针。

但是,一个方针不可能一经确定与实施即已成熟和完善。持久战的方针也是一样,无论在共产党自身,还是在国民党那里,既需要在抗战中进一步向全国军民宣传,又需要在实践中不断发展和完善。洛川会议后,张闻天在9月25日出版的中共机关报《解放周刊》第17期上发表了《论抗日民族革命战争的持久性》,通过中日两国优势与劣势的对比分析,阐述了"战争的持久性""中国必须用持久战以战胜日本",并指出只有进行全面的全民族的抗战,"我们才能进行持久战,才能最

---

① 《张闻天文集》,中共党史出版社2012年版,第32页。
② 《周恩来年谱(1848—1949)》,中央文献出版社1998年版,第386页。
③ 《张闻天年谱》,中共党史出版社2000年版,第489页。
④ 《毛泽东传》,中央文献出版社1996年版,第463页

后战胜日本帝国主义"①。彭德怀则在第25期《解放周刊》上发表了《争取持久战胜利的先决条件》的长篇大论,强调指出"敌我力量的对比,决不是一成不变的东西。在持久战的过程中,是必然会变动的,我们的力量会逐渐变强,而敌人的力量会逐渐变弱的"②。他从中日在政治、经济、军事、国际关系四个方面的对比中得出结论说:"从任何一方面看,我们只有而且能够从持久战中,改变强弱的现势,最终的战胜日本帝国主义。"③

自然的,作为军委副主席,作为持久战方针的主要决策者,周恩来的身份和使命,决定了他对如何发展和完善持久战战略方针问题,也必殚精竭虑。而就持久战方针的宣传与阐述来说,继张闻天的《论抗日民族革命战争的持久性》、彭德怀的《争取持久战胜利的先决条件》之后,显然也应该有一篇专门"阐明"持久战"方针"的文章。而从这样的角度看《解放周刊》第17期、第25期和第30期张闻天、彭德怀、周恩来的3篇文章,《怎样进行持久抗战》则显得那么顺"理"成"章"。

《怎样进行持久抗战》全文五千余字,由四部分内容构成:

第一部分是开宗明义"引言"性的,说明为什么要撰写此文回答"怎样进行持久抗战"的问题:"本来这个基本方针早就定下了的,但是由于战局的变化,由于对于怎样执行这个基本方针,过去没有很好地阐明和贯彻,致一部分人对于这一基本方针发生动摇,失去信心,并表示无办法;另有一部分便因之发生埋怨和愤慨。这是抗日阵线内部生长着离心和动摇的现象。现在为消灭这些现象,贯彻持久抗战的基本方针,就必须对于怎样进行持久抗战,提出更积极更具体的任务,号召和动员全中国的同胞,为实现这些任务而奋斗。"④显然,周恩来撰写此文的宗旨,就是为了"很好地阐明"持久战的基本方针,以使其"更积极更具体"地得到"很好的贯彻"。

第二、三部分是文章的主体。周恩来首先指出"要回答怎样进行持久抗战的问题,首先须认清:抗战五个月中的主要的经验和教训是什么?"⑤对此,周恩来在第二部分总结出了八个方面的经验与教训。第三部分便是根据"认清"的经验与教训,阐述当前进行持久抗战应当采取的具体办法,也是八个方面。

---

① 《张闻天文集》,239~241页。
② 《彭德怀军事文选》,中央文献出版社1988年版,第35页。
③ 《彭德怀军事文选》,中央文献出版社1988年版,第38页。
④ 《周恩来政论选》上册,第29页。
⑤ 《周恩来政论选》上册,第29页。

笔者研究这八个方面经验、教训与具体办法后,归纳为如下几个方面:

第一,首先指出了这场战争的严重性"是中国海禁开后近百年来所没有的"①。如何战胜前所没有的强敌,周恩来通过对国共合作实现后两党两军克服种种困难,团结御侮、共同抗战的回顾,指出"这种统一团结的意志和英勇战斗的精神,是我们抗战中的伟大成绩"②,是中华民族最终战胜日本帝国主义的基本保障。

第二,论述了持久战的可能性与必然性。通过对中国"无甚准备"而日本"准备了四十多年"以及军事上、经济上、政治上、国际上目前敌长我短、敌强我弱,敌优我劣的对比,指出了目前军事失利的原因所在;同时又通过对我国"地大物博人多"的长处与日本在财政、资源、兵力以及"国内矛盾增长,后方不巩固,远东形势陷于孤立等等"多方面的短处的对比,指出我们的长处"可以在持久战中发扬和增强起来",而日本的短处在持久战中"将日益暴露",其长处"将逐渐减少"。③

第三,论述了掀起全民族抗战的重要性。在经验与教训中,周恩来肯定了"某些部队补充的迅速,新兵参加前线的勇敢与某些民众团体及个人参加战地服务的勤劳",同时也指出了民众运动与征募新兵"都还没有造成广大的动员热潮"④,指出应"进行广大的征募兵役运动",对于动员新兵上前线,动员一切民众参加战地服务"应当成为今天动员工作的中心""务使这一运动形成上前线杀敌的广大热潮"。⑤

第四,论述了国民党正面战场失利的一系列原因,在肯定"最高统帅决心的坚强,与许多高级将领指挥的坚决"⑥的同时,指出了军事指挥上不"完满"的一系列问题;在肯定淞沪抗战战绩的同时,指出了战略战术上单纯阵地战的失误;在肯定中国军队将士英勇和八路军等某些军队机动灵活的作战在战争中所起作用的同时,指出中国军队装备技术落后的问题。根据五个月来的种种经验与教训,周恩来从如何巩固前线,到如何巩固后方;从建立几十个有新式武装的和政治坚定的国防师,到建立统一的国防工业;从坚强"持久抗战"决心,正确规划作战部署,实施正确的战略战术,在敌占区发展敌后游击战争,到加强国防机构,进行适合战时需要的政治机构、军事组织的改革,提出了一系列的非常具体的办法。

---

① 《周恩来政论选》上册,第29页。
② 《周恩来政论选》上册,第30页。
③ 《周恩来政论选》上册,第31页。
④ 《周恩来政论选》上册,第34页。
⑤ 《周恩来政论选》上册,第38页。
⑥ 《周恩来政论选》上册,第33页。

第五,论述了对内肃清汉奸、对外争取国际援助在持久抗战中的重要性。在肯定"肃清汉奸"工作所取得的部分成绩的同时,指出了某些特殊化的思想、汉奸的理论、亲日派的活动等严重问题的存在及其对抗战及抗日民族统一战线的危害。提出"肃清一切汉奸、敌探、托派的组织和活动,以造成统一的强固的后方"[1]。肯定了"由于抗战的英勇与坚持,已经使国际同情中国的运动发展,使友邦的赞助增加"[2],同时也指出了"还没有尽量利用国际的有利条件,来增强自己抗战的力量"的问题,为此,周恩来提出了扩大国际宣传、争取获得国际上支持中国持久抗战的精神上、物质上、技术上、军事上援助的一系列具体办法。

第四部分实即"结语"。周恩来首先强调:"以上这一切具体办法,都为着实现一个目的,即是争取持久抗战的最后胜利的一个目的!重复地说,要能贯彻抗战到底的方针,必须首先加强和巩固中华民族能够支持长期抗战的信心和决心,反对一切动摇,反动一切妥协、屈服、投降的思想;次之,必须坚决相信进行这些持久抗战的具体办法,是能够渡过目前的难关,准备进行决定性的战斗的。"[3]周恩来预言:"有了坚强的信心,有了实行这一切具体办法的坚强的意志,有了实行这一切具体办法的长期努力,日本帝国主义强盗的进攻必然会遭受到最后的惨败,中华民族的独立解放事业必然会达到最后成功!"[4]

研读此作,可以发现周恩来是从抗战的具体实际出发,从真真切切的经验与教训中,指出了进行持久抗战的实实在在的具体办法,从而使持久战的基本方针"更积极更具体",因而也更具有可操作性,极大地丰富和完善了持久战的基本方针。如果从纵向上考察中共持久战基本方针形成与理论阐述的历史脉络,自然也不难发现周恩来此作在其中的重要地位。大体说来,张闻天的《论抗日民族革命战争的持久性》主要是从"认识论"层面上解决了抗战"为什么是"持久战的问题,彭德怀的《争取持久战胜利的先决条件》是从"条件论"层面上解决了持久战方针的"先决条件"问题,而周恩来的《怎样进行持久抗战》则是从"方法论"的层面上解决了"怎样进行"持久战的真正的方针性问题;毛泽东则于最后集大成,以《论持久战》而做持久战方针的"总论",使其至此达到成熟。

---

[1] 《周恩来政论选》上册,第39页。
[2] 《周恩来政论选》上册,第34页。
[3] 《周恩来政论选》上册,第41页。
[4] 《周恩来政论选》上册,第41页。

## 三

中央文献研究室的权威之作《毛泽东传》对于毛泽东为什么能够写出《论持久战》这部伟大的著作曾做过这样的分析："抗战开始后还不到一年,毛泽东就能写出这样能正确地指导实践的著作,一方面得益于他在长期革命战争中逐步认识和掌握了战争的规律,积累了丰富的经验;另一方面也由于他从不放松读书和理论研究,注意把理论与实践结合,从实际经验中作出新的理论概括。"①

笔者以为,这一结论忽视了更直接的一个原因:即《论持久战》也是集体智慧的结晶,周恩来与张闻天、彭德怀等中共领袖们,对经毛泽东之手而达到成熟的持久战方针,也做出了重要贡献。

但是,《毛泽东传》中上述问题与结论,也可以用在周恩来身上。

无论是在中共第一代领袖群体中,还是在20世纪世界伟人行列,周恩来都是集众"家"于一身的人物:他是革命家,他是政治家,他是军事家,他是外交家。就其自身而言,其作为军事家,并不比政治家、外交家逊色。据周恩来研究专家、南开大学刘焱教授的研究,周恩来在中国革命武装斗争中"积累了丰富的经验,开创了10个最":"中共最早懂得武装斗争和革命军队极端重要性的无产阶级革命家""最早初步回答了中国革命主要应采取什么方式这个最基本问题""最早卓有成效开拓中共军事工作的先驱""最早创建中国共产党直接领导的第一支革命武装""最早在理论上和实践上初步解决了创建新型革命军队的一些重大原则问题""最早创建一套革命军队政治工作制度""最早依靠革命军的枪杆子开创并领导一个地区革命政权的共产党人""最早领导反蒋武装起义,即'八一南昌起义'创建人民军队""最早在理论上和实践上对人民战争进行了开创性探索""最早总结和提出农村包围城市的思想理论并引导全党全军走上这条正确革命道路"。②刘焱先生的研究与发现,足以说明周恩来的军事智慧、才干与经验;也可以说明,在毛泽东之前,从1927年到1935年长达八年的时间里,周恩来为什么一直是中共中央的核心人物之一。遵义会议时,周恩来不仅与朱德同为最高军事首长与军事指挥者,还是"党内委托的对于指挥军事上下最后决心的负责者";会后常委进行重新分工,

---

① 《毛泽东传》,中央文献出版社1996年版,第495页。
② 刘焱:《周恩来在中国革命武装斗争中开创的十个最》,徐行主编《二十一世纪周恩来研究的新视野》,中央文献出版社2009年版,第33~39页。

毛泽东则是周恩来在军事指挥上的帮助者。随后由周恩来、毛泽东、王稼祥组成的军事"新三人团",仍是周恩来为首。直到长征到达陕北,周恩来主动让贤,并由政治局会议决定,毛泽东始成为新成立的西北革命军事委员会主席,周恩来则为副主席。

以上所述,笔者旨在说明,周恩来的军事才干、军事经验,及其在党内政治军事上的重要地位,决定了他在中共抗日持久战基本方针的形成过程中,必是主要的决策者之一;也说明他在抗战开始后只五个月的短时间内,为什么就能写出《怎样进行持久抗战》这样一部极具指导性和可操作性的"论持久战"著作来。

# 论周恩来对全民族持久抗战的贡献　毛　胜[*]

坚持全民族持久抗战,是中国人民抗日战争取得最终胜利的关键所在,也是中国共产党起到中流砥柱作用的重要体现。毛泽东对抗日战争的持久性有着科学预见和深刻认识,并在《论持久战》中进行了系统的分析论证。在整个抗战过程中,周恩来不仅多次阐述自己对全民族持久抗战的理解,大力宣传毛泽东《论持久战》的观点和主张,而且在实践中坚定不移地贯彻落实,做出了重大贡献。

## 一、洛川会议前后:周恩来同意和支持毛泽东关于中日战争持久性的估计,并率先在华北抗战中推动和部署全民族持久抗战

日本帝国主义侵入中国后,有不少人对抵抗侵略存在悲观情绪,认为两国军事力量悬殊,中国"战必败"。全国抗战爆发后,伴随国民党军队在战场上的严重失利,国民党内部和社会上更是出现了"再战必亡"的论调。与此同时,蒋介石统治集团始终寄希望于国际社会的干预,认为只要英美等国出面制衡,或是苏联直接出兵,中日战争很快可以解决。

与"亡国论""速胜论"这些错误观点不同,毛泽东、周恩来等中共领导人对整个战争形势有着清醒认识和科学分析,很早就做出中日战争将是持久战的估计。在瓦窑堡会议上,毛泽东关于军事战略方针的报告,就表达了全民族持久抗战的思想。他认为抗战的战略方针应是坚决的民族革命战争,1936年的军事部署应是:"正确估计敌我力量,准备对日直接作战,扩大红军,发展游击队及白军工作。"并明确提出:"准备六个月后,打到山西方面去。要在战略上扩大战果。号召全党学习军事,一切服从战争。"[①]周恩来与张闻天、张浩等人都同意这个报告,并进行了补充发言。周恩来着重指出,"防御应站在主动的地位,不是被动的地位",要

---

[*] 毛　胜,中共中央文献研究室副研究员。
[①] 《毛泽东传(1893—1949)》,中央文献出版社2004年版,第388页。

"集中主力于一个主要的方向"。①后来的实践证明,无论是军事上,还是政治上,掌握主动权对全民族持久抗战具有重要意义。

根据瓦窑堡会议的精神,中共领导人在各个场合进一步阐述全民族的持久的抗战。1935年12月27日,毛泽东在党的活动分子会议上做《论反对日本帝国主义的策略》的报告,强调现时革命形势的一个特点就是"帝国主义还是一个严重的力量,革命力量的不平衡状态是一个严重的缺点,要打倒敌人必须准备作持久战"②,必须反对关门主义和冒险主义,建立起广泛的抗日民族统一战线。1936年1月2日,周恩来在中央政治局会议上做《新的形势下党的组织任务》的报告,指出:"整个政治形势中心问题是开展民族战争,党的组织任务是团结领导千千万万群众在党的周围,进行民族革命战争。"③1936年7月,毛泽东同美国记者斯诺谈话时,进一步分析说:"战争要打多久"要看"中国统一战线的实力和中日两国其他许多决定的因素如何而定"。如果"中国抗日统一战线有力地发展起来,横的方面和纵的方面都有效地组织起来""认清帝国主义威胁他们自己利益的各国政府和各国人民能给中国以必要的援助""日本的革命起来得快",中国就会迅速胜利,反之就要延长,但结果一定是"日本必败,中国必胜"。④

西安事变和平解决后,周恩来作为中共代表,与国民党谈判全国对日抗战时,反复强调团结抗战和持久抗战的问题。1937年8月4日,周恩来和朱德、博古等人向中共中央提出《关于全国对日抗战及红军参战问题的意见》和《关于红军主力出去抗战的意见》,认为应"参战不迟疑,但要求独立自主担任一方面作战任务,发挥红军运动战、游击战、持久战"的优点;红军不拒绝主力出动,但为适应持久战的需要,"主力出去仍可节约兵力,谨慎使用,不打硬仗,多行侧面的运动战与游击战"。8月11日,周恩来在国民政府军事委员会军政部谈话会上发言指出:"当前战争中,必须培养出可以独立持久的能力。在正面防御上,不可以停顿于一线及数线的阵地,而应当由阵地战转为平原与山地的扩大运动战。另一方面,则要采取游击战。"⑤

在全国抗战刚刚爆发的历史转折关头,中共中央适时召开洛川会议,讨论制

---

① 《周恩来传》,中央文献出版社1998年版,第375页。
② 《毛泽东选集》第一卷,人民出版社1991年版,第153页。
③ 《周恩来传》,中央文献出版社1998年版,第376页。
④ 〔美〕埃德加·斯诺:《西行漫记》,东方出版社2010年版,第90~91页。
⑤ 《周恩来年谱(1898—1949)》,中央文献出版社1998年版,第383页。

定党在抗战时期的任务及各项政策。毛泽东全面分析抗日战争的形势,一方面强调要动员全国军民开展民族解放战争:现在已经开始政府的抗战,而且得到人民的拥护,但人民还没有大规模地参加,这就成为现在的弱点与今后的任务——使成为全面的全民族的抗战。另一方面强调要实行全面持久抗战的方针:"我们的方针最基本的是持久战,不是速决战,持久战的结果是中国胜利。"①周恩来同意毛泽东的意见,认为对形势要有持久战的估计。并分析说:"在华北,目前还不具备粉碎日本进攻的条件,但是我们愈持久,群众的积极性可以更大起来,我们的部队也能壮大起来,敌人消耗愈多,愈增加困难,对我们愈有利。"②洛川会议通过的《中央关于目前形势与党的任务的决定》,明确指出:中国的抗战是一场艰苦的持久战。争取抗战胜利的关键,在于使已经发动的抗战发展为全面的全民族的抗战。

洛川会议结束后,八路军从山西开赴华北前线作战。为什么先开入山西?关键在于"山西方面地形交通限制了敌人的长处,恰又补足我们的短处,便利于我们的防守,持久斗争与打击敌人"③。根据毛泽东的意见,周恩来与彭德怀等人前往山西,与阎锡山商谈抗战计划。一见面,周恩来就向阎锡山说明了抗战的持久性,指出"日本军国主义是可以打败的,虽然目前是敌强我弱,但打下去,必然是敌人一天天弱下去,我们一天天强大起来"④。阎锡山听后对薄一波说:"周先生对抗战前途看得非常清楚。"⑤忻口会战失败后,周恩来立即向阎锡山提出:应放手武装民众,布置全省的持久战局。八路军开展游击战的目标,也是为了保卫山西,这对支持华北抗战有重要作用。⑥在撤离太原前,周恩来同傅作义会晤又指出:"抗日战争是持久战,在战略上不应计较一城一地的得失,要注意保存有生力量。"⑦

1937年11月16日,周恩来在临汾各界群众大会上发表《目前抗战危机与坚持华北抗战的任务》的讲演,分析上海、太原失守后的抗战形势,提出八路军留在华北作战是推动和领导华北持久战的重要因素。他指出日寇的兵力不可能统治全华北,"不仅是乡村占不了,城市也占据不了太多","即使是铁路公路要道,也不能普遍占据"。这决定华北抗战将是持久抗战,而且游击战争会成为坚持持久抗

---

① 《毛泽东传(1893—1949)》,中央文献出版社2004年版,第479页。
② 《周恩来传》,中央文献出版社1998年版,第456页。
③ 《任弼时选集》,人民出版社1987年版,第137页。
④ 《周恩来传》,中央文献出版社1998年版,第461页。
⑤ 薄一波:《深切怀念敬爱的周恩来同志》,载《不尽的思念》,中央文献出版社1987年版,第22页。
⑥ 《周恩来传》,中央文献出版社1998年版,第471～472页。
⑦ 《周恩来年谱(1898—1949)》,中央文献出版社1998年版,第397页。

战的主体,这个游击战也将在持久战中"壮大自己,武装人民,恢复许多城镇,破坏敌人交通,消灭部分敌人,最后得到全国生力军的参加,可以转到胜利的反攻,收复失地,驱逐日寇帝国主义出中国"①。

以上材料足以表明,毛泽东、周恩来等中共领导人基于他们对抗战形势的科学分析,在全国抗战开始前就倡导和推动全民族持久抗战。正因为如此,1938年5月10日,毛泽东在中央常委会上说他"一贯估计中日战争是持久战"②,而他这个估计的一个坚定支持者和执行者无疑是周恩来。

## 二、毛泽东《论持久战》发表前后:周恩来大力宣传毛泽东持久战理论的基本精神,使之在国民党统治区和国际社会产生广泛影响

全国抗战开始后,国民党当局曾将持久抗战作为"作战指导之基础主旨",蒋介石等人还提出"持久消耗战""以空间换时间"等口号。但是,国民党的"持久战"局限于军事方面,而且仅是单纯的军队和政府的行为,缺乏广泛的政治动员和全民抗战的群众基础,从而注定了难以持久。对此,周恩来在山西抗战中就有所察觉。1937年10月19日,他致电毛泽东、朱德等人,指出"南京政府对持久战已发生动摇,加上国际上的引诱,妥协和平空气逐渐抬头,正酝酿着放弃华北的危险。建议由中国共产党公开发表宣言,反对和平妥协,要求开放党禁、开放民众运动、改造军队、武装民众,为保卫华北、保卫全中国抗战到底"③。

1937年12月,周恩来作为中共中央代表团负责人,来到武汉主持抗日统一战线的工作。有鉴于国共两党对持久战的不同理解,他刚到一个月,就根据洛川会议精神和《中国共产党抗日救国十大纲领》,在国民党统治区公开出版的中国共产党机关刊物《群众》周刊上发表《怎样进行持久抗战》,阐述中共关于持久抗战的主张,并提出争取持久抗战最后胜利的八项具体办法:巩固前线;建设新军备;建立军事工业;发展敌占区的广大游击战争;进行广泛的征募兵役运动;巩固后方;加强国防机构;运用国际有利条件。④

到1938年5月,抗日战争已进行了整整十个月。在北平、上海、南京等重要城市相继沦陷的情况下,战争形势将怎么样?中国能不能继续坚持下去并取得胜

---

① 《周恩来选集》上卷,人民出版社1980年版,第86页。
② 《毛泽东传(1893—1949)》,中央文献出版社2004年版,第508页。
③ 《周恩来传》,中央文献出版社1998年版,第479页。
④ 《周恩来年谱(1898—1949)》,中央文献出版社1998年版,第407页。

利?当时,仍然有很多人对这些问题感到迷惘。毛泽东深感有必要"做个总结性的解释",特别是"有着重地研究持久战的必要"。①5月26日至6月3日,他在延安抗日战争研究会上做《论持久战》的长篇讲演,深刻总结抗日战争的初期经验,系统阐述中国实行持久战以获得最后胜利的战略。他认为中日战争双方有一些互相反对的特点:日本虽是一个强大的帝国主义国家,但它的侵略战争是退步的,得不到国际的同情与援助;中国的国力虽弱,但反侵略战争是进步的,能获得世界上广泛的支持与同情。日本是一个小国,经不起长期战争;中国地大人多,能够支持长期战争。②因此,毛泽东不仅得出结论:"战争的持久性"和"最后胜利属于中国",而且指出战争将经过三个阶段:"第一个阶段,是敌之战略进攻、我之战略防御的时期。第二个阶段,是敌之战略保守、我之准备反攻的时期。第三个阶段,是我之战略反攻、敌之战略退却的时期。"基于此,毛泽东提出一套实现持久战的具体方针,在第一和第二阶段中主动地、灵活地、有计划地执行防御战中的进攻战,持久战中的速决战,内线作战中的外线作战;第三阶段中,应该是战略的反攻战。他还强调"兵民是胜利之本","武器是战争的重要的因素,但不是决定的因素,决定的因素是人不是物"。③

周恩来知道毛泽东发表《论持久战》后,立即将宣传这个讲话的精神作为一项重要工作来抓。据程思远回忆:"毛泽东《论持久战》刚发表,周恩来就把它的基本精神向白崇禧作了介绍。白崇禧深为赞赏,认为这是克敌制胜的最高战略方针。后来白崇禧又把它向蒋介石转述,蒋也十分赞成。在蒋介石的支持下,白崇禧把《论持久战》的精神归纳成两句话:'积小胜为大胜,以空间换时间。'并取得了周公的同意,由军事委员会通令全国,作为抗日战争中的战略指导思想。"④在会见各界人士时,周恩来经常谈到全民族持久抗战的问题。1938年11月,他在长沙青年会礼堂向湖南各抗日救亡团体做《抗日第二阶段我们的任务》的讲演,宣传持久战的思想,指出这一阶段的中心任务是深入下层和敌后,配合前线和敌后的斗争。⑤他还向《救亡日报》记者叶厥孙分析中日两国情况,指出"我们的战略是持久战、全面战",应该坚信我们是会取得胜利的。⑥

---

① 《毛泽东选集》第二卷,人民出版社1991年版,第440页。
② 《毛泽东选集》第二卷,人民出版社1991年版,第447~450页。
③ 《毛泽东选集》第二卷,人民出版社1991年版,第509~513页。
④ 程思远:《我的回忆》,华艺出版社1994年版,第131页。
⑤ 《周恩来年谱(1898—1949)》,中央文献出版社1998年版,第434页。
⑥ 《周恩来年谱(1898—1949)》,中央文献出版社1998年版,第436页。

为了让全民族持久抗战的精神广为人知,周恩来非常重视新闻媒体的作用。1938年10月7日至9日,他在《新华日报》以连日社论形式发表《论目前抗战形势》,讲述毛泽东《论持久战》的观点,强调十五个月的抗战证实"只有坚持长期抗战,才能争取中华民族解放战争的最后胜利"。究其原因,在于"日本强盗既不可能一下子把我们赶到中国的'堪察加',迫上昆仑山,我们也不能很快的转弱为强,反守为攻,将日本强盗赶出中国",正如毛泽东在《论持久战》中所指出的,"须经过持久战的三个阶段,才能争取最后胜利"。在困难面前,"只有坚持长期抗战,加强国内团结,才是克服困难,争取胜利的转入相持局面的基本方针"。① 1939年2月,周恩来同桂林八路军办事处负责人李克农等谈中共广西地方党的工作,专门提及要注意宣传毛泽东的《论持久战》的思想,同时结合具体情况,利用一切机会动员群众投入抗日救亡运动。②周恩来还将《论持久战》从武汉寄到香港,委托宋庆龄找人翻译成英文向海外发行,在国际上引起重大反响。

《论持久战》的发表与宣传,有力地回答了人们当时最关心的问题,犹如拨开了笼罩在人们头上的云雾,进一步凝聚了全民族抗战的磅礴力量。1939年8月4日,周恩来在中央政治局会议上就此说道:"不管他们对于共产党的看法怎样,以及他们所代表的是谁,大部分的中国人现在都承认毛泽东正确地分析了国内和国际的因素,并且无误地描绘了未来的一般轮廓。"③1945年4月30日,周恩来在中共七大做《论统一战线》的发言,进一步总结道:从"七七"抗战到武汉撤退这个时期,斗争的中心"是全面抗战还是片面抗战。我们党的口号,是持久战争、人民战争,就是全面的抗战、全民族的抗战"。蒋介石最后也"被八路军的力量、人民的力量逼得不能不走向持久战,不能不在政治上表示一点进步"。④

### 三、皖南事变前后:周恩来同国民党顽固派展开坚决斗争,维系全民族持久抗战直至胜利

毛泽东在《论持久战》中指出,第二阶段是整个抗日战争的过渡阶段,"将是中国很痛苦的时期","我们要准备付给较长的时间,要熬得过这段艰难的路程"。⑤

---

① 《周恩来传》,中央文献出版社1998年版,第524~525页。
② 《周恩来年谱(1898—1949)》,中央文献出版社1998年版,第443页。
③ 《毛泽东传(1893—1949)》,中央文献出版社2004年版,第510页。
④ 《周恩来选集》上卷,人民出版社1980年版,第196~198页。
⑤ 《毛泽东选集》第二卷,人民出版社1991年版,第464~465页。

为什么这么说，除了敌人的攻击，一个重要原因是抗战阵营内部的矛盾。由于日本的诱降、英美对日本的绥靖主义政策，以及国民党对共产党领导的人民武装力量不断壮大的畏惧，蒋介石集团出现了妥协投降和反共倾向，国民党顽固派开始制造反共摩擦。

1939年1月，国民党五届五中全会在重庆举行，不仅声明"绝不愿见领导革命之本党发生二种党籍之事实，更不忍中国实行三民主义完成革命建国一贯之志业，因信仰不笃与意志不坚，致生顿挫"，而且确定"溶共""防共""限共""反共"的方针，秘密通过《防制异党活动办法》《共党问题处置办法》等反共文件。这导致国共两党关系紧张，各地摩擦日益加剧。1月25日，周恩来致信蒋介石，认为国共两党"非亟加改善不能减少磨擦贯彻合作到底"，并分析指出："中共既成为党，当然需要发展，惟因合作既属长期，故中共六中全会特决定不再在国民党及国民党军队中发展党员。中共愿在某些省区减少发展，以示让步，但最基本的保证，还在一方面中共绝无排挤或推翻国民党的意图，另一方面国民党对中共的部分发展不应恐惧。"①

为坚持全民族持久抗战，周恩来要求共产党人注意工作方式，避免不必要的冲突。1939年4月，他在金华听取中共浙江省委书记刘英等人汇报工作时说："党的任务是坚持抗战，坚持持久战，坚持抗日民族统一战线。"所以，共产党员在国民党政府机关或群众团体工作，"都要埋头苦干，不暴露，不突出，不刺激，办事情要照顾全局，照顾多数，照顾将来"。②另一方面，周恩来提出要对投降妥协倾向保持高度警惕。1939年7月3日，他在中央政治局会议上发言指出，中共对时局宣言应成为动员全国舆论反对日本诱降政策和国民党中投降妥协倾向的有力武器。其纲领应是："坚持抗战到底，反对投降妥协；坚持统一战线，反对挑动内战；发动全民抗战。"③根据会议精神，他在7月7日《新华日报》发表《抗战两年》，指出投降妥协倾向是目前的主要危险，"必须坚持抗战到底，反对中途妥协；坚持统一战线，反对挑拨离间；发动全面战争，反对包办国策"④。

然而，国民党顽固派并没有停止反动的步伐，分别于1939年冬至1940年春、1941年1月、1943年春发动三次反共高潮，严重破坏了全民族持久抗战的局面。

---

① 《周恩来年谱(1898—1949)》，中央文献出版社1998年版，第441～442页。
② 《周恩来传》，中央文献出版社1998年版，第550页。
③ 《周恩来年谱(1898—1949)》，中央文献出版社1998年版，第453页。
④ 《周恩来年谱(1898—1949)》，中央文献出版社1998年版，第453页。

在毛泽东的领导下,中国共产党以"又联合又斗争,以斗争求团结"为根本指导原则,坚决维护抗日民族统一战线。周恩来在国民党统治区与顽固派展开针锋相对的斗争,发挥了重要作用。特别是震惊中外的皖南事变发生后,周恩来领导南方局从政治上和宣传上进行了猛烈反击。1941年1月17日,周恩来向国民党谈判代表张冲提出质问和抗议,并打电话怒斥何应钦:"你们的行为,使亲者痛,仇者快,你们做了日寇想做而做不到的事。"①当《新华日报》揭露皖南事变真相的报道被封杀后,周恩来立即题写"为江南死国难者志哀!""千古奇冤,江南一叶;同室操戈,相煎何急?!"登在被扣稿件的位置上,产生了极大的影响。

周恩来还领导南方局通过召开座谈会、散发传单等方式,向社会各界公布皖南事变的相关事实,揭露国民党顽固派的反共面目。与此同时,他们继续表达中共对全民族持久抗战的决心,以维护统一战线。据许涤新所述,当时侯外庐、翦伯赞曾问周恩来:"国共会不会从此破裂?抗战会不会因此就被夭折?"周恩来回答说:"党的方针,就是争取时局的好转,但同时还要准备更坏的局面的出现。至于抗战能不能继续下去,那决不是蒋介石一人所能决定的。"②

皖南事变的恰当处理,说明毛泽东、周恩来等中共领导人正确把握了民族矛盾和阶级矛盾的关系,也说明对国民党顽固派必须坚持"有理、有利、有节"的斗争。这两方面归结起来,就是坚持全民族的持久抗战。也正因为这一局面得以维系,中国人民最终取得了抗日战争的胜利。

---

① 《南方局党史资料(大事记)》(一),重庆出版社1986年版,第134页。
② 许涤新:《〈侯外庐史学论文选集〉序》,《侯外庐史学论文选集》上册,人民出版社1987年版,第2页。

# 周恩来与抗日战争初期国共合作局面的开创

董志铭[*]

抗日战争初期,周恩来作为中国共产党的主要谈判代表,扮演了国共两党军事合作的桥梁和纽带的角色,为开创国共合作抗日局面,以动员、凝聚全国力量有效减杀侵华日军的强大冲击力,粉碎其对中国速战速决的阴谋战略,做出了独特的贡献。

## 一、奔走于延安南京之间,推动国共两党采取联合抗日的政策,与国民党领导人谈判达成军事合作协议

周恩来是热情真诚而又胸襟开阔的爱国主义者,天性富于调和。他在青少年时期就立志于中华民族的崛起与腾飞,努力寻找救国救民的真理。接受马克思主义、加入中国共产党后,他较早担任军事领导工作,对统一战线、武装斗争和党的建设这三个基本问题的造诣很深。第一次国共合作的大革命兴起后,周恩来以极大的精力参加黄埔建军和国民革命军北伐的领导和实践,结识了大量国民党军政精英,积累了国共两党军事合作的重要经验。

20世纪30年代,日本帝国主义加快了侵略中国的步伐,中日之间的民族矛盾越来越上升为主要矛盾。作为中共上级组织的共产国际,随着法西斯势力在全世界范围内的崛起,制定了建立广泛统一战线的策略。1935年11月中旬,中共驻共产国际代表张浩从莫斯科返回瓦窑堡,带回共产国际七大关于建立反法西斯统一战线的精神、《八一宣言》以及同共产国际联系的密码。同年12月,中共中央在陕北瓦窑堡举行政治局扩大会议,制定了建立抗日民族统一战线的新政策。然而,对亲身经历了国民党反动派长期血腥屠杀的广大党员和工农革命群众而言,要求他们在短期内来一个原地180度的大转弯,思想障碍自然不小。国民党方面也有"日苏先战"的侥幸心理。"共同防共"不过是日本侵华的借口,在蒋介石那里竟变

---

[*] 董志铭,国防大学教授。

成与日媾和的期盼放在优先考虑位置,而且不惜一退再退,蒙垢忍辱,也不甘心收回"安内攘外"的反动口号。直到日本政府提出所谓"广田三原则"后,南京政府才不得不考虑"联苏制日"的政策。"中日战争既已无法避免,国民政府乃一面着手对苏交涉,一面亦着手中共问题的解决。"①在中华民族面临亡国灭种的危急时刻,周恩来以国家民族大义为重,摒弃"十年内战"前嫌,主张适时调整政策,建立国共合作,开辟全国各党派各军队各人民团体形成联合抗日的局面,迅速实现中华民族举国一致的对日作战。

1936年3月下旬,中共中央政治局在晋西隰县、石楼等地召开会议,讨论共产国际七大的决议、统一战线和军事战略方针等问题。周恩来发言指出:世界大战是不可避免的,但有推迟的可能。一部分国民党领导人已认识到须先自己抗战才能真正联苏。因此,先有国内联合抗日,才能有力求国外联合。我们应认识降日联苏之间还有余地,挑拨日苏战争与企图牺牲苏维埃红军并非无人,我们在这里必须分辨我们的立场与各派的立场,然后才能分辨谁敌谁友,才能领导我们的朋友随着我们前进,而抗日与降敌是分水岭。②提出抓住"联共"的口号和红军率先抗日来推动抗日统一战线的建立,红军是抗日的中坚力量,要发动、准备组织抗日战争。当前三大任务是:(一)向东发展,扩大山西根据地;(二)在华北开展游击战争以推动抗日运动;(三)正确运用上下层统一战线。关于党内问题,他强调应求得一致,首先要反对关门主义,反对束缚在过去的范围中。③会议采纳周恩来的意见,提出"红军和一切抗日军队集中华北",以推动全国抗日。会议不排除蒋介石允许与共产党建立联系的可能,没有再谈反蒋的问题。晋西会议在瓦窑堡决议的基础上向国共合作抗日的方向前进了一步。

晋西会议后,周恩来为了推动国共合作抗日早日实现,一方面参与调整党和红军的政策,一方面进行统一战线教育,以提高党内对国共合作抗日的认识。3月29日,他与毛泽东、彭德怀联合签署了《中国人民抗日红军西北军事委员会为一致抗日告全国民众书》,要求停止一切内战,不分红军、白军,联合抗日;召开全国抗日救国代表会,组织国防政府、抗日联军;要求全国红军首先集中河北,阻止日军前进。4月1日,他进一步以西北革命军事委员会的名义发布命令:为迅速对日作

---

① 蒋中正:《苏俄在中国》,中央文物供应社1956年版,第58页。
② 《周恩来军事文选》第一卷,人民出版社1997年版,第455~456页。
③ 《周恩来传》,中央文献出版社1998年版,第379页。

战,将红一方面军改编为中国人民红军抗日先锋军,以华北五省为作战范围,第一阶段在山西创造对日作战的根据地。

与此同时,面对日本侵华的嚣张气焰,如何处理"攘外"和"安内"的关系,国民党高层的争吵和分歧越来越表面化,蒋介石自由裁夺的可用时间空间变得越来越有限。这就使得周恩来联合抗日的努力得到了在外围突破的条件。瓦窑堡会议后,中共中央设立东北军工作委员会,周恩来兼任书记,重点做东北军的工作。1936年4月9日,周恩来亲自同东北军领导人张学良在肤施(今延安)会谈,在停止内战,互派代表,红军的战略方向,联合苏联,红军帮助东北军进行抗日教育等问题上达成了协议。张学良还提议:他在里面劝,共产党在外面逼,内外夹攻,"一定可以把蒋介石扭转过来"①。这是促成中共中央在四个多月后做出"逼蒋抗日"决定的一个重要因素。进入8月,国内外形势出现了新的变化:一是潘汉年在南京会晤了国民党代表曾养甫,曾希望潘回陕北听取中共中央对两党合作谈判的意见;二是日本策动伪蒙军对绥远发动了进攻,全国兴起援绥抗战的热潮。周恩来在中央政治局会议上提出,同南京谈判时应提出实际问题:一、停止内战;二、实行抗日民主,发动抗日战争。他明确地建议:放弃"抗日必须反蒋"的口号。②毛泽东做结论时,同意周恩来的意见。他还指出:我们在苏维埃形式、红军形式、土地政策等方面也应有新的变动。会后,中共中央发出了致国民党书。

这时,红二、红四方面军已经在长征途中会师。鉴于广大指战员还没有经过统一战线教育和缺少工作中自己的经验,不容易理解对国民党军队又要打又要和的复杂情况,周恩来多次给方面军的领导人发去电报,就统一战线的策略及其方法进行指导和帮助。诸如:以"停战议和、请蒋抗日"相号召,实行先礼后兵政策:敌不来攻,我不去打;敌若来攻,我一面坚决作战,一面申请议和。"一切统一战线的谈判,以忠诚态度出之。"③"中国最大的敌人是日本帝国主义,抗日与反蒋并提是错误的","不要提出打倒中央军及任何中国军队的口号,相反地要提出联合抗日的口号"。④ 当此国难严重关头,为了表示中共停止内战、一致抗日的诚意,周恩来还指示中共地下联络员转告南京方面:只要国民党军不拦阻红军抗日去路、不

---

① 应德田:《张学良与西安事变》,中华书局1980年版,第56页。
② 《周恩来传》,中央文献出版社1998年版,第388页。
③ 《周恩来军事文选》第一卷,人民出版社1997年版,第487~488页。
④ 《周恩来军事文选》第一卷,人民出版社1997年版,第499~500页。

侵犯红军抗日后方,红军愿首先停止向国民党军队攻击。①9月1日,中共中央书记处向党内发布《关于逼蒋抗日问题的指示》,正式完成了从"抗日反蒋"到"逼蒋抗日"的重大转变政策,从而奠定了中共和平解决西安事变的基础。

1936年12月12日,震惊中外的西安事变爆发。周恩来以无产阶级政治家的博大胸怀折冲樽俎,力主事变的和平解决。事变爆发后,国民党代表陈立夫第一时间就联络潘汉年,致电莫斯科和周恩来,得到承诺,确保蒋介石的安全。13日,周恩来在中共中央政治局会议上发言,提出要推动、争取国民党的黄埔系、CC派、元老派和欧美派积极抗日;巩固西北三方的联合;还要在抗日援绥的原则下与山西阎锡山、四川刘湘、西南桂系联合;向全国各派解释清楚,西北这一行动是为了抗日,而不是针对南京政府。由于中央军已逼近潼关,战争一触即发,周恩来提议:在军事上我们要准备打,但在政治上不与南京政府对立。要在实际工作中起领导作用,深入发动群众,以群众团体名义欢迎各方代表来西安参加救国会议。中共要公开走上政治舞台,但仍应注意地下党的艰苦工作,要有正确的组织工作。②23日,周恩来与张学良、杨虎城同宋子文谈判。周恩来提出六项条件:一、停战,南京方面撤军至潼关外。二、改组南京政府,排逐亲日派,加入抗日分子。三、释放政治犯,保障民主权利。四、停止"剿共",联合红军抗日,允许中共公开活动。五、召开各党各派各界各军救国会议。六、与同情抗日的国家合作。以上六项要蒋介石接受并保证实行。中共、红军赞助他统一中国,一致对日。宋子文听后,表示个人同意,承诺转达给蒋。③24日,周恩来会见蒋介石。蒋介石表示同意停止"剿共"、联共抗日等条件,并表示在他回南京后周恩来可以去南京谈判。④周恩来的出色表现,有力地推动了西安事变的和平解决,由此出现了国共两党合作的契机。

自西安事变和平解决后,为推进国共军事合作的正式建立,周恩来从1937年2月开始,先后在西安、杭州、庐山和南京等地与蒋介石、顾祝同等国民党领导人谈判交涉。谈判的中心是红军改编的问题,包括红军的指挥系统、作战方针、原则等。十年兵戎,十年积怨,双方内心毕竟填塞过多的敌意、冷漠和不信任。转瞬之间又要握手言和、共御外侮,分寸如何拿捏把握?中共中央内部难免要有一个研

---

① 《周恩来军事文选》第一卷,人民出版社1997年版,第544页。
② 《周恩来年谱(1898—1949)》,中央文献出版社1998年版,第339页。
③ 《周恩来选集》上卷,人民出版社1980年版,第71页。
④ 《周恩来年谱(1898—1949)》,中央文献出版社1998年版,第346~347页。

究讨论、逐步化解的过程。张闻天、毛泽东提出:关于红军作战,依当前敌我情况,须坚持"在整个战略方针下执行独立自主的分散作战的游击战争",以发挥红军特长;依此原则,"在开始阶段,红军以出三分之一的兵力为适宜"①。周恩来、博古、林伯渠等认为:对日抗战的方针是(一)"要求南京要有发动全国抗战的决心和布置";(二)"争取我们在抗战中参加和领导";(三)"不反对在推动全国抗战中,需要积极地准备"。我们应"对参战不迟疑,但要求独立自主担任一方面作战任务,发挥红军运动战、游击战、持久战的特长"。关于红军出兵问题,"不拒绝红军主力出动,但要求足够补充与使用兵力自由";"不反对开赴察绥,但要求给便于作战察、绥、晋三角区(争取消灭伪军与发展察、热、冀的游击战争)与便于补充联络的后方(绥远、宁夏与陕甘一部)";"不拖延改编,但要求宣言名义及全部名单同时发表",迅速补充,发足费用,以便开动。对作战序列,要求只属于一方面的指挥路线。②"同时估计到持久战的需耗,主力出去仍可节约兵力,谨慎使用,不打硬仗,多行侧面的运动战与游击战。"③最后,中共中央书记处决定:红军充任战略的游击支队;在总的战略方针下,执行独立自主的游击战争,发挥红军之特长;为适应游击战原则,须依情况出兵与使用兵力;不分割使用红军,等等。据此,周恩来到南京与国民党进行谈判,并参加蒋介石召开的国防会议。8月19日,国共双方达成了红军改编为国民革命军第八路军的协议。协议规定:红军改编为第八路军,设立总指挥部,下辖三个师。任命朱德、彭德怀为正副总指挥。国民党不派参谋长、政治部主任,军队中的副职,从副师长到副排长,也由中共自行选派,南京政府只向第八路军及三个师各派一名联络参谋。④蒋介石、何应钦最终同意主力红军充任战略游击支队,执行侧面战,协助友军,扰乱与钳制日军大部并消灭一部的作战任务。

## 二、辗转山西抗日前线,全力协调八路军与国民党军队联合作战,开辟适合中国情况的华北抗日战场

山西是侵华日军的战略进攻重点,也是国共军事合作抗战的主战场。卢沟桥事变不久,日军提出"一个月拿下山西全省、三个月灭亡中国"的作战计划,用30

---

① 《毛泽东军事文集》第二卷,军事科学出版社中央文献出版社1993年版,第20页。
② 《周恩来军事文选》第二卷,人民出版社1997年版,第7~8页。
③ 《周恩来军事文选》第二卷,人民出版社1997年版,第10页。
④ 《第二次国共合作的形成》,中共党史资料出版社1989年版,第29页。

万兵力沿津浦、平汉、平绥线三大铁路线向山西进攻。日军的如意算盘瞒不过周恩来。周恩来深察山西地理条件险要而通达的军事价值:东向可以阻断日本关东军与华北派遣军的联系;北出足以打通苏联援助的路线,是中国军队战略上最机动的抗日战场。此外,他还看好山西的深厚群众基础、丰盛的物产、山西王阎锡山有联共抗日的需求等有利条件。考虑到山西是这场关系民族存亡战争中最主要的战场,周恩来在南京谈判期间就建议中共中央"不管形势如何变化,须立即自行改编三个方面军"①,并"争取开动","以巩固蒋介石的抗战决心"。②他还提议:至少以一个旅为先遣部队,先行东进。毛泽东表示"同意恩来提议"③,一个星期后,第一一五师就作为八路军先头师开向山西。经过反复交涉,南京方面同意红军作战区域在平汉线以西平绥线以南地区,受阎锡山节制。

1937年9月初,主力红军还在紧张集结、改编,周恩来作为中共中央的全权代表就迅速先行赶赴太原、大同会晤阎锡山、傅作义等国民党高级将领,商量八路军进入山西后的活动地区、作战原则、指挥关系、补充计划等事项,共同谋划华北抗战。周恩来坚持又团结又斗争的原则,具体结果是在九个方面达成了共识。④ 主要是:(一)八路军入山西后以太行山脉及太行山北端为根据地进行独立自主的游击运动战;(二)在第二战区行营直接指挥下,成立有共产党、八路军代表参加领导的各级战地总动员委员会(简称动委会),以发动民众,组织游击战争,其工作纲领由中共拟出;(三)八路军在山西境内只动员群众,不干涉县政;(四)给红军补充物品,兵站帮助运输。⑤ 9月下旬,八路军开进山西后,周恩来又陪同朱德会见阎锡山,商谈八路军的游击地区、军队驻扎和兵力使用等问题。又和阎锡山、黄绍竑等商谈作战动员和山西持久抗战等问题。在作战问题上,双方约定八路军在山西开展独立自主的游击战争,并在有利条件下配合友军作运动战。⑥

周恩来参与了平型关战役、忻口战役、太原保卫战的谋划,积极协调八路军与国民党军队共同对日作战,对华北抗战局面比较顺利地打开和持续地支撑下来,发挥了重要的指导作用。

在战法上实行攻势防御,多搞侧击和扰击,大量减杀日军的战斗力。当时阎

---

① 《周恩来年谱(1898—1949)》,中央文献出版社1998年版,第380页。
② 《周恩来年谱(1898—1949)》,中央文献出版社1998年版,第384页。
③ 《周恩来年谱(1898—1949)》,中央文献出版社1998年版,第385页。
④ 《周恩来军事文选》第二卷,人民出版社1997年版,第14～15页。
⑤ 《周恩来年谱(1898—1949)》,中央文献出版社1998年版,第388页。
⑥ 《周恩来年谱(1898—1949)》,中央文献出版社1998年版,第391页。

锡山的"守土抗战"听起来不错,实际上战场准备并不充分。就是沿着长城各主要隘口修筑防御工事。战法也很陈旧落后,就是机械的阵地防御战。周恩来参观了阎锡山组织修筑的雁门关防御工事后,建议阎锡山不要单纯死守雁门关,对左云、右玉都应当布置相当兵力,并援护晋绥公路,还要注意发挥骑兵在大同、商都一线的作用。防御作战时应主动出击,实行侧击和伏击来破坏日军的进攻计划。①

立足于山西持久抗战,利用八路军的特长开展游击战争。八路军开进山西后,阎锡山曾打算用来帮助他打阵地战。周恩来从山西战场的实际情况和有效利用八路军的战术特长出发,不赞成在正面同敌人硬拼,强调只能采取敌后侧协同游击的方式作战。他指出必须节节抗击日军前进,战术上尤重在侧击、伏击与发展在敌人侧后方的游击战争,并建议阎锡山迅速输送八路军到涞源、灵丘一带,发展游击运动战,以巩固恒山地区。周恩来还特别强调成立战地动员委员会的重要意义,指出它是支持山西持久抗战最好最实际的政权组织,作为统一战线的"初步政权"能把八路军、中国共产党、群众与地方当局几方面结合起来。阎锡山对周恩来这个建议表示满意。1937年9月20日,以国民党爱国将领续范亭任主任的第二战区民族革命战争战地总动员委员会在太原成立。动委会成立后,在晋西北、晋东北、雁北和察哈尔、绥远等地,在配合八路军、牺盟会动员群众,组织人民自卫军,开展游击战争,支援前线等方面发挥了重大作用。

平型关战役震动中外。一时间日军后方联络完全被切断,迫使已经闯入平型关的日军不得不后退,而改变其战役部署。周恩来参加了策划和发动。八路军开赴前线后,"周恩来至雁门关岭口同阎锡山会商作战方略,决定用运动战来配合阎锡山所拟的平型关围歼日军的作战计划",他还为陈长捷等晋军将领讲授了运动战和游击战的要旨,并一再强调:必须发动群众,才能取得抗战的伟大效果。②

平型关战役后,山西战局的中心南移到距太原90公里的忻口。忻口会战期间,为了便于协调八路军与国民党军队联合对日作战,周恩来携带电台随阎锡山行动。他密切注视敌情的变化,为作战计划的研制和战场的预制,付出了大量心血。

忻口战役前夕,周恩来就积极建言阎锡山和卫立煌改变战法。指出中国军队

---

① 《周恩来军事文选》第二卷,人民出版社1997年版,第15页。
② 陈长捷:《平型关战役中蒋、阎军对日作战及撤退情况》,《山西文史资料》第14辑,山西人民出版社1980年版,第149页。

必须依靠人民，改变战略战术，即应当把主力用于侧面，采取包围迂回的战法，主动打击敌人。正面作战的军队也不可用单纯消极防御的战法，在防御当中要采取积极的"反突击"。针对阎、卫提出调第一二九师到忻口参加阵地战的意见，周恩来说明今天八路军在决战问题上不是主力，但在敌后游击战中将起决定作用。现日军向太原方面进攻，我们不能把所有兵力都放在正面打阵地战。应该给第一二九师独立自主的活动机会，使它能迂回于日军后方，寻找有利条件打击敌人。10月4日，日军主力进攻崞县（今原平县），直逼忻口后，周恩来提出：令晋军第十九军军长王靖国以小部守崞县牵制当面之敌，大部星夜回击攻原平镇之敌并消灭之，以稳住中路；调王震旅归还贺龙师建制以加强左翼；请南京另派三师主力北上出击；立即组织、武装正太路、同蒲路的铁路员工和井陉、阳泉矿工破坏铁路、煤矿等。5日，周恩来进一步提出应以忻口周围山地为固守阵地，诱敌至代县、忻口线，求得侧面出击消灭敌人。处于左右两翼地区的八路军主力部队同时向宁武南北、代县以东侧击敌人，协同国民党军作战，力争在忻口以北取得胜利。为了集中力量，统一指挥，周恩来还和阎锡山、黄绍竑、卫立煌、傅作义等参加忻口会战的国民党将领商定，右翼晋军十个团归朱德、彭德怀指挥；中路归卫立煌指挥；左翼归杨爱源指挥；预备军归傅作义指挥守太原。①在周恩来的大力协调下，忻口战役给了侵华日军以严重打击，堪称国共军队真诚合作、联合抗日的成功范例。在正面战场，国民党军队将士用命；为了配合正面战场的作战，八路军三个主力师全力以赴，积极作战，给进攻忻口的敌军造成很大困难。卫立煌在忻口会战结束后，曾对周恩来说："八路军把敌人几条后路都截断了，对我们忻口正面作战的军队帮了大忙。"还说："没有把一二九师调去打阵地战是做对了。阳明堡烧了敌人二十四架飞机，是战争历史上从来没有过的事情。我代表在忻口正面作战的将士对于八路军表示感谢，感谢！"②

积极参与太原保卫战的布置谋划。周恩来认为以太原为中心的内线作战缺少回旋余地，必须转向外线，重视游击战的配合作用。为此，他建议毛泽东、朱德、彭德怀向阎锡山、卫立煌说明：(一)必须转变作战方法，力争在忻口、石岭关等地区求得小胜利；(二)保卫太原战斗必须背靠山地，在野战中求胜利，不应以众多兵力守城或正面堵击；(三)开展游击战对保卫山西、支持华北抗战有重要作用，要阎

---

① 《周恩来年谱(1898—1949)》，中央文献出版社1998年版，第393~394页。
② 赵荣生：《回忆卫立煌先生》，文史资料出版社1985年版，第34页。

放手武装民众,布置山西的持久战局。在作战部署方面,他建议八路军应以张宗逊旅主力及刘伯承师先头团截击敌近后方,配合中路作战;如中路战况激烈,林彪师实行原订计划,求得繁峙以东胜利,以振奋全国。王震部到达后,仍暂时钳制宁武之敌。①当日军逼近太原的时候,周恩来沉着应对,亲自组织实施居民撤退计划和山西持久作战的部署,一直坚守到最后。

　　太原失陷后,周恩来撤到临汾,继续指导八路军作战和武装群众的工作。这时,日军乘政府军队抗战已经难以为继,而全民抗战还没有发动起来,转而进攻八路军,企图引诱阎锡山和国民党内的右派,分裂抗日阵线。周恩来从团结抗日的大局出发,积极维护国共两党的军事合作,反复告诫前方八路军将士:在日军缓进,阎锡山继续留在山西的条件下,八路军仍须着重巩固统一战线,尤其注意同阎的关系,避免发生不必要的摩擦。②无论在友军区域及敌人后方,都应执行抗日民族统一战线的策略,破坏敌人阴谋,要加紧内部的统战教育。③为了消除失败主义情绪的阴影,增强人民抗战的信心,周恩来还在临汾群众大会上发表题为《目前抗战危机与坚持华北抗战的任务》的讲演,分析了坚持华北抗战的可能、有利条件及其前途,指出:坚持抗战必须以坚持华北战争为中心,坚持华北战争将以游击战争为主体,华北游击战争将有胜利的前途。强调八路军留在华北作战是推动和领导华北持久战的重要因素。④

## 三、出任国民政府军事委员会政治部副部长,合理解决新四军发展与内部团结问题,加强和拓展国共两党的军事合作

　　周恩来指导八路军在华北抗战取得的卓越成绩,增强了国民党抗战的信心,也有利于国共两党军事合作的加强和拓展。突出表现之一,是国民政府改组军事委员会,中共代表任政治部副部长。1938年初,蒋介石为了适应抗日战争的需要,决定改组国民政府军事委员会,下设军令、军政、军训、政治四个部,陈诚任政治部部长。为表示对国共合作的诚意,蒋介石要陈诚亲自登门敦请周恩来出任副部长。与此同时,行政院长孔祥熙也看好周恩来,并由副院长张群出面相邀。周恩来和中共代表团最初都婉言辞谢,并报告了中央。但蒋介石坚持要请周恩来做政

---

① 《周恩来军事文选》第二卷,人民出版社1997年版,第37～38页。
② 《周恩来年谱(1898—1949)》,中央文献出版社1998年版,第401页。
③ 《周恩来年谱(1898—1949)》,中央文献出版社1998年版,第401页。
④ 《周恩来军事文选》第二卷,人民出版社1997年版,第65～68页。

治部副部长。周恩来仍然推辞,表示做副部长可能引起两党摩擦,恐不妥当。蒋介石表示不要怕摩擦,可以避免摩擦;政治工作方针是加强部队,发动民众;副部长职权可明确规定,能负其责;编制人事还未定,都可以商量。中共中央长江局研究后致电中共中央,认为应谢绝参加行政院;政治部属军事范围,为推动政治工作、改造部队、坚持抗战、扩大共产党的影响,可以担任此职。如果屡推不干,可能会使蒋、陈认为共产党无意相助,使反对合作者有所借口。中共中央同意长江局的意见,决定周恩来可出任国民政府军事委员会政治部副部长。同时,长江局同意邓颖超出任政治部设计委员会委员,由周恩来负责具体指导。周恩来出任政治部副部长,是整个抗日战争时期共产党人在国民党军政机关担负的唯一要职,也是抗战初期国共双方合作抗日的一种象征。陈诚还邀请从日本归国参加抗战的郭沫若担任政治部第三厅厅长,主管文化宣传工作。郭沫若起初也不愿意。经过周恩来的说服动员,并得到陈诚关于第三厅的工作计划制订不受限制、人事相对自由、经费保证等三项承诺,郭沫若最终出任政治部第三厅厅长。

出任政治部副部长后,更有利于周恩来在国民党军界交谈抗战建国的意见,阐述中共的方针、政策,巩固和发展国共两党的军事合作关系。3月中旬,周恩来出席蒋介石召开的军事会议,讨论华北战局,提议:各战区包括华北和江南,必须密切配合,严防敌人各个击破,特别在津浦线上已有二十倍于敌的兵力,应确定向敌后进击的部队,发展运动战、游击战,求得局部反攻的胜利。[1]会议期间,他电告毛泽东、朱德会议的情况,并建议八路军在前线宜迅速争取局部胜利,以稳定和提高友军情绪,扩大中共政治影响。同月,他派军事干部到武汉大学等校举办的游击战争训练班,对青年进行敌后游击战争的教育。4月,他与政治部第三厅各处负责人多次研究如何开展第二期抗战扩大宣传周的活动。8月,考虑到九江、太湖失陷后豫皖鄂江淮河汉之间的游击战争将有较大发展,他致电毛泽东等,建议中共中央抽调200名军事干部到武汉。11月初,他参加长沙军事会议,发言谈到游击战争等问题。蒋介石原则同意,并要他写一具体方案,并答允速办游击干部训练班。11月下旬,他出席蒋介石召开的南岳军事会议,就举办西南游击干部训练班一事同国民党方面达成协议,并由他任训练班国际问题讲师。

认真履行两党军事合作协议,积极开展两党之间的军事联络和军情沟通。抗击先进武器装备的日本侵略军,配合行动、互通情报,应是国共两党军事合作的常

---

[1] 《周恩来军事文选》第二卷,人民出版社1997年版,第117页。

态。包括相互之间转达对日作战军情，交换日伪军情报和各类战报，办理军队部分后勤事务等。为此，周恩来认真履行两党军事合作协议，直接联系设立了一批八路军办事处和新四军办事处，积极开展两党之间的军事联络和军情沟通，实行情报共享。由于周恩来的扎实作风和身体力行，在1937至1938年间，两党军队在作战方向、作战计划、兵力配合、战斗情况，以及对敌伪军的攻击方向、兵力部署、人员装备、火力配置、军需供给等方面都保持着较为密切的联系，也有多次的配合作战。此外，周恩来还经常就扩充八路军、新四军的编制员额，开辟新的作战区域，领取军饷、军需、装备等问题，及时转报八路军新四军的战绩和有关情况，力争为八路军新四军向敌后发展取得合法地位和有利条件。周恩来要求八路军和新四军的一般战斗情况，包括作战时间、地点、参战部队、作战经过、战绩、敌人战术特点等，除报中共中央军委外，同时也报告国民政府军事委员会。这样，中共军队每次战斗后，都及时把这些情况报告周恩来，先由办事处改用一般军事公文程式拟成战报稿，经周恩来、叶剑英审阅，以办事处的名义呈报国民政府军委会和发给有关方面。国民政府军委会也注意把他们每天印刷的《敌伪广播》和每周印刷的《敌情通报》等材料发给中共军队。

重视对各地方派系将领的军事统战工作。由于长打交道，周恩来同陈诚、张治中、邵力子、张冲等关系都很密切，可以推心置腹地交谈各种问题。为了争取和团结更多的力量积极参加抗日战争，周恩来除了继续与在山西抗战中建立关系的阎锡山、黄绍竑、卫立煌、傅作义保持联系之外，与原西北军的领袖冯玉祥，桂系的首领李宗仁和白崇禧，湘军首领程潜，川军将领刘文辉、潘文华、邓锡侯，滇军将领龙云、卢汉、张冲等也多有交往。对国民政府军事委员会副委员长冯玉祥，周恩来穿上军装登门拜访，相互交谈对抗战形势和前途的看法，特别是对前一段华北和上海作战指挥的得失进行详细的探讨。对周恩来关于动员全民参加抗战、同日军打运动战配合阵地战和游击战的主张，冯玉祥表示十分赞赏和支持。1938年2月，川军将领、第二十二集团军总司令邓锡侯从河南前线到武汉。周恩来在八路军办事处会见他，希望川军能同八路军、新四军协同作战。邓锡侯回河南前线后，曾派人给河南确山县竹沟镇的新四军八团队留守处送去一批弹药。以后，邓的部队移驻鄂北，又经常在枪支、弹药和物资上支援新四军。

积极参与徐州战役的谋划。1938年3月，侵华日军沿津浦线向徐州进逼，蒋介石派白崇禧到徐州协助李宗仁指挥作战。行前，他接受黄琪翔的建议，邀请周恩来、叶剑英到他家里，请教第五战区的对日作战方针。周恩来建议：在津浦线南段,由李品仙、廖磊两个集团军在新四军张云逸支队的配合下,采取以运动战为主、游击战为辅的联合行动,运动于淮河流域,威胁日军,使之不敢贸然北上支援由华北南下的日军。同时,在徐州以北必须采取阵地战与运动战相结合的方针,守点打援,以达到各个击破的目的。白崇禧基本上接受了这个建议。周恩来还提出,徐州战役是大战役,有中央军和各系军队参加,李宗仁必须有统一指挥权,才能行动一致,密切协同作战。这一点与白崇禧的看法完全一致。白崇禧走后,周恩来又派张爱萍以八路军代表名义,到徐州直接去见李宗仁,劝他在济南以南,徐州以北同日军打一仗,以振抗战军威,同时也可提高广西军队的威信。客观地看,当时的敌我形势和有利地形具备同日军打一仗的有利条件。一是日军占领济南后气焰嚣张,孤军深入;二是广西军队有较强的战斗力;三是北面有八路军的战略配合,新四军支队也可在津浦线以游击战破坏交通。因此,集中力量在台儿庄一带山地打一个大仗是可能取得胜利的。李宗仁对此感到高兴,要张爱萍转达他对周恩来的感谢。徐州会战中,国民党军队之所以能够取得台儿庄战役的胜利,是与中共和周恩来的精心谋划,与八路军和新四军游击队的积极配合分不开的。据统计,参加台儿庄战役的日本侵略军不过五六万人,为什么不抽调其他地方的兵力增援?主要是因为八路军新四军采用游击战以来,各处围歼其少部,攻袭其后方,如山西境内,中国有20万人的游击队,使日军5个师团均感自顾不暇,根本是远水救不了近火。"故台儿庄之战胜,在战略上观察,乃各战场我军努力之总和,不可视为一战区之胜利,简言之,即我游击战、运动战在战略上之功效也。"①台儿庄之战胜利后,国共两党的军事合作关系更密切了。7月上旬,李宗仁从抗战前线回到武汉,周恩来在寓所设宴招待,畅谈加强团结抗战问题。并商得李宗仁同意,在第五战区成立文化工作委员会,以加强对军民的抗战宣传教育。

解决新四军发展方向及内部团结问题,开辟国共两党军队在大江南北合作抗日的新局面。1938年春,日军虽然已经占领大江南北的大中城市和交通要道,但对广大乡村还没有控制。这正是新四军迅速向敌后进军、开展游击战争的大好时机。但新四军到达皖南后,却瞻前顾后、畏首畏尾,没有明确的发展方向,加上叶挺和项英将帅不和,从而坐失了挺进江南敌后的最有利时机,国民党却乘机在敌后搜罗和布置了一批反共顽固势力,使新四军挺进敌后时面对着异常复杂的三角斗争的局面。为了开辟国共两党军队在大江南北合作抗日的新局面,1939年春,

---

① 陈诚:《台儿庄歼敌战》,《半月文摘》第2卷第5期,1938年版。

周恩来以回浙江绍兴故乡省亲为名,到新四军解决发展方向及内部团结问题。经过周密细致的调查研究,他提出在敌后确定发展方向的三条原则:"(1)哪个地方空虚,我们就向那个地方发展。(2)哪个地方危险,我们就到那个地方去创造新的活动地区。(3)哪个地方只有敌人伪军,友党友军较不注意没有去活动,我们就向那里发展。这样可以减少摩擦,利于抗战。"他斩钉截铁地说:"根据过去三年游击战争的经验,我们认为,现在在跟民族敌人作斗争的时候,大江南北游击根据地的创造是完全可能的。"①项叶关系问题的处理,关系到国共两党军事合作的大局,周恩来思虑得非常周全。一方面与叶挺促膝谈心,鼓励他重返新四军领导岗位;另一方面严肃批评项英不信任叶挺,开导他叶挺留在党外对党的工作更有利。任命新四军军长时,由于众所周知的原因,叶挺是国共双方都可以接受的人选。叶挺的辞职,在国民党方面引起了很大反响,使中共很被动。蒋介石屡称,连叶挺都不能与你们合作,将无人与你们合作。周恩来认为:蒋对新四军可能采取两种办法,一是另派更难相处的军长(不会派剑英去);一是改新四军为游击队,减少军款二万,这样对中共更不利。基于这种考虑,周恩来致电建议中共中央:"叶回四军,我的解决的原则,共产党领导必须确定,工作关系必须改变,新四军委员会可以叶正项副,项实际上为政委。"②中共中央复电同意,指出:应尊重叶之地位与职权。项多注意四军总的领导及东南局的工作,将军事工作多交叶办。同时,在新四军中进行教育,以确定对叶的正确关系。③

---

① 《周恩来选集》上卷,人民出版社1980年版,第105~106页。
② 《周恩来军事文选》第二卷,人民出版社1997年版,第176页。
③ 《周恩来年谱(1898—1949)》,中央文献出版社1998年版,第440页。

# 周恩来统一战线思想在抗日战争中的伟大实践

何信恩[*]

## ——以1939年周恩来的绍、诸之行为例

抗日战争时期是中华民族历史上一个悲壮而伟大的时期,在这场斗争中,中国共产党主张的抗日民族统一战线起到了极为重要的作用。而作为中国共产党主要领导人之一的周恩来始终处于抗日民族统一战线的第一线,为争取国共两党抗日合作,他同蒋介石集团进行了复杂的联合与斗争,并且与各方面抗日爱国力量建立了密切联系,团结争取了一大批有影响的民主人士、地方实力派和民族资产阶级代表人物,在异常复杂艰巨的实践活动中,形成了具有周恩来独特风格的、完整的统一战线思想和策略体系。

正是在这样的历史背景和指导思想下,1939年2月底,作为中共中央政治局委员、中央军委副主席、南方局书记的周恩来受中共中央委托,去新四军和东南六省视察抗日工作,解决新四军的发展和领导问题。3月17日,以国民政府军事委员会政治部中将副部长的公开身份,自皖南到达浙江,几经辗转后由萧山临浦乘汽轮赴绍兴,于3月28日凌晨3时抵达西郭码头,开始他的富有历史意义的故乡抗日烽火行。

1939年春,抗日战争进入了最艰难困苦的相持阶段。素有"鱼米之乡"之称的浙江杭嘉湖一带也被日军占领,包括绍兴在内的钱塘江以南地区便成为东南抗战的前哨。在这里,共产党、抗日进步力量和国民党之间的矛盾,国民党各派系之间的矛盾与冲突,日趋激烈,面对大敌当前、黑云压城的危险局面,困惑和压抑缠绕着人们的心。

周恩来的这次故乡之行,表面上是祭祖扫墓,实际上是为了考察民情,砥砺士气,借此宣传和推动抗日民族统一战线,同时也对浙江党的工作进行具体指导。

周恩来到绍兴之后,要面对左、中、右三股势力,同时展开明线与暗线的工作,

---

[*] 何信恩,绍兴市乡土文化研究会副会长。

任务不可谓不繁重,没有驾驭全局、纵横捭阖的运筹能力与炉火纯青、得心应手的斗争艺术,是不可能取得如此出色的成果的。

## 一、通过多种渠道,做好国民党军政要员的工作,掌握抗日统一战线的主动权

周恩来到绍兴之前,先做了浙江省主席黄绍竑的思想工作。众所周知,黄绍竑(1895—1966),字季宽,是地方实力派桂系的三大台柱之一,人称李(宗仁)、白(崇禧)、黄。周恩来对黄绍竑不可谓不熟悉。1937年冬,黄奉蒋介石之命第二次来浙江就任省主席前夕,周恩来在太原、汉口同他面谈,希望黄能站在坚持团结抗战的立场上,大力支持浙江的抗战青年和文化运动。[①]

黄绍竑当时深受中共抗日民族统一战线政策的教育和鼓舞,决心在浙江这个东南抗日前哨,坚持团结抗日,实行开明政治,支持受我党领导和影响的抗日文化运动(当然也有其抵制蒋介石嫡系势力的排挤,扩充桂系自身实力的意图)。在黄的主导下,抗战初期的浙江呈现出一派生气勃勃的团结抗日局面。但是好景不长,在国民党五届五中全会后,黄绍竑在反共顽固派的压力下,情绪日趋消极,对国共合作团结抗日的态度也表示出某种动摇。在会谈中,周恩来分析了全国人民包括许多国民党高级将领积极抗日的大好形势,阐述了我党抗日工作的具体方针和政策。周坚定地指出:不管国民党顽固派如何阻止抗日工作,全国人民包括国民党内的许多爱国人士团结抗日的决心,是不会动摇的,日本侵略者终究要被赶出中国去。他恳切地希望黄季宽能认清形势,稳定情绪,坚持民族主义,增强抗日救国,收复失地的决心和信心。为了争取黄绍竑团结抗日,周恩来还代表中共做出一些让步,如同意参加地方政治工作的共产党员不在对方政府机关内发展党组织,也不在其后方地区发展我党的武装组织等,双方达成了继续合作,反对分裂投降的几条口头协议,包括由中共方面派出代表同黄绍竑建立联系渠道,以便遇事可及时商量解决。[②]

周恩来到达绍兴以后,第一个与之打交道的对手就是黄绍竑的老部下贺扬灵。

---

[①] 浙江省毛泽东思想研究中心、中共浙江省委党史研究室:《周恩来与浙江》,中共党史出版社1992年版,第75页。

[②] 浙江省毛泽东思想研究中心、中共浙江省委党史研究室:《周恩来与浙江》,中共党史出版社1992年版,第76页。

贺扬灵(1902—1947)原名高志,字培心,江西永新人。1924年加入国民党。1926年毕业于武汉师范大学中文系,为郁达夫先生的学生,与刘大杰、胡云翼同为该校知名的青年作家。与五四运动时期的北京学联主席段锡朋关系密切。对中国共产党早期领导的农民暴动持反对态度。1927年在南昌参加AB团工作,其家人也因此遭到无辜迫害。1930年赴日本早稻田大学文学院学习,九一八事变后返国参加抗日救亡工作。1934年参加福建人民政府加入反蒋行列,失败后投靠内政部长黄绍竑,成为黄的亲信幕僚。1935年5月出任绍兴县县长,同年9月升任绍兴行政督察专员兼保安司令。掌绍期间曾扫荡流氓恶势力,组织动员民众参加抗日斗争,成立抗日第五支队,修葺历史古迹,支持重刊旧(地方)志等。①

贺扬灵与黄绍竑的关系非同一般。可以说,黄到哪里,贺就跟到哪里。做好了黄的工作,等于做好了贺的工作。

周恩来一到浙江,黄绍竑就给贺扬灵打电话,嘱其妥为接待。贺当即布置部属。周恩来在绍的三天期间,除了与周(王)氏亲属见面外,贺几乎全程陪同。

周恩来对贺扬灵的情况早就了解,到达绍兴的当天,贺就向周汇报了钱江南岸敌军的最新动态以及三区政工队的活动情形等,并陪同周恩来巡视了三区政工队、青年营、妇女营、少年营等,周趁机向大家做了简要的抗战形势和任务的演讲,尽管外面有人攻击贺扬灵是个只喊口号、没有行动的"口号专家",但当周恩来结束讲话后,仍指着悬在培训班大礼堂上写着"冲过钱塘江,收复杭嘉湖"的横幅标语说:"这个口号提得好! 表现了越王子孙、鉴湖女侠的奋斗精神。"②顿时,掌声雷动。以后的实践证明,贺扬灵并不只是一个光会喊口号的口头革命派,而是以组建一支又一支抗日武装队伍的实际行动,扎扎实实地推进了敌占区的游击斗争。

1939年3月28日晚7时半,周恩来应邀出席了在绍兴龙山越王殿举行的座谈会,参加者有事先布置之各界代表50余人,包括左、中、右在内的与会者向周提出了有关政治、军事、经济、文化、教育方面的20多个问题,周一一做答,并围绕抗日统一战线问题做了长达4个多小时的演讲,着重阐明了共产党团结抗战,全面抗战、抗战到底的道理。周恩来的这些讲话,坚定了贺扬灵等人的抗日信心。

1990年4月5日,贺扬灵夫人卢继芳在写给江西永新县县志副主编谭家庆的信中,谈到其夫贺扬灵在听了周恩来在越王殿的演说回到家中以后,以欢快的语调

---

① 何信恩:《贺扬灵和绍兴抗战局面的形成》,《乡土绍兴》2015年第六期,第35~41页。
② 《中共绍兴党史》第一卷,中共党史出版社2003年版,第133页。

对卢说,他(指周恩来)真是个天才的政治家,是共产党中的第一流人物。①

周恩来的绍兴之行,也引起了其他国民党上层人士的密切关注,在接到黄绍竑电话的同时,贺扬灵也接到了驻军在诸暨的国民党九十一军军长兼浙江保安司令宣铁吾的电话,称奉上峰指令,要贺密切注意周的动态。这是周恩来到诸暨以后需交往的又一个重要统战对象。

对宣铁吾这个当年黄埔一期的学生,周恩来并不陌生。

宣铁吾(1905—1964)又名蒋石如,字惕我,诸暨杜家坞村人。黄埔军校国民党右派组织"孙文主义学会"骨干分子,历任国民党中央党校办公厅上校科长、国民政府警卫团团长、警备司令部参谋长、陆军第二十八师参谋长、蒋介石侍从参谋、侍卫长、浙江省保安处处长等职,深得蒋介石的宠信。1935年晋升为少将。抗战爆发后任浙江保安司令、抗日自卫团副总司令、第九十一军军长等职。宣出身贫寒,早年丧母,父为裁缝,因家贫辍学,在绍兴和杭州当过排字工人,与中共早期党员陈兆龙、宣中华等过从甚密,曾加入社会主义青年团,还当过孙中山的陆海空大元帅府的卫士,参加过东征与北伐。

3月31日晚,周恩来离开绍兴在诸暨与宣铁吾相遇。一见面,周恩来就说:抗战了,我们又走到一块来了。接着,他向宣铁吾宣传了我党抗日民族统一战线的政策,说抗日战争体现了整个民族的利益,因此,坚持抗日民族统一战线是最高的原则,一切离开这个最高原则的口号和行动,都是错误的。他还明确指出,我们一定要教育我们的党员严格遵守这个原则,我们希望贵党也这样做,要对中华民族负责!国共已是第二次合作了,我们希望长期合作下去,抗日胜利之后,还要一起建设新中国,任重道远,能不能做到,这不是取决于我们,我们是有诚意的,不仅口头上讲,而且见诸于行动。希望贵党也能表里如一。这一番大义凛然而又言辞恳切的话,直说得坚决反共的宣铁吾理屈词穷,只得连连点头称是。宣铁吾以后在抗战中能顾全大局,从严治军,坚持抗战,证明周恩来对他的工作并没有白做。

周恩来还特别注意做好国民党军政主官身边工作人员的统战。为了做好黄绍竑的工作,周恩来刚到浙江时就特意单独约见了《浙江潮》主编兼国民政府浙江省军管区干部教导总队政治指导室主任严北溟。②

对于贺扬灵身边的人,包括绍兴县县长沈涛、三区保安副司令徐志余、国民党

---

① 贺绍英:《追思》,中国文史出版社2009年版,第7页。
② 《周恩来与浙江》,中共党史出版社1992年版,第76页。

省党部委员兼绍兴第三办事处主任顾佑民、国民党绍兴县党部书记长王以刚以及贺扬灵的夫人卢继芳等人,周恩来都以礼相待,晓之以理,动之以情。1989年10月,定居天津的沈涛(沈松泉)先生在其撰写的回忆录《回忆我和贺扬灵的交往》中专门提到了当年接待周恩来的经过与体会。①即使对像三区专员公署秘书袁特丹(省党部调查统计室驻绍兴调查员)之类有中统背景的特务人员,尽管负有监视、跟踪周的特殊使命,需每天向重庆方面报告周恩来在绍兴的活动踪迹,但从表面上看,双方仍然客客气气,抓不住周的任何把柄,反而在客观上为我们保存了一份周恩来1939年绍兴之行的完备档案资料。

## 二、抓住一切时机,广泛接触各界人士,把握抗日统一战线的主导权

周恩来到达绍兴后,贺扬灵以"安全"为名,将周安排在深院高墙的县商会楼上,禁止一般民众与之接触,但周密考虑,巧妙安排的周恩来还是利用一切机会,做了大量富有成效的抗战宣传和统战工作。

一是利用媒体的宣传作用,与记者恳谈团结抗战,充分论述广泛建立抗日统一战线的必要性,提高他们执行统战政策的自觉性。

在分别与三区政工指导室主任兼《战旗》杂志社社长曹天风、《绍兴民国日报》记者宋山等人的谈话中,周恩来一再强调,在敌强我弱的形势下,唯有组织有力的抗日民族统一战线,才能赢得战争的胜利。现在民族矛盾是第一位,要团结一切愿意抗日的人,把抗战的革命阵营扩大至"大无外",把反对抗战的阵营缩小到"小无内"。要有长期抗战的思想准备,迎接艰苦的局面。但日本侵华是非正义的,最后难逃失败的命运。②

二是与地方爱国人士中的头面人物畅言团结抗战,增强他们抗战必胜的信念。

在绍期间,周恩来先后与王子余、张天汉、沈复生、王铎中等人聚餐座谈。向他们介绍抗日根据地的情况,还亲笔抄写了辛亥革命志士沈复生(1884—1951)送给他的励志诗转送曹天风,借此激励故乡人民同仇敌忾,坚持抗战到底。③

在诸暨枫桥与著名爱国人士何燮侯(1878—1961)的谈话中,周恩来指出:团

---

① 贺绍英:《追思》,中国文史出版社2009年版,第17页。
② 杜世嘉、朱顺佐:《周恩来与故乡绍兴》,浙江人民出版社1997年版,第50、51页。
③ 《血脉情深忆总理》,内部刊物1998年版,第82、98页。

结就是力量,大家要在抗日民族统一战线的旗帜下,紧张地团结起来,有钱出钱,有力出力,动员一切力量,夺取抗日战争的最后胜利。①听了周恩来讲的许多抗日救国道理以后,何老先生感到自己不应伏枥彷徨,而应奋起效力。自此,他配合中共地下组织积极从事抗日民主运动,对国民党地方官员进行统战工作,还组织抗日武装队伍,创办战时中学,购置武器弹药,支持抗日游击根据地的工作。

三是利用召开群众会议的机会,释题解难,系统阐述党的抗日民族统一战线政策。

3月31日,途经诸暨枫桥时,在"欢迎周副部长亲临前线指导抗日"的口号声中,他向聚集在枫桥大庙的工人救亡协会,农民救亡协会和妇女训练班的成员及广大群众共两千多人发表演说,宣传党的《抗日救国十大纲领》和毛泽东关于持久战的战略思想,号召大家在抗日民族统一战线的旗帜下团结起来,同心协力,一致抗日。②

在绍兴越王台的演说中,他不顾敌机警报的干扰,连讲四个小时,不喝一口水,极大地鼓舞了与会者的士气。

四是利用视察兵营和游览古城名胜之机,宣传团结抗战。

在绍期间,周恩来在贺扬灵等人的陪同下,先后视察了绍兴三区政工指导室、《战旗》杂志社、政工队、青年营、妇女营、少年营等,每到一地,都着重阐述抗战的形势与任务,强调部队有铁的纪律,才能打胜仗,并以越王勾践和秋瑾烈士的奋斗精神,鼓励大家"冲过钱塘江,收复杭嘉湖"。

在游览东湖等名胜时,途中遇到樵夫、渔夫、挑担者,便与他们谈家常,了解群众生活和抗战情绪。还深有感触地对随行人员说:前方有英勇抗战的战士,后方有勤劳质朴,痛恨敌人的人民,不仅可以收复杭嘉湖,而且最终一定能够彻底打败侵略者,光复中华。③

五是向亲属和工人宣传团结抗日的主张,通过为他们题词、与他们合影,激励他们的抗战意志。

周恩来在绍兴仅三天三夜,但几次到姑夫王子余家与众亲友亲切交谈,为他们写下不同内容的题词。还向王子余问及周家与鲁迅是否同族,说大家都要学习

---

① 杜世嘉、朱顺佐:《周恩来与故乡绍兴》,浙江人民出版社1997年版,第119页。
② 《周恩来与浙江》,中共党史出版社1992年版,第79页。
③ 《中共绍兴党史》第一卷,中共党史出版社2003年版,第135页。

鲁迅不畏强暴的精神,把抗日斗争进行到底。针对当时社会上的一些人的"恐日病"他指着自己挂在衣架上的大衣说:日本人有什么可怕? 我穿的这件大衣就是从他们那里缴来的。周恩来还在3月30日晚上,特邀6位绍兴大明电气公司的青年工人座谈,询问他们的生活工作情况,并用越王勾践"十年生聚,十年教训"的典故,勉励大家发愤图强,誓雪国耻。[1]

综观周恩来在绍兴的所有活动,都贯穿了统一战线这根主线,他谆谆告诫父老乡亲:在这国难当头之际,要团结一切可以团结的力量,充分调动广大民众的抗战热忱,坚持抗战,反对投降,坚持团结,反对分裂,坚持进步,反对倒退。指出抗战必胜,建国必成是历史发展主流,如要阻挡历史的发展,必将被时代的洪流所淹没。

### 三、指导地方党组织工作,抓住党在抗日统一战线中的领导权

周恩来绍兴之行的目的,一是看望家乡父老,动员人民积极抗战,二是向当地党组织了解情况,指导绍兴地区党的工作。当时,绍兴地下党的力量比较薄弱,周恩来通过特殊渠道了解到我党的工作情况,曾向浙江省委书记刘英提出:"绍兴党组织基础薄弱,成员甚少,要加强绍兴党的领导,开展绍兴工作。"当时刘英开玩笑似地说:"绍兴是您的故乡,我们不敢去啊!"周恩来立即严肃地说:"什么?绍兴不要了?难道绍兴人民不要革命了?!革命可不要把我的家乡忘记啊!要尽快地加强绍兴的工作。"[2]充分表达了他对故乡的一片深情。

周恩来对中共浙江省委的工作做了重要指示。他首先分析了全国和浙江的抗战形势,指出抗日战争是一场持久战,目前中国的抗战已从战略防御开始过渡到敌我相持阶段。这个阶段将是抗日战争中最困难的一个阶段。浙江在抗战的第一阶段处于辅助地位,在第二阶段的地位将重要起来。随后,他谈了党在抗战第二个阶段的任务是:坚持持久抗战。坚持抗日民族统一战线。克服困难,反对投降,打击国民党内的汉奸与亲日派,增加抗战力量,准备反攻,收复失地。[3]

周恩来特别指示浙江党组织:经过1938年大发展后,质量必须重于数量。对来历不明,政治面目不清的党员要进行审查,严防国民党特务和汉奸混入党组织。

---

[1] 《血脉情深忆总理》,1998年版,第87页。
[2] 杜世嘉、朱顺佐:《周恩来与故乡绍兴》,浙江人民出版社1997年版,第60页。
[3] 《周恩来与浙江》,中共党史出版社1992年版,第70~71页。

他还讲了同抗日友党友军交往的态度:不卑、不亢、不骄、不躁、不暴露、不突出、不刺激。强调要坚持党的独立自主的方针,保持党在政治上对国民党批评的自由,发展壮大党的组织和八路军、新四军的力量,巩固与扩大抗日民族统一战线。①

遵照周恩来的指示,浙江省委先后派了50余位党员骨干到绍兴领导抗日斗争,成立了以杨源时为书记,周丹虹、杨时俊为委员的中共绍兴县工委。宁绍特委调诸暨枫桥区委书记何志相到绍兴任独支书记,并负责组建"浙东游击大队"。到1940年10月,宁绍地区共有党支部220个,党员1 903人,党组织队伍明显扩大。为宁绍地区沦陷后我党领导的抗日武装斗争的发展打下了坚实的基础。②

为了加强党对统战工作的领导,浙江省委增设了统战部,由省委书记刘英亲自兼任部长。③

周恩来为了抗战胜利的大业,不顾战时形势下的个人安危,不顾长途跋涉的辛劳,以充沛的精力,卓越的胆识,身体力行,努力不懈地致力于党的统战工作,他在绍兴期间所表现出来的廉洁奉公,平易近人,尊敬长辈,关心群众疾苦等优良作风,不仅使国民党公职人员为之折服和赞叹,更在群众中留下深刻的印象,为全体党员和人民群众树立了学习的典范。

---

① 《中共绍兴党史》第一卷,中共党史出版社2003年版,第139页。
② 《中共绍兴党史》第一卷,中共党史出版社2003年版,第140页。
③ 《周恩来与浙江》,中共党史出版社1992年版,第81页。

# 浅谈周恩来抗日战争时期绍兴之行的重要意义和积极影响

沈安龙[*]

1938年10月武汉失守,抗日战争由战略防御阶段进入战略相持阶段。汉奸、亲日派公开散布亡国的消极论调,国内抗日情绪普遍低落,对抗战前途抱悲观情绪的人增多。此后国民党召开五届五中全会,制定了"溶共、防共、限共"的方针政策,消极抗日,积极反共。

为增强民众抗日信心,争取国民党地方实力派支持,1939年春,周恩来赶赴浙江抗日前哨,宣传中共统一战线的方针政策,最大限度地争取抗日力量。1939年3月17日,周恩来以国民政府军委会政治部副部长的公开身份到浙江视察,并指导中共浙江省的地下党工作。[①]28日凌晨3时,由萧山临浦乘汽轮抵绍兴西郭码头,31日晚经诸暨赴金华。周恩来此行的主要目的,一是看望家乡父老,动员人民积极抗战;二是向地下党了解情况,[②]传达中共中央六届六中全会精神,为浙江地区党组织指明工作方向。为了行动方便,周恩来避开国民党特务的眼线,以回故乡祭祖扫墓为名,赶赴绍兴——抗日前哨阵地。

虽然周恩来此次绍兴之行仅停留了短暂的三天三夜,但却可以在抗日战争史上留下浓墨重彩的一笔,他进一步宣传了中共中央的方针政策,使民众对国内的抗战形势以及共产党有了较为清晰的认识,巩固和拓展了抗日民族统一战线,增强了民众战胜日寇的信心,使民众进一步了解中共,了解共产主义,为持久战的胜利做出了不可磨灭的贡献。

## 一、深入宣传抗战思想,巩固壮大统一战线

抗日战争是关系着中华民族生死存亡的伟大事业,要取得抗日战争的胜利,

---

[*] 沈安龙,绍兴周恩来研究会会长。
[①] 浙江省毛泽东思想研究中心、中共浙江省委党史研究室编:《千古功业镌故国——周恩来在浙江》,中共党史出版社1992年版,第4页。
[②] 绍兴市政协文史和学习委员会编:《血脉情深忆总理》,绍兴文史资料第十一辑,1997年版,第27页。

只有全国各民族、各政党、各团体、各派军队团结起来,共御外侮。在浙江的奔走呼号中,周恩来始终以巩固、发展抗日民族统一战线为己任,以宽广的胸怀、旺盛的精力,与一切主张抗日的人士来往,多方面、多渠道、多层次地结交朋友,最大限度地巩固和扩大了抗日民族统一战线。"唯有组织有力的抗日民族统一战线,支持抗日战争,才能赢得战争……真心抗战,要团结一切愿意抗日的人。"①

与国民党民主派以及抗日派人士交朋友,是周恩来坚持抗日统一战线政策的重要内容之一。国民党是抗日民族统一战线中的最大政党,也是同中国共产党合作的主要对象。周恩来此次浙江途经绍兴之行中,极力争取浙江省政府主席黄绍竑对抗战的支持,同时对国民党下级军官也尽力引导其抗日。他指出"蒋介石最怕我们在他的军队里发展党员。为了团结抗日,我们向他讲明了不在他军队里发展党组织。但为了抗日我们应该和友党友军多交朋友,便于沟通思想,团结抗战。过去'左'倾路线时的兵运工作是只交兵不交官,作用不大。现在要着重做军官的工作,同他们广交朋友""争取一个'判官',胜过一百个'小鬼'嘛"。②

抗战爆发后,浙西成为战区,蒋介石对浙江控制放松,地方实力派黄绍竑主掌浙江省政府主席一职。作为"桂系三巨头"之一的黄绍竑受到复兴社和CC系两派的排挤,致使其抱负无法施展,曾先后两度出任浙江省政府主席。为收复杭州失地,黄绍竑向周恩来提出派人帮忙打开浙江局面的请求,获周应允。但由于抗战形势,双方缺乏具体沟通。

1939年3月,周恩来在新四军中做了《目前形势和新四军的任务》的报告,指出"要坚持统一战线。拿统一战线的发展来击退敌人的一切造谣中伤,团结我们周围的友党、友军、地方政府和广大民众,造成有利的工作环境"③。"要坚持帮助友党友军。我们采取帮助的方法,影响的方法,使友党友军感到我们是可以合作的朋友。"④这一报告也是对中共抗日统一战线的具体阐释,按照《目前形势和新四军的任务》的精神,为加强同国民党浙江地方实力派——桂系黄绍竑的联系,实现国共深入合作抗日,周恩来从重庆到浙江,首先在天目山与黄汇合商谈浙江抗日相关事宜。双方同意捐弃前嫌,在浙江省范围内搞好国共两党的合作,团结一致,

---

① 杜世嘉、朱顺佐:《周恩来与故乡绍兴》,浙江人民出版社1997年版,第51页。
② 李林达:《情系桑梓》,中央文献出版社1998年版,第52页。
③ 《周恩来选集》上卷,人民出版社1980年版,第104页。
④ 《周恩来选集》上卷,人民出版社1980年版,第105页。

共同抗日。①

3月28日凌晨,周恩来到达绍兴,绍兴三区政工指导室主任兼《战旗》杂志社社长曹天风,国民党省党部调查统计室派驻绍兴的调查员、公开身份为专员公署秘书的袁特丹,三区保安司令部副司令徐志余,绍兴县县长沈涛,省党部委员兼绍兴第三办事处主任顾佑民等人在码头等候。

28日晚上,在越王殿举行座谈会,会上面对专署特务秘书杨钜松"中国需要统一,你们边区政府应该取消"的发问,周恩来反驳道:"边区政府已获国民政府行政院正式承认并通过。中国确实需要统一,但是应该统一于抗战,统一于团结,统一于进步。如果向相反方面统一,中国就会灭亡。"②周恩来的一番话使得杨钜松哑口无言,更进一步阐释了中共宣扬实行统一战线联合抗战的意义和作用。获得曹天风等人的赞赏,各界人士开始由反对中国共产党,认为中国共产党破坏抗日局面到逐渐认识中国共产党,理解并从内心开始支持中国共产党。

对于绍兴县党部书记王以刚的"异党限制论",周恩来说到"共同抗日的军队叫友军,不叫'异军'。共同抗日的党派就是友党,不是'异党'。抗战中间有许多党派,尽管各派的人数有多少,力量有大小,但是同为一个目标,同在抗日,完全应该互相尊重,互相团结,而不应该互相排斥,互相'限制'"③。周恩来此番"异党""友党"之阐述,一方面让王以刚无言以对,另一方面,也让在座其他党派人士认识到中国共产党对抗日统一战线的重要性,各派在抗日统一战线平等相处。

从3月28日至3月31日,周恩来频繁地接触各方面人士,以热情、诚挚的态度,向他们介绍抗日根据地的情况,宣传中国共产党的抗日主张,鼓励各界民众团结抗战,打败日寇。周恩来所宣传的抗日是根据不同场合、不同对象、不同问题有针对性的侃侃而谈。

周恩来特别注意做好国民党地方军政长官身边人员的统战工作。在绍兴之行中,不遗余力地宣传抗日统一战线的优势及必要性,充分调动了国民党地方中偏左的一些下级军官的抗日积极性,拓展了抗日民族统一战线。

在与宣铁吾的会面中,周恩来强调"抗日战争体现了整个民族的利益,因此坚持抗日民族统一战线是最高的原则,一切离开这个最高原则的口号和行动,都是

---

① 龙彼德:《周恩来烽火东南行》,中共中央党校出版社1996年版,第121页。
② 龙彼德:《周恩来烽火东南行》,中共中央党校出版社1996年版,第189页。
③ 龙彼德:《周恩来烽火东南行》,中共中央党校出版社1996年版,第191页。

错误的"①。此番言辞恳切、慷慨激昂的话语让反共意识强烈的宣铁吾也不得不点头认同。

周恩来善于利用媒体的宣传作用,与记者恳谈团结抗战,充分论述广泛建立抗日统一战线的必要性,提高他们执行统战政策的自觉性。与三区政工指导室主任兼《战旗》杂志社社长曹天风、《绍兴民国日报》记者宋山等人的谈话中,周恩来一再强调,在敌强我弱形势下,唯有组织有力的抗日民族统一战线,才能赢得战争的胜利。与地方爱国人士中的头面人物畅言团结抗战,增强他们抗战必胜的信念。在绍兴期间,周恩来先后与王子余、张天汉、沈复生、王铎中等人聚餐座谈,向他们介绍抗日根据地的情况。②

周恩来为绍兴各界人士和亲友写了不少语重心长的题词,给绍兴人民的抗日救亡运动带来了极大的鼓舞力量。③ 特别是在越王殿座谈会上的演讲,除了顽固派以外,有爱国思想和民族气节的与会者听了之后无不对中共抗战的路线和政策,对抗战的形势和中国前途有了较为明确的认识。周恩来的讲话拨云见日,使绍兴各阶层人民更加懂得中国共产党、毛主席提出的抗日民族统一战线的伟大意义。此后,绍兴抗日出现了新局面,各县政工队的进步力量加强;战地政治工作队新建立,浙西敌后建设逐步增强;战旗书店供应的《青年自学丛书》为广大青年所喜爱,进步文艺书籍不断增多;战旗剧团足迹遍布各地;妇女营抗战功绩卓著,声震海内外。④

## 二、精辟分析抗战形势,增强民众抗日信心

周恩来绍兴之行最大的作用是给前线抗战民众带来了坚定的抗日必胜的信念,正是有了周恩来的浙江之行,前线抗战民众才对日本侵略者有了较为清晰的认识,对抗战形势有了透彻的了解,抗战胜利的信心倍增,在严峻的持久战中,逐步取得抗日战争的完全胜利。

美国总统理查德·尼克松曾说:"周恩来有着中国人另一种明显的品质,即坚定不移的自信心。"⑤"他(周恩来)在战略上敢于藐视一切困难,不惧怕任何邪恶

---

① 绍兴市乡土文化研究会编:《乡土绍兴》第七辑,内部刊物,2015年版,第5页。
② 绍兴市乡土文化研究会编:《乡土绍兴》第七辑,内部刊物,2015年版,第6页。
③ 中共绍兴市委党史研究室编:《绍兴抗战》,内部刊物,1995年版,第30页。
④ 中共绍兴市委党史研究室编:《绍兴抗战》,内部刊物,1995年版,第31页。
⑤ 中国中共文献研究会周恩来思想生平研究会编:《周恩来与文化建设》,黑龙江人民出版社2014年版,第5页。

势力,达到无畏的境界。"①周恩来的这种不惧任何艰难险阻的自信心,给人鼓舞和力量,在这种强大的坚定的信心下,民众对中国共产党能取得抗日战争的胜利深信不疑。

28日下午,在贺扬灵、曹天风、乐培文等人的陪同下,周恩来视察了绍兴三区政工指导室和《战旗》杂志社。在乐培文介绍妇女营情况时,周恩来予以盛赞,并说:"这些女子,都是杭嘉湖地区素称文弱的江南人。他们都能够深入敌后打仗,可见不论什么地方,不论什么人,没有不能作战的。"②周恩来不失时机地指出全民族抗战的重要性与可能性。在视察少年营之后,应贺扬灵之请,周恩来发表讲话,他分析了抗战形势,阐述了今后的任务,并说道:"国家兴亡,匹夫有责。为了打败日本帝国主义,必须全民动员,有人出人,有钱出钱,有力出力。"这一番话,无疑说到在场听众的心上,抗战士气倍增。

晚上越王殿座谈会,专署政工指导室方元民宣扬抗战无意义的论调,周恩来则针对性地指出平型关大捷、台儿庄战役的成就,并认为"我们主力并未受到损伤,信心反而大大增强,士气越来越旺盛,这都是我们坚持持久抗战的结果,是我们发动全面抗战所取得的胜利"③。此番话让在座听众对抗战形势有了一定的了解,增强了抗战胜利的信心,打击了亡国论者所引起的消极情绪。周恩来铿锵有力地说道:"只要团结民众力量,抗日胜券必操我手。"④"在目前形势下,必须坚持抗战,反对投降;坚持团结,反对分裂;坚持进步,反对倒退;必须巩固和扩大抗日民族统一战线,团结对敌,最后胜利必属于我们。"⑤"如果国民党真正按照抗日民族统一战线的纲领政策去做,实行全面抗战,那么不论当前存在的困难,以致今后更大的困难,都是能够解决的","抗战一定会获得胜利,中国的前途是光明的!"⑥

面对徐志余等人的"速胜论",周恩来分析了敌强我弱的形势,指出日本暂时消沉而别有用心的计划,只有客观且全面地估计到一切敌我情况,坚持持久抗战才是争取最后胜利的唯一途径。⑦

---

① 中国中共文献研究会周恩来思想生平研究会编:《周恩来与文化建设》,黑龙江人民出版社2014年版,第10页。
② 龙彼德:《周恩来烽火东南行》,中共中央党校出版社1996年版,第164页。
③ 龙彼德:《周恩来烽火东南行》,中共中央党校出版社1996年版,第185页。
④ 沈建中:《周恩来同志1939年绍兴之行简述》,《绍兴师专学报》1981年第一期,第25页。
⑤ 沈建中:《周恩来同志1939年绍兴之行简述》,《绍兴师专学报》1981年第一期,第25页。
⑥ 沈建中:《周恩来同志1939年绍兴之行简述》,《绍兴师专学报》1981年第一期,第25页。
⑦ 龙彼德:《周恩来烽火东南行》,中共中央党校出版社1996年版,第186页。

自由发言结束后,贺扬灵企图用假警报扰乱周恩来讲话,被周恩来识破后,周恩来以越王殿的修建历史,引导众人"卧薪尝胆,勿忘国耻",并说到"忆古为了鉴今,我之所以重提这段史话,就是为了激励在座诸位的民族气节,发扬民族意识和战斗精神,团结一心,艰苦奋斗,拯救民族于危亡之际,振兴祖国在世界之东!"①

会议最后,周恩来强调"只要我们路线对头,政策正确,措施得力,我们就一定能打败日本侵略者,收复杭嘉湖,收复武汉、广州,收复一切失去的土地!最后的胜利是属于我们的!"②这番言辞让在座的各界人士无不动容,大家无不对抗日战争必胜的乐观形势憧憬起来。抗日战争中国必胜的信念逐步由此通过媒体渗入浙江前线抗战各民众的内心深处。

29日从大禹陵乘船返回绍兴途中,周恩来对同船的宋山说道:"你们要学习和发扬'五四'革命精神,要积极地全心全意地投身到抗战的大熔炉里去,在炮火中学习,在炮火中锻炼,为抗战的胜利和祖国的前途做出应有的贡献。"③这番话不仅表现了周恩来对青年人的关心,还显示了周恩来对青年人积极抗战的期望,只有众志成城,一起抗日,抗战胜利才会指日可待。当晚王家的晚宴上,在谈及"恐日病"时,周恩来以衣架上自己穿的大衣为例,鲜明地点出了日本帝国主义并不可怕,要学习鲁迅,发扬不屈不挠、不畏敌人、不畏强暴的民族精神。

周恩来给亲人们的题词,也处处体现抗日信心,为表弟王贶甫题词:"埋头苦干,只要抗战胜利,定必苦尽甜来!"给表弟王同甫的题词"从孤岛生涯中认识故国才是真认识!"给表弟王云甫的题词"人人尽力,人人享受,人人快乐,这是大同世界!"让共产主义的理念更深入人心,增加普通民众对中共的理解和支持。为表侄王成题词"冲过钱塘江,收复杭嘉湖!乘长风,破万里浪!"④这些题词不仅表现了周恩来关心亲人的殷切之心,同时也展现了周恩来对收复失地,赶走敌寇的殷切期盼,处处透露了抗战必胜的信心。

30日晚,周恩来在王子余家中会见青年工人,大致了解各位工人的个人情况后,周恩来对抗日救国的形势予以分析。他谈道:"日本军国主义代表大资产阶级,穷兵黩武,扩充军备,对外侵略,赋税日重,表面看来强大,实际内部空虚。他的侵略战线越长,军队的给养越大,日本人民的负担越重。日本人民普遍厌恶侵

---

① 龙彼德:《周恩来烽火东南行》,中共中央党校出版社1996年版,第196页。
② 龙彼德:《周恩来烽火东南行》,中共中央党校出版社1996年版,第197页。
③ 绍兴市政协文史和学习委员会编:《血脉情深忆总理》,绍兴文史资料第十一辑,1997年,第84页。
④ 李海文主编:《周恩来家世》,党建读物出版社、中国青年出版社,1998年版,第247页。

略战争,日本军国主义已失去民心。恰恰相反,我们是保卫祖国,救亡图存,抵抗侵略的正义战争,得到全国人民的拥护,也得到世界民主势力特别是苏联的支持。只要团结起来,一致抗日,我们就一定能取得最后的胜利!"[1]此番慷慨激昂的话语,不仅是一位领袖的强大号召力的表露,更是抗日大业必胜信念的外显。在场的众位工人无不群情激动、斗志昂扬,对团结一致战胜日寇,迎接抗日战争取得胜利充满希望。

临别之际,周恩来应各工人要求,为陆与可题词"前途光明",为周文元题词"光明灿烂",为其他人题词"为光明而奋斗""光明在前"等。这些题词无一不在彰显周恩来对抗日战争必胜的光明前途的坚定信念,也给民众带来极大的鼓舞力量。

周恩来为了团结抗战,在一切话题中都渗透着教育人、说服人的精神,这种匠心独具的思想工作,令当时陪同的文化界代表曹天风心悦诚服。周恩来在3月30日为曹天风题词,以沈复生的诗作赞扬绍兴人民艰苦抗战的业绩,鼓舞故乡人民继续同仇敌忾决战到底的斗志,表达了真诚希望国共联手抗战的迫切愿望,激励故乡人民树立抗战必胜的信念和强烈的民族自豪感。[2]

## 三、完善绍兴党组织,提高中共影响力

周恩来绍兴之行除了增强民众抗战必胜的信念外,也让民众通过周恩来的个人人格魅力和讲话对中国共产党的抗日统一战线的主张以及中共的共产主义理想有了翔实地了解,中共获得了更多民众的理解和支持,为持久抗战以致其后国内战争中中共的胜利赢得了民心。

周恩来身上洋溢着一种浩然正气,具有独特的人格魅力,使人产生一种自觉追随、不令而行的感召力。[3] 许多人正是通过周恩来认识中国共产党,接受共产主义,了解中共建立统一战线的思想,支持抗战到底的决策。周恩来绍兴之行,处处都有关心下属,体贴亲人,同情弱者的举动,让被关怀者对周恩来感激备至,对周恩来所在的中国共产党也产生了欣赏之心。

在绍兴之行中,周恩来凭借其多年的思想政治工作经验唤醒了民众的抗日意

---

[1] 龙彼德:《周恩来烽火东南行》,中共中央党校出版社1996年版,第230页。
[2] 绍兴市政协文史和学习委员会编:《血脉情深忆总理》,绍兴文史资料第十一辑,1997年,第98页。
[3] 甄小英:《周恩来精神风范》,中共中央党校出版社2008年版,第7页。

识、提高了军队的凝聚力和战斗力。在《目前形势和新四军的任务》的报告中指出:"要坚持深入群众。要使大江南北广大群众知道我们是为民众谋利益,为民族谋解放的,环绕在我们周围。由劳苦群众以致上层分子,只要不当汉奸,都是我们要团结的。我们要到群众中间去埋头苦干,扩大我们的影响。"①因此周恩来对民众的疾苦关注较多,处处为改善民众生活而努力。从细微处关心民众,赢得民心,极大地鼓舞和动员了广大群众的抗战积极性。

1939年3月28日上午11时左右,周恩来应贺扬灵、沈涛之邀赴龙山(今府山)游览,登龙山瞭望绍兴全貌,观赏稽山镜湖时,周恩来触景生情:"绍兴真是个好地方,山乡山脉连绵,峰峦起伏,地势重要,可以成为抗日根据地。长期抗战要依靠它,不应小看它啊!"②在归途中,路经龙山风雨亭与轩亭口,利用绍兴县长沈涛议论秋瑾就义事迹阐发"绍兴精神"③,周恩来指出秋瑾为革命视死如归的精神正是绍兴精神的展现,号召向秋瑾学习,发扬新时代的绍兴精神,坚持抗日,反对投降。

在越王殿座谈会上,面对绍兴县商会会长冯虚舟"共产党军事失利,经济困难,社会动乱"的发问,周恩来铿锵有力地说:"在边区,上下平等,团结一心,大家都为抗日战争做贡献。虽然物质生活艰苦一点,但精神生活十分充实……八路军和新四军在抗日战争中牵制了日军的大部分力量,并无数次重创敌人。"这一番有力的话语,不仅让越王殿在座的人都对中共的情况有了进一步了解,知道中共在抗日战争中所起的作用,还通过媒体报道让一般民众对中共有更深入地了解和认识,从而获得民众更进一步的支持,增强民众对中国共产党的信任,增强民众对抗战胜利的信心。

座谈会临近结束时,周恩来又详细地解释了中国共产党对抗日战争的立场和态度,提出了"坚持抗战,反对投降;坚持团结,反对分裂;坚持进步,反对倒退"的方针。

29日上午在去扫墓途中,与王贶甫交谈时,周恩来又感叹道"绍兴水乡,河港交错,湖泊连接,资源丰富,应该为抗日提供更多的后方保障;山脉峰峦起伏,可以

---

① 《周恩来选集》上卷,人民出版社1984年版,第105页。
② 中共浙江省委党史资料征集研究委员会编:《周恩来抗日前哨行》,浙江人民出版社1989年版,第178页。
③ 龙彼德:《周恩来烽火东南行》,中共中央党校出版社1996年版,第160页。

作为抗日根据地,长期抗战时大有用武之地呵"①。从中可以看出,周恩来对家乡绍兴的抗日事业十分关心,并且提出在绍兴建立抗日根据地的思想,也是中共在抗战前线建立抗日根据地策略的反映。为绍兴如何坚持持久抗日指明了方向。

29日晚,周恩来还将毛泽东的《沁园春·雪》背诵给王家众人听,并予以分析讲解,使王家众人对毛泽东,对中共有更进一步的认识。在解释的过程中,周恩来号召青年人应该勇敢地投身到抗日战争的洪流中去,将抗战进行到底,争当时代的英雄。王家诸人无不对毛泽东的伟大气魄叹服,无不对中共有了更为直观的认识。

在离开绍兴到金华后,周恩来特意向中共浙江省委书记刘英提出:"绍兴党组织基础差,成效甚少,要加强绍兴党的领导,开展绍兴工作。"②中共浙江省委遵照周恩来的指示,先后派了50余位党员骨干到绍兴领导抗日斗争,成立了中共绍兴县工委,为宁绍地区沦陷后我党领导抗日武装斗争的发展打下了基础。③ 中共宁绍特委遵照周恩来指示,在绍兴成立了一个工作班子(相当于县工委),由诸暨中心县委委员杨源时兼任书记,杨时俊(陈山)、周丹虹(伊兵)为成员,此后定期在绍兴工作。④

绍兴之行短短数日,周恩来处处关心民主人士及其他抗战朋友,并为其提供经济上的帮助、生活上的关心。可以毫不夸张地说,许多中间人士之所以由误解共产党到了解共产党,靠拢共产党,有的直至最后接受共产党的领导,这除了中国共产党政策的作用外,与周恩来个人高尚的人格魅力是分不开的。也正是周恩来此次绍兴之行,浙江抗日前沿各派人士特别是绍兴民主派人士对抗日战争的胜利信心倍增,对中共充满信任。同时周恩来的以诚待人、以理服人的作风,使许多人潜移默化地接受了他对国内国际形势的看法,逐渐走上了与中共合作、坚持抗日民族统一战线的道路,逐步靠拢在中共领导的抗日队伍之下。

周恩来绍兴之行行程虽短,但在中共以及整个中国的抗战史上却意义重大。首先,深入宣传了我党的抗日民族统一战线,争取了地方实力派的同情和中立,推动了浙江抗日统一战线的发展,促进了浙江抗日救亡运动的高潮。其次,空前激发了广大民众对抗战的必胜信念,人民对中共的了解进一步深入,中共日益成为

---

① 李林达:《情系桑梓》,中央文献出版社1998年版,第30页。
② 杜世嘉,朱顺佐:《周恩来与故乡绍兴》,浙江人民出版社1997年版,第60页。
③ 李林达:《情系桑梓》,中央文献出版社1998年版,第51页。
④ 中共绍兴市委党史研究室编:《绍兴抗战》,内部刊物,1995年版,第43页。

民心所向的抗战核心力量,抗战中流砥柱的作用日益凸显。再次,周恩来为民族解放事业出生入死的浩然正气和卓越胆识,为广大党员和群众树立了光辉的典范,也为我们今天实现中华民族的伟大复兴,提供了强大的精神动力。

# 抗战时期周恩来浙江之行的重要意义 金延锋*

艰苦卓绝的八年全面抗战,是中华民族历史上壮烈瑰丽的重要篇章。1939年春天,时任中共中央革命军事委员会副主席、中共中央南方局书记的周恩来,以国民政府军委会政治部副部长的公开身份,从重庆经皖南新四军军部来到东南抗日前哨浙江,向浙、闽、赣三省的党组织传达贯彻了党的六届六中全会精神,对三省党的工作做了重要指示;与黄绍竑为首的浙江省国民党军政委员会会晤,共商团结抗战、巩固和发展抗日民族统一战线问题;抓住一切机会进行广泛的抗日宣传,极大地鼓舞了群众的抗战斗志。周恩来这次浙江之行,具有重要意义。

## 一、对抗战进入相持阶段后浙江党组织面临的新形势新任务做出指示,为浙江党组织指明了工作方向

举世震惊的"七七"卢沟桥事变,拉开了中国全面抗战的帷幕。日本侵略者大举进犯中国领土,华北大片国土很快沦陷。到1938年底,武汉、南京、上海等地也相继落入敌手,浙江的杭嘉湖一带也被日军占领。绍兴、钱塘江南岸一带地区,成为抗战的前哨阵地。在这国难当头、民族危亡之际,国民党亲日派首领汪精卫公开叛国投敌,而蒋介石政府则在1939年1月举行的国民党五届五中全会上,制定了一整套反动的"溶共""防共""限共"政策,实行消极抗日、积极反共方针,破坏抗日民族统一战线。全国抗战形势开始逆转。在此紧要关头,周恩来代表党中央来到了浙江。

周恩来抵金华前后,东南局副书记兼组织部长曾山、东南局宣传部长兼新四军驻南昌办事处主任黄道、浙江省委书记刘英、江西省委书记郭潜、福建省委常委兼组织部长范式人等先后到达金华,准备向周恩来汇报工作,听取周恩来对各省工作的指示。但由于国民党特务的跟踪、监视,使周恩来无法脱身召集东南几省党的负责人会议,于是,周恩来在繁忙的公务活动中,抽时间分别听取了东南局和

---

\* 金延锋,中共浙江省委党史研究室、省委文献研究室研究员。

浙、闽、赣三省委主要领导人的工作汇报,向他们传达了党的六届六中全会精神,强调要坚持抗战,坚持持久战,坚持抗日民族统一战线,反对投降,打击汉奸、亲日派。[①] 并要求大家对待国民党须有两手准备,要争取合法地位推动抗战,不要给国民党以制造摩擦的口实。

周恩来到达金华的第二天(3月18日)晚上,就摆脱特务的跟踪,秘密会见了中共浙江省委书记刘英。刘英向周恩来汇报了红军北上抗日先遣队的情况,汇报了红军挺进师坚持浙南三年游击战争的情况,特别详细地汇报了抗战以来浙江党的工作。浙江自1938年5月成立中共浙江临时省委、9月经中央批准转为正式省委后,党的工作有了很大的发展,全省已有50多个县建立了党的县委或工委,党员已达近万人。周恩来深知,浙江远离党中央,地处抗日前哨,又是蒋介石的老家,各种矛盾极为复杂,在这样的环境中工作危险极大。他告诉刘英,同在浙江的国民党其他官员相比,黄绍竑是进步的,我们要支持黄,也要积极争取黄的势力。他还强调,根据六届六中全会决议,目前我们不在国民党中发展党员,但可用交朋友方式开展工作。共产党员不论在国民党政府机关或群众团体中工作,都要埋头苦干,同友党、友军和其他党外人士合作共事,争取团结更多的人。[②] 他代表党中央向坚持在浙江斗争的全体同志表示慰问,对浙江党组织在艰苦的环境中所取得的成就表示满意,同意参加浙江省委会议,并深情地嘱咐刘英要注意安全。

4月5日,周恩来在金华的江南旅社召集浙江省委的同志们开会。周恩来向大家做了《关于目前形势和党的任务》的报告。由于会议开始不久,日本飞机来轰炸金华,为了安全起见,与会人员转移到郊外,在通往兰溪方向的一个树林里继续开会。

周恩来分析了国际、国内和浙江的抗战形势,对浙江党的工作做了重要指示。

关于国际形势和国际援助,周恩来指出,日本帝国主义发动对华的侵略战争,加深了与英、美、法等国的矛盾,后者为了保护其在华利益,在一定程度上支持国民党欧美派继续对日作战。但真正援助中国抗日的是苏联,苏联不仅给中国武器,而且派遣军事顾问团和志愿航空人员来中国直接参加对日作战。

在分析全国抗战形势时,周恩来指出:1938年10月武汉失守后,国民党内部对抗战前途抱悲观情绪的人增多,暗藏的汉奸和亲日派公开散布消极情绪和抗战

---

① 《周恩来年谱(1898—1949)》,中央文献出版社1998年版,第446页。
② 《周恩来年谱(1898—1949)》,中央文献出版社1998年版,第446页。

必败的亡国论调,甚至公开主张向日本投降。11月下旬,蒋介石在衡山召开了一个军事会议(也叫衡山会议),确定了继续抗战的决策,支持了国民党内的抗战派,打击了国民党内的投降派,这对中国继续抗战是有利的。蒋介石的"国民精神总动员令"名义上是为了抗战,实际上是想用来对付我们共产党与压制国内进步力量;我们也可以利用这个口号来提高人民的民族意识和抗战意志,反对投降妥协。

周恩来强调说,中国的抗日战争是个持久战。自武汉失守后,由敌人的战略进攻和我们的战略防御的第一阶段,开始过渡到敌我相持的第二阶段,这个阶段将是抗日战争中最困难的一个阶段。日本帝国主义指使汉奸汪精卫,准备在南京成立伪政权,作为他们的侵略工具。在沦陷区日寇开办工厂、商行,建立汉奸组织,对沦陷区人民实行怀柔政策,从政治、军事、经济和文化各个方面,对我国实行全面渗透和侵略,企图用中国的人力物力财力来灭亡中国,实行所谓"以华制华"。我们党的任务是坚持抗战,坚持持久战,坚持抗日民族统一战线,动员全党和全国人民克服困难,反对投降,打击国民党内的暗藏汉奸和亲日派,增强抗战力量,阻止敌人进攻,准备反攻,收复失地。在争取国民党长期抗战,与我长期合作中,要坚持党的独立自主政策,保持党在政治上对国民党批评的自由,发展壮大党的组织和八路军、新四军的力量,巩固和扩大抗日民族统一战线。

在谈到浙江的形势时,周恩来指出:浙江在抗战的第一阶段处于辅助地位,在抗战的第二阶段,浙江的地位将变得重要起来。目前浙江的政治形势还算好,自然,也有反共摩擦的逆流,我们要提高警惕。浙江是蒋介石的老家,复兴社和CC系的力量都比较强,从上到下都有一整套组织。浙江文化水平高,国民党统治的手段也比较"高明",这是浙江统治阶级的一个特点。目前浙江统治阶级内部党政军之间的矛盾,主要是复兴社、CC系与黄绍竑的矛盾。黄绍竑原来是桂系集团的主要人物之一,后来又依附蒋介石,是与这两方面都有关系的人物,他与政学系也有关系。蒋介石要黄绍竑当浙江省政府主席,一个重要原因是想分化和拉拢桂系集团。浙江的实权掌握在蒋介石自己手里,黄绍竑要在浙江搞私人势力是很难的。上海战役以后,张发奎的集团军曾驻在浙西一带,黄绍竑企图依靠张发奎并利用抗战的有利形势,在浙江发展自己的势力。首先是搞国民抗敌自卫团,建立了六个支队,后又扩编为四个纵队,等于四个师的兵力,黄绍竑自兼总司令,下面的纵队、支队司令如黄权等人都是广西人。第二是搞军火生产,在云和大港头建立兵工厂,生产一些轻武器和弹药,装备部队。第三是吸收知识青年,在每个县建立政治工作队。这是黄绍竑的三个宝。复兴社和CC系极力阻止黄绍竑势力的发展,他们的矛盾越来越大。黄绍竑要在浙江独树一帜,蒋介石是绝对不会允许的,他的这些力量,最后必为蒋介石搞掉。周恩来的分析一点也不错,后来果然如此。

在谈到浙江党的工作时,周恩来指出,浙江党的组织经过了1938年的大发展,今后要加强巩固工作,也要继续发展,但要重视质量,对来历不明、政治面目不清的党员要进行审查,严防国民党特务、汉奸混入党的组织。要加强党员教育,培养干部,特别要培养军事干部,派到沦陷区去工作。

在谈到同抗日友党友军交往时,周恩来说,我们的态度是"不卑、不亢、不骄、不躁"。一切在国民党政府机关和群众团体工作的共产党员都要埋头苦干,"不暴露、不突出、不刺激",以自己廉洁奉公的模范行为,吸引更多的人团结在自己周围一道进行工作。

在谈到加强浙西工作时,周恩来谈了浙西沦陷区的一些情况,也谈到国民党浙西行署主任贺扬灵表面上比较进步,但可能与国民党特务机关有特殊关系。

周恩来讲完以后,大家提了几个问题请示周恩来,其中一个问题是,"可否在国民党军队中发展党员、建立党的组织?"

周恩来告诉大家:蒋介石视军队如性命,最怕我们在他的军队里发展党员。为了团结他共同抗日,我们向他讲明了不在他的军队中发展党的组织。但我们可以用交朋友的方式去进行工作。过去"左"倾路线时的兵运工作是要兵不要官,作用不大。现在要着重做军官的工作,同他们广交朋友。争取了一个"判官",胜过一百个"小鬼"。这样,作用就大了。

在这次会议上,周恩来还专门对绍兴党的工作,做了具体指示。他说:绍兴党组织基础差,成效甚少,要加强对绍兴党的领导,尽快开展绍兴工作。[①]

抗战期间,浙江党组织远离延安党中央,中央的指示精神往往不能及时在浙江传达贯彻。周恩来在浙期间对浙江省委所做的关于抗日战争进入相持阶段后的新形势新任务和党组织的巩固必须重于发展、质量必须重于数量的指示,为浙江党组织指明了工作方向,从而巩固和发展了党的组织,推动了抗日战争。省委根据周恩来的指示精神,做出了关于学习贯彻周恩来同志指示的决定,并于1939年4月16日在温州召开的全省各特委组织部长联席会议上进行了传达。在这次会议上,又根据周恩来的一系列指示的精神,通过了《中共浙江省委组织会议对今后任务的决定》。《决定》指出:全党必须深入宣传六届六中会议决议,使全党同志

---

[①]《周恩来抗日前哨行》,浙江人民出版社1989年版,第92~96页。

深刻认识我党政策和六中全会决议是巩固团结、一致抗日的核心和指南,是支持长期抗战与保证抗战建国最后胜利的必要前提。

## 二、强调坚持团结抗战,反对分裂投降,为巩固党的抗日民族统一战线呕心沥血

周恩来到达金华时,浙江省政府主席黄绍竑正在浙西於潜。因此,19日上午,周恩来前往位于西天目山的浙西行署,会晤黄绍竑。经过3天行程,21日傍晚,周恩来抵达於潜,与黄绍竑会了面。当晚7时,黄绍竑召集浙西专署和於潜县政府的机关人员以及区、县国民抗卫总队上尉以上人员开会,邀请周恩来讲话。周恩来不顾旅途劳顿,讲了近两个小时,分析了国际形势及敌我之态势,提出要统一意志,精诚团结,共同抗日。

22日,周恩来与黄绍竑在天目山进行了长谈,两人共商团结抗日、巩固和发展统一战线问题。

在谈到浙江的防务时,周恩来提出:由萧山钱塘江出去,江边这道防线要注意防守;第二是防御工事要做好。

在谈到国共双方的关系时,黄绍竑提出三点要求:一是请周恩来指定一个代表人,遇有问题发生时可以商量解决;二是中共参加地方工作的人员,只能在工作岗位上努力,不可发展组织;三是中共在我后方地区不能发展武装组织。黄绍竑还提出要周恩来将共产党员在浙江参加地方工作的名单开给他。

对于黄绍竑的要求,周恩来表示:同意中共参加地方政治工作的共产党员不在地方政府机关内发展党的组织,也不在其后方地区发展共产党的武装组织。但对黄绍竑要求把共产党员的名单开给他的要求,周恩来给予坚决的否定,没有答应黄绍竑。关于指定一个代表人的问题,周恩来开始提出了一个人选,但黄绍竑不认识此人,于是周恩来又提出由浙江省委统战部副部长吴毓代表中共方面与黄绍竑直接商量解决在抗战过程中遇到的问题。黄绍竑对吴毓很熟,两人经常打交道,因此也同意指定吴毓为代表人。①

黄绍竑于1937年12月第二次到浙主政后,启用了进步人士,颁发了有利抗日的战时政治纲领和施政措施,并与省党部书记长方青儒为首的国民党CC系有过斗争。但是,国民党五届五中全会后,黄绍竑向CC系妥协了,声称要修改战时政

---

① 《周恩来抗日前哨行》,浙江人民出版社1989年版,第103页。

治纲领、镇压共产党的活动,对抗日也表示了动摇。正是在这关键时刻,周恩来来到浙江,与黄绍竑进行了多次的商谈,晓以民族利益之大义,使他稳定了抗日情绪,增强了抗日救国、收复失地的信心。

天目山会晤后,周恩来在黄绍竑的邀请下,还分别参加浙西临时中学的开学典礼并发表讲话,到省军管区干部教导总队做报告,视察位于丽水云和的浙江省铁工厂并进行演讲。

在努力做黄绍竑等国民党上层统战工作的同时,周恩来也悉心地指导党领导的群众团体要坚持抗日民族统一战线。如周恩来在多次会见中共浙江省委文化工作委员会书记骆耕漠和文化界人士时,谈到浙江抗战文化,就做了许多具体指示。周恩来指出:目前浙江的政治形势还算好的。自然也有反共摩擦的逆流,我们要提高警惕;今后工作的困难会多起来;当前,要抓紧做好群众工作,要学会两手工作的策略。无论办报还是办刊物,都要十分重视和读者的联系,了解群众的思想、情绪和要求,吸引群众和我们一起办报刊。在国共合作时期,报刊的宣传要避免对国民党进行不必要的刺激,以加强抗日民族统一战线。在《东南战线》《青年团结》《浙江潮》等刊物的宣传工作上,不要搞得太"红",要讲究斗争策略,隐蔽一点。并说:《东南战线》有一期转载了《星岛日报》的一篇短文——《周恩来的小副官》,这就不必了;而且,还专门组稿刊出题为《项英将军》的宣传文章,这就更不策略了,应该"内外有别"。《青年团结》的封面设计用红五角星,国民党见了不舒服,我们没有必要这样做。上海出版的《中国的新生》,曾经刊登了史沫特莱写的《西安事变》一文,这是使国民党很感头痛的,在该文中还披露了蒋介石的惶恐不安,这就更没有必要了。周恩来这番教导,对骆耕漠等人启发很大,使他们懂得如何去有效地、灵活地做好白区的党的外围宣传工作。①

周恩来还利用各种机会,与各方人士交谈,宣传党的抗日民族统一战线,号召大家团结一致,共同对敌。如国民党第十集团军参谋长徐旨乾、浙江省国民抗敌自卫团参谋长张绍棠、浙江省军委区干部教导总队副总队长谢家驹、省国民抗敌自卫团第一支队司令赵龙文、国民党第九十一军军长宣铁吾等国民党军将领,民主人士严北溟、曹天凤、何燮侯等等,周恩来都与他们进行了谈话,有的甚至是长谈、深谈。在与《浙江潮》主编严北溟的深谈中,周恩来不仅了解了黄绍竑和浙江党政军各方面的许多情况,而且知道了严北溟是1927年5月入党的党员,因"马

---

① 《周恩来抗日前哨行》,浙江人民出版社1989年版,第88页。

日事变"后与党组织失去了联系,他内心一直渴望回到党组织的怀抱,希望周恩来同意他离开浙江到解放区工作。周恩来充分肯定了严北溟在做黄绍竑的工作、宣传抗日民族统一战线等方面取得的成绩。对于严北溟的要求,周恩来从统战工作的大局出发,耐心地做严北溟的思想工作,明确告诉严北溟:就目前情况看,还是不入党为好,这样有利于统战工作的展开,你是站在党的一边对黄做统战工作,应该继续做下去,相信你在浙江是大有作为的。① 一席话,让严北溟感到了无比温暖。在周恩来的嘱咐下,严北溟继续留在党外,努力为党做好统战工作。

## 三、鼓励广大军民团结一致坚决抗战,陷敌人于人民战争的汪洋大海之中,极大地振奋了浙江军民抗战到底的信心和决心

全国抗战一开始,中国共产党就号召全国人民总动员,主张开放民主,改善民生,广泛发动群众、武装群众,实行全体人民参加战争、支援战争的全面抗战路线。在浙江期间,周恩来积极宣传党的抗日民族统一战线和全面抗战路线,召开了各种类型的座谈会,并向浙江的党政军人员、机关职员、工人、学生、百姓等做了9场大型报告和演讲。

在浙西临中演讲时,周恩来对浙西临中的创建给予了高度评价。他指出:浙西临中开学典礼和平常举行的开学典礼不同,因为这里是抗日最前线,学生都是从沦陷区出来的青年,这是一所不平凡的学校,这一开学典礼充满着战斗意义。"在最前线的天目山能集中整千青年受教育训练,这不但在东南各省少有,就是在全国各省都是难能可贵的伟大奇迹。"周恩来针对浙江的现实,就军事、政治、经济、文化方面的斗争,精辟地提出了纲领性的意见:"我们在敌人以军事、政治、经济、文化各种方式猛烈进攻的今日,应当加倍地在军事、政治、经济、文化各方面向敌人进攻。"周恩来号召"共同负起政治进攻的责任来,才能收复我们的杭嘉湖,保卫我们的大浙江,争取我们的最后胜利,完成这历史上的伟业"②。临中师生多数来自沦陷区,对于日本帝国主义的侵略行径,切齿痛恨,发誓不共戴天,但是到底怎样抗战?前途如何?大家心中还是茫然的。周恩来的讲话,犹如长夜中的一支火炬,燃起了大家的希望,照亮了人们争取胜利的前程。

周恩来应黄绍竑的邀请,到军管区干部教导总队,给总队的1 000多名军官学

---

① 《周恩来抗日前哨行》,浙江人民出版社1989年版,第114~115页。
② 《周恩来文化文选》,中央文献出版社1998年版,第11~12页。

员做了题为《建军的重要性与社会军事化的实施》的报告。周恩来用深入浅出、通俗易懂的语言,讲了四个问题:一是我们今天的国家情形怎样?周恩来分析了抗战形势。指出敌人速战速决的企图被我们击破了,抗战进入了第二期相持阶段。敌人改变方针,实行军事、政治、经济、文化的全面侵略。针对敌人的阴谋,"我们坚持长期的、持久的抗战","我们要和敌人展开全面的战争,也就是要同敌人展开政治的经济的文化的各方面的战争"。二是我们浙江的环境怎样?周恩来对浙江的抗战形势、战略地位、抗战态势进行了分析,对浙江在抗战中的军事、政治、经济、文化诸方面所取得的成绩和进步给予了充分肯定。三是研究我们自己的任务。周恩来指出:抗战建国的一个中心任务是要建设坚强的军队,"我们要负起训练壮丁,训练新兵的任务,建立新军的任务,打下基础的工作"。并就"建设什么样的坚强军队,如何建设这样的军队"进行了阐述。四是我们今后怎样去做?周恩来针对教导总队学员是建设地方武装的初级军官的实际情况,主要讲了学员分配出去后,要根据什么原则,如何去训练新兵、壮丁,建设部队。周恩来要求:"第一、我们要注意精神训练;第二、我们要注意生活训练;第三、我们要注意技术训练、第四、我们要注意身体训练。"同时,还要实行社会军事化,在人民群众中普及军事训练,实行全民皆兵。[①] 周恩来的讲话,语言通俗、生动,分析问题准确、透彻,说理充分。他把我党对抗战和建军的一些主要的指导思想、指导方针、政策和主张,用通俗的语言融会贯通地表达出来了。周恩来的演讲对浙江的抗战和统一战线工作都产生了巨大影响,尤其因为听演讲的人都是国民党军队的下级军官,不少人受到深刻教育和感染。连一些思想上、政治上跟共产党有对立情绪的军官,也觉得周恩来讲得入情入理,有的还说讲得好。

在浙江铁工厂,周恩来向工人们发表了演讲。演讲的中心内容是宣传抗日救国。周恩来开门见山地指出,抗战胜利依靠谁?要抗战胜利,必须发动全民族的力量,千千万万农民走出村庄,千千万万工人走出工厂,千千万万学生走出课堂,到抗日的前线去。抗战要依靠你们——工人阶级,工人阶级是顶天立地、创造世界的,谁也没有像你们工人这样伟大。抗战胜利要依靠工人阶级;抗战胜利后,建设国家也要依靠工人阶级。工人阶级是先进阶级,要起模范带头作用,带动农民,带动社会各阶层,树立抗战必胜的信心。工人、农民、各阶层人民团结起来,一致抗日,坚持到底,最后的胜利一定属于我们。我们的前途是光明的、远大的。日本

---

① 《周恩来抗日前哨行》,浙江人民出版社1989年版,第52~64页。

帝国主义必败,抗战必胜!①

　　国民党绍兴专署为了表示欢迎周恩来回故乡,专门在越王殿搞了一个座谈会。会前,国民党右派进行了充分准备,布置有关人员提问。会上,各界人士按事先安排好的顺序进行"自由"发言。其中有善意的,如关心抗战前途、忧虑重重的;有对战局感到悲观失望的;有对大片国土沦陷感到痛心的。但也有无中生有,责难共产党,诬蔑八路军、新四军的;也有高唱"一个党,一个领袖"滥调的;也有故意提出一些问题来刁难人的。周恩来把大家提出的二十多个问题分成六类一一作答。对其中一些故意责难和无理挑剔的问题,做了深刻的剖析和有力的驳斥。周恩来指出:诸位的发言中,没有一个人提到当前一个极为重要的问题,这就是巩固和发展抗日民族统一战线的问题。周恩来从分析抗战形势谈起,讲到了共产党团结抗战、全面抗战、抗战到底的立场,宣传了毛泽东《论持久战》的思想和抗日民族统一战线的政策,详尽地对比了敌我双方的特点。周恩来强调:如果国民党真心搞统一战线,实行全民族抗战,那么,无论抗战中有多少困难,都是不难克服的。周恩来提醒大家:当前我们有两个敌人,一个是日本帝国主义,一个是汉奸。只要充分发动群众,进行全民抗战,这两个敌人都会被打倒,抗战一定会获得胜利。周恩来最后指出:这里是越王殿,越王勾践为国家报仇雪耻、卧薪尝胆的故事,大家都是熟悉的。我们要激励人们发扬民族气节,团结抗战,打败日寇。只要团结民众力量,抗日胜券必操我手,中国的前途是光明的!周恩来整整做了长达四个小时的演讲。期间,国民党右派为了干扰周恩来的演讲,指使人拉了三次空袭警报。但周恩来镇定自若,毫不在意,很快感染了其他人。② 周恩来摆事实,讲道理,分析精辟,论述透彻,听众甚为钦佩,连那些故意刁难的人也不得不点头称是,会场上爆发出一阵阵热烈的掌声。

　　周恩来不仅在各次演讲中宣传抗日民族统一战线,鼓励军民团结抗战,而且凡视察所到之处和对一路上与他接触的一些普通官兵、工作人员、工人、农民、学生等,更是主动热情地与他们交谈,鼓励他们坚持抗战到底。

　　周恩来是在国民党政策的重点从对外转向对内,实行积极反共、消极抗日的转变时刻,在中共中央召开了重要的六届六中全会之后,在抗日战争转入相持阶

---

① 《周恩来抗日前哨行》,浙江人民出版社1989年版,第199~200页。
② 童小鹏:《风雨四十年》,中央文献出版社1994年版,第207页;《周恩来抗日前哨行》,浙江人民出版社1989年版,第139、146、152~154、162~164页。

段的历史关头视察浙江的。周恩来的浙江之行,对于加强浙江党的工作,巩固与发展抗日民族统一战线,团结一切可以团结的力量共同抗日,都起了积极的推动作用,产生了深远的影响和意义。

# 抗战相持阶段周恩来与南方局党的工作方针的转变 王德蓉[*]

根据党的六届六中全会决定,1939年1月16日,以周恩来为书记的中共中央南方局在重庆正式成立。南方局作为抗战时期国民党统治区和部分沦陷区党的领导机关,领导南方国民党统治区和部分沦陷区党的工作机构,直接领导四川、云南、贵州、湖北、湖南、广东、广西、江苏、江西、福建以及香港、澳门地区的党组织,其重要任务之一是加强党的地方组织建设,发展壮大党的队伍,不断提高党的战斗力。根据国统区和部分沦陷区的实际情况,面对皖南事变后的险恶环境,周恩来推动南方局实现了党的工作方针的转变,使南方局党组织迅速转入隐蔽状态,长期埋伏下来,成为坚强的战斗堡垒,从而为1944年党的重新活跃创造了条件、为抗日战争的最终胜利奠定了重要政治基础。

## 一、坚决贯彻执行中共中央指示精神,把南方局党组织迅速转入隐蔽状态

(一)党中央根据实际确定在国统区的工作方针

抗日战争时期,我国国土分成了三种不同性质的区域:日本占领区、中共领导的抗日根据地和国民党统治区。推动占全国人口占绝大多数的国统区开展抗日民主运动,是中共领导的抗日斗争的一条重要战线,在全党工作大局中具有重要战略地位。1940年7月30日、8月1日、4日、7日、8日,中共中央开了五天会,听取并讨论周恩来关于抗日统一战线工作的报告和南方局工作的报告。会议最后一天,毛泽东做了长篇发言,他在发言中明确指出:"过去中央工作方向偏重军事和战区,对南方和日本占领区注意很少,今后政治局须用大力加强这方面工作。

---

[*] 王德蓉,中央文献研究室副研究员。

中央今后注意力,第一是国民党统治区域,第二是敌后城市,第三是我们的战区。"①中共中央把国民党统治区的工作放在全局中如此重要的地位,在以前很长时间内还没有过。

与此同时,中央还根据实际逐渐确定了"隐蔽精干、长期埋伏、积蓄力量、等待时机"的工作方针,以指导国统区党的工作。这个方针是根据国统区斗争实际和党在国统区的战略任务逐步形成的。从国统区的斗争实际来看,抗战爆发后国民党中央虽然在公开谈话中表示承认中共合法地位,然而国民党不允许共产党在其统治区内公开活动,中共党组织和党员的活动在实际上仍然受到种种限制,甚至遭到镇压和迫害。1938年10月广州、武汉失守后,抗日战争进入相持阶段。随着抗战形势的发展和日本对华政策的变化,国民党政府将重点逐渐由抗日转到反共,开始实行消极抗日、积极反共的政策。1939年1月国民党五届五中全会提出"溶共、防共、限共、反共"的反动方针,会后制定了一系列反共秘密文件。此后,全国反共事件接连不断,惨案迭起,直至发生皖南事变这样的大规模军事冲突。在这种局面下,中共只能在半秘密或完全秘密的状态下活动,其工作也必须采取秘密隐蔽的方针。从党在国统区的战略任务来看,无论是动员组织群众积极参加抗日救亡运动,还是团结一切可以团结的抗日力量将抗战进行到底,抑或是党的自身建设和发展,都是一个长期的过程。党在这里只能进行长期埋伏,采取秘密和隐蔽的斗争方式。通过隐蔽和秘密的斗争方式保存和发展自己,为革命积蓄力量,以待时机成熟开展必要的斗争。

1939年国民党转入积极反共以后,党中央就及时地向一些地方党发出指示,要他们立即改变过去暴露的做法,注意保存干部。1940年5月4日,毛泽东为中共中央起草《放手发展抗日力量,抵抗反共顽固派的进攻》的指示中指出:"在国民党统治区域的方针,则和战争区域、敌后区域不同。在那里,是荫蔽精干,长期埋伏,积蓄力量,以待时机,反对急性和暴露。"②同年12月25日,毛泽东在为中共中央起草《论政策》指示中又指出:"在敌占区和国民党统治区的政策,是一方面尽量地发展统一战线的工作,一方面采取荫蔽精干的政策;是在组织方式和斗争方式上采取荫蔽精干、长期埋伏、积蓄力量、以待时机的政策。"③这两个指示标志着党

---

① 《毛泽东年谱(1893—1949)》中卷,中央文献出版社2013年版,第201页。
② 《毛泽东选集》第二卷,人民出版社1991年版,第756页。
③ 《毛泽东选集》第二卷,人民出版社1991年版,第763页。

在国统区十六字方针的完整形成。

(二)周恩来推动南方局党的工作实现迅速转变

由于抗战初期抗日群众组织到处都是,许多共产党员的面貌已经暴露,要在国统区实现党的工作方针的转变是很不容易的。为此,周恩来付出了很多心血。

1. 主动改变工作方式和斗争方式,为南方局党组织全面转入地下状态做了准备

如前所述,国民党五届五中全会后开始转入积极反共,国统区党的工作更加复杂艰巨。在中央十六字方针确定前,根据多年地下工作经验,周恩来就指导南方局主动地开始了工作方式和斗争方式的转变。1939年6月12日国民党第二十七集团军杨森部包围湖南平江嘉义新四军留守通讯处,杀害我新四军官兵十人,史称平江惨案。惨案发生后,周恩来在南方局会议上指出在力争局势好转的同时应准备应付突发事变,强调党的工作方式和斗争方式须做必要改变。随后南方局根据周恩来讲话精神于6月29日发出《关于组织问题的紧急通知》,要求各地党组织从半公开的形式转到基本是(地下党)秘密的形式,并实行与此相适应的工作方法,建立完全的秘密机关。强调党员和党的各级组织都不得违反秘密工作原则。8月16日,周恩来在出席中共中央政治局会议时发言指出:"公开工作同秘密工作必须分开。"[①] 8月25日,中央发出《关于巩固党的决定》,对如何巩固党的组织做了具体规定。此后,南方局按照中央的指示精神,要求各地停止发展党员,集中力量整顿各级组织。按照中央关于审查干部和肃清内奸的指示,一级审查一级地彻底地审查干部和开展肃清内奸的工作,加强党内反内奸教育。这为皖南事变后南方局党组织全面转入地下状态做了思想上、组织上的准备。

2. 以具体有力的工作部署督促各地坚决执行中央方针

1940年5月,鉴于国内政治局势不断恶化,刚从苏联疗伤回延安不久的周恩来匆匆奔赴重庆主持南方局工作。六七月间,南方局多次召开常委会讨论各地工作,就贯彻落实中央指示做出具体部署。周恩来反复强调,党的工作方针应该是长期苦干,真正成为地下党。九十月间,南方局召来各地党组织的负责人,分别同他们谈话,耐心阐述"隐蔽精干"方针的重要性,与之研究如何审查干部及彻底改变组织形式和领导方式等问题。皖南事变发生后,周恩来决定南方局、八路军和新华日报社分别实行分散隐蔽、转移和撤退,并对云南、川东等地党的工作做出具

---

① 《周恩来年谱(1898—1949)》,中央文献出版社1998年版,第456页。

体指示和部署。1941年5月，中共中央连续发出《关于大后方党组织工作的指示》和《关于隐蔽和撤退国民党统治区党的力量的指示》后，南方局按照中央指示，组织领导所属各地党组织实现从形式到工作方法的完全转变；把所有已暴露的干部撤退到偏僻的、特务不注意的地方找职业掩护，或是撤退到抗日根据地；各级领导机关切实把握短小精悍的原则；把党和群众工作的中心，尽可能地放在利用社会习惯、政府法令与合法组织方面，以密切同群众的联系；各地方党组织与公开机关脱离联系，真正走向地下；以及缩小各级领导机构、建立平行支部、实行单线联系、尽量深入社会、严格秘密工作制度等措施。1941年12月，南方局召开会议总结两年来的工作，会议认为南方局经过几年尤其是近一年的踏实工作，已经使党有着巩固、长期埋伏的基础。

## 二、创造性地开展工作，丰富和发展了党在国统区十六字工作方针的内容

在中共中央的相关指示中，提出了党在国统区和沦陷区的工作方针和策略。然而要把党的工作方针切实落实下去，还需要根据各地的实际情况、灵活运用各种方式去贯彻。在这方面，周恩来带领南方局开展了一系列卓有成效的活动，使党的十六字工作方针内容有了新的丰富和发展。

（一）提出建设坚强的战斗的地下党的七个条件，丰富和发展了十六字方针的思想内涵

在贯彻落实中央"隐蔽精干、长期埋伏、积蓄力量、等待时机"方针的实践中，周恩来特别注重对工作中的经验教训进行思考和总结，以形成对全局工作有指导意义的意见。1941年12月，周恩来主持召开南方局会议，总结南方局成立两年来的工作。周恩来在会议最后发言时指出，为贯彻中央规定的长期埋伏、积蓄力量、等待时机的方针，必须把西南的党建设成为更加坚强更能战斗的党。为此他提出了建设坚强的战斗的西南党组织的七个条件：一、要使五千党员成为隐蔽的、坚强得力的、与群众有联系并善于影响和推动群众的干部。二、要在主要的群众集聚的单位（工厂、学校、农村、大机关等）建立起巩固的一个乃至数个平行的支部。要在主要的工作部门和机关（如行政机关、团体、公司、交通经济部门等）保有我党的组织或个人的联系。三、要使党的领导机关有独立领导的能力和自信。不要怕犯错误，要能认识和改正错误。要善于估计情况，运用策略，创造各种各样的工作方法，使党的方针能在每一项实际工作（组织的改编、干部和党员的审查、反奸细的

斗争、秘密工作的教育等)中体现出来。四、要在思想上组织上巩固党,使西南党成为真正的彻底的地下党,成为群众的党。五、要熟悉各主要方面的情况,特别是其历史、政策、人物和活动,首先要知道国民党中央和地方当局的、特别是各特务机关的经常情况和紧急措施。六、要做到凡有群众的地方一定要进去工作。这种工作是以社会的方式进行的。首先要解决的便是进入国民党、三青团、工人团体、学校中的合法组织、农村中的合作社以及一切重要行政机关中去工作,去实现党的抗战、民主、进步的方针。七、要善于使上层工作和下层工作相配合,公开工作和秘密工作相配合,公开宣传和秘密宣传相配合,党外的联系和党内的联系相配合。但配合不是暴露。①周恩来最后强调指出:"这七点都做到了,我们西南党组织就是一个坚强的战斗的党组织,时机一到,立即可以起来战斗。"②周恩来积多年来国统区党的工作经验提出的这七个方面的条件,成为南方局党的工作的重要指导思想,是对中央十六字方针的丰富和拓展。

(二)将党的十六字工作方针具体为实行"三勤"和"三化",使之成为党在国统区有效的工作形式和组织形式

"三勤"和"三化"是以周恩来为首的南方局以积极进取的姿态,为正确贯彻执行中央方针采取的具体工作形式和组织形式。

所谓"三勤",即勤业、勤学、勤交友。1947年9月,周恩来曾在与廖志高、于江震、杨超谈话时指出:"经过一九三九、一九四〇年的疏散、撤退和隐蔽都还未奏效,而皖南事变又起,当时党中央的方针是'长期隐蔽,积蓄力量,等待时机',而具体指示是尽量疏散和不要动作与割断关系。我们在当时情况下,力求实现这一指示,还能起某些积极作用;故乃于职业化一项以外,加上学习、交朋友两项;经中央批准定为勤业、勤学、勤交友三项任务,实际上就是'长期隐蔽,积蓄力量,等待时机'方针的具体化。""三勤"要求地下党员和干部彻底转变作风,搞好本职工作,使党更深地扎根于群众之中。

"三化"指的是职业化、社会化、合法化(或群众化)。"三化"就是要从组织形态上使地下党员能够长期隐蔽下来,一旦时机成熟,便向敌人发起进攻。职业化要求从事地下工作的共产党员要有一个赖以谋生的职业,而不是当职业革命家。社会化是指每个地下党员都要与社会建立广泛联系,把自己置身于社会中,从而

---

① 《周恩来选集》上卷,人民出版社1980年版,第110~111页。
② 《周恩来选集》上卷,人民出版社1980年版,第111页。

克服脱离社会关系的毛病。群众化是指地下党员要时刻把自己置身群众中,在合法的前提下发动和影响群众。

在实行"三勤"政策的过程中,一方面广大党员联系的积极分子迫切要求在党的领导下组织起来更好地开展斗争;另一方面严峻的客观形势又不允许恢复组织活动,而只能采取个别联系的方式。南方局在这样特定的历史条件下又创造了一种比较灵活的组织形式——据点。周恩来对据点工作十分重视,对其性质、规模、工作方式等都曾有过具体指示。1943年4月,他在南方局青年组的《一九四二年度工作》报告上批示:建立"据点",顺其自然为好。"据点"不能超过五人,多则亦须分开。应建立模范据点、分散据点、平行据点。应加紧职业青年工作,向中层发展。要有计划地提高现有青年朋友的觉悟,经过较长时间联系的青年要求入党,可将其申请书与履历书收入登记,并报延安中央青委,但加入则不必。要创造新的工作方法和学习方法。①在四川、云南等省,还派遣党员到农村建立据点,开展工作。一些党员打入国民党乡村政权,掩护地下党工作,抵制国民党反共反人民的活动。

可以看出,"三勤"、"三化"政策不是消极隐蔽,埋伏不动。隐蔽是为了保存力量,壮大力量;长期埋伏是为了积蓄力量,准备进攻。根据"三勤""三化"政策隐蔽下来的广大党员和干部,深入到各个方面默默无闻地做了大量工作。

## 三、保存和巩固了党的力量,不断提高了党的战斗力,圆满落实了中央的意图

1943年11月底至12月初,周恩来在做整风发言时认为,抗战时期他本人在区别对待各种政治力量、执行党的隐蔽方针、开展统一战线等方面都有显著的成绩。巩固党的组织、执行党的隐蔽方针,是中央赋予南方局的一项重要任务。早在1939年8月24日,毛泽东在听取南方局工作汇报后曾明确指出:南方局工作的方针是,"一、巩固党;二、深入群众工作;三、向中层阶级发展统一战线。这是今后南方局的严重任务,要这样去适应新的环境与党的总任务"②。南方局在复杂艰巨的环境中,圆满落实了中央关于巩固党的意图,具有重要意义。

(一)保存和巩固了党的力量,为党在国统区开展工作打下组织基础

---

① 《周恩来传》,中央文献出版社1998年版,第621页。
② 《周恩来传》,中央文献出版社1998年版,第561页。

南方局所辖的地区为四川（川东、川康）、云南、贵州、湖北、湖南、广东、广西、江苏、江西、福建和港澳地区，其机关所在地重庆更是国民党中央、国民政府所在地。在国民党统治的中心地区隐蔽下来，把秘密党组织巩固起来，工作是极其困难、极其艰苦、极其复杂的。

周恩来为此明确指出，党的发展要"质重于量，巩固重于发展"，重点在整顿好组织，建立短小精干的领导机构，把工作放在下层。1939年初南方局成立时，据不完全统计，南方各省共发展了5万多名党员，省一级党组织已重建和恢复起来，各省还建立了相当数量的中心县委和县委一级组织。然而很快国民党顽固派就掀起了三次反共高潮，其重点之一就是破坏我在国统区的党组织。再加上抗战开始后，党虽然一度迅速地恢复发展了，但相当一部分党员没有足够的精神准备去对待恶劣的斗争形势。使得1939年后中共在国统区的许多党组织遭到了破坏，党员人数大为减少。比如说，从1940年到1941年，川康特委党员从3 000余人减少到1 000余人，川东特委从3 000人左右减到1 800人，鄂西特委从1 900人减到900人。[①]

在严峻的形势下，南方局根据中央"隐蔽精干、长期埋伏、积蓄力量、等待时机"的指示精神，着重进行了整顿和巩固党的工作。一方面，以极大决心将党的力量进行了有计划的隐蔽和撤退。另一方面，坚持以各种方式开展斗争。比如说，1942年7月，广西省工委及其所属的部分党组织遭受严重破坏后，省工委书记钱兴在中断同上级联系和经济来源的情况下，转移到农村带领党员开荒种地，克服重重困难在农村扎下了根。经过两年多艰苦努力，不仅恢复了原有党组织，而且新建了一批党组织、发展了一批党员，建立了抗日根据地和抗日武装。广西省工委在条件极端困难的情况下坚持隐蔽埋伏、积蓄力量所取得的成就，受到南方局领导的赞扬。

尽管国民党顽固派用尽了种种办法妄图消灭我地下党组织，一些地方党组织被破坏，一部分党员干部惨遭杀害，还有相当数量的党员由于隐蔽疏散工作中的种种原因中断了同党组织的联系，但是南方局及所属各级党组织经受了严峻斗争的考验和锻炼，一直没有受到大的破坏，依然隐蔽精干地保存下来，得到了巩固和发展，为党在国统区开展各项工作打下了组织基础。

（二）使党更深扎根于群众之中，为抗战后期党的工作的重新活跃创造了条件

---

[①]《南方局党史资料·党的建设》，重庆出版社1990年版，第12页。

要使我们党做到长期隐蔽,积蓄力量,关键要深入社会,深入群众。南方局创造性地贯彻落实中央"隐蔽精干、长期埋伏、积蓄力量、等待时机"方针,采取"三勤""三化"政策,使党更深扎根于群众之中。

"三勤"和"三化"要求党员改变过去那种没有职业到处跑街的工作方式。党员不仅要有职业,和群众一样生活、工作,而且还要勤于业勤于学,要把自己从事的工作做好,当学生的要念好书,当老师的要教好书,当工人的要技术熟练。以周恩来肯定和表扬过的云南为例,皖南事变后的几年中,一部分分散在云南各地的党员打入国民党的基层组织、政府机关和军队中,利用合法地位掌握情况,掩护党组织和党的工作。在昆明等城市的工厂、企业中的党员,刻苦钻研技术,并以自己所掌握的技术在国民党机构中进入要害业务岗位,为党做出贡献。疏散到云南农村城镇中的党员,大多进入中小学任教,通过艰苦工作,建立大批以中小学校为基础的据点。许多在学校任教的党员由于教学认真、勤恳工作,受到各界人士赞许。他们利用在学校中的据点,结合教学,大力传播马列主义,启发青年学生的革命觉悟,培养了一批批各民族的革命骨干。总之,南方局广大党员干部通过勤学、勤业、勤交友,实现了党员身份的职业化、社会化、合法化,不仅在复杂的环境中站稳了脚跟,而且学到了知识和技术,增强了为党工作的本领。这些积蓄起来的力量为抗战后期国统区开展轰轰烈烈的抗日民主运动奠定了重要基础。

总之,在周恩来的领导下,南方局党的各项工作不仅迅速实现了转变,而且采取了许多从实际情况出发的具体方针和做法,使党的秘密工作提高到一个新的更高的水平。周恩来在推动南方局党的工作转变中很好地处理了坚定贯彻制定党的路线方针政策和立足实际创造性地开展工作的关系,直到今天仍具有重要启示意义。

# 民族化、大众化、民主化：抗战时期周恩来与国统区文化运动的思想与实践

王欣媛*

全面抗战爆发后，周恩来身先士卒，高举抗日救亡的旗帜，带领着受苦受难的中国百姓走上抗日救国的伟大道路。文化运动是推动抗日救国的一种重要方式。1939年8月4日，周恩来在中共中央政治局会议上发言指出："文化运动的口号应该是：民族化，大众化，民主化。"[①]他主张：先求量的发展，后求质的进步；先求面的发展，后求深入；先求个性的发展，后求集体创造的成功；先求思想上的进步，后求艺术上的成功。[②]实现抗日文化运动的"民族化，大众化、民主化"，是周恩来在国统区取得的重要成就。

## 一、民族化：高举抗日救亡的旗帜，推动文化运动为抗战服务

全面抗战爆发后，中国共产党与国民党携手合作，积极促成抗日民族统一战线。周恩来就是其中的代表。他经常深入到国统区，领导那里的群众从事抗日救亡运动，从而推动抗战文化运动的蓬勃发展。

（一）用心组建第三厅，推动武汉抗日救亡文化宣传运动的顺利开展

1937年12月13日南京失守后，国民政府的军政机关大部分迁到武汉。顿时，武汉就成为了全国抗战的中心，全国性的救亡团体和著名爱国文化人士大多也集中在这里。同年12月18日，周恩来到达武汉，之后出任军事委员会政治副部长。可以说，周恩来出任军事委员会政治部副部长是抗战时期国共合作中的一件大事。军事委员会政治部下设四个厅，其中第三厅负责宣传工作。当时，蒋介石想邀请从日本归国的郭沫若担任第三厅厅长。郭沫若是在南昌起义后加入中国共产党的，他流亡日本后与党组织中断了联系。全面抗战爆发后，郭沫若恢复了党的关系。蒋介石考虑到，有了周恩来、郭沫若这些众望所归的大人物，可以延揽

---

\* 王欣媛，北京信息科技大学政治理论教育学院讲师。
① 周恩来在中共中央政治局会议上的发言提纲，1939年8月4日。
② 周恩来在中共中央政治局会议上的发言提纲，1939年8月4日。

大批著名的文化人士,同时将第三厅掌握在自己的控制下。但是,中国共产党却要把第三厅建设成为共产党领导下的统一战线机构,用来推动轰轰烈烈的抗日救亡文化宣传运动,以利于发动全国人民进行全面抗战。

郭沫若和文化界很多进步人士起初不愿意到这样一个机构去工作,他们担心在国民党的控制下,第三厅办不成什么事情。对此,周恩来耐心地做了很多工作,最终说服了他们。周恩来解释道:"第三厅是个政权组织,政权组织的作用是很大的,我们不能小看它。"①周恩来认为"目前是要突破国民党顽固派的封锁,到前线,到后方去,发动群众,组织群众,使大家团结起来,共同抗击日本侵略者"②。言下之意就是利用第三厅多为抗战做贡献。考虑抗战大局需要的前提下,郭沫若同意仍然以进步文化人士的身份来领导第三厅的工作,担任政治部第三厅厅长。1938年4月1日,第三厅在武昌的昙华林成立,其组织设三个处,其中第六处掌管艺术宣传,由田汉担任处长。冯乃超、史东山、冼星海、张曙等文艺人士都在第三厅里任职。这个阵容,可以说是盛极一时。对此,周恩来对第三厅的共产党员再三嘱咐说:"我们到第三厅去,不是去做官,而是去工作,去坚决斗争,而且是一种非常尖锐复杂的斗争。我们要有高度的警惕性,要有很高的策略思想。"③周恩来还强调,第三厅的人要团结起来,宣传中国共产党的十大纲领,不用理会国民党鼓吹的"一个领袖、一个主义、一个党"的宣传大纲。

(二)研究如何搞好抗战文化宣传,积极指导抗战扩大宣传周活动

第三厅成立后的第一件大事,是举行抗战扩大宣传周。这是抗日战争爆发后,中国共产党在国民党统治区所领导的第一次大规模的抗日宣传活动。如何搞好这次宣传,周恩来同第三厅的工作人员一起进行了多次的研究。周恩来指出:"这次扩大宣传,一要扩大宣传的对象,二要扩大宣传的范围。要深入到劳动阶层中去,要到工厂农村里去,到前线,到战壕里去,去提高广大工农的抗战意识和鼓舞激励战士们的杀敌情绪。"④针对抗战宣传的细节方面,周恩来也提出了自己的建议。

1938年4月7日,周恩来在《怎样进行二期抗战宣传周工作》的专论中提出:"口头宣传要力求普遍、通俗和扼要;文字要力求具体通俗和生动;艺术宣传要更

---

① 《周恩来传》,中央文献出版社1998年版,第493页。
② 《周恩来传》,中央文献出版社1998年版,第493页。
③ 《周恩来传》,中央文献出版社1998年版,第497页。
④ 《周恩来传》,中央文献出版社1998年版,第498页。

加普遍、深刻和激越感人。"①周恩来还要求第三厅的工作人员注意各阶层民众觉醒和了解程度的不同和情绪的差异,针对不同对象提出易于触动他们的口号。比如,他提到"街头标语要多用易于使人记忆的语句。无论漫画、电影、演剧都要使人看了听了印象深刻,难以忘怀。要使看戏的,听唱的感动得当场落泪,兴奋得矢志报仇"②。另外,周恩来还要求"宣讲队都要做到本地人与外省人渗入组合,宣讲要注意对象,说出他们能懂的话,提出他们可以接受和可做到的办法。应该印发小型的宣传刊物及画报迅速输送前方;必须派宣传队分赴前线慰劳;必须募集药品和经费支援前线和伤兵;要做好救济儿童和救济难民的工作;而且还要使这次抗战宣传扩大到敌占区和敌人的队伍中去"③。周恩来的这些意见,不仅对这次抗战扩大宣传周,而且对整个政治部第三厅的工作,起了重要的指导作用。

在周恩来的精心准备和积极指导下,武汉三镇从1938年4月7日开始,进行了为期6天的抗战扩大宣传周活动。宣传周的6天中,每天都有一个主要节目,如歌咏日、美术日、戏剧日、电影日、漫画日等。浩大而生动的抗战扩大宣传周活动不仅坚定了武汉三镇人民抗战到底的决心,而且为在全国开展扩大宣传周活动做出了表率。

(三)协助国际电影工作者,拍摄反映中国抗战的影片,扩大抗战的影响

周恩来不仅为国内的抗战事业呕心沥血,而且还对来华工作的国际友人来华热情款待。中共代表团到达武汉后,经常有常驻的外国使节和全球的记者来访问。这就大大扩展了中国共产党人的接触面。在这种背景下,中共中央长江局设立由王炳南负责的国际宣传组,归周恩来领导。周恩来指示他们,对在武汉的外国人士要保持经常的联系。

1938年4月,荷兰共产党员兼著名电影工作者伊文思受宋庆龄邀请到达武汉,拍摄新闻纪录影片。他是抗战爆发后,第一个踏上中国土地的外国电影工作者。伊文思在津浦战场拍摄纪录影片后,希望到延安去拍摄中国共产党和八路军的活动,这遭到了国民党的拒绝。为了满足伊斯文的心愿,周恩来特意做出安排,让伊文思在武汉拍摄了中共代表团活动的镜头。1938年3月20日,周恩来致信郭沫若,要求第三厅派人协助伊斯文拍片。周恩来在信里指出:"如兄以为然,可

---

① 《周恩来文化文选》,中央文献出版社1998年版,第6页。
② 《周恩来文化文选》,中央文献出版社1998年版,第7页。
③ 《周恩来文化文选》,中央文献出版社1998年版,第7页。

与用之兄商定,一面用陈部长名义致函黄仁霖告以拍制战争影片,应由政治部电影股派人员偕往以昭慎重,另一面可由用之直接向黄提出,以便达到同去目的。"①(黄仁霖:抗战初期在宋美龄处负责外事工作;抗战时期担任国民政府军事委员会政治部第三厅第二科科长,负责电影制作和发行)

  伊文思曾表明来中国拍片的目的,是为了真理,为了保卫和平,反对侵略者,为了使世界公敌的狰狞残暴面目,能尽情地暴露在世界人民的面前。当然,伊文思也希望通过自己的行动,为中华民族的独立和解放做出一点贡献。在滞留汉口期间,伊文思遭到了国民党政府的严密监视,以致不能同共产党人和进步人士接触。后来经过伊文思的努力争取,才获得前往台儿庄前线拍摄的机会。在前线,伊文思拍下了日本侵略者在台儿庄的罪行以及台儿庄前线中国军队等镜头。后来,伊斯文又拍了保卫大武汉的献金运动、抗战将士纪念碑奠基典礼等。在汉口期间,伊文思曾巧妙避开监视,拍摄了八路军办事处周恩来、董必武等人的镜头,弥补了未能前往延安拍摄表现中国共产党领导人民抗日、八路军对敌作战情景的遗憾。在返回美国途经广州时,伊文思又拍摄了广州居民被日军轰炸致死的镜头。回到美国以后,伊文思根据他在中国拍摄的上述材料,编辑完成了反映中国抗战的具有国际影响力的《四万万人》,又名《1938年的中国》。可以说,没有周恩来的帮助,《四万万人》是无法产生的。

  在影片配乐方面,伊文思还选用《义勇军进行曲》的旋律,作为《四万万人》的背景音乐。该影片相当真实地反映了当时中国人民抗战的面貌,向全世界人民揭露了日本帝国主义侵略中国的罪行,反映了中国人民抗战到底的决心。"影片洋溢着伊文思同情和支持中国人民抗战的热情,洋溢着他可贵的国际主义精神。"②影片在美国、法国、荷兰、比利时等国放映时受到观众的很大欢迎,"就连一些反动的资产阶级报刊业不得不承认这是一部优秀的艺术品"③。此外,伊文思还在影片中用抗战形势图的方式,表明站在抗日最前线的是八路军和新四军——他们才是中国抗日的主力。除了创作影片,伊文思还把这部影片的收入用来购买药品,热情地送给中国人民。他回忆说:"这次访问认识了周恩来,并得到他许多的关照,也了解到中国的许多真情,同时也因此对周恩来的伟大、深谋远虑和文武全才有

---

① 《周恩来书信选集》,中央文献出版社1988年版,第147页。
② 程季华主编:《中国电影发展史》(二),中国电影出版社1963年版,第33页。
③ 程季华主编:《中国电影发展史》(二),中国电影出版社1963年版,第33页。

所体会。"①伊文思回国前,将一部电影摄影机和三盒胶片赠送给八路军办事处。周恩来派人将伊文思赠送的礼物送往延安,为解放区的电影事业提供帮助。

(四)发文和开会纪念国民党内的知名人士,以此发扬伟大的抗战精神

除了组织和协助文化人士开展抗日救亡宣传运动,周恩来还亲自撰写文章纪念国民党内的著名人士,以此达到团结抗战、巩固抗日民族统一战线的目的。对当时处于中国执政党地位的国民党,周恩来坚持"要采取分析的态度。它的内部并不都是一样的,除一部分顽固派外,也有不少主张抗战和团结的进步分子,必须加以区别"②。对此,周恩来借着冯玉祥60岁生日和悼念张自忠的机会,在《新华日报》上发表文章,表明中国共产党团结抗战、反对投降的坚定信念。

1938年10月19日,中华全国抗敌文艺协会、第三厅和鲁迅纪念委员会三个单位联合发起,举行鲁迅逝世二周年纪念会。周恩来在大会上以鲁迅从不动摇和妥协的战斗精神来激励大家。周恩来鼓励大家说,中国的抗战已经持续了一年,之后的日子会更加艰苦。在这种艰苦的环境下,召开纪念鲁迅先生的大会,让每个人学习鲁迅身上倔强奋斗至死不屈的精神,从而上升到中国的伟大抗战中,就是坚持不退让,不妥协的精神。即使困难再大,只要民众有抗战到底的信念,就能取得抗战的胜利。前途是光明的,希望每个中国人为之而努力奋斗。

1941年11月14日,周恩来在《新华日报》上发表《寿冯焕章先生六十大庆》的专文,赞扬冯玉祥多年以来坚持御侮,反对投降,呼吁团结。并且写道:"国家今日,尚需要先生宏济艰难,为民请命,为国效劳。"③冯玉祥读后十分感动,于是他也赋诗一首作为回赠。6天后,《新华日报》刊登了冯玉祥的诗——《谢寿》,里面写道:"为了我们的国家民族,为了全国同胞和全世界的人群,努力不懈不怕牺牲,尽自己的本分打倒侵略的敌人。我就拿这一点恳挚的心情,来感谢我的长者和朋友们。"④

1943年5月16日是张自忠壮烈殉国三周年之日。《新华日报》公开出版了《张自忠将军殉职三周年纪念专刊》,周恩来写了题为《追念张荩忱上将》的代论,热情赞颂张自忠将军发扬了中华民族不畏牺牲、大义凛然的民族气节,为抗战树立了榜样。周恩来最后呼吁:"这种大义凛然的民族气节,乃是抗日战争中所需要

---

① 访问伊文思谈话记录,1983年9月22日。
② 《周恩来传》,中央文献出版社1998年版,第649页。
③ 《新华日报》,1941年11月14日。
④ 《新华日报》,1941年11月20日。

的宝贵精神。我们在抗日战争的最后一段行程中,要有伟大的爱和憎,爱我们抗日的同志,恨那般杀死我们抗日同志的敌人,不调和,不妥协,一直打到最后胜利。"①

可以说,正是周恩来这种诚挚、包容、宽怀、博爱的胸襟,使得很多国民党人士对中国共产党人另眼相看,从而团结了更多抗战的有志之士。

## 二、大众化:文化抗战要扩大到全国去,要唤起每一个百姓的抗战意识

周恩来曾指出:"中国共产党的靠山是中国的人民。中国共产党是从中国劳动人民中生长起来的,它是存在中国人民中间。我们党是群众的党,并与近万万的群众在实际的战争的生活中血肉相连起来了。"②在中国的人口中,劳苦大众占据了绝大多数。中国的抗战需要群众,军队补充和粮食供给都需要群众。中国共产党的工作原则包括:坚持抗战高于一切,一切服从抗战,坚持民众的动员,坚持国内民主,发展我们的力量,扩大和巩固统一战线。因此,只有争取千百万群众奋起反击日本侵略者,中国才有胜利的希望。在抗战时期的国统区,周恩来通过推动文化抗战,积极调动城市军民的抗战热情,实现了将文化抗战推广到全国去、促进全民抗战的目的。

(一)组织开展武汉的扩大宣传周活动,进一步推动全民抗战

从1938年4月7日到4月12日,武汉举行了扩大宣传周活动。在举行之前,周恩来在开幕式上发表演说,号召"抗战宣传第一要深入,第二要扩大。要把武汉的扩大宣传周扩大到全国去"③。同一天,周恩来为《新华日报》撰写了题为《怎样进行二期抗战宣传周工作》的专论。扩大宣传周的第一天,正好传来台儿庄大捷的消息。听到这一振奋人心的消息,武汉三镇举行了十万人的火炬游行,大家都为此欢呼喝彩。据史料记载,武汉"几十个演剧队和几百个口头宣传队深入武汉三镇大街小巷、工厂、码头、郊区农村进行抗日宣传。上万人的歌咏游行使雄壮嘹亮的抗日救亡歌声响彻了整个武汉上空。抗日花灯火炬游行和夜晚几百条船相连数里的水上火炬歌咏游行,蔚为壮观。剧院、电影院全部上演抗战话剧、抗战戏曲、抗战电影,免收门票,特别招待伤兵和难民。还把抗战电影用卡车送到从来没

---

① 《周恩来传》,中央文献出版社1998年版,第649~650页。
② 《周恩来选集》上卷,人民出版社1980年版,第139页。
③ 《周恩来传》,中央文献出版社1998年版,第499页。

有见过电影的农村中去,配合讲演"①。经过几天的扩大周宣传活动,武汉三镇的人民确实沸腾起来。

对这次宣传周中的火炬游行,郭沫若在《洪波曲》中曾有过一段生动的描写:"参加火炬游行的,通合武汉三镇,怕有四五十万人。特别是在武昌的黄鹤楼下,被人众拥挤得水泄不通,轮渡的乘客无法下船,火炬照红了长江两岸。唱歌声、爆竹声、高呼口号声,仿佛要把整个空间炸破。武汉三镇的确是复活了!谁能说人民是死了呢?谁能说铁血的镇压可以使人民永远窒息呢?"②可见,只有唤起每一个老百姓的抗战意识,才能进一步推动全民抗战。在周恩来的带领下,武汉三镇组织了宣传队、歌咏队、演剧队、放映队在街头等地宣传,还举行抗战画展和木刻画展。第三厅成立后,还建立了十个抗敌演剧队和四个抗敌宣传队,分赴各个战区的前线。在这种情况下,武汉的抗日救亡运动就蓬勃开展起来了。

(二)根据不同阶层的思想情况,充分动员他们加入到文化抗战的队伍中

在抗日宣传的队伍中,除演剧队和宣传队外,还有一个儿童剧团。这个儿童剧团成立于1937年9月,是第三厅的直属文艺团体,是通过厅长郭沫若出面力争而组织起来的。它的成员主要是上海的一些儿童。这些儿童经过长途跋涉,沿路宣传,来到汉口,一共22人,最小的8岁,大多是11岁,年龄最大的团长也只有17岁。周恩来知道后两次让邓颖超去看望他们,在经济上给以接济。周恩来自己也找他们聚谈。他认为儿童是社会力量的一部分,是抗日战争中的一支小生力军。周恩来勉励孩子们要有"救国、革命、创造"三种精神。"要一手打倒日本强盗,一手创造新中国。"③在儿童剧团、演剧队和宣传队集训时,周恩来向他们解释说:"现在许多老百姓还是从敌人的炮火和飞机炸弹下,才知道日本帝国主义已经打来了的消息。边远地区的民众还不懂得为什么抗战。只有全国老百姓都动员起来,才能陷敌于灭顶之灾的汪洋大海。"④周恩来还勉励他们要深入民众,做好抗战的政治动员工作。

抗战初期,很多文化人士从各地来到武汉,他们有着各种不同的政治倾向。遗憾的是,第三厅不可能把他们都容纳进去。为了解决这个问题,周恩来在筹组政治部第三厅的同时,积极推动成立中华全国文艺界抗敌协会,以便把云集武汉

---

① 《周恩来传》,中央文献出版社1998年版,第499页。
② 郭沫若:《洪波曲》,人民文学出版社1979年版,第56页。
③ 《新华日报》,1938年2月10日。
④ 《周恩来传》,中央文献出版社1998年版,第502页。

的众多的文化界人士团结起来。为了这件事,周恩来特地拜访冯玉祥,请正在他那里帮助工作的著名作家老舍出来主持中华全国文艺界抗敌协会的各项工作。老舍称自己是一个抗战派,谁真正抗战,自己就跟着谁走。在各种不同政治倾向的文化界人士中间,老舍的威望最高。在周恩来的组织下,中华全国文艺界抗敌协会于1938年3月27日成立,周恩来、老舍等人出席了大会。周恩来在大会上呼吁全国的文艺作家们"在全民族面前,空前地团结起来。这种伟大的团结,不仅仅是在最近,即在中国历史上,在全世界上都是少有的。这种不分思想,不分信仰的空前团结,象征我们伟大的中华民族,一定可以凝固地团结起来,打倒日本帝国主义"[1]。

就这样,不同文化层次群众的抗日热情都被调动起来了。在周恩来的努力下,他们纷纷加入抗日的队伍,积极开展抗日救亡宣传工作。

(三)提出文化宣传的内容和方法要符合群众的口味,做到群众喜闻乐见

早在1938年抗敌演剧队成立时,周恩来就嘱咐全体队员,要注意"宣传方法和形式要符合民众的口味,要入乡随俗,老百姓才能喜闻乐见,才能收到宣传的预期效果"[2]。在中国抗战复杂的背景下,只有将抗日救亡的理念深入到每一个百姓的心里,才能激发百姓的抗日热情。这就要求文化工作者必须了解民众的心理,在开展抗日救亡宣传中满足群众的口味。一旦实现了群众喜闻乐见,那么才能真正实现抗日文化运动的大众化。

在这里,仅以抗日报刊的出版和销售为例。周恩来强调,若想让广大读者理解抗日战争的正义性和抗战胜利的必然性,党在报刊工作方面要更多地从马克思列宁主义出发,去批判当时一切不利于抗战以致破坏抗战的反动谬论。比如《救亡日报》,这是郭沫若以上海文化界救亡协会的名义创办的。上海沦陷后,《救亡日报》迁到广州去出版,由夏衍负责。在一段时间内,《救亡日报》的销量出现了问题,很多百姓都不愿意购买和阅读。针对这种情况,周恩来分析认为"报纸的问题不仅仅在于销量,更重要的是群众是否喜欢和敢于看办的报纸"[3]。周恩来告诉夏衍,中国共产党办报总的方针是"宣传抗日、团结、进步,要办出独特的风格来,办出一份左、中、右三方面的人都要看、都喜欢看的报纸"[4]。如果办成了国民党风格

---

[1] 《新华日报》,1938年3月28日。
[2] 《周恩来传》,中央文献出版社1998年版,第502页。
[3] 《周恩来传》,中央文献出版社1998年版,第512页。
[4] 《周恩来传》,中央文献出版社1998年版,第512~513页。

的报纸,就会失去广大的读者。在办报方面,周恩来建议夏衍好好学习邹韬奋办《生活》的作风。在周恩来看来,《生活》通俗易懂,精辟动人,讲人民大众想讲的话,完全符合人民大众的口味。按照周恩来的指示,夏衍努力改善了《救亡日报》的办报方式,使得《救亡日报》在华南、在香港和海外,在广泛的社会阶层中,都产生了很大的影响。

除了办报,周恩来为推动报刊采访工作也做出了自己的贡献。皖南事变后,周恩来更加关注党报对社会各阶层的日常影响作用。在这里,以《新华日报》为例。当时,《新华日报》采访部主任陆诒向周恩来诉苦说"最近时局沉闷,新闻线索少。有个报道枯燥乏味,读者也不要看"①。周恩来却认为,产生这种现象的主要原因是《新华日报》没有深入群众,没有了解群众的要求与愿望。对此,周恩来建议陆诒除了采访一些上层活动,还要深入到群众中,比如"访问嘉陵江上几个渡口的船夫,或者访问重庆市内的公共汽车售票员,谈谈他们的生活和愿望"。周恩来认为,有了这种别开生面的新闻报道,《新华日报》也许就能受到群众的欢迎。② 周恩来还提到,茶馆是最能找到新闻和线索的地方。如果想收集第一手材料,可以去茶馆坐坐,听听群众在谈什么,在想什么。这样,党的报纸一定能受到群众的欢迎。周恩来的这些意见,使《新华日报》深入到群众中去,从而大大推动了《新华日报》采访工作的转变,也推动了抗日文化运动的顺利开展。

## 三、民主化:致力于进步文化工作,推动抗日民主运动的蓬勃发展

抗战时期,国民党在国统区对抗日民主运动进行镇压,而且还暗地里对一些进步文化人士进行迫害。尤其是在皖南事变爆发后的时间里,国民党政府对国统区的进步文化运动进行多次干涉,大大降低了国统区文化人士的抗日热情。对此,周恩来要求,在国统区通过灵活的方式开展进步文化运动,将抗日民主运动恢复到蓬勃发展的状态。

(一)保护国统区的进步文化人士,团结他们成为强大的抗日力量

到了抗战后期,国统区内民怨沸腾。在这种背景下,周恩来和南方局选择了那时被国民党顽固派忽视而又有着很大群众影响的文艺运动,特别是演剧运动作为突破口,以此推动大后方的抗日民主运动。在重庆,大多数文化人士都有着抗

---

① 《新华日报的回忆》,四川人民出版社1979年版,第36页。
② 《新华日报的回忆》,四川人民出版社1979年版,第36页。

日爱国思想,但有些仍然对国民党顽固派表面上抗战、背地里破坏抗战的现象认识不清。还有一些人,虽然对国民党的腐败无能感到不满,但又不了解共产党领导下的八路军、新四军和抗日根据地的情况。基于上述原因,这些文化人士往往对抗战前途感到渺茫,不知道何为出路。周恩来分析了文化人士的这种情况,他指出"要把这些朋友争取过来,就要做细致的工作,而关键是要使他们了解共产党坚持抗日、团结、进步的方针,揭露国民党中一部分人企图投降、分裂、倒退的真相。他特别强调在文艺界中广泛结交朋友,同他们沟通思想、互相帮助,逐渐有了深交就可以团结成为一支强大的力量"①。周恩来还强调,在国统区的共产党和文化人士应该充分利用国民党所控制的文化机构和团体,通过对作家、导演、演员进行引导和做思想工作,使这些文化机构和团体为共产党所用。

针对已经暴露或有可能被捕的进步文化人士,周恩来认为必须加以调动或疏散。为了保护进步文化力量免遭摧残,周恩来和南方局经过仔细研究,决定安排党内外的进步文化人士分散到各地去。在周恩来的努力说服下,国统区的很多进步文化人士纷纷奔赴各地,如"艾青等人去延安,田汉等人去昆明,茅盾等人去香港"②。1941年1月至5月,大后方有100多位进步文化人士有计划地转移到香港。为了加强党对进步文化工作的领导,南方局决定广泛团结各方面人士,在香港建立文化工作委员会,由廖承志、夏衍、潘汉年、胡绳、张友渔五人组成。此外,南方局还选送不少干部绕道上海,进入苏北新四军驻地。从1941年下半年开始,周恩来又根据中共中央的指示,将一批批干部向李先念领导的鄂中根据地转移。广西桂林在抗战爆发后是大后方进步文化活动的重要中心,太平洋战争爆发后,大批文化人回到桂林,使桂林的进步文化活动在艰苦的条件下又逐步发展起来。同时,国民党特务也开始了对文化人士的迫害。对此,周恩来直接领导了对文化界人士的秘密大营救活动。历时半年,一共营救出爱国进步文化人士和民主人士及家属800余人,包括茅盾,夏衍等。大后方文化人士的转移,为抗日民主运动的开展积累了宝贵的人力资源。

(二)创作反帝反封建的文艺作品,使国统区进步文化运动得到复苏

1940年10月上旬,重庆《新蜀报》副刊举行座谈会,出席的有田汉等22人。座谈会认为"在武汉会战以前,作家都抱着一种天真的兴奋的情绪,歌唱胜利,憧

---

① 《周恩来传》,中央文献出版社1998年版,第632页。
② 《周恩来传》,中央文献出版社1998年版,第626页。

憬光明,表现在作品中多半为英雄和英雄故事"①。抗战转入相持阶段以后,这些作家"逐渐看清了抗战的胜利绝不会廉价地获得,于是批判地来描写光明,同时也暴露黑暗,扩大了写作范围"②。皖南事变发生后的将近半年时间内,重庆的进步文化界相对说来比较沉寂。由于环境险恶,很多进步文化人士陆续离开重庆。从1941年1月到4月,重庆的《全民抗战》和桂林的《救亡日报》等数十种进步报刊在国民党的压迫下被迫停刊。

即使在独裁专制的环境下,大后方的进步文化工作者仍然做了大量工作。除了创作反抗日本侵略者的作品,他们还多次创作了关于崇尚民主进步、反对独裁专制的作品。1941年10月以后,重庆的进步文化运动重新出现复苏的局面。1941年11月16日,《新华日报》出版《纪念郭沫若先生创作二十五周年特刊》,周恩来为特刊题写刊头,并写了代论:《我要说的话》。文章论述鲁迅和郭沫若两人不同的时代背景和经历,这样写道:"鲁迅是新文化运动的导师,郭沫若便是新文化运动的主将。鲁迅如果是将没有路的路开辟出来的先锋,郭沫若便是带着大家一道前进的向导。"③此外,重庆文艺界还演出两台话剧作为献礼。一台是由中华剧艺社上演的阳翰笙编剧的《天国春秋》,一台是由郭沫若编剧的《棠棣之花》。《天国春秋》以"太平天国的历史教训来斥责国民党顽固派同室操戈、破坏团结、破坏抗战的行为"④。当时在重庆,看过《天国春秋》的观众都会为剧中人洪宣娇说出的"大敌当前,我们不应自相残杀"而振奋。《棠棣之花》则"着重表现聂莹、聂政姐弟不畏强暴、壮烈牺牲的精神"⑤。《新华日报》特意开辟了"棠棣之花剧评"专页。周恩来为专页题写刊头,并修改了《从棠棣之花谈到评历史剧》和《正义的赞歌,壮丽的图画》两篇文章。可以说,这两部戏在当时的历史环境下颂扬气节,号召团结起来反对强暴,引起观众强烈的共鸣。

1942年,郭沫若又写出了著名的历史剧——《屈原》。《屈原》创作后立即在《中央日报》的《中央副刊》上连载,后来由中华剧艺社在重庆公演。周恩来对《屈原》的剧本提出了很多建议。他认为"屈原在当时受迫害,才忧愁幽思创作《离骚》。现在我们也受迫害,这个题材好"⑥。在周恩来的鼓励下,郭沫若迅速写出了

---

① 《周恩来传》,中央文献出版社1998年版,第634页。
② 《周恩来传》,中央文献出版社1998年版,第634页。
③ 《新华日报》,1941年11月16日。
④ 《周恩来传》,中央文献出版社1998年版,第637页。
⑤ 《周恩来传》,中央文献出版社1998年版,第637页。
⑥ 《周恩来传》,中央文献出版社1998年版,第638页。

剧本。周恩来对剧本中高潮的《雷电颂》很欣赏,尤其是其中的一段台词"鼓动吧,风!咆哮吧,雷!闪耀吧,电!将一切沉睡在黑暗怀抱里的东西,毁灭,毁灭,毁灭呀!"①周恩来指出:"屈原并没有写过这样的诗词,也不可能写得出来,这是郭老借着屈原的口说出自己心中的怨愤,也表达了蒋管区广大人民的愤恨之情,是向国民党压迫人民的控诉,好得很!"②在中华剧艺决定排演《屈原》后,周恩来又再三叮嘱演好这个戏。排演时,周恩来亲自到剧场观看排演,还把主要演员请到红岩,让他们念《雷电颂》这一段。他反复听了几遍后对演员说:"注意台词的音节和艺术效果固然重要,但尤其重要的是充分理解郭老的思想感情,要正确表达,这是郭老说给国民党顽固派听的,也是广大人民的心声,可以预计在剧场中,一定会引起观众极大的共鸣。这就是斗争。"③

《屈原》的演出,轰动了山城重庆,出现了空前的盛况。它使人们自皖南事变以来长期郁积在胸中的愤恨得到一次尽情倾泻的机会。根据演员白杨回忆:"许多群众半夜里就带着铺盖来等待买票,很多群众走了很远的路程,冒着大雨来看演出。剧场里,台上台下群情激昂,交融成一片。"④重庆的报纸将《屈原》誉为"剧坛上的一个奇迹"。《新华日报》等报刊都陆续出版了《屈原》演出的特刊,热烈地赞颂这次演出。周恩来在兴奋中没有忘记给干部买票去观看《屈原》的演出,同时他还大力宣传这个戏的成功演出。《屈原》演出的第六天,夏衍从香港回到重庆。周恩来建议夏衍在重庆争取公开合法,以进步文化人的面貌,做统一战线工作。1941年10月20日,夏衍的《法西斯细菌》在重庆上演。这个戏"通过一个原来不过问政治的细菌学家转变为反法西斯战士的过程,揭露了法西斯的罪恶,抨击国民党的黑暗统治"⑤。周恩来夸奖这个戏写得好,还打算找几位医生看看,听听他们的意见。他说:"皖南事变后,重庆文艺界万马齐喑。我们在这个时期钻了国民党的一个空子。沫若的《屈原》打破了十个多月来的沉闷,连国民党的'要人们'也去看了,当然他们也知道,戏里骂的是什么人。但这是古代的事,是历史,他们也没有办法。"⑥

(三)灵活运用座谈会和纪念会等方式,发扬民主精神,推动抗战到底

---

① 《周恩来传》,中央文献出版社1998年版,第638页。
② 《周恩来传》,中央文献出版社1998年版,第638~639页。
③ 《人民的好总理》上,人民出版社1977年版,第340页。
④ 《悼念郭老》,生活·读书·新知三联书店1979年版,第251页。
⑤ 《周恩来传》,中央文献出版社1998年版,第641页。
⑥ 夏衍:《懒寻旧梦录》,生活·读书·新知三联书店1985年版,第488页。

从1941年1月至9月,文化工作委员会先后举办新诗、戏剧批评等座谈会和民歌演唱会,并同中苏文化协会等合作举行高尔基逝世五周年纪念会,来推动抗日民主运动的进行。周恩来也出席了这些会。1940年9月,第二次反共高潮前夕,国民党以改组政治部为名,撤销了第三厅,郭沫若也卸去厅长的职务。周恩来很气愤,但又希望借着第三厅的名义为抗战事业做贡献。于是,周恩来向张治中提出将第三厅的文化人士送去延安,为中国共产党和解放区服务。见此,国民党只能以国家用人之际为由,提出另外成立一个部门,让第三厅的人参加,郭沫若负责主持。部里还成立一个文化工作委员会,其宗旨是对文化工作进行研究。这个提议正好满足了周恩来的愿望,他认为共产党和文化人士可以借此更好地开展抗战工作。文化工作委员会的筹办很艰苦,其成员在文化运动中发挥了巨大的作用。成员"不把自己的活动局限于文工会内部,而是以个人身份跳出圈子,到社会上进行学术文化活动,广交朋友,联系群众,扩大自己的影响。文工会也经常举办各种讲座、演讲会、报告会,以学术活动的方式联系群众,造成健康的舆论,启发民众的政治意识,推动民主运动的发展"①。

当时举行群众性集会在国统区是犯禁的。对此,周恩来找到一种扩大影响的新的斗争方式。他提议由文艺界开展纪念郭沫若五十寿辰和创作生活25周年的活动。郭沫若起初是婉拒的,后来周恩来跟他解释道"为你做寿是一场意义重大的政治斗争,为你举行创作二十五周年纪念又是一场重大的文化斗争,通过这次斗争,我们可以发动一切民主力量来冲破敌人的政治上和文化上的法西斯统治"②。1941年11月16日下午,纪念会如期举行,会场设在中苏文化协会。门口高悬着一支硕大无比的毛笔和"以清妖孽"四个大字。周恩来在会上讲道:"在到会的老年、中年和青年三种人中,郭先生是无愧于五四运动当中长大的这一代的。他不只是革命的诗人,也是革命的战士。无论从他的著作和行动里,都燃烧着那烈火一般的感情。在反对旧礼教社会的战斗中,有着他这一位旗手;在保卫祖国的战斗中,也有着他这一只号角;在当前反法西斯的战斗中,他仍然是那样挺身站在前面,发出对野蛮侵略者的诅咒。这些都是青年们应当学习的。"③这次祝寿活动,是进步文化人士在皖南事变后第一次聚在一起。这次活动显示了进步文化界

---

① 《周恩来传》,中央文献出版社1998年版,第634页。
② 阳翰笙:《风雨五十年》,人民文学出版社1986年版,第285页。
③ 《周恩来传》,中央文献出版社1998年版,第636页。

团结战斗的力量,一扫第二次反共高潮以来笼罩在重庆上空的沉闷空气。

周恩来还通过组织民主科学座谈会来团结文化人士。周恩来常以聚餐形式讨论民主与科学问题。他建议参加"自然科学座谈会"的朋友,与不久前组织的民主科学座谈会合并成为民主科学座谈会,主张发扬五四精神,团结更多的科学技术工作者抗战到底,为实现人民民主与发展人民科学而奋斗。此外,周恩来还向《新民报》的编辑和在座的著名小说家张恨水讲道理,指出可以用小说题材揭露黑暗势力,同国民党反动派斗争。当时,有些进步学术工作者把宣传唯心主义的哲学家冯友兰视为对立面。周恩来则认为"民族大敌当前,在千千万万种矛盾中间,与冯友兰在阶级立场上的矛盾固然是尖锐的,但毕竟不是主要矛盾。当前,学术理论上最危险的敌人,是国民党右派的妥协投降理论,我们的斗争锋芒应该对准陈立夫的《唯生论》"①。周恩来的这番话,把在座的各位人士都说服了。

## 余论

抗日战争时期,周恩来在武汉、重庆、桂林等地区领导了浩大的抗日文化救亡运动。在文化运动"民族化、大众化、民主化"口号的指导下,中国共产党在国统区团结了广大百姓和一大批抗日民主人士,在反对日本侵略者的同时反对国统区的黑暗统治,推动了抗日救亡运动和抗日民主运动的蓬勃发展,为争取抗战的最终胜利提供了巨大的动力,也为当前更好地开展党的文化工作提供了重要的借鉴。

---

① 侯外庐:《韧的追求》,生活·读书·新知三联书店1985年版,第123页。

# 重庆时期周恩来与抗战大后方党的知识分子工作

钟 波[*]

## 一、重庆时期大后方知识分子的状况与党的任务

重庆时期,在以重庆、昆明、桂林为代表的大后方云集了各界大批的知识分子[①],但由于通货膨胀、物资缺乏、投机活动等,大后方物价急剧上涨,知识分子面临着很大的生活压力[②],"教授教授,越教越瘦""薪水薪水,不够买薪买水",盯着华罗庚的小偷当听他说是"教授"后马上走开了,街上的乞丐都不愿找教授乞讨。[③]吴大猷摆地摊卖起了衣物,吴晗将自己珍藏多年的明版书转让给云南大学图书馆,闻一多在街头刻章卖印。[④]相比于物质上的困难,精神上的压迫和人身安全上的威胁,则带来更多的不安,"在肉体的病痛之外,我还有一点精神上的苦痛。每逢我拿起笔来,我必须象小贼似的东瞧西看,唯恐被人抓住"[⑤]。1941年2月5日,深感没有出路的戏剧家洪深带领一家三口在家服毒自杀,留下遗书说"一切都无办法,政治、事业、家庭、经济如此艰难,不如归去"。周恩来闻讯后,立即着人予以

---

[*] 钟 波,中央文献研究室助理研究员。
[①] 抗战爆发后,在被誉为"东方的敦刻尔克大撤退"中,高校、科研院所、文化机构等等纷纷内迁,"高级知识分子十分之九以上西迁,中级知识分子十分之五以上西迁,低级知识分子十分之三以上西迁","除有一部分沿江迁入江西、湖南、湖北各省外,大都分布于西南西北各省;而其中尤以四川、云南、贵州、广西为最多",见孙本文《现代中国社会问题》(第2册),商务印书馆1946年版,第260~261页。
[②] 伍启元、费孝通、杨西孟、戴世光等:《我们对于当前物价问题的意见》《我们对于物价问题的再度呼吁》《现阶段的物价及经济问题》,分见《大公报》,1942年5月17、18日,1944年5月16日,1945年5月20日。另,有关大后方知识分子生活状况,可参看严海建《抗战后期的通货膨胀与大后方知识分子的转变——以大后方的教授学者群体为论述中心》,《重庆社会科学》,2006年第8期。
[③] 苏智良等编著:《去大后方》,上海人民出版社2005年版,第422~424页。
[④] 参见西南联大北京校友会编《国立西南联合大学校史》,北京大学出版社1996年版,第74页;陈明远:《文化人的经济生活》,文汇出版社2005年版,第241页。
[⑤] 老舍:《病》,《大公报》,1944年4月16日。

救助,幸告脱险。① 这种以极端方式表达满腔悲愤之例,折射出的正是大后方知识分子的境况。

五届五中全会后,国民党消极抗日、积极反共,摩擦制造不断,抗日统一战线中的投降、分裂、倒退成为了最大的危险。皖南事变后,环境愈加险恶,时局正处在一个转变的关头,为克服投降危险,组织进步力量争取时局的好转,必须更加地巩固和扩大抗日民族统一战线。"在这里,文化人与知识分子是非常重要的"②,必须善于吸收知识分子,争取一切进步的知识分子于我们党的影响之下。③而国统区党的工作又逐渐被迫全面转入地下状态。在这种严峻的形势下,如何在采取"荫蔽精干"政策的同时,争取和团结一切进步的知识分子于我们党的影响之下,发挥大后方这一重要力量,推动抗日,打开国统区党的工作局面,从而实现"发展进步势力、争取中间势力、反对顽固势力"的策略方针④,成为摆在周恩来面前的一项异常艰难而又重要的任务。

## 二、周恩来大后方知识分子工作的方式与策略

周恩来认为要把知识分子朋友们争取过来,就要做细致的工作,在大后方特殊的环境下,需要新的策略和方式来打开局面,把大后方广大的知识分子团结、组织和发动起来。

(一)利用合法机构,把知识分子组织起来

1.通过文工会等合法机构开展了大量工作

1940年9月,国民党以改组政治部为名撤销三厅,准备成立文化工作委员会,但规定只能做研究工作,意图把文化人士圈住。对此,周恩来向大家做工作,他指出:一方面,挂个招牌有好处,我们更可以通过合法机构来开展工作;另一方面,要不受他们的束缚,跳出圈子,以个人身份到社会上进行活动。⑤ 在周恩来的指导下,文工会包容了比三厅更广泛的各界知识分子代表,皆为一时之选,在社会上享有很高声望,被誉为"齐之稷下"。"在战斗中诞生,在战斗中结束"的文工会,利用合法地位,以富有战斗力的文艺创作为武器,做了大量的宣传工作,联系群众、教

---

① 许涤新:《抗日战争和解放战争初期周总理在国统区的斗争》,《人民的好总理》上卷,人民出版社1977年版,第426页。
② 《中共中央文件选集》第12册,中共中央党校出版社1991年版,第205页。
③ 《毛泽东选集》第二卷,人民出版社1991年版,第618、751页。
④ 《毛泽东选集》第二卷,人民出版社1991年版,第751、763页。
⑤ 阳翰笙:《风雨五十年》,人民文学出版社1986年版,第262~263页。

育群众,反对、打击了国民党顽固派的投降、倒退、分裂政策,是党在国统区工作的重要战线和革命文化基地,被誉为"第二红岩""第二(八路军)办事处",从而壮大了抗日民族统一战线的力量。①

2. 通过全国文艺界抗敌协会等协会、团体开展工作

在周恩来的指导和帮助下,文协的成立,标志着文艺界抗日民族统一战线的形成,实现了文艺界的大团结,"这种伟大的团结,不仅仅是在最近,即在中国历史上、在全世界上,也是少有的"②。文协成立后,经费的紧张是遇到的首要难题,"第一个难以克服的困难就是穷""'弄钱去'乃成为口号"③,周恩来多次表示设法为文协筹款,使大家能更多地创作,使会务有更大的发展。④ 之后,利用自己担任政治部副部长之利,让政治部每月拨款五百元给文协。在文协为援助贫病作家发起募捐时,周恩来给予支持,并捐款一万元。对大后方广大文化人士来说,周恩来的这些工作不仅有着经济上的意义,更具有政治上潜移默化的影响。对于中苏文化协会等团体,周恩来同样高度重视,派人参与其中,大力支持他们当中有利于团结和抗战的活动。

(二)采取新的形式,把知识分子发动起来

1. 借助重大纪念日、名人红白日等纪念活动打破封锁

在这方面,影响最为显著的是有关鲁迅与郭沫若二人的纪念活动。1940年,在一心饭店举行的重庆文化界纪念鲁迅逝世四周年聚餐会上,周恩来指出,鲁迅是"中国二十年来最伟大的不屈不挠的精神的代表者",号召大后方文化人士特别注意和学习鲁迅。⑤同时,周恩来认为纪念、学习鲁迅不仅限于文艺界,应该超出文艺界,希望每一个人成为鲁迅一样的"劲草",为实现最后胜利而奋斗到底。⑥鲁迅作为知识分子的一面旗帜,"在文化战线上,代表全民族的大多数"⑦,纪念、学习鲁迅成为了大后方文化人的精神动力,贯穿抗战的始终。

号召大家在学习鲁迅的旗帜下团结起来的同时,周恩来建议以郭沫若为鲁迅

---

① 阳翰笙:《风雨五十年》,人民文学出版社1986年版,第266页。
② 《周恩来文化文选》,中央文献出版社1998年版,第3页。
③ 《老舍文集》第十五卷,人民文学出版社1989年版,第626页。
④ 《周恩来年谱(1898—1949)》(修订本),中央文献出版社1998年版,第422页。
⑤ 文天行等编:《中华全国文艺界抗敌协会资料汇编》,四川省社会科学院出版社1983年版,第335~336页。
⑥ 郭沫若:《洪波曲》,《郭沫若全集》第十四卷,人民文学出版社1992年版,第189页。
⑦ 《毛泽东选集》第二卷,人民出版社1991年版,第698页。

的继承者,以凝聚和团结文化界的力量。① 1941年11月16日,在郭沫若创作二十五周年和五十生辰之际,周恩来指示举办了纪念会,有文化界、学术界、新闻界、民主党派等代表2 000余人参加。在纪念会的当日,周恩来高度评价了郭沫若在文艺、学术等方面的成就,并在《新华日报》发表《我要说的话》,指出"鲁迅先生已不在世了,他的遗范尚存,我们会愈感觉到在新文化战线上,郭先生带着我们一道奋斗的亲切,而且我们也永远祝福他带着我们奋斗到底"②。成都、桂林、昆明、香港等地都举行了庆祝活动,几乎整个文化界、新闻界、文艺界都动员了起来。周恩来的文章和讲话,更是明确了郭沫若是继鲁迅之后新文化运动的又一面旗帜,有力地促进了文化界的团结和前进。

2. 通过演剧和剧评发动文化人士进行借古讽今的斗争

1941年夏秋间,周恩来在南方局文化组一次会议上提出我们必须想个办法冲破严禁和封锁,经与徐冰、阳翰笙、陈白尘等研究,决定从话剧方面发起③。10月11日,中华剧艺社上演陈白尘的《大地回春》,拉开了大后方戏剧运动的序幕。在周恩来的直接指导下,历史剧《屈原》的公演则是将雾季戏剧运动推向了高潮,在政治上、文化上突破了国民党顽固派的封锁,在国统区发生了很大的影响。④ 在周恩来指示和领导下发动的重庆"雾季公演",促使了广大文化界知识分子投身到这一运动中来,四年间共公演大型话剧103个、独幕剧7个,产生了一批著名的剧作,被誉为中国话剧史上的黄金时代。⑤

除买票到剧场看演出表示对文艺家们的支持外,周恩来还注重发挥戏剧评论这一重要工具的作用,以引导和教育文艺家们的创作。他指出,戏剧演出需要通过评论文章才能吸引和教育观众,把观众的意见转达给艺术家,使他们得以改进。他指出,评论也是有力的战斗,在进行戏剧评论时,既要批评帮助,又不能挫伤朋友的积极性,要诚恳地帮助艺术家们提高思想水平和艺术水平,对不健康的倾向如商业观点、噱头主义等要进行批评。⑥同时,教导大家重庆和解放区不一样,评论

---

① 吴奚如:《郭沫若同志和党的关系》,《新文学史料》,1980年第2期。
② 《周恩来文化文选》,中央文献出版社1998年版,第759~760页。
③ 《周恩来年谱(1898—1949)》,中央文献出版社1998年版,第527页。
④ 参见童小鹏:《风雨四十年》第一部,中央文献出版社1994年版,第300~301页;张逸生、金淑之:《回忆中华剧艺社》,《重庆文史资料选辑》,第九辑,第131~132页;石曼:《抗战时期重庆戏剧出版物》,《重庆文史资料》,第三十九辑,第99页。
⑤ 石曼:《周恩来与重庆"雾季公演"》,《新文化史料》,1994年第2期。
⑥ 阳翰笙:《风雨五十年》,人民文学出版社1986年版,第293~294页。

标准也应有所不同,凡是描写反帝反封建这一大方向的或者是揭露国民党黑暗统治的作品都应给予鼓励;反之,若是宣扬卖国投降、汉奸特务的,一定要严肃批判,旗帜鲜明。①

3. 通过报纸、杂志等媒体联结起广大知识分子

在大后方,国民党当局陆续制定了一连串的法规来监视言论活动和出版事业等,这"远远不是为了保障作家权益或推进出版事业的措施",而是"热心于加强统制"②,知识分子的政治生存空间受到限制。"在1941年以后的年月里,发表不同政见越来越困难了,国民党的法西斯倾向越来越明显。这种倾向在许多领域都可以看到,而在宣传领域最为明显",在此情况之下,周恩来通过报刊、出版社等媒介为他们提供了一个发表文章、言论的阵地,联结起大后方广大的知识分子,"共产党作为国民党的一个对手的存在,曾经使各行各业的自由主义者、知识分子和其他不满分子自由表达他们的政见"③。

周恩来领导下的《新华日报》《群众》是联结大后方知识分子的首要舆论阵地。1942年3月14日,在收到毛泽东来电转告的张申府"希望把党报变为容许一切反法西斯的人说话的地方"的建议后,周恩来当即领导《新华日报》开展整风运动。四天后,即致电毛泽东报告改进情况,指出有几种副刊已注意吸收外稿,第三版设"友声"专门发表党外人士的意见,目前正使这份报纸不仅成为反法西斯的论坛,并要成为民主的论坛。不仅常登进步分子的文章,还登中间分子的文章。④是年,从9月11日至18日,《新华日报》一连八天在头版显著位置刊登启事,将"增多篇幅,邀请各界人士撰稿,以便反映各方意见"⑤。先后设有"大众音乐""木刻战线""戏剧研究"等专刊、专页,通过约稿、组稿和邀请负责编辑等形式团结了大批知识分子,为他们提供了言论的阵地。

(三)关照生活与安全,把知识分子保护起来

在大后方,知识分子们虽无与日军作战之忧,但却饱受物质困窘之苦,而且精

---

① 张颖:《雾重庆的文艺斗争》,《人民文学》,1977年第1期。中国社会科学院文学研究所图书资料室编:《周恩来与文艺》(下),中国社会科学出版社1980年版,第137页。
② 【日】杉本达夫:《关于抗战时期在大后方的作家生活保障运动》,《重庆师范大学学报(哲学社会科学版)》,2009年第1期。
③ 【美】约瑟夫·W·埃谢里克编著:《在中国失掉的机会——美国前驻华外交官约翰·S·谢伟思第二次世界大战时期的报告》,罗清、赵仲强译,国际文化出版公司1989年版,第61~62页。
④ 《周恩来年谱(1898—1949)》(修订本),中央文献出版社1998年版,第540页。
⑤ 于刚:《七年两度忆〈新华〉》,《重庆文史资料》,第二十一辑,第122~123页。

神上常受压迫,人身安全得不到保障。对知识分子们生活上关心、安全上保护、创作上支持,成为了周恩来做好知识分子工作的重要抓手。

1. 关心知识分子的生活与人身安全

作家王鲁彦贫病中逝世于桂林,周恩来从重庆发去唁电,并嘱冯雪峰送去资助费。①周恩来又领导南方局向当局发出呼吁,"要救济和帮助青年知识分子,解除他们的失业和失学的痛苦"②,并发起筹募援助贫病作家基金等活动。

除了物质的资助,对知识分子安全的保护、政治方面的关照,则让周恩来与他们建立起了生死友谊。皖南事变之际,为保护爱国知识分子,周恩来立即组织他们疏散和撤离。从确定名单、说服动员,到撤离路线、筹集路费,乃至订购车票、化装、盘查时的答话等,都一一亲自过问。如要茅盾先到重庆郊区隐蔽,摆脱特务的跟踪后再走,不久,他又派人护送茅盾前往桂林,后转移到香港。③ 曾4次约见胡风,对他们全家离渝赴港做了周密安排,胡风后来每忆及此,总是感叹不已。④ 在周恩来的组织安排下,仅1941年1月到6月,安排离开重庆的进步文化人士就有一百多人,保护了大批进步知识分子的生命安全。⑤之后,又致电廖承志询问重庆文化人去港情况,特地嘱咐他要支持统一建国同志会、文化协会,要多鼓励老舍。⑥

太平洋战争爆发后,香港随即沦陷,在港进步文化人士和民主人士面临生死威胁。⑦ 周恩来立即急电廖承志等人,要求立即组织在港各界朋友转移。⑧ 在周恩来直接领导下的这次秘密大营救活动,历时半年,行程万里,遍及十余省,共营救出爱国民主人士、进步文化人士及其家属八百余人。⑨这次营救,赢得了国内外各界尤其是知识分子的广泛赞誉,称"这是真正的肝胆相照,生死与共"⑩。梁漱溟脱险后在家书中感慨"到处得朋友帮助,人人都对我太好"⑪;茅盾则称之为"抗战以

---

① 童小鹏:《风雨四十年》第一部,中央文献出版社1994年版,第310页。
② 《给文艺作家以实际帮助》,《新华日报》,1940年2月4日;《文化界努力的方向》,《新华日报》,1940年4月26日。
③ 茅盾:《在抗战的逆流中》,《新文学史料》1983年第4期。
④ 胡风:《胡风回忆录》,人民文学出版社1993年版,第226页。
⑤ 阳翰笙:《风雨五十年》,人民文学出版社1986年版,第283页;《周恩来传》,中央文献出版社1998年版,第626页。
⑥ 《周恩来年谱(1898—1949)》(修订本),中央文献出版社1998年版,第520~521页。
⑦ 《南方局党史资料·文化工作》,重庆出版社1990年版,第250页。
⑧ 《周恩来书信选集》,中央文献出版社1988年版,第210~211页。
⑨ 《周恩来传》,中央文献出版社1998年版,第660页。
⑩ 夏衍:《〈秘密大营救〉代序》,黄秋耘、夏衍、廖沫沙等:《秘密大营救》,解放军出版社1986年版,第1页。
⑪ 梁漱溟:《香港脱险寄宽恕两儿》,《我的努力与反省》,漓江出版社1987年版,第286页。

来(简直可说是有史以来)最伟大的'抢救'工作"①。在大批文化人士撤回内地后,周恩来又就如何妥善安置他们做出一系列指示:1942年3月12日,致函郭沫若,约他和老舍一起共商救济办法;②17日,又致电方方和张文彬,要求他们对到桂文化人士的生活给予支持,并对一些人的去处做出了具体指示;4月9日,听取夏衍关于香港文化界人士分批安全撤离的情况汇报,在得知于伶、宋之的等到达重庆后,当即指示组织一个话剧团,使他们有演出的机会,也可吸收一些到重庆的抗敌演剧队成员。③6月14日,复函柳非杞,称"亚子先生出险,欣然无量……生活之维持,凡吾后辈,责无旁贷,亦义所当然也"④等等。

2. 关怀、支持知识分子的创作、研究等事业

周恩来指示筹建成立的青年科学技术人员协会,联系、团结了大后方科技界的一些青年知识分子,并通过他们进而联系了科技界的专家、教授等。⑤1939年春,在周恩来指示下,组织成立了"自然科学座谈会",参加者大多是中央大学的教授。周恩来经常参加他们的活动,和科学界朋友谈心。有一次,他为梁希六十祝寿,让其感动不已。⑥为团结更多的科技工作者,组织广泛、公开的科学团体,1944年,周恩来又指示在此基础之上成立"中国科学工作者协会",他亲自向个别著名科学家做了动员,得到竺可桢、李四光等百余人的响应。⑦

被称为"文艺界知音"的周恩来,对文艺家们的创作更是充分地支持和给予帮助。阳翰笙的《天国春秋》《草莽英雄》,周恩来都提出过具体指导意见;⑧吴祖光的《风雪夜归人》,周恩来多次观看,并对玉春的处理提出了意见;⑨夏衍的《法西斯细菌》,周恩来三次观看,并约请一些中外医生观看,征求他们对剧本的意见,⑩同时又借此剧做自然科学界知识分子的工作,鼓励他们像剧中俞实夫一样。《棠棣之花》创作过程中,周恩来致函对一些字句提出意见,从第二幕到第五幕凡三十

---

① 茅盾:《脱险杂记》,《茅盾全集》第十二卷,人民文学出版社1996年版,第338页。
② 《周恩来书信选集》,中央文献出版社1988年版,第218页。
③ 《周恩来年谱(1898—1949)》(修订本)中央文献出版社1998年版,第541~542页。
④ 郑逸梅:《周恩来同志关怀柳亚子》,《人民日报·战地增刊》,1979年第4期。
⑤ 南方局党史资料编辑小组编:《南方局党史资料·统一战线工作》,重庆出版社1990年版,第317页。
⑥ 谢立惠:《抗战期中的重庆"自然科学座谈会"及其演进》《重庆文史资料选辑》,第九辑,第26页。
⑦ 《周恩来年谱(1898—1949)》(修订本),中央文献出版社1998年版,第608页。
⑧ 阳翰笙:《风雨五十年》,人民文学出版社1986年版,第297~298页。
⑨ 石曼:《周恩来与重庆"雾季公演"》,《新文化史料》,1994年第2期。
⑩ 《周恩来年谱(1898—1949)》(修订本),中央文献出版社1998年版,第553页。

二条长达两千余字。① 当时的木刻协会,既无专门经费,也无专职人员,为了支持木刻协会的工作,周恩来不仅把重庆"木刻联展"的作品送到延安展出,还特地从延安把解放区的木刻带来,交给木协展出,又通过各种渠道,把中国进步的木刻送到国际上去展出,周恩来这种关心和支持使大家深为感动和振奋。② 对于新闻出版界,周恩来同样给予了高度重视和指导。

### 三、周恩来大后方知识分子工作的经验与思想

如前所述,周恩来在大后方富有成效地开展了对知识分子的工作,成为党的统一战线工作的典范。我们认为,总结周恩来在大后方的知识分子工作,以下四个方面的经验与思想尤其值得我们注意和学习。

(一)坚持党的领导,发挥知识分子的带动作用

1. 周恩来大后方知识分子工作的根本思想是始终坚持党的领导,牢牢掌握领导权

周恩来始终坚持原则,把争取和实现党的领导放在首位,紧密围绕抗日形势和党的中心任务开展工作。如早在文协筹备过程中,周恩来就明确指出,既要包括各方面力量,以团结不同党派、阶级的文人知识分子,同时,一定要掌握领导权。在抗敌演剧队和抗敌宣传队成立大会上,周恩来又给演剧队中共地下党组织指示,要求随队行动,深入前线,利用合法身份开展统战工作;之后,为加强对西南几个演剧队的领导,除了两次派专人到桂林,还在柳州建立了几个队的地下党的统一领导关系,使演剧队、宣传队始终在党的领导下。③

2. 在坚持党的领导原则下,善于发挥知识分子自身的作用

一方面,注意培养自己的知识分子,通过党员知识分子带动和影响党外知识分子。除了把大批党员知识分子安排到文协、文工会等文化团体、研究机构,以通过他们影响和带动党外知识分子,从而实现党对统一战线的领导外,周恩来还根据国统区的情况提出"三勤""三化",指示国统区的党员知识分子利用自己的专业、特长去积极交友,开展统战工作。如致信在云南大学社会系任教的党员华岗,

---

① 《周恩来书信选集》,中央文献出版社1988年版,第205页。
② 王树艺:《难忘的教诲》、王琦:《永难忘怀的纪念》,《周恩来与文艺》(下),中国社会科学出版社1980年版,第423、431页。
③ 吕复、徐桑楚:《周总理与抗敌演剧队》,《周恩来与文艺》(下),中国社会科学出版社1980年版,第117~118页。

指出要争取、团结像闻一多这样的知识分子。根据周恩来的指示,华岗积极联络云南上层知识分子和各界人士,团结、影响了包括潘光旦、费孝通等一批知名的知识分子。① 1941年6月,在约见李亚群时,周恩来指出要组织理论、文化、文艺、教育界的党员去团结教育党外知识分子,开展抗日民主活动,并保护、安置受到蒋介石迫害的一些知名人士。②

另一方面,善于通过对党外知识分子代表的合作与使用,来做好其他知识分子的统战工作。如老舍无党无派,在文化界具有很高的威望,具有很好的代表性,于是周恩来就亲自拜访,请他做文协的负责人,后来的事实证明,正是由于老舍这一党外知识分子的身份和声望,发挥了其他人难以发挥的作用。③对云南文化教育界的工作,同样是采取与民主党派合作,建立公开的、半公开的进步团体的形式开展。1942年夏,进步人士孙起孟由中华职业教育总社派往昆明任职教云南办事处主任,周恩来对他提了"广泛接触各阶层人士独立开展团结、抗战宣传工作",不必与中共地下党组织联系的意见,并委托他在开展职业教育社工作中,做争取各界上层人士和著名知识分子的工作,又指示云南地下省工委通过与民盟合作开展工作,从而团结了广大民主人士和爱国知识分子。④

(二)从知识分子特点出发,关照知识分子的切身诉求

1. 设身处地,替对方着想,无微不至地关心关怀

如前所述,从生活到人身安全,周恩来对知识分子无微不至的关心不胜枚举,当时到曾家岩和红岩来是有困难的,对有些人甚至是有危险的,为了保护党外知识分子朋友们的安全,周恩来特地到天官府郭沫若的家里举行茶会或便餐。一次,在发现漏通知了一个知识分子朋友后,周恩来对负责人进行了严肃的批评,并立即派车把这位朋友接来,亲自向他道歉。重庆文艺界和民主党派一些知名人士为反对国民党顽固派防共,决定发表一个联合声明,有平时很接近党的人却不愿意签名,一位干部对此说了一些不满的话,周恩来立即严肃地批评这样讲不对,指出要首先替对方想一想,强加于人就只会丢掉朋友,然后耐心地对"设身处地"四个字做了详尽的阐述。⑤

---

① 《南方局党史资料·统一战线工作》,重庆出版社1990年版,第367页。
② 《周恩来年谱(1898—1949)》(修订本),中央文献出版社1998年版,第520页。
③ 阳翰笙:《我所认识的老舍》,《人民日报》,1984年3月19日。
④ 《南方局党史资料·统一战线工作》,重庆出版社1990年版,第366页。
⑤ 夏衍:《巨星永放光芒》,《周恩来与文艺》(下),中国社会科学出版社1980年版,第11~12页。

2. 平等相待,发扬民主

南方局文委大概两周开一次会,以相当多的时间讨论文艺问题,在讨论时,周恩来从来没有不看戏就发表意见的,对剧作家、艺术家,不是高高在上以领导者的姿态指手画脚,而是把自己作为其中的一员,与艺术家们做知心朋友,说知心话,从而在文艺工作者心中留下了很深刻的印象。① "在重庆的岁月,我作为一个演员,从心里感到总理真正是文艺界的知音。他懂戏,懂艺术,更深深懂得演员的内心。总理常常帮助剧作家修改剧本、帮助演员处理角色,但从来不强加于人,而是作为一个诚恳、知心的朋友,循循善诱的长者,不断指引我们走上正确的道路。"②

(三)"理论的斗争与批评是统一战线的重要武器之一"

"总理对我们的关怀,绝不仅仅是表面上的衣食住行,而更深刻的是于我们思想与品德"③,知识分子的统一战线,是思想上的统一战线,耐心细致地做好思想工作,引导他们前进,是周恩来在大后方做好知识分子工作的重要经验。

1. 待人以诚,消除疑惧

周恩来指出,"我们的态度应谦虚而诚恳,不要因为自己有重大的使命而自满自傲起来。只有这样的态度才能推动别人前进,减少落后的现象"④。1942年7月下旬,在夏衍去北碚前,周恩来向他指出,对过去不认识、不了解的人,第一件事就是要解除他们对共产党的疑惧,只有把对方当作朋友,人家才会把你当作朋友。⑤ 1943年,宗教界知识分子吴耀宗第三次在曾家岩见到周恩来,两人谈话持续了将近一天,周恩来的真诚、恳切的态度使吴耀宗消除了许多的疑虑。⑥ 许多文艺界人士也谈到,周恩来是真心实意地与文艺界人士交朋友,"待人以诚,友谊至真,这最能打动人心,令人终生难忘"⑦。

2. 以理服人,以事实教育人

周恩来指出,"理论的斗争与批评是统一战线的重要武器之一"⑧,"错误的思

---

① 张颖:《关于抗战时期国民党统治区党领导的文艺运动》,《重庆党史研究资料》,1986年第1期。
② 白杨:《寿者周总理,您与天地并存》,《周恩来与文艺》(下),中国社会科学出版社1980年版,第351~352页。
③ 曹禺:《我们心中的周总理》,《周恩来与文艺》(下),中国社会科学出版社1980年版,第25页。
④ 《周恩来文化文选》,中央文献出版社1998年版,第16页。
⑤ 《周恩来年谱(1898—1949)》(修订本),中央文献出版社1998年版,第550页。
⑥ 李蔚:《周恩来和知识分子》,人民出版社1985年版,第14页。
⑦ 路曦:《四十年代党对我的教育》,南方局党史资料征集小组编:《南方局党史资料·文化工作》,重庆出版社1990年版,第293页。
⑧ 《周恩来传》,中央文献出版社1998年版,第390页。

想要批判和反对,正确的思想要发展和宣传"①。早在武汉约见《群众》周刊副主编许涤新等时,就要求他们要从理论的角度出发,去批判一切不利于抗战以至破坏抗战的反动谬论。② 1940 年 9 月 29 日,周恩来在中华职业教育社举办的讲演会结束后,又为一听众题词"笔战是枪战的前驱,也是枪战的后盾"。周恩来一方面自己撰文,向大家阐释真伪三民主义,阐述党在民族和国家问题上的立场、主张和观点,反驳了一些新闻机构攻击中共"另立中心"的说法。③ 另一方面,又指示《群众》周刊和《新华日报》及时回应大后方思潮,揭露伪三民主义和批驳投降妥协的舆论。④

除了理论上的批评与团结工作外,还要对知识分子做好解释、说明工作,向他们揭露事实真相,做到以事实教育人。周恩来指出,要着重于对中间人士的宣传解释,在事实面前,"他们是会转变的、发展的,不是一成不变的,这也决定于我们耐心的工作"⑤。"读过共产党版皖南事变发生经过的读者可能会认为,这场变故在昆明产生了重大影响,对于国民党突然袭击抗日的爱国同胞,知识界义愤填膺,然而事实并非如此。关于这起事件最初的报告,通过政府的管道送达昆明以后,联大教师大体认为相当可靠",几天之后,随着题为《新四军事件真相》的小册子,以及周恩来在《新华日报》头版的题词,才让这一群体了解这一事件的真相。⑥ 又如周恩来关于晋南战事一事,通过讲话、信、声明等回应⑦,击破了谣言,帮助人们弄清了真相,大后方的民主人士和知识分子受到了一次生动、深刻的教育,"他们豁然开朗,一片欢愉之声,甚至不少人作了自我批评,表示今后再也不能风吹草动,应是'疾风知劲草'的气概"⑧,而蒋也亲告张季鸾,"不要再写文章说十八集团军"⑨。

---

① 《周恩来文化文选》,中央文献出版社 1998 年版,第 13~14 页。
② 《周恩来传》,中央文献出版社 1998 年版,第 511 页。
③ 参见周恩来《民族至上与国家至上》,《周恩来政论选》,中央文献出版社、人民日报出版社 1993 年版,第 317 页;《论中国的法西斯主义——新专制主义》,《周恩来选集》(上卷),人民出版社 1980 年版,第 142~156 页;《南方局党史资料·统一战线工作》,第 31 页。
④ 许涤新:《〈群众〉史话》,《南方局党史资料·文化工作》,重庆出版社 1990 年版,第 212~213 页。
⑤ 陈乃昌:《追随周恩来的岁月(1938—1945)》,中共中央党校出版社 1995 年版,第 78 页。
⑥ 【美】易社强(John Israel):《战争与革命中的西南联大》,饶佳荣译,九州出版社 2012 年版,第 248 页。
⑦ 关于晋南战事一事经过、信和声明等,可参看《周恩来传》,中央文献出版社 1998 年版,第 667 页;《周恩来书信选集》,中央文献出版社 1988 年版,第 196~202 页;《大公报》,1941 年 5 月 23 日;《周恩来政论选》,中央文献出版社、人民日报出版社 1993 年版,第 285~286 页。
⑧ 陈乃昌:《追随周恩来的岁月(1938—1945)》,中共中央党校出版社 1995 年版,第 96 页。
⑨ 《周恩来军事文选》第二卷,人民出版社 1997 年版,第 333 页。

### 3. 在思想政治上加以引导,帮助知识分子朋友们前进

随着形势的紧张,大后方许多知识分子感到压抑,看不到前途,思想上很苦闷,想离开国统区去延安。于是,周恩来多次和他们谈话,指出大家想到解放区的心情可以理解,但"这里需要人,国统区也一样有重要的工作要做",劝勉他们留下来,克服困难做好工作①。周恩来这些态度恳切、话语明确的谈话,为大后方许多知识分子解决了思想上的苦闷,让他们在彷徨无路时得到鼓舞,在困难时得到力量,帮助了他们前进,"当时,我们在国民党的压力下,是软弱和动摇的,周恩来却耐心地教育我们……周恩来诲人不倦的精神,鼓舞了在座的人,教育了我们"②,像"一股热流,一团火焰,给每个人以无限的光明和希望"③。

### (四)"我们的工作就是要广交朋友,善交朋友"

对于知识分子工作,周恩来有过简明扼要的描述,"我们的工作就是要广交朋友,善交朋友,在交友中宣传党的方针路线,使坚持抗战、团结、民主、进步的思想为人民大众所接受,使进步的队伍更加扩大"④。周恩来在大后方总是能求同存异,充分发挥个人魅力广交朋友,善交朋友。

### 1. 包容差异,将不同信仰、观点、党派、职业的各界知识分子团结起来,组成最广泛的统一战线

1942年夏衍到重庆工作时,周恩来同他说到,在重庆的戏剧界、电影界有许多可以团结和必须团结的人,要勤交朋友,面要更广一些,即使对于政治上、文艺思想上意见不同的人,也要和和气气,切忌剑拔弩张。⑤在大后方,周恩来身为示范,如前所述,周恩来虽曾致信张季鸾、王芸生二人就晋南战事提出严正的批评,但在张季鸾逝世时,对其深切吊唁并送去挽联。⑥即使是对有党见之不同的谈判对手、当年"伍豪事件"的制造者张冲,周恩来仍能站在民族利益之上推诚相见,"由公谊而增友谊"⑦,在其逝世后,亲自参加追悼会并致送挽联"安危谁与共?风雨忆同

---

① 曹禺:《献给周总理的八十诞辰》,《北京文艺》,1978年第3期;谢立惠:《抗战期中的重庆"自然科学座谈会"及其演进》,《重庆文史资料选辑》,第九辑,第26页;《周恩来年谱(1898—1949)》(修订本),中央文献出版社1998年版,第493、512页。
② 陈铭德、邓季惺:《周恩来在重庆和我们的几次见面》,《怀念周恩来》,人民出版社1986年版,第370页。
③ 巴金:《望着总理的遗像》,冰心:《永远活在我们心中的周总理》,《周恩来与文艺》下卷,中国社会科学出版社1980年版,第18、68页。
④ 张颖:《在南方局文委工作的日子》,《红岩春秋》,2005年第1期。
⑤ 《周恩来年谱(1898—1949)》(修订本),中央文献出版社1998年版,第550页。
⑥ 《周恩来年谱(1898—1949)》(修订本),中央文献出版社1998年版,第527页。
⑦ 《周恩来政论选》,中央文献出版社、人民日报出版社1993年版,第370页。

舟",又在《新华日报》撰写悼文,这种诚挚、大度的精神和相容、团结的立场,令大后方包括国民党人在内的许多人士深为感动。

2. 注意分清主次矛盾,维护知识分子内部的团结

周恩来指出,对理论学术观点可以开展必要的讨论,但不能妨碍团结抗战、争取民主的大局,在民族大敌当前,要分清主要矛盾,将斗争锋芒对准妥协投降理论。针对文坛上一些朋友喜欢将鲁迅和郭沫若相提并论,乃至歪曲事实,甚至分门别户发展成为偏向,周恩来指出,对于文艺上的一些论争从"切磋"的观点上来看未尝不是一件有收获的事,但因此而引起许多不必要的误会和无聊的纠葛,那真是不应该的了,尤其是大敌当前,大家更应该团结起来。① 有一段时期,重庆、香港的一些文化人有对胡风的"主观战斗精神""写真实"等批评,周恩来明确表示要维护知识分子内部的团结。② 类似的斗争方向问题时常遇到,雷海宗主编的刊物《战国策》对我党态度不友好,《群众》主编章汉夫著文批判,点了雷海宗的名,孙晓邨主编的一家经济刊物有文章说了不利于统一战线的话,许涤新同理论界同志对此进行了批判,周恩来都一一指出,从抗战的大局出发,这些都不是主要矛盾,号召大后方不同学术派别的知识分子相互包容、团结起来。③

3. 善于利用各种身份和多种形式,充分发挥个人魅力联谊交友

周恩来强调要借助各种社会关系,亲戚、同乡、校友等身份广交朋友。他曾不仅以鲁迅同宗的身份、绍兴祖籍等关系做工作,还利用南开中学校友身份出席座谈会,鼓励和希望校友们发扬南开精神,继续为争取抗战胜利而努力奋斗。④同时,周恩来还善于利用风俗习惯、节日聚餐等形式联谊交友。1940年9月8日,周恩来致信郭沫若请文化界人士共度中秋;⑤之后,又多次请文艺戏剧界朋友到曾家岩聚餐,自己下厨做家乡菜招待。⑥赵丹、陈白尘、郑君里等百余人都曾被请吃过饭、参加茶会等,如一位参加过的戏剧界人士所言,"我从未料想到,周恩来同志竟是如此平易近人,特别是他那渊博的学识,精辟的见解,潇洒的风度和那足以装下五

---

① 《周恩来文化文选》,中央文献出版社1998年版,第758、762页。
② 参看解志熙《胡风问题及左翼文学的分歧之反思——兼论胡风与鲁迅的精神传统问题》,《华中师范大学学报(人文社会科学版)》2012年第6期。关于周恩来领导香港文坛树立文化统战范例,可参看袁小伦《周恩来与战时香港文坛》,《周恩来百周年纪念论文集》,中央文献出版社1999年版。
③ 侯外庐:《韧的追求》,三联书店1985年版,第122~123页。
④ 《周恩来年谱(1898—1949)》(修订本),中央文献出版社1998年版,第439页。
⑤ 《周恩来书信选集》,中央文献出版社1998年版,第187页。
⑥ 《周恩来年谱(1898—1949)》(修订本),中央文献出版社1998年版,第533页。

湖四海的胸怀,真使我对中国共产党信任、景仰、敬佩到了极点"①。通过这些活动,周恩来的个人魅力令许多人折服,把同各界朋友的关系不仅处成政治上的朋友,而且在生活中结下了深厚的友谊。

### 四、周恩来大后方知识分子工作的贡献与意义

毛泽东指出,"在我们为中国人民解放的斗争中,有各种的战线,就中也可以说有文武两个战线,这就是文化战线和军事战线。我们要战胜敌人,首先要依靠手里拿枪的军队。但是仅仅有这种军队是不够的,我们还要有文化的军队,这是团结自己、战胜敌人必不可少的一支军队"②,文化战线的形成正是需要靠团结广大的知识分子。

周恩来就像一个窗口,通过真诚、细致的工作宣传了党的主张,树立了党的形象,赢得了人心,大大增强了党在大后方知识分子中的向心力和凝聚力;从而,团结形成了一支"文化上的军队",促使他们投身到抗战中来,发挥了"先锋和桥梁的作用",成为了坚持抗战、团结、进步的重要力量。许多人回忆起这段时期时,都有一个共同的感觉,就是"很久以来,我一想到中国共产党,脑子里就出现周恩来的形象"③。李四光在重庆两次见到周恩来,回来后对家人说到,"我看到了周恩来先生,我在他身上产生一个最大的感觉:中国有了共产党,中国就有了希望"④,这正是周恩来在大后方所开展的知识分子工作的意义与贡献的一个缩影和写照。

---

① 路曦:《四十年代党对我的教育》,《南方局党史资料·文化工作》,重庆出版社1990年版,第292页。
② 《毛泽东选集》第三卷,人民出版社1991年版,第847页。
③ 刘仲容对侯外庐语,侯外庐:《韧的追求》,三联书店1985年版,第155页。
④ 徐盈:《周总理和李四光》,《重庆文史资料选辑》,第20辑,第27页。

# 周恩来与国统区的抗战文化

李　潇[*]

毛泽东指出："革命文化,在革命前,是革命的思想准备;在革命中,是革命总战线中一条必要和重要的战线。"[①]抗日战争时期,我们党正确领导了"文化战线和军事战线"两条战线的斗争,取得了伟大的胜利。其中,党的领导人的文化思想和文化实践活动,起到了引领和示范作用,极大地影响了当时中国的文化发展、演变趋势和历史进程,丰富了中华民族的精神内涵,为配合军事战线的斗争、取得抗日战争的最后胜利奠定了良好基础。周恩来就是其中一位杰出的领导人。他关于国统区抗战文化思想及文化实践活动,始终引领着中国进步文化的前进方向,从思想上精神上极大地教育和激励着中国共产党人和文化界的进步力量以及广大人民群众,在推进抗日民主的进程中,为巩固和发展抗日民族统一战线,起到了不可替代的重大作用。

## 一、卓越的领导者、推动者

抗战爆发后,随着上海、南京的失守,全国的政治、经济、军事、文化中心暂时移到武汉。1937 年 8 月,中共中央政治局会议决定:在武汉成立长江局,统一领导南方各省工作。同时组成中共代表团,负责与国民党联系和谈判。不久,两个组织合为一个,对内称长江局,对外称中共代表团。王明为书记,周恩来为副书记和中共代表团负责人。随后,根据形势的变化,1938 年 9 月,中共中央六届六中全会决定:撤销长江局,另设南方局承担原长江局任务,周恩来为书记,董必武为副书记。1939 年 1 月,南方局在重庆正式成立。

抗战时期,无论在长江局还是在南方局,周恩来始终坚定地贯彻执行我党的路线、方针和政策,充分发挥文化战线的特殊作用,积极宣传我党的抗日主张,加强对国统区抗日救亡运动的领导,坚持抗战到底,坚持团结和进步。尤其在南方局时期,为发展进步势力,争取中间势力,同国民党反动派进行了针锋相对和有

---

[*] 李　潇,江苏省淮安市周恩来纪念地管理局研究员。
[①]《毛泽东选集》第二卷,人民出版社 1991 年版,第 701 页。

理、有利、有节的斗争。"在这样紧张繁杂的工作中,周恩来始终是那样精力充沛,举重若轻。他的工作总是那样有条不紊,有着极高的效率。"①毛泽东曾对南方局的工作给予很高评价,并指出:"这是在恩来领导下的成绩。"②

(一)正确贯彻中央指示精神,充分发挥抗战喉舌作用

全国抗战一开始,中国共产党就号召全国人民总动员,主张广泛发动群众,实行全民抗战路线。1937年8月召开的洛川会议上,讨论通过了《中央关于目前形势与党的任务的决定》和《中国共产党抗日救国十大纲领》,提出了我党抗战时期的任务,阐明了我党的基本政治主张,指明了坚持长期抗战、争取最后胜利的具体道路。

1937年12月,长江局在武汉成立后,根据中共中央指示精神,开始了各方面的紧张工作。由于周恩来在党内外享有崇高威望,有着丰富的工作经验,又对工作极端负责,因此成为长江局实际上的领导核心。他指导迅速恢复和建立各地党组织,大量发展党员,积极领导以武汉为中心的抗日救亡运动,充分利用党报党刊,开展抗战的文化宣传,推进抗战文化运动,有力地支持和配合了军事战线和政治战线的斗争。

周恩来高度重视《新华日报》和《群众》周刊的出版发行。全面抗战前,国民党严禁我党在国统区公开发行报刊。1937年,以周恩来为首的中共代表团在与蒋介石和国民党代表的反复谈判中,经多方斗争和努力,终于争得了在国统区出版中共机关报刊的权利。1937年12月和1938年1月,先后出版了《群众》周刊和《新华日报》,一举打破了国民党的舆论垄断。《新华日报》是抗战时期我党在国统区公开出版发行的唯一大报,一出版就轰动了武汉三镇。周恩来为创刊号的题词是:"坚持长期抗战,争取最后胜利。"《新华日报》和《群众》周刊经常登载中共中央文件和毛泽东、朱德、周恩来等的文章,宣传中国共产党的路线、方针、政策,特别是围绕坚持全民抗战,坚持持久战,坚持抗日民族统一战线的主题,开展多方面的宣传。报纸以针砭时弊见长。它在报道八路军、新四军和抗日根据地的战斗和民主建设情况的同时,也热情报道了国民党军队的抗战事迹。《群众》是理论性刊物,它从理论角度出发,帮助读者理解抗日战争的正义性、抗战胜利的必然性,阐明我党抗日民族统一战线的政策,批判不利于团结抗日的错误及鼓吹妥协投降的

---

① 《周恩来传》,中央文献出版社1998年版,第503页。
② 《周恩来传》,中央文献出版社1998年版,第561页。

谬论,深受各党派爱国人士、知识界的欢迎。

《新华日报》发行网日益扩大,读者遍及各省、市的机关、学校、工厂、农村及海外各国。实际上处于秘密活动中的党组织和党员,就是通过《新华日报》来了解党的方针、政策和形势的,许多爱国青年也是通过阅读《新华日报》而走上革命道路的。《新华日报》得以出版及产生巨大影响,周恩来倾注了大量心血。虽然他在国统区的统战工作极为繁忙,每天的日程都安排得满满的,但他总是抽出一定时间,接见报社工作人员,审阅报纸的社论、专论和重要文章,一丝不苟地修改稿件,并亲自撰写部分社论、专论和代论。据统计,从1938年12月到1946年6月,该报就发表了他的署名文章37篇,《群众》周刊发表了13篇。经他亲笔修改的稿件就难以数计了。

皖南事变后,由于多数工作人员撤离到延安、苏北,周恩来就指示《新华日报》精简机构,缩减报纸篇幅,由每天出版一整张改为半张,必要时出增刊,并提出要结合国统区的斗争实际来改进办报方针,有所为,有所不为;要敢于斗争,也要善于斗争;要敢于说出真理,也要善于说出真理,使《新华日报》真正成为大后方人民的喉舌。

(二)团结依靠进步力量,因势利导群众热潮

国统区的进步文化运动,是在周恩来的直接指挥和领导下开展起来的。抗战时期,我党将进步文化运动置于抗战的重要战略地位。中央指出:文化运动的任务不仅是"对外宣传",还要传播"革命的思想、科学社会主义的思想",要完成这一任务,就要团结国统区文化界广大的知识分子,充分发挥他们的积极作用。在周恩来领导下,中共中央长江局和南方局,坚持高举抗日民主旗帜,团结依靠进步力量,因势利导群众热潮,结成广泛统一战线,逐步占领文化舆论阵地和学术思想领域,促进了新民主主义文化的发展。

除了搞好《新华日报》的宣传教育工作,周恩来还通过国民政府军事委员会第三厅、中华全国文艺界抗敌协会等,来发动文化界爱国人士利用笔墨和艺术,向广大人民进行坚持抗战和民主的宣传,获得了很好的社会效果。老舍是1937年11月别妻离子从济南只身来到武汉的。他曾说过:"我不是国民党,也不是共产党。谁真正的抗战,我就跟着谁走。我就是一个抗战派。"[1]在不同政治倾向的文化界人士中,老舍都享有很高的威望,他的言行对文化界有很大的影响力。周恩来力

---

[1] 《周恩来传》,中央文献出版社1998年版,第509页。

荐他主持中华全国文艺界抗敌协会的工作,发挥了重要作用。

抗战中后期,社会政治环境险恶,周恩来重视发挥文艺的作用,来发动群众、教育群众,形成广泛的民主运动。在只能以演剧为主要活动方式,而又没有自己剧社场所的情况下,周恩来通过各种渠道,将国民党中宣部主办的中央电影摄影场、军统局办的中国电影制片厂两个机构中的进步人士拉出来,另行组织开展抗战文化运动。还特别邀请了其中的优秀演员,如白杨、顾而已、金山等,并委托阳翰笙筹备组织了革命文艺团体"中华剧艺社"。该社于1940年10月正式成立后,演出了反映抗战主题的《大地回春》、描写太平天国农民起义的《天国春秋》、新编历史剧《屈原》等,引起社会很大反响。特别是《屈原》,借剧中主人公之口,表达了全国人民要求团结抗战的强烈愿望,揭露和控诉国民党顽固派对外丧权辱国,对内积极反共,迫害抗日志士的政治阴谋和卑劣行径,引起观众强烈共鸣。周恩来十分欣慰与高兴,他几次前去观看演出,既看内容,又观察和倾听观众的反映,了解人民的心愿。

(三)调动各种文化力量,组成浩浩荡荡的文化大军

文化工作是当时配合抗日军事斗争的一条重要战线。抗战初期,周恩来通过国民政府军事委员会第三厅和"中华全国文艺界抗敌协会"来领导抗战文化运动,扩大影响。重庆时期,以周恩来为核心的南方局,遵照中央指示精神,在十分险恶的环境下,继续领导文化战线的进步力量,同国民党的专制政策进行坚持不懈的斗争,推动文化运动的发展。当国民党连续发动反共高潮,对进步文化运动严加限制情况下,进步文化人士按照周恩来的指示要求,除了继续派遣演剧队和战地服务队分赴前线与后方城乡等地进行广泛的宣传外,还抓住国民党右派妥协投降理论要害,进行学术研讨并对反动的政治思想开展批判。进步文化工作者还建立了自己的文化阵地,形成了进步文化运动的强大声势。

除了以戏剧形式开展斗争外,周恩来还十分重视发挥多种文艺形式的宣传教育作用。当时,小说、诗歌、漫画等艺术形式也得到了很大发展,特别是大量苏联现代文学作品和流行于解放区的秧歌舞、新型歌剧、木刻艺术被介绍到国统区来,使国统区的文化活动增添了新的活力。周恩来领导下的南方局通过所领导和影响的各类文化团体,团结了更加广泛的文化界人士,形成了一支高举抗战与民主旗帜的文化大军。

抗战中后期,桂林的抗日文化运动在周恩来的领导下,也有重要发展。文协桂林分会是中共领导的桂林文艺界的统一战线组织,它是周恩来指示夏衍等筹备

成立的,对促进文艺的发展繁荣起了重大作用。周恩来曾三次到桂林指导工作,对中共在桂林团结进步势力,争取中间势力,孤立顽固势力起到了重要作用。桂林还出版了大量进步报刊书籍,并流传到全国。夏衍主编的《救亡日报》是中共领导的,影响最大。胡愈之主编的《国民公论》也有很大影响。桂林的戏剧运动也十分繁荣,有国际艺术社,新安旅行团,抗敌演剧队等。

在科技方面,许多大后方的科技专家加入南方局领导的科学工作者群众组织,投身抗日民主运动。太平洋战争爆发后,周恩来和董必武通过青年科技促进会,动员进步大学生和青年科技工作者争取出国留学机会,以便学成归来为新中国的建设服务。"在当时赴美留学的1 000多人中,相当一部分是南方局动员出去的。中共还在留美人员中建立了党的组织或进步团体,这批出国留学人员,在新中国建立后大都返回祖国,为社会主义建设效力,许多人成为新中国尖端科技事业的顶梁柱。"[①]

## 二、高超的斗争艺术

抗战时期,周恩来作为国共谈判的首席代表,长期战斗在国民政府政治中心武汉和重庆。在民族存亡的危急关头,面对国民党军警特务的重重包围和控制,周恩来以大无畏的革命精神,机智从容,坚定不移地贯彻党中央"坚持抗战,反对投降;坚持团结,反对分裂;坚持进步,反对倒退"方针,团结带领长江局、南方局的同志们和进步文化力量,与国民党进行"有理、有利、有节"的斗争,充分展现其智慧韬略,体现了高超的斗争艺术。

(一)利用合法机构、合法身份进行合法斗争

在国统区,周恩来遵照中共中央指示精神,充分利用合法机构、合法身份,巧妙运用各种合法形式、手段,与国民党的文化专制政策进行了机智灵活的斗争,逐渐开展各项工作。除了在《新华日报》《群众》周刊进行正面宣传外,主要通过军委政治部第三厅、中华全国文艺界抗敌协会、文化工作委员会等合法组织机构,积极开展抗战文化运动和文化统一战线工作。

1.利用国民政府军委政治部第三厅开展工作

1938年初,蒋介石迫于各方压力,改组了国民政府军事委员会,并邀请周恩来担任其政治部副部长,邀郭沫若担任所属三厅厅长。我党决定抓住这一机会,利

---

[①] 郑洪泉、王明湘:《试论南方局的历史地位及其功绩》,《中共党史研究》2001年第4期。

用其权力、地位和合法身份广泛团结进步人士,开展抗日救亡运动。郭沫若起初不愿担任该厅长,认为在国民党包办一切的情况下,做宣传工作只能是替国民党"卖膏药"。周恩来做了耐心的说服动员工作,他要郭沫若不要看轻了宣传工作,并说:如果能把宣传、教育和慰劳等工作结合起来,不仅可以提高群众的抗日意识,使群众认识自己的力量,而且还可以使顽固派看到群众力量的伟大而有所忌惮,还可以抵消顽固派颠倒黑白的宣传,击破妥协投降的阴谋。随后,周恩来与郭沫若对三厅的人选进行了认真的研究,吸收了大批爱国进步人士担任三厅各部门的职务,共同为抗战贡献才华。

在此,周恩来利用他担任副部长的有利条件,把三厅的领导权牢牢掌握在我党领导下的进步力量手中。虽然它名义上隶属军委政治部,实际上成为了以共产党人为核心,包括民主党派、人民团体和爱国人士广泛参加的文化统一战线组织。它团结了国统区文化界和思想界的许多优秀人物,组成了一个坚强的文化堡垒。三厅刚成立就举行了声势浩大的"抗战扩大宣传周"活动,取得了巨大成功。还成功地组织了抗战一周年纪念活动,发动了七七"献金"运动;组织了10个抗敌演剧队、4个抗敌宣传队和孩子剧团,深入前线和后方乡村,进行了抗日救亡宣传工作。总之,在周恩来的指导下,三厅在团结国统区文化界一切抗日力量,进行抗日救亡宣传方面,做出了重要贡献。

2. 筹建中华全国文艺界抗敌协会,积极开展抗战文化工作

武汉时期,许多文化团体和文化人士辗转来到武汉,对繁荣武汉的抗战文化事业起了促进作用。但因人数众多,三厅不能将其全部吸收,又由于政治倾向的不同,世界观艺术观的差异,因而在一个时期内,处于各自为战的状态。为了进一步将武汉和全国的文化团体、文化人士团结起来,为抗战发挥更大作用,周恩来在筹组三厅的同时,积极推动成立"中华全国文艺界抗敌协会"。他多次同各方人士磋商,又特意拜访了冯玉祥将军,邀请正在那里帮助工作的著名作家老舍出面主持文协。经过三个月的筹备,1938年3月27日"中华全国文艺界抗敌协会"在汉口举行了成立大会。周恩来在会上做了热情洋溢的讲演,他说:"今天到会场后最大的感动,是看见了全国的文艺作家们,在全民族面前空前地团结起来。这种伟大的团结,不仅仅是在最近,即在中国历史上、在全世界上,也是少有的!"这种"不分思想、不分信仰的空前团结,象征我们伟大的中华民族,一定可以凝固地团结起

来,打倒日本帝国主义。"①

我党通过文协中党员和进步人士,有力地推动了抗日文艺运动的发展。武汉时期,作家们响应文协的"文章下乡,文章入伍"的号召,深入前线、农村和工厂,创作了大量富有战斗性的宣传抗战、歌颂抗战的报告文学、诗歌、戏剧、通俗文学、小说等文艺作品。艺术家们在电影、音乐和美术方面也创作了大量抗战作品。这些都为抗战中后期文艺运动的发展奠定了基础。此外,在文协指导下,武汉木刻人联谊会、中华全国美术界抗敌协会、中华全国漫画界抗敌协会、中华世界语抗敌协会、中华全国摄影协会等抗战文化团体也相继在武汉宣告成立。这些团体为发展抗战文化运动也做出了重要贡献。

3. 利用合法机构——文化工作委员会,做了大量工作

抗日战争进入相持阶段后,国民党掀起了第一次反共高潮。他们公开取消第三厅,剥夺了以郭沫若为厅长的各级文化组织的权力。在周恩来义正词严的强大攻势下,蒋介石又提出成立一个文化工作委员会,宗旨是对文化进行研究,仍由郭沫若任主任委员,将原三厅的工作人员聘为委员。显然,蒋介石是想借此将这批文化人拉住,同时束缚住他们手脚,阻碍他们进行抗日宣传活动。为了坚持斗争,推动抗战,维护国共两党合作的局面,周恩来决定将有关人员转到文化工作委员会,继续开展和加强文化战线的抗日活动。他对郭沫若等人说:"就答应他吧!他画圈圈,我们可以跳出圈圈来嘛,挂个招牌有好处,我们更可以同他们进行有理、有利、有节的斗争,开展我们的工作。"②

"文工委"成立后,设立了国际问题研究组、文艺研究组和敌情研究组,其成员包容了比第三厅更加广泛的各界代表人物,有著名作家、教育家、历史学家、自然科学家、文学家,还有一批记者、诗人、音乐家等,其队伍相当壮观。在"文工委"筹备之时,周恩来就提出进行合法斗争的策略,他说:国民党当局规定文工委只能做研究工作,但我们可以通过政治部所属机构的合法地位进行工作,不受他们的束缚,跳出圈子,以个人身份到社会上进行活动。我们处在无权无势时,还能在地下干,现在给我们地盘站住了脚,难道还怕干不成事情吗?因此,尽管政治部监视甚严,环境险恶,"文工委"建立后还是开展了一系列工作。其中许多人埋头从事研究和著述,在哲学、历史、经济、文艺理论以及文学创作等方面,取得了重要成果。

---

① 《周恩来文化文选》,中央文献出版社1998年版,第3页。
② 沙健孙:《中国共产党与抗日战争》上,中央文献出版社2005年版,第443页。

"文工委"还跳出研究的圈子,举办各种讲座、讲演会、报告会,以学术活动方式广泛联系群众,推动抗日民主运动的发展。

与此同时,为了加强对国统区文化运动的领导,在重庆时,南方局经常派党员以社会的合法身份与文艺界的知名人士联系,广交朋友。如张颖、陈舜瑶、张剑虹等,或以《新华日报》记者,或以重庆八路军办事处工作人员身份与作者、演员、音乐家等联系,沟通思想,帮助工作。南方局还派张友渔、戈宝权以救国会成员或《新华日报》编委身份,去做文化界的统战工作,与国民党当局进行合理合法的斗争。

(二) 以话剧演出为突破口,智取大众文化阵地

重庆时期,国民党奉行消极抗战、积极反共政策。他们在政治上加强反共、军事上制造摩擦的同时,在文化上也实行专制主义,摧残抗战文化,迫害进步人士。如对三厅所属的抗日演剧队、抗日宣传队人员,横加罪名逮捕监禁;对各地文化服务站人员加以扣押,将服务站捣毁;对为前线抗日将士放映抗日影片的放映人员横加迫害。并且对文化工作委员会的委员茅盾、老舍等,派特务进行监视。皖南事变后,国民党成立了国民党中央文化运动委员会,进一步加强对进步文化的统制。他们推出《我们的文艺政策》,提出"六不""五要",其实质就是反对作家揭露社会黑暗,反对写工人、农民,反对马克思主义的阶级斗争学说。在这个政策下,国民党还制定了一系列图书送审法令,加强对进步文艺作品的压制和摧残。

在这种情况下,周恩来领导进步文化力量,采取灵活多样的形式,与国民党的专制文化进行了韧性战斗。他们巧妙利用戏剧演出,作为打破政治上沉闷空气、推动文艺运动的突破口,获得了重大成功。当时,进步戏剧受到严重压制,戏剧舞台变得冷冷清清,戏剧界进步人士提出:不能坐等,"要干,要演戏"。情况反映到南方局,引起周恩来的重视。他在南方局会议上提出,重庆这个"死城"把人民压得喘不过气来,我们面对国民党的严禁和封锁,必须想个办法予以冲破。他指出:在各种文艺形式中,话剧比较易于结合现实斗争,能直接和群众交流,而且观众又多是年轻人,影响比较大。因此,冲破国民党的严禁封锁,应当首先从话剧方面发起。随后,在郭沫若、阳翰笙的支持筹措下,联合部分演员在重庆筹组了"中华剧艺社",搭建了一个不到30人的精干班子,从1941年10月至1942年5月,在重庆演出了35部新创作的大小剧目,其中包括陈白尘的《大地回春》、阳翰笙的《天国春秋》、郭沫若的《棠棣之花》和《屈原》等剧。这些剧歌颂了爱国抗敌精神,鞭挞了破坏团结、投降卖国的行为,受到观众的热烈欢迎。《屈原》一剧尤其轰动山城,

产生了极大社会反响。戏剧演出的成功,确如最初设想那样,在政治上、文化上突破了国民党顽固派的封锁,在国统区产生了很大影响。周恩来曾说:"皖南事变之后,重庆文艺界万马齐喑。我们在这个时期钻了国民党的一个空子。沫若的《屈原》打破了十个多月来的沉闷,连国民党'要人们'也去看了,当然他们也知道,戏里骂的是什么人。但这是古代的事,是历史,他们也没有办法。"①以后在1942年雾季中,中华剧艺社又冲破国民党种种刁难压制,陆续演出了夏衍的《法西斯细菌》、于伶的《长夜行》、吴祖光的《风雪夜归人》等,掀起重庆雾季演出的高潮。1942年冬,金山、司徒慧敏、于伶等又成立了"中国艺术剧社",与"中华剧艺社"并肩战斗在山城,继续演出《祖国在呼唤》《北京人》等进步话剧。这样的雾季演出一直持续了多年,推动了国统区抗战文艺和爱国民主运动的进一步发展。对"中华剧艺社"和"中国艺术剧社",周恩来都从各个方面给了大力支持,并对这段话剧演出的热潮,倾注了大量的时间和心血。

由于当时国民党当局对进步文化活动实行高压政策,出版和演出都必经层层审查。在戏剧方面,要演出反映现实斗争生活的剧目,总是会遭到多方刁难,难以通过。因而只能采取迂回方法,通过演出历史剧,如《屈原》《北京人》等,来针砭时弊,反对封建制度。当时也曾有人质疑,是否符合宣传抗战主流?如何评价其进步意义?对此,周恩来多次对文艺界朋友和南方局同志说过:在特殊情况下,宣传爱国主义思想就符合抗战主流,而历史题材同样可以宣传爱国主义思想。屈原就是一个伟大的爱国主义者,他对独裁黑暗统治的愤懑,也是出于对祖国的热爱之情,有积极的政治性。《天国春秋》描写太平天国在危难时刻的内讧,在当时有批评国民党消极抗战、积极反共的意义。《北京人》《风雪夜归人》是对封建社会的揭露和鞭挞,唤起人民反封建压迫,向往自由与解放,也有进步意义。事实确实如此,这些剧目的演出,引起人们思想上的共鸣,产生了强烈的社会影响,收到了很好的宣传效果。

(三)采取灵活曲折方式,占领社会科学和自然科学制高点

抗战时期,周恩来曾鼓励文化界人士说:"同反动派作斗争,可以从正面斗,也可以从侧面斗。"②在国民党当局严格禁锢和封锁下,进步报刊的时政和文化宣传遭遇重重阻力。周恩来号召文化界人士坐下来搞社会科学研究,用研究成果来宣

---

① 《周恩来传》,中央文献出版社1998年版,第641页。
② 《周恩来传》,中央文献出版社1998年版,第641页。

传教育群众、与顽固派的封建法西斯思想文化进行斗争，促进抗战民主事业发展。他鼓励大家说："形势不利于大规模地搞公开活动，但这也是一个机会，有研究能力的人，尽可以利用这个机会坐下来搞点研究，抓紧时间深造自己，想写点什么赶快把它写出来。"他还意味深长地说："等革命胜利了，要做的事情多得很呢！到那个时候，大家更忙了，你想研究问题，写书，时间就难找啦！"[1]周恩来的这番话使许多人心胸豁然开朗，认真埋头从事研究工作和著述。

在周恩来和南方局的支持引导下，学术理论界以灵活方式开展学术研究，用研究成果占领社会科学和自然科学的学术制高点。"这一时期，文工会许多人在哲学、历史、经济、文艺理论、文学创作等方面的研究，取得了很多成果。（文工）会外一些进步人士受影响，也写出了一批有价值的著作。真是硕果累累。"[2]史学方面，吕振羽完成了《简明中国通史》上册，邓初民撰写了《中国社会史教程》，郭沫若的《青铜时代》和《十批判书》也在此时出版。翦伯赞除了出版《中国史纲》论著外，还撰写了大量历史论文，侯外庐的《中国古代社会史论》《中国近代思想学说史》也完成。这些历史论著努力以唯物史观为指导，从历史宏观角度，阐明我国社会发展的规律，深受文化界、学术界的欢迎。影响最大的是郭沫若的《甲申三百年祭》，它深刻总结了农民起义的经验教训，在《新华日报》连载后，国民党顽固派大为惊恐，《中央日报》发表社论进行攻击。周恩来给这篇史论以很高评价，将其带到延安，中共中央把它作为整风文件之一，让全党学习。毛泽东写信鼓励郭沫若说："你的史论、史剧大有益于中国人民，只嫌其少，不嫌其多，精神决不会白费的，希望继续努力。"[3]哲学方面，杜国庠在几年时间里，写出了《先秦诸子思想概要》等。文艺理论和文学创作上，王昆仑出版了《红楼梦人物论》，蔡仪完成了《新美学》。

与此同时，文化学术界的进步人士除埋头著述外，还跳出"只准研究"的圈子，举办各种讲座、演讲会、报告会，以学术活动的方式联系群众，推动民主运动。张澜、沈钧儒、邵力子、冯玉祥等社会名流及著名的专家、学者、作家、艺术家都参加了主持活动。其中，郭沫若的"古代社会研究"讲座和文艺演讲，卢于道的"人类进化问题"，邓初民的"清国史"，翦伯赞的"新史学"等讲座，受到学术界的重视。当

---

[1] 童小鹏：《风雨四十年》第一部，中央文献出版社1994年版，第298页。
[2] 童小鹏：《风雨四十年》第一部，中央文献出版社1994年版，第298页。
[3] 童小鹏：《风雨四十年》第一部，中央文献出版社1994年版，第299页。

时,冯玉祥讲三国故事,老舍讲小说,田汉讲戏剧,贺绿汀讲音乐,张志让、潘定之讲国际形势等等,也深受群众欢迎。当时有不少国际问题的演讲,如苏德战争前途、抗日战争前途、太平洋战争分析等,都是在科学分析基础上,有力地驳斥了妥协投降的理论,影响很大。通过这些活动,占领了大后方的思想学术阵地,对推动持久抗战起到了积极作用。

对于自然科学领域,周恩来也一直关心和关注。既从政治上帮助、引导和激励科学工作者,配合抗战民主运动开展进步活动,又对他们的工作给予热情支持。1939年春,周恩来指示潘梓年通过部分党员联系科技界的爱国人士,秘密成立了"自然科学座谈会"。周恩来经常参加该会的活动,和科学界的朋友们促膝谈心,鼓励大家做好科研工作。他对大伙说:"中国需要科学家,新中国更需要科学家,不管道路如何曲折,新中国总要到来,那时候就大有用武之地了。"[1] 1944年,随着民主运动的高涨,抗日民族统一战线日益扩大,周恩来指示潘梓年向"自然科学座谈会"转达他的意见,希望他们组织一个公开进步的科技团体,来团结更多的科技工作者。为取得科技界上层人士的支持,周恩来亲自做竺可桢、李四光等著名科学家的工作。1945年7月1日,"中国科学工作者协会"在重庆正式成立,并编辑出版了刊物《科学新闻》。中国科协的建立,迅速得到全国科技界的响应,许多城市相继建立分会,其影响至国外,英、美、法等国也都相继成立了科协分会,一年后会员发展到七八百人。

## 三、最可信赖的知己、师友

抗战时期,无论在武汉,还是在重庆,周恩来都是与文化界交往最多、联系最广的中共领导人,也是文化界朋友们最可信赖的知己和良师益友。"在重庆那段艰难的斗争岁月里,周恩来同志不仅和许多民主人士,政界人物,工人运动、青年运动的领导人物结下了深厚的友谊,也和广大文艺界朋友结下了深厚的友谊。共产党代表周恩来这个高大形象,是非常亲切的前辈,非常知心的朋友,深深刻印在同志们的心中。"[2]许多文化界、艺术界人士将周恩来当作知心朋友,其重要原因之一,就因为他是中国共产党的领导人,能够正确执行党的路线、方针、政策。在工作中,他深入实际调查了解下情;在遇到困难问题时,他能及时给予指导帮助。

---

[1] 童小鹏:《风雨四十年》第一部,中央文献出版社1994年版,第302页。
[2] 张颖:《走在西花厅的小路上》,中共党史出版社2008年版,第87页。

(一)平等交流,共同探讨

抗战时期,周恩来始终关注大后方的文艺运动,亲自领导和指挥文艺各重要运动。他和文艺工作者经常保持着密切的联系,因而能够更多地了解文艺工作与创作实践的状况及存在的困难,善于从实际出发,把握文艺的客观规律,引导着抗战文艺的正确方向。特别是皖南事变后,周恩来坚持战斗在重庆,以坚定的信心和大无畏的革命精神,带领文艺界的朋友们扭转了暂时的困难局面。他常常参加文艺界举办的活动,到剧场观看演出,和作家、艺术家们平等交流,共同研究探讨剧本的创作和表演,成为文艺家们亲密的好朋友、知心人。

就以当时轰动重庆山城的历史剧《屈原》来说,其剧本的创作、排练和上演,都浸透了周恩来的心血,见证了他与作者、艺术家的交流与情谊。在创作阶段,他到郭老家中,共同探讨并热情鼓励郭老:屈原在当时受迫害,才忧愁幽怨而作《离骚》,现在我们也受迫害,这个题材好。剧本刚完稿,他就请郭老讲解内容并仔细阅读剧本,同有关专家详细地讨论研究。剧本定稿后,他立即指示有关部门组织人力支援演出。在排演阶段,他不断询问进展情况,还几次抽出时间到剧场观看排演。他对剧中《雷电颂》的独白非常欣赏,他说:"屈原没有写过这样的诗词,也不可能写出来,这是郭沫若借屈原之口说出自己心中的怨愤,也表达了国统区广大人民的愤恨之声,是对国民党压迫人民的控诉,好得很。"[①]为了使该剧演出有更强烈的时代感和政治效果,周恩来还专门派张颖把两个主要演员请到红岩村,认真听他们朗诵《雷电颂》,提醒他们重视作者的创作意图。周恩来对他们说,注意台词的音节和艺术效果固然重要,但尤其重要的是充分理解郭老的思想感情,要正确地表达。这是郭老说给国民党反动派听的,也是广大人民的心声,可以预计在剧场中一定会引起观众极大的共鸣。这就是斗争,我们的艺术必须为当前政治服务。周恩来的一番话,让演员们明白了:这不是就演剧而演剧,而是在一种特殊险恶的政治环境中打的一场政治进攻仗。在周恩来的重视、关心和"导演"下,《屈原》在重庆公演后,立即引起轰动,出现了前所未有的盛况。剧院场场爆满,观众越来越多,就连国民党中央社的电讯稿也说:"《屈原》一剧上座之佳,空前未有",是"集剧坛之精英,经多日之筹备","古色古香,堪称绝唱"。

(二)相识相知,良师益友

周恩来始终把文艺看作是党的事业的一部分,是战胜敌人的有力武器,重视

---

① 童小鹏:《风雨四十年》第一部,中央文献出版社1994年版,第301页。

发挥其积极作用,并对文艺工作者真诚关怀、爱护和耐心教育。即使工作再忙,他也不忘关心文艺界的朋友们。他对南方局的同志们特别强调:要在文艺界中广交朋友,"交朋友就可以沟通思想、互相帮助,逐渐深交,就可以团结为一支强大的力量,就能团结一致,共同对敌"①。

周恩来在武汉时,结交了许多文艺界的朋友,在重庆的艰难岁月里,他与这些朋友做了更具体、更深入细致的思想交流,从相识到相知。张颖回忆说:"当时,在周恩来同志领导和激励下,在文艺界、戏剧界中,我们结识了不少朋友。周恩来同志对这批朋友非常关心,只要他们提出想见见周恩来同志,他在极端繁忙中都要抽出时间见他们,并且根据每个人的具体情况,他们的事业、年龄、爱好等等,分别和他们交谈。每次见面都做非常细致的思想工作,对这些朋友讲解国际、国内政治形势,国共两党以及抗日战争的形势,八路军解放区的情况。对朋友们提出的问题,有问必答,务必使朋友明白。同时又非常耐心地倾听朋友们谈到的多方面情况,做深入细致的调查研究。多少次难忘的夜晚,周恩来同志与文艺界朋友的谈话,从晚8点直至次日凌晨。"②著名作家冰心曾描述道:"他是一股热流,一团火焰,给每个人以无限的光明和希望!这在当时雾都重庆的悲观、颓废、窒息的生活气氛之中,就像是一年难见几次的灿烂阳光!"③

在重庆时,周恩来经常主持召开南方局工作会议,集中讨论需要解决的问题,而文艺方面常常是其主要议题。会议常常从晚上10点左右至翌日凌晨,周恩来常常提醒南方局的同志:"要广交朋友,深交朋友,要从交流思想中产生影响,通过广交朋友来扩大队伍。"他还谆谆教导同志们:"在国民党统治区,我们不可能发号施令,也不可能去指挥任何人,只能依靠正确的指导思想,依靠每个共产党员的榜样起作用。"④在他的领导教育下,党内许多同志,包括长江局或南方局领导成员、八路军办事处、新华日报社干部都在文化界艺术界广交朋友,为统战做了许多有益的工作,使越来越多的文化人士团结在党的周围,扩大了党的影响。"而交朋友最多、最广,又能得到信任和尊重的,首先要算周恩来。"⑤邹韬奋就不止一次对别人说过:"周恩来先生的确是我的良师益友""是最可敬佩的朋友"。⑥

---

① 张颖:《走在西花厅的小路上》,中共党史出版社2008年版,第80页。
② 张颖:《走在西花厅的小路上》,中共党史出版社2008年版,第81页。
③ 张颖:《走在西花厅的小路上》,中共党史出版社2008年版,第185页。
④ 张颖:《走在西花厅的小路上》,中共党史出版社2008年版,第95页。
⑤ 童小鹏:《风雨四十年》第一部,中央文献出版社1994年版,第145页。
⑥ 《周恩来传》,中央文献出版社1998年版,第509页。

当时在国统区,尤其是在重庆,许多有名望有成就的作家、艺术家都是周恩来的好朋友。如郭沫若、茅盾、老舍等。在皖南事变后的很长一段时间里,周恩来经常晚上在民生路新华日报社营业部二楼会见各方面人士,不仅同他们谈团结抗战,而且一起谈历史,谈哲学、文学、经济等等,结交了许多朋友。通过这种特殊的方式,交流思想,提高认识,促进工作。当时,周恩来在重庆的住处,成了国统区里要求抗日进步的各界朋友的活动据点。他们把曾家岩50号看作是领导革命事业和传播革命思想的地方,把周恩来看作良师和知己,不惜冒着坐牢甚至杀头的危险来到这里。从这里他们能够得到启发和帮助,从而增加了勇气和力量。曹禺就曾说:"周恩来的话,使我坚强,给我力量,我相信共产党是坚决要抗战到底的,从那时起,我靠近了党。"[①]事实上,许多文化界人士认识中国共产党,坚决跟共产党走,正是由于他们近距离地从周恩来身上看到了真正共产党人的形象,认识了共产党的伟大、正确,才坚定不移地支持、拥护共产党的。

(三)关爱名士,蕴蓄力量

周恩来对文化界的朋友们,不仅是工作上的支持者,思想上的引导者,也是生活上的帮助者。邹韬奋是当时著名的救国会"七君子"之一,他主办的《生活》周刊和生活书店,在全国,尤其在青年朋友中有极大的影响力。周恩来对他十分关注,在武汉第一次见到他时,就对他说:"我们还没见面的时候已经是朋友,好朋友了。救国会的抗日主张和我们是一致的,爱国七君子的风节我是很佩服的。"谈话中,周恩来关切地询问他出狱后的身体和家庭情况,向他分析抗战的形势和任务,指出:"现在我们一起奋斗,以彻底打败日本帝国主义。将来,我们还要共同努力,以建设繁荣富强的新中国。"[②]临别时,周恩来紧紧握住邹的手说:"请你们记住,爱国知识分子是国家的宝贵财富,无论什么时候都需要。有什么要求,请随时提出来,我们共产党一定会尽可能地帮助解决。"[③]

当时,在周恩来的关心和推动下,科技界的朋友们在重庆建立了"自然科学座谈会"。周恩来经常关心并参加座谈会的活动,帮助科技界的朋友们认清时局和抗战前途。他还出人意料地与董必武一起为"自然科学座谈会"里的科学家梁希做寿宴,使梁希非常感动,他说:"我无室无家,有了这样一个大家庭,真使我温暖

---

[①] 童小鹏:《风雨四十年》第一部,中央文献出版社1994年版,第310页。
[②] 《周恩来传》上卷,中央文献出版社1998年版,第508页。
[③] 《周恩来传》上卷,中央文献出版社1998年版,第508—509页。

忘年。"①他回去后夜不成寐,起身作了三首七律诗,两首送给周恩来,一首送给新华日报社,表达他由衷的感激之情。

陶行知是著名的教育家,他倾向共产党,主张抗日。曾因主办的晓庄师范中部分师生进行抗日活动,受到当局通缉。1939年他在重庆创办育才学校,周恩来予以积极支持,并派党员同志帮助工作。陶行知常去看望周恩来,周恩来与之促膝谈心,讲解政治形势,询问工作情况。对他参加的民主斗争、教育活动等,给予热情支持和鼓励。陶行知曾于红岩村返家途中对夫人感慨道:"去时腹中空,回来力无穷"。②既表达了他对周恩来的信赖与敬佩之情,也体现了他与我们党肝胆相照,水乳交融的关系。

马寅初是著名的经济学家、教育家,抗战初期,他多次公开发表演讲,痛斥孔、宋官僚资本发国难财,矛头直指蒋介石。1940年12月,蒋介石下令逮捕了马寅初,投进息烽集中营。周恩来和南方局同志得知这一消息后,立即同重庆各界人士一道设法营救。此后,在国内外强大舆论压力下,蒋介石被迫于1942年8月释放了马寅初,但仍将其软禁家中,不准任公职,不准演讲和发表文章,不准大学聘他教书,使马寅初在政治上经济上陷入困境。周恩来得知这一情况,指示南方局分管宣传的同志:"马老是一位经得起考验的爱国主义者,必须大力支持。"③《新华日报》随即派出记者进行采访并取回马老的文章。周恩来又指示,用整版一次登出,并给予最高稿酬。以此特殊方式接济马老。之后,在周恩来和各界人士的共同营救下,国民党宣布恢复马老等政治犯的自由,从此马老与共产党的关系日益密切,特别是他把周恩来视为知己,更加积极投入抗日反蒋的斗争中。

许多文化人士在同周恩来的接触交往中,得到鼓舞和力量。巴金回忆周恩来在重庆时,说:"他让我在困难中看到光明。他把坚定的信心传染给我们。他就是有这样一种力量。"④皖南事变后,国民党加强对共产党人和进步文化人士的迫害,周恩来根据党中央的指示,对已暴露或有可能被捕的党员和进步文化人,坚决调动或疏散。为保护进步文化力量免遭摧残,周恩来和南方局同志经仔细研究,拟出撤留人员名单,并对有关人员的撤退、疏散、隐蔽做了周密安排部署。从1941年1月至5月,有计划转离重庆去香港的达100多人。并在香港建立文化工作委

---

① 《周恩来传》上卷,中央文献出版社1998年版,第652页。
② 童小鹏:《风雨四十年》第一部,中央文献出版社1994年版,第306页。
③ 童小鹏:《风雨四十年》第一部,中央文献出版社1994年版,第308页。
④ 童小鹏:《风雨四十年》第一部,中央文献出版社1994年版,第310页。

员会,广泛团结各方人士,建立新的进步文化据点。1941年太平洋战争爆发,香港沦陷,在港文化人和爱国人士面临被日寇杀害险境。周恩来急电在港的廖承志、潘汉年、刘少文,指示他们将在港的朋友先接到澳门转广州湾,然后集中到桂林,有的去马来亚。大批文化人于1942年1月初起陆续隐蔽集中于澳门,分批由武装人员护送进入东江游击区,再转送内地。周恩来或是通过电报联络,或是派人接应,分别做出具体安排。这场在周恩来直接领导下的秘密大营救活动,历时半年,行程万里,遍及10余省,从香港抢救脱险的文化人士有300多名。以后这些人活跃在文化战线,对坚持抗战,反对投降,促进文化事业的繁荣兴旺,起到了积极作用,并对新中国的文化发展积蓄了力量。

　　如上所述,抗日战争时期,周恩来对国统区的抗战文化,做出了不可磨灭的特殊贡献。为了动员全民族坚持抗战,他竭尽所能,耗费了大量心血,他的丰功伟绩永垂青史。他的精神风范值得我们后人永远学习。

# 周恩来与国统区的抗战文艺工作　吴小宝[*]

抗日战争时期,中国有两支主要的文艺大军:一是在国民党统治区,一是在延安及其他抗日根据地。茅盾说:"这两支所托的土壤不同,所呼吸的空气也不同,所受的风日雨露霜雪也不同,这就决定了它们各自的发展也不同。更由于政治上的关系,这一本派生的两支,多少年来就连交换经验的机会也少得很。然而无论如何,它们总是同根生的。它们的立场是一致的。这就是从属于民族解放的最大目的(抗战),从属于当前最高的政治要求——争取民主。它们的方向也是一致的。这就是实现那多少年前就已经提出的口号——大众化。"[①]这两支文艺大军在抗战时期做出了辉煌的贡献。

国统区抗战文艺在党的领导下,在中共中央长江局、南方局及周恩来领导下取得了丰硕成果,其中周恩来起了巨大作用。本文就中共代表团梅园新村纪念馆馆藏的一封珍贵信函,阐述周恩来领导国统区抗战文艺的革命业绩。

## 一、从一封珍贵的信函谈起

中共代表团梅园新村纪念馆现藏有一封珍贵的信函,这是 1939 年 8 月 20 日中国救亡剧团团长金山、副团长王莹写给时任国民政府军事委员会政治部副部长周恩来的。信函全文如下:

二十八年(1939 年)八月二十日

报告于安南西贡(今越南胡志明市)堤岸中华总商会

窃敝团自"八一三"抗战爆发后,即由沪出发,历经苏、皖、豫、鄂、赣、湘、桂、粤等省,在后方各地及战区工作凡二十余月。现为向侨胞报道国内抗战真相,推展海外救亡运动,扩大国际宣传起见,决定出国工作,于本年四月抵港(香港)。工作三月后,已首先到达西贡。兹谨将敝团《工作旬报》第一期寄呈。钧鉴　敬祈予以指示。 尔后自当按期邮呈,也谨

---

[*] 吴小宝,南京市博物馆研究馆员。
[①] 茅盾:《抗战文艺运动概略》,《中学生》1949 年。

呈副部长周(恩来)

附呈 《工作旬报》一份

中国救亡剧团团长　金山(签名、印章)

中国救亡剧团副团长　王莹(签名、印章)

文字竖行毛笔楷体书写,信函为2页,使用印有红色"中国救亡剧团"字样的信笺,标点和括号内注系笔者所加。该信函是1946年5月周恩来率领中共代表团来到南京与国民党政府进行和平谈判时留存下来的。遗憾的是,信函中提到的《工作旬报》第1期未发现。

金山,1911年生,中共地下党员,著名表演艺术家,影剧双栖演员,1935年起先后在话剧《娜拉》《钦差大臣》《赛金花》和电影《夜半歌声》中塑造鲜明的人物形象,显露出艺术才华,从而成为30年代中国进步剧坛和影坛中的一颗耀眼的新星。1935年,他在上海出演《钦差大臣》一剧时结识了中共地下党员、影剧双栖优秀演员王莹。

1937年,金山(任副队长)和洪深(任队长)率领上海救亡演剧二队,从上海出发,辗转千里,到15个省区巡回演出救亡戏剧。到武汉后,一天,金山到八路军办事处求见周恩来。周恩来对金山的情况早已十分了解,和金山一见如故,对他十分亲热。周恩来答应金山给二队全体成员讲话。至于金山申请去延安的事,周恩来却不同意。周恩来说:延安是好地方,但如果大家都去了延安,这里的工作谁来做呢?他要金山安心留在国统区,要和社会人士接触,开展局面,好好工作。周恩来嘱咐他要好好学习抗日民族统一战线的政策。初次见面,金山给周恩来留下了很好的印象。有一段时间,金山曾被调到八路军办事处文艺组负责戏剧、电影工作。从此,他们有了更多的接触。

1938年,金山的好友、作曲家冼星海准备去延安。金山的心情难以平静。恰在这时,桂系李宗仁、白崇禧在台儿庄大捷之后,出任第五战区正副司令长官。他们广邀文艺界人士去大别山,去鄂西,去广西开展工作,甚至打算出资派遣人员去南洋宣传抗日,筹募抗战经费。金山心动,就去请示国民政府军事委员会政治部副部长周恩来。周恩来听完金山的汇报,认为可以利用这个机会和桂系搞好关系,不论是去大别山,去鄂西,去广西,都可以,甚至去南洋也行。因为这是对抗战、对扩大政治影响有利的。周恩来还讲述了抗日民族统一战线的意义,要金山站得高些,认真领会方针,结合实际,做好工作。这年9月,金山在大别山和鄂西工作了一段时间后,准备去广西,然后从广西去南洋。他来到武汉,向周恩来辞行。周恩来以16字相赠："工作紧张,生活严肃,态度灰色,经济清楚。"到了广西以后,金山受桂林八路军办事处主任李克农领导。此时,上海救亡演剧二队已改名为中国救亡剧团。金山请示李克农,想用周恩来相赠的16字作为团训。李克农觉得很好,只是"态度灰色"用字容易被人误解,建议改为"态度纯正"。于是,这稍加改过的16字,就成了中国救亡剧团的团训。

1939年4月,中国救亡剧团到达香港。3个月后,他们坐船到法属安南西贡(今越南胡志明市)时,受到"安南华侨救国总会"张会长的欢迎。随后,他们在堤岸进行义演。剧团在南洋各地巡回演出,宣传抗日救国,深受当地侨胞欢迎,并得到爱国华侨领袖陈嘉庚先生的大力支持和帮助。

上面提到的那封信,正是金山、王莹率团到达越南后,将该团在海外华侨中进行抗战宣传的情况向周恩来副部长汇报的信函。它反映中国救亡剧团在国内15个省区和香港、南洋等地巡回演出、宣传抗日的历史过程,也是周恩来领导国统区抗战文艺革命业绩的历史见证。

1940年底,金山到达香港。此时,香港集中了大批杰出的中国文化界人士。这些人几乎都因大后方形势恶劣,由周恩来亲自想办法护送到港的。旅港剧人先后演出了《雾重庆》和《马门教授》,金山主演后者,影响很大,盛况空前。1941年12月,香港沦陷,这批文化人撤退至桂林。这时,郭沫若正好在重庆写出他的历史剧《屈原》。而周恩来是这个剧本的第一个读者,他称赞剧本写得好,写得适时,并答应郭沫若调金山来重庆参加演出。

1942年2月初,金山到重庆曾家岩50号"周公馆",当面向周恩来较详细地汇报了该团在南洋开展工作的情况,受到了周恩来的鼓励。周恩来还交给他一项新的战斗任务——主演郭沫若创作的《屈原》。金山精湛的表演,使这部富有强烈的现实意义的历史剧获得了巨大的成功。

## 二、周恩来领导国统区抗战文艺的革命业绩

周恩来是一位熟悉革命文艺工作,了解、掌握艺术家的理想和追求,最善于做文艺工作,为文艺界所爱戴的一位卓越领导者。抗战期间,他在国统区领导抗战文艺的革命业绩,主要有以下几点:

(一)把国统区文艺界组织起来,指明抗战文艺的发展方向

1937年12月18日,周恩来根据党中央的决定,率中共中央代表团抵达武汉。代表团的任务除负责与国民党谈判外,主要是在国统区全面贯彻执行党的抗日民

族统一战线的方针、政策。当时,中国面临民情激愤、举国抗战的形势。在这种形势下,国共两党实行了军事合作和政治合作。

周恩来十分重视国统区抗战文艺工作,他将国统区抗战文艺与党的整个事业联系起来。在观察抗战文艺的时候,他从党在抗战时期的总任务出发,并且服从于这个总任务。他把抗战文艺作为党的事业的一部分,创造性地贯彻执行了党的抗日民族统一战线政策。为了及时地把国统区文艺工作全面转入为抗战服务的轨道,引导知识分子将朴素的抗日爱国热情提高到党的全面抗战路线上来,周恩来首先注意把大批进步的和处于中间状态的文艺家组织起来,促成文艺界抗日民族统一战线的形成。当时,从北平、天津、上海、南京等文化中心向内地转移的文艺工作者,普遍怀着"到大后方开辟文艺工作"的爱国热情,纷纷集中到当时的政治、军事中心——武汉。1938年初,周恩来指示阳翰笙联络文艺界人士,酝酿成立文艺界抗敌协会。同时,他还就协会的设置和人选问题,多次与文艺界人士商谈,邀请老舍担任作协会总务部主任,主持日常工作,并且明确指出,这个文艺界统一战线团体应包括各方面的力量,但领导权决不能落在国民党手里。在周恩来的关怀下,3月27日,中华全国文艺界抗战协会(简称"文协")在汉口成立。周恩来当选为协会名誉理事,并在成立大会上发表重要讲话。他说:全国的文艺作家,在全民族面前团结起来了。"这种伟大的团结,不仅仅是在最近,即在中国历史上、在世界上,也是少有的!这是值得向全世界骄傲的!""象征我们伟大的中华民族,一定可以凝固地团结起来,打倒日本帝国主义!"[①]他希望作家们多取材于前线将士们英勇战斗的事迹,多取材于战区敌人的残暴行径,多取材于全民动员的热烈情绪。只有这样,我们才可以举国同仇敌忾,加强战胜敌人的信心!他希望文学家们无论在战场上还是在内地,都要更多地接触人民的生活,同时要继承祖先遗留下来的优秀文艺传统。周恩来的讲话,实际上成为"文协"工作的指导思想,为抗战文艺指明了发展方向。

(二)利用合法组织形式,团结广大文艺界人士

1938年2月,国民政府军事委员会改组,恢复了政治部。经中共中央同意,周恩来担任了国民政府军事委员会政治部副部长。这是抗战期间,中共在国民党军政部门担任的唯一要职。政治部的第三厅是专管文化宣传工作的,周恩来对此十分重视。他想到郭沫若可以担任第三厅厅长,他认为,第三厅是有实权的政治机

---

① 《周恩来文化文选》,中央文献出版社1998年版,第3页。

构,可以通过这一途径来组织开展抗日宣传工作,以唤起全民族的抗战意识。

蒋介石的初衷是想借郭沫若的影响来笼络文化艺术界。因此,在确定郭沫若为第三厅厅长后,蒋介石又派亲信充当副厅长,妄图架空郭沫若。于是,郭沫若愤然出走长沙,不愿就职。郭沫若是著名爱国民主人士,周恩来深知他与党的密切关系和感情,认为如果能够做通郭沫若的思想工作,由他出面领导三厅,就可以带动广大的爱国文艺界人士向党中央靠拢,开展公开的抗日民主革命活动。因此,周恩来一方面与国民党交涉,为郭沫若的工作排除阻碍;一方面写信给郭沫若,劝郭沫若不要把第三厅的宣传工作太看轻了。在周恩来的耐心开导下,郭沫若决定以进步文化人士身份领导第三厅的工作。经周恩来的努力,第三厅虽然在国民党控制的政府机构里,却在我党领导下进行工作。

周恩来很重视统一战线中党的组织建设。第三厅建立了党组织,文化工作委员会建立了党组织,许多抗敌演剧队也建立了党组织。他通过各种渠道与基层组织保持密切联系,了解情况,传达党的指示。有各级党组织的领导,贯彻执行党的方针政策就有了可靠的保证。

为研究和推动第三厅工作,周恩来时常与第三厅的党组织开会到深夜。周恩来将第三厅的任务概括为根据中共提出的抗日救国十大纲领进行宣传工作,第三厅是以共产党为核心的动员各党派、各人民团体和民主人士参加抗日民族统一战线的机构。对于第三厅党组织的活动,周恩来明确指示,党组织必须是全部秘密的,其活动方式也必须适应国民党军事机关这个特殊的环境。这样,第三厅于1938年4月1日在武汉成立后,就在周恩来的直接领导下,以国民政府的名义进行抗战宣传。因第三厅坚持执行党的巩固和扩大抗日民族统一战线的方针,团结思想界、文化界的著名人士和社会贤达,被当时社会上誉为"名流内阁",成为国统区抗日民族统一战线的一个战斗堡垒。

4月7日,周恩来发表了《怎样进行二期抗战宣传周工作》的文章,并与郭沫若等第三厅人员共同研究如何做好工作和扩大宣传效果。他提出"在文字宣传上,要力求具体、通俗和生动";"在口头宣传上要力求普遍、通俗和扼要";"在艺术宣传上,要更加普遍、深刻和激越感人"。[①]宣传周共6天,每天都有一个主要项目,如歌咏日、美术日、戏剧日、电影日、漫画日、游行日等。这时,台儿庄大捷的消息传到武汉,周恩来与郭沫若商议立即派宣传人员赶往台儿庄慰问前线战士,使抗日

---

① 《周恩来文化文选》,中央文献出版社1998年版,第5~6页。

宣传深入到军队中去。

宣传周中,艺术家们在汉口市大道演出街头短剧,学生们发表演说,画家们的漫画贴满街头。入夜举行火炬游行,在长江之上,武汉三镇之间,抗日花灯、火炬游行和几百条船组成的歌咏队,绵延数里,抗日歌声响彻云霄,人民的抗日情绪热烈高昂,借助媒介,这种昂扬的情绪传到全国各地。

武汉形势危急时,周恩来与文艺界的主要人士商议,将聚集在武汉的文艺大军,根据不同情况,迅速分散为几股力量:一部分人由政治部第三厅组建的10个抗敌演剧队和4个抗敌宣传队,加上一个"孩子剧团",分赴国民党管辖的各个战区及军队,深入地进行抗日宣传活动。周恩来还给演剧队员做报告,鼓励队员们坚定抗日的信心和决心,并提出演剧队不单是抗日宣传队,而且还应是深入群众的工作队。抗敌演剧队在八年抗战中,无论环境多么艰险困难,他们始终坚持抗日宣传工作,直至抗战胜利,有些队则坚持到全国解放。他们中不少人还成为了建国初期全国各地区、各大城市文化艺术部门的领导和艺术骨干。

(三)对文艺工作者给予政治上的引导,生活上的关怀

1940年秋冬,国民党当局多次强迫三厅工作人员加入国民党,郭沫若得知此事后,对当政者的恶劣做法毫不留情地予以抗议。周恩来也愤愤不平,指责国民党如此逼迫和对待文化人是不利于抗战的。蒋介石恐怕事情闹大以后对文化人难以施加控制,便又生一计,提出设立文化工作委员会,仍请郭沫若担任主任委员,请阳翰笙担任副主任委员,并将该会定为学术研究团体,不具有政府机构职能。郭、阳等人认为,这分明是蒋介石要把我们"圈起来"。于是,他们就去请教周恩来怎么办。周恩来认为,我们跳出圈来干,挂个招牌有好处,我们更可以用它进行有理、有利、有节的斗争,展开我们的工作。11月,"文工会"成立。该会的委员、研究人员和工作人员,除了保存第三厅时期的骨干外,还包容了更广泛的各界代表人物,如著名作家沈雁冰、老舍,历史学家翦伯赞、吕振羽,社会科学家侯外庐、沈致远、邓初民,自然科学家卢于道等。这一批当时被社会称为"齐之稷下"的进步知识分子,在国统区极其艰苦的条件下,或著书立说,或讲学论争,或从事文艺创作,在抗日文化运动中做出了巨大的贡献。

周恩来认为艺术与政治有密切的关系,抗战文艺应该为抗战的政治服务。这是考察文艺发展得出来的科学结论。抗战时期,困难当头,文艺更应该履行自己的职责。

针对反共逆流高涨,时局恶化,国民党顽固派的高压政策和部分党员缺乏工

作信心等情况,周恩来提出"勤业、勤学、勤交友"三项任务,强调党的干部要利用一切可能的社会关系和习俗去联系、团结更多的知识界人士,冲破国民党顽固派在政治上、文化上的法西斯统治,支持知识界人士的正义斗争。

周恩来与国统区文艺工作者保持着亲密的关系。他具体领导着党在国统区的斗争,又以普通一员的身份出现在文艺工作者之中。艺术工作者视他为党的领导,自己的同志,无间的朋友,尊重、信赖、亲近他。周恩来对于文艺工作者的关心是无微不至的,思想有问题他帮助解决,工作有困难他帮助解决,经济拮据他也帮助解决。在这个过程中,广大文艺工作者不仅感受到党的温暖,而且还从中受到党的教育,与党更加亲近。

1942年4月,郭沫若创作的历史剧《屈原》,在重庆公演,轰动了整个山城。这个剧在演出前就得到了周恩来的关怀和正确引导。他反复阅读剧本,与郭沫若字斟句酌,共同讨论,还到剧场亲自看了几次排练,对其中的"雷电颂"尤其欣赏。周恩来认为,这是郭沫若借屈原的口说出自己心中的怨愤,也表达了国统区人民的愤慨之情,是对国民党压迫人民的控诉。为了提高演出质量,周恩来请金山等两位主要演员到红岩村,让他们反复朗读这段情绪热烈、文采照人的台词给他听,然后对演员的表演进行具体指导。公演后,周恩来又指示《新华日报》开辟专栏,刊登各方面对该剧的评价文章,回击了国民党顽固派进行的种种攻击。此外,在周恩来领导下的南方局,还为沈钧儒、茅盾、老舍、洪深等举行生日或创作纪念会,借以宣传爱国主义精神,歌颂不畏强暴、坚持原则的民族气节,提倡讲大局、求团结、抗战到底。1944年11月11日,周恩来从延安来到重庆的当天,参加了郭沫若为欢迎柳亚子来渝的晚宴。宴会上,他的一席话使大家"顿觉蜗庐海样宽"(郭沫若即席而作)。1944年11月和1945年1月,他两次来渝,都将从延安捎的特产分送给文艺界人士,对国统区文艺界人士投身于民主运动的洪流,给予了很高的评价和有力的支持。正是在周恩来的引导下,重庆、昆明、成都等地的文化界著名人士先后联名发表文章,把民主运动推向了新的高潮。

周恩来领导的国统区抗战文艺在中国现代文艺史上占有重要地位。它不仅打击了日本帝国主义,争取了民主,而且还促进了我国现实主义文艺的发展。同时,周恩来还为党团结了一大批文艺工作者。他们不仅经受了抗日战争的锻炼和考验,而且还在党的领导下走上了革命道路,为建立新中国文艺事业做出了重要贡献。

# 周恩来在重庆期间领导的抗战文化力量 钱耀华[*]

1941年1月发生的皖南事变,把国民党的第二次反共高潮推到了顶点。当时,周恩来仍留在已成为战时首都的重庆,继续主持着中共南方局的工作。面对国民党的法西斯统治,周恩来领导的中共南方局选择了那时被国民党顽固派忽视而又有很大群众影响的文艺运动,特别是以演剧为突破口,利用文化的力量同国民党反动派做坚决的斗争,努力在国民党统治区(简称国统区或白区)开创团结抗战的崭新局面。

## 一、周恩来据理力争,争得坚持斗争的"文委"合法身份

1940年9月,在第二次反共高潮前夕,国民党以改组政治部(即在国共两党二次合作下,于1938年2月成立的国民政府军事委员会政治部)为名,撤销了所属第三厅,郭沫若也卸去了第三厅厅长职务。这时,政治部部长已由陈诚换为张治中,从而使我党在国统区失去了与敌斗争的合法(平台)身份。对此,时任政治部副部长的周恩来曾做过透彻分析:在国民党手里,有着庞大的政权机构,有着数量众多的军队和强大的财政力量,在重庆更是特务遍地,他们的力量看起来仿佛是强大的。可是,他们对抗战消极,对人民高压,加上官吏贪污,物价飞涨以及苛捐杂税繁多,使得整个国统区内民不聊生,民怨沸腾。由于国民党的腐败,群众反对他,我们有群众可以依靠;他们内部又有很多矛盾,我们可以加以利用;所以,只要我们能够依靠群众,善于利用矛盾,就能够在国民党高压政策下生存、发展,取得胜利。那么,从哪里着手打开工作局面呢?周恩来认为:在国统区人民对国民党顽固派明里抗日、暗里反共的认识不清和对共产党领导下的八路军、新四军以及所建立的抗日根据地不甚了解的情况下,关键是要让他们了解共产党坚持抗日、团结、进步的方针,揭露国民党中一部分人企图投降、分裂、倒退的真相。因此,文化艺术界的朋友就显得十分重要,通过作家、导演、演员他们的工作,使这些文化

---

[*] 钱耀华,江苏省如皋市动力机械厂原党委副书记。

机构和团体生成一支强大的抗战文化力量,可谓之上策。

周恩来拿定主意后,就找张治中理论:"第三厅这批人都是无党无派的文化人,都是在社会上很有名望的。他们是为抗战而来的,而你们现在搞到他们头上来了。好!你们不要,我们要!现在我们准备请他们到延安去,请你借几辆卡车给我,我把他们送走。"张治中听后感到十分为难,便回答说:等我报告了蒋委员长后再说。没隔几天,蒋介石突然召见郭沫若、阳翰笙、冯乃超、杜国庠、田汉等原第三厅的主要负责人,并对他们说:现在正是国家用人之际,你们不能离开。我们想另外成立一个部门,还是由第三厅的人参加,仍然请郭先生(指郭沫若)主持。接着,蒋介石的机要秘书李维果对他们说:委员长的意思,部里成立一个文化工作委员会(以下简称文委),文委的宗旨是对文化工作进行研究,现在研究工作也很重要,仍然请郭先生主持,请诸公参加,这样也就是离厅不离部嘛!阳翰笙等立马向周恩来汇报说:"蒋介石分明要把我们圈起来,怕我们去延安,你看怎么办?"事实上,蒋介石从建立政治部及第三厅时,就有让周恩来当空头副部长、郭沫若当空头厅长的想法,现在又如法炮制。周恩来听后正中下怀,断然回答:"就答应他吧!他划圈圈,我们可以跳出圈圈来干嘛!挂个招牌有好处,我们更可以同他进行有理、有利、有节的斗争,展开我们的工作。"周恩来鼓励阳翰笙等说:"我们处在无权无势时,还能在地下干,现在有一个地盘给我们站住脚,难道还怕干不成事吗?"[①]由此,周恩来为我党在国统区坚持斗争争得了一个新的合法身份,即找到了文化领域这一突破口。

同年10月1日,文委成立并开始正常工作。12月7日举行招待会,对外正式向文化界、新闻界宣布:由郭沫若担任主任委员,副主任委员是阳翰笙、谢仁钊,专任委员是茅盾、杜国庠、田汉、洪深、翦伯赞、胡风等十人,兼任委员有老舍、陶行知、侯外庐、王昆仑、张志让、邓初民、吕振羽等10人。文委虽是一个文化研究机构,不能像原来第三厅那样领导许多剧社、宣传队等文化团体,开展轰轰烈烈地宣传群众、组织群众的工作,但谋事在人,毕竟为我党在国统区坚持斗争争得了一席之地。我们可以利用这一合法身份,团结比第三厅时更广泛层面的群众,同样可以宣传我党主张,宣传民族团结抗日的统一战线,或著书立说,或讲学论争,或从事文艺创作,在文化运动中发挥出巨大作用。

---

① 阳翰笙:《风雨五十年》,人民文学出版社1986年版,第262、263、267页。

## 二、周恩来顺时应变,运用文化斗争形式团结一切抗日力量

第二次反共高潮期间,我党在国统区的工作受到极大限制,就连群众性集会也被列为犯禁,周恩来顺时应变,巧妙地利用文委这一合法组织,在文化战线上探讨与国民党反动派斗争的新方式,使重庆的进步文化运动出现了复苏局面。

一是巧借郭沫若私人祝寿和创作二十五周年的机会,团结和发动一切民主进步力量,冲破国民党在政治和文化上的法西斯统治。

1941年10月上旬的一天,周恩来到郭沫若家里向其提议,由文艺界组织纪念郭沫若五十寿辰和创作生活二十五周年活动。郭沫若起初未能理解周恩来的真实用意,当即表示谦辞。周恩来便说"为你做寿是一场意义重大的政治斗争,为你举行创作二十五周年纪念又是一场重大的文化斗争。通过这次斗争,我们可以发动一切民主进步力量来冲破敌人的政治上和文化上的法西斯统治"[1]。事情谈妥后,周恩来责成阳翰笙主持这项工作,并且强调:由各方面的人来参加,要成立一个广泛的统一战线的筹备组织。在发起人中,不仅要有许多民主党派和无党派的著名人士,还要有国民党的高级将领,如冯玉祥、张治中、邵力子等。在新闻界,除《新华日报》外,《新蜀报》《新民报》《商务日报》《大公报》等都要有人参加。

11月16日下午,在周恩来等精心组织筹备下,一场别开生面的纪念会如期举行。会场设在重庆的中苏文化协会,门口高悬着一支硕大无比的毛笔和"以清妖孽"四个大字,冯玉祥担任主席致开幕词。周恩来、老舍、黄炎培、沈钧儒、张申府和苏联来宾,还有国民党方面的潘公展、张道藩在会上致贺词。周恩来说:在到会的老年、中年和青年三种人中,郭先生是无愧于五四运动当中长大的这一代的。他不只是革命的诗人,也是革命的战士。无论从他的著作和行动里,都燃烧着那烈火一般的感情。在反对旧礼教旧社会的战斗中,有着他这一位旗手;在保卫祖国的战斗中,也有着他这一只号角;在当前反法西斯的战斗中,他仍然是那样挺身站在前面,发出对野蛮侵略者的诅咒。这些都是青年们应当学习的。参加这次纪念会的有文化界、学术界、新闻界、各民主党派、各群众团体的代表人物2 000人,济济一堂,情绪热烈,真可谓是极一时之盛。这一祝寿活动,显示了进步文化界团结战斗的力量,一扫第二次反共高潮以来笼罩在重庆上空的沉闷空气。

同日,《新华日报》还出版了《纪念郭沫若先生创作二十五周年特刊》。周恩来

---

[1] 阳翰笙:《风雨五十年》,人民文学出版社1986年版,第285页。

为特刊题写刊头,并写了代论《我要说的话》。文章论述鲁迅和郭沫若两人不同的时代背景和经历:"鲁迅是新文化运动的导师,郭沫若便是新文化运动的主将。鲁迅如果是将没有路的路开辟出来的先锋,郭沫若便是带着大家一道前进的向导。"[①]并且强调指出:郭沫若在革命的文化生活中,最值得大家学习的有三点:一是丰富的革命精神,二是深邃的研究精神,三是勇敢的战斗生活。此次纪念活动先后在延安、桂林、昆明、成都、香港等地分别举行,充分体现了周恩来运用文化斗争形式来团结全国一切抗日力量的目的。

二是做足编演历史话剧这篇深度大文章,控诉国民党压迫人民的愤恨之情,激发人民"反对同室操戈,坚持团结抗战"的民族精神。

在周恩来的亲自执导下,文委先后编演了四台历史话剧。其一是在《纪念郭沫若创作二十五周年》纪念日前,由阳翰笙编剧、中华剧艺社上演的《天国春秋》。该剧以太平天国的历史教训来斥责国民党顽固派同室操戈、破坏团结、破坏抗战的行为。每当剧中人洪宣娇说出"大敌当前,我们不应自相残杀!"观众席中常常响起暴风雨般的掌声。其二是在《纪念郭沫若创作二十五周年》纪念日后,由郭沫若编剧的《棠棣之花》,着重表现聂莹、聂政姐弟不畏强暴、壮烈牺牲的精神。《新华日报》辟了"棠棣之花剧评"专页,周恩来为专页提写刊头,并修改了《从棠棣之花谈到评历史剧》和《正义的赞歌,壮丽的图画》两篇文章。这台戏在当时的历史环境下,颂扬气节,号召团结起来反对强暴,引起观众强烈共鸣。周恩来前后共看了7遍。其三,在太平洋战争爆发后,由郭沫若编剧、中华剧艺社演出的《屈原》。当时,由于太平洋战争导致海外运输断绝,胶片难以进口,电影摄制陷于停顿,许多电影工作者转入话剧战线,使话剧舞台更加活跃起来。同年底,周恩来听说郭沫若在写《屈原》,便到郭沫若家里去,与之共同探讨戏剧创作的相关问题。周恩来说:屈原当时受迫害,才忧愁幽思而作《离骚》。现在我们也受迫害,这个题材好! 在周恩来的鼓励下,郭沫若只用了十天时间,于1942年初写出了剧本《屈原》。是年1月24日起在《中央日报》的《中央副刊》上连载,供大家评论。4月3日,由中华剧艺社在重庆公演,周恩来对该剧的高潮《雷电颂》很赞赏。这里有一段台词:"鼓动吧,风!咆哮吧,雷!闪耀吧,电!将一切沉睡在黑暗怀抱里的东西,毁灭,毁灭,毁灭呀!"周恩来说:屈原并没有写过这样的台词,也不可能写得出来,这是郭沫若借屈原的口说出自己心中的怨恨,也表达了蒋管区人民的愤恨之

---

① 《新华日报》,1941年11月16日。

情,是向国民党压迫人民的控诉,好得很!《屈原》的公演,轰动了山城重庆,让人们自皖南事变以来长期郁积在胸中的愤恨得到一次尽情倾泻的机会。演员白杨回忆说:"许多群众半夜里就带着铺盖来等待买票,许多群众走了很远的路程,冒着大雨来看演出。剧场里,台上台下群情激昂,交融成一片。"①重庆的报纸称之为"剧坛上的一个奇迹"。周恩来对《屈原》如是说:是否肯定这个戏,不仅是艺术创作问题,更重要的是政治斗争。一个马克思主义者对于历史,应该从阶级斗争的观点出发,同时也应该是历史唯物主义的。历史剧的创作,只要在大的方面符合历史真实。至于对某些非主要人物,作者根据自己的看法来评价是允许的。因此,这个戏无论在政治上和艺术上都是很好的作品。其四是夏衍编剧的《法西斯细菌》于10月20日左右在重庆上演,也收到很好效果。因太平洋战争爆发,夏衍于《屈原》演出的第6天,从香港回到了重庆。当晚,周恩来就同他见了面。在周恩来的劝说下,夏衍以进步文化人的身份,在重庆撰文为生。这台戏是通过一个原来不过问政治的细菌学家转变为反法西斯战士的过程,揭露了法西斯的罪恶,抨击了国民党的黑暗统治。

通过编演历史话剧的文化斗争形式是周恩来领导我党在国统区坚持斗争的一大创举!也是国民党当局欲反不能、欲制无词的一大难事。正如周恩来评夏衍所编《法西斯细菌》所说:"皖南事变之后,重庆文艺界万马齐喑,我们在这个时期钻了国民党的一个空子,(郭)沫若的《屈原》打破了十个多月来的沉闷,连国民党的'要人们'也去看了,当然他们也知道,戏里骂的是什么人。但这是古代的事,是历史,他们也没有办法。"②周恩来还重视和鼓励音乐界、美术界、小说界、新闻界通过不同形式展开同国民党反动派的斗争,提出许多建设性意见。周恩来向著名小说家张恨水说:"同反动派作斗争,可以从正面斗,也可以从侧面斗,我觉得用小说体裁揭露黑暗势力,就是一个好办法,也不会弄得'开天窗'。恨水先生写的《八十一梦》,不是就起了一定作用吗?"③

## 三、周恩来重视学术研究,努力营造团结抗战的社会共鸣

学术研究,是蒋介石为文委圈定的职能范围,也是周恩来在文化界与国民党

---

① 白杨:《敬爱的郭老,深切悼念您》,《悼念郭老》,生活·读书·新知三联书店1979年版,第251页。
② 夏衍:《懒寻旧梦录》,生活·读书·新知三联书店1985年7月版,第488页。
③ 陈铭德、邓季惺:《周恩来在重庆和我们的几次见面》《怀念周恩来》,人民出版社1986年1月版,第370页。

坚持正面斗争的重要方面。周恩来坚持在不捅破"天窗纸"的前提下,组织学术研究界跳圈子、钻空子,紧紧围绕在国统区构筑团结抗战的政治基础和社会共鸣,积极地开展学术研究。

皖南事变后,沉闷的政治空气压得许多人透不过气来,周恩来却神情自若地对留居重庆的进步学术工作者说:"形势不利于大规模地搞公开活动,但这也是一个机会。有研究能力的人,尽可以利用这个机会,坐下来搞点研究,抓紧时间深造自己,深入研究几个问题,想写什么书,赶快把它写出来。"他爽朗地说:"等革命胜利了,要做的事情多得很呢。到那个时候,大家就更忙啦,你们想研究问题、写书,时间就难找啦!"[1]周恩来的这些话,使很多人顿时感到豁然开朗,驱散了笼罩在心中的乌云,开始埋头从事研究和著述。许多重要的学术著作,如郭沫若的《十批判书》、侯外庐的《中国古典社会史论》、翦伯赞的《中国史纲》、邓初民的《中国社会史教程》等,都是在这一时间开始写作或写成的。

周恩来特别注重学术研究的方向和学风。他经常强调,学术上的是非真伪,要通过深入研究、充分讨论、详尽说理来解决,切切不要强加于人。强加于人不但不能达到目的,相反还要失去群众。当时进步的学术工作者中间有一个读书会,参加的有许涤新、胡绳、杜国庠、翦伯赞、侯外庐、王寅生等,周恩来也常去参加。侯外庐回忆说:"当时,因为形势不利,与会者显得不活跃的时候,周恩来同志出现在大家面前,总是谈笑风生,甚至讲点笑话。当我们讨论热烈的时候,他则通常是静听不语。在我的印象中,周恩来同志与会时,读书会的成员想说什么就说什么,想问什么就问什么,大家丝毫不觉得拘束。有时,他也发言,那是一种完全以平等身份发表意见、探讨问题的发言。事实上,周恩来同志的意见只要一经提出,总被大家接受、采纳,奉为原则。他的意见能有这样的力量,并不是由他的地位所决定的,而是由他在大量的学术问题上,就如同政治问题上一样,都有着敏锐的洞察力、透彻的分析力、准确的判断力所决定的。"[2]

周恩来在学术研究上总是以极其敏锐的洞察力,准确地把握方向。当时,参加读书会的那些进步学术工作者都把宣传唯心主义的哲学家冯友兰、贺麟视为对立面。一次,大家正在热烈地谈着这个问题时,周恩来来了。周恩来听了一会,便平静地说:"民族大敌当前,在千千万万种矛盾中间,学术理论界也面临着错综复

---

[1] 侯外庐:《韧的追求》,生活·读书·新知三联书店1985年版,第114页。
[2] 侯外庐:《韧的追求》,生活·读书·新知三联书店1985年版,第122页。

杂的矛盾。我们和冯友兰、贺麟在阶级立场上,矛盾固然是尖锐的,但毕竟不是主要矛盾。当前,学术理论上最危险的敌人,是国民党右派的妥协投降理论,我们斗争的锋芒应该对准陈立夫的《唯生论》。"①这番话,把大家都说服了。这是周恩来正确把握学术研究工作方向,在学术研究界抓准主要矛盾,求同存异,营造抗战社会共鸣的重大历史性贡献。

周恩来是一位伟大的无产阶级革命家,也是一位富有文学天赋和文化情结的无产阶级政治家。在第二次反共高潮期间,经周恩来亲自执导的揭露国民党顽固派反革命嘴脸、抨击国民党黑暗统治的那一部部历史话剧;那一部部进步小说;那一版版报纸《木刻专线》;那一篇篇剧评和专论,那一场场招待会、新闻发布会,就像一团团烈火燃烧在国统区,激发起全民团结奋战的民族精神;就像一把把利剑,有力地刺向同室操戈、破坏团结、破坏抗战的国民党顽固派;就像一股股洪流汇成的文化巨力,冲击和动摇着国民党的黑暗统治!以文化的多种形式在国统区坚持斗争,是周恩来在国统区领导工作的重大创举,也是周恩来领导艺术的经典呈现!

---

① 侯外庐:《韧的追求》,生活·读书·新知三联书店1985年版,第123页。

# 周恩来与抗战期间的香港文化界 房士鸿[*]

在整个中国人民抗日战争期间,周恩来是对香港问题和香港爱国人士关注最多的中国共产党领导人之一,这种关注,一方面是缘于他对华南工作的分工领导,另一方面也是因为抗战时期香港的战略地位和政治环境。在这种关注中,香港文化界人士和香港文化运动,是周恩来关注的重点。本文试析抗战期间周恩来对香港文化界的特殊作用。

## 一、全面抗战爆发后,直接领导香港抗日救亡工作

抗战爆发后,作为中共中央军事委员会副主席,周恩来为中华民族夺取全国抗战的胜利,不畏艰辛,多方奔走。卢沟桥事变当天,周恩来和博古、林伯渠飞抵上海。一方面,他与国民党方面商谈共产党军队的改编等问题,并向国民党方面提交《中共中央为公布国共合作宣言》。另一方面,全面布置中共在中国南方一带的工作尤其是统一战线工作。抗日战争期间,以广州和香港为中心的华南党的工作,一直在周恩来的直接领导下进行。

在中华民族伟大的抗日民族解放战争中,香港作为中国抗日战争的一个特殊区域,抗日救亡运动也风起云涌,成为整个中国抗日救亡运动的延伸和组成部分。

抗日战争期间,香港的抗日救亡运动主要分为两个阶段。

第一个阶段,从1937年7月7日到1941年12月8日日本开始进攻香港之前。这一阶段,香港暂时免遭战火,一时成为一个战争"避风港"。这一特殊的条件,遂成为香港和内地一大批文化人用不拿枪的方式参加祖国抗战的良好阵地。因此,这一时期香港的救亡运动主要是救亡文化运动。

第二阶段,自1941年12月8日日本偷袭珍珠港即太平洋战争爆发后,日本开始进攻香港。这一阶段,由于港英当局抵抗不力,仅半月余,即丢盔卸甲而走,港督杨慕琦在圣诞之日竖起白旗,以示投降。在英国没有尽到抗击日本法西斯、保

---

[*] 房士鸿,淮安周恩来纪念馆研究室文博馆员。

卫香港应有的责任的情况下,香港的抗战在中国共产党领导下有声有色地开展起来。

在中国共产党领导香港抗战活动方面,周恩来发挥了极为重要的作用。

为了充分利用香港,早在1937年底,周恩来就在武汉与英国驻华大使面商在香港建立八路军、新四军办事处一事。抗战爆发不久,为加强对华南、香港地区抗日民族统一战线工作的领导,根据周恩来的建议,中共中央先后派廖承志、张云逸、潘汉年等人去广州、香港筹建八路军驻广州、香港办事处和开展统战工作。1938年初,由廖承志任主任的八路军驻香港办事处成立;同时,八路军在广州也建立了办事处。不久,张云逸奉命调去新四军工作。在周恩来的直接领导下,廖承志在负责香港办事处工作的同时,还直接领导了广州办事处的工作。

1938年4月,被中共中央派到华南工作的张文彬,在广州主持召开了中共党组织的代表会议。会上传达了中共中央对广东工作的指示,着重讨论了军事工作问题。根据中央和周恩来的指示精神,会议决定,各地党组织应把建立人民抗日武装作为一项中心任务。

1938年10月中旬,日军在大亚湾登陆,并于10月21日攻占广州。在此期间,廖承志经请示周恩来和中共中央同意,在香港多次召集中共香港市委书记吴有恒、中共香港海员工作委员会书记曾生及有关领导人研究开展敌后游击战争问题。之后,覆盖香港地区的由中共领导的东江地区抗日武装很快建立起来,后经周恩来等人与国民党方面进行一系列的斗争和统战工作,在中共领导下的东江地区游击队取得了国民革命军第四战区的统一番号。

1939年1月,中共中央书记处决定成立中共中央南方局,以周恩来为书记,管辖和领导的范围包括华南和西南各省,以及江西、上海等地。南方局的所在地在国民政府陪都重庆,由它领导下的八路军桂林办事处负责联络湘(湖南)、赣(江西)、粤(广东)、桂(广西)和香港方面的工作。重要工作和重大行动方针都直接由南方局提出。

除1939年8月至1940年2月期间周恩来在苏联疗伤外,他无时无刻不在关注关心华南地区抗战及香港方面的工作。

1940年初,随着第一次反共高潮这一逆流的到来,广东国民党顽军纠集一八六师和地方武装3 000余人,向东江地区两支人民抗日武装围攻,企图一举消灭。两部突围后,向海丰、陆丰和惠东转移时,又遭到国民党顽军的围追堵截,损失严重,最后两部仅剩下100余人,部队处于生死存亡的危急关头。周恩来于3月从苏联治伤回到国内后,立即着手指导东江地区和香港方面的工作。

4月29日,周恩来在中共中央书记处会议上就中共广东省委的工作提出:广东省委的工作中心,第一是在敌后建立政权和武装,第二是国民党统治区的工作,第三是香港、广州等敌人中心城市工作。①

在极为艰难的情况下,如何开展香港方面的工作?周恩来于9月7日致电廖承志转香港工作委员会告方方、张文彬并中央,提出:对香港的地方工作,应彻底执行中央的长期埋伏、积蓄力量、等待时机的方针。②

随着工作的广泛开展,为进一步加强领导,1940年秋天,经周恩来提议,南方局成立南方工作委员会,负责全面指导南方各省的工作,其工作指导范围包括香港。由此可见,在指导全国抗战的过程中,周恩来等中共领导人一刻也没有放松对香港抗战工作的指导和关注。

## 二、皖南事变后,悉心指导香港文化运动

1941年1月蒋介石发动皖南事变,随后国民党当局强化文化专制,加紧控制进步文化和思想。此后内地的文化界与香港文化界的联系更加紧密起来,也为香港的文化运动以至全国的抗战文化工作,积蓄了重要力量。

皖南事变爆发后,在周恩来的亲自指挥下,先后有两批文化界人士由内地疏散到香港。1月18日,夏衍在桂林主编的《救亡日报》因拒登国民党中央社诬陷新四军的消息,当天的报纸被全部扣压,同时白崇禧下令逮捕夏衍。周恩来当即通过八路军桂林办事处通知夏衍和范长江立即离开桂林去香港,并要夏衍等人到香港后,同从重庆撤去的文化工作者合作,建立对外宣传据点。③ 2月底,在周恩来的亲自安排下,《群众》杂志的主编戈宝权等人也到香港工作。对于文化界人士到香港以后如何发挥作用,周恩来给予了及时和悉心的指导。7月1日,周恩来致电廖承志,告诉廖重庆文化人去香港的情况,同时嘱廖承志:要支持统一建国同志会和文化协会的工作,多鼓励老舍。④

这些文化人到香港后,很快掀起了抗日文化热潮,使"在富丽物质生活掩盖着贫瘠精神生活"的香港,变成抗日救亡运动的特殊文化据点,大批进步的团体和组

---

① 《周恩来年谱(1989—1949)》(修订本),中央文献出版社1998年版,第464页。
② 《周恩来年谱(1989—1949)》(修订本),中央文献出版社1998年版,第477页。
③ 《周恩来年谱(1989—1949)》(修订本),中央文献出版社1998年版,第499页。
④ 《周恩来年谱(1989—1949)》(修订本),中央文献出版社1998年版,第520~521页。

织相继成立,进步刊物如雨后春笋般迅速出现。香港的抗日文化运动也成为香港抗日救亡运动的重要内容。

鉴于皖南事变后全国国统区抗战文化的低落状况,按照中共中央有关"政治上采取全面攻势,争取国内时局好转"的总策略,周恩来领导的南方局提出,在香港的人员要利用新闻、文学、电影、美术、音乐等文化形式,围绕呼吁团结、抗战、民生,讴歌中华民族抗战精神这一主题,大量宣传抗日民族统一战线。同时,发动许地山、范长江等400多名文化人联名上书蒋介石,呼吁"制止内战,一致对外"。这些斗争,在政治上有力地配合了中国共产党的整体战略部署。

随着国际国内反对国共内战、主张团结抗日的呼声日益增高,周恩来认为在抗日民族统一战线方面有进一步做工作的余地。5月中旬,周恩来先后会晤美国作家海明威夫妇和鲁斯夫妇,向他们介绍了中共的抗战主张。他们表示,美国方面反对国共内战,主张抗日,赞成实现统一战线的民主政权,不满意国民党的武断和抗战无能。对中共的抗战态度和民主、经济、外交等政策表示关切。① 会谈后,周恩来立即致电廖承志并报毛泽东和中共中央,称:根据海明威等所谈,我们在外交上"大有活动余地"。他在电文中提出建议:在香港多选几个人,"配合这种活动,活动方针须与重庆合拍"②。

1941年7月24日,周恩来电嘱在香港的廖承志:对梁漱溟等拟议中的民主同盟政纲可予以赞助;蒋介石政治顾问拉铁摩尔来华后左舜生等认为民主运动有展开的可能,所以他们拟在港澳各党派参政员中酝酿拒绝出席国民参政会,以推动民主运动,对此可给予帮助;对重庆、昆明等地酝酿呼应香港要求民主事,可予以鼓励。③

为加强国际反法西斯宣传,中共在香港积极开展工作。廖承志每周主持一次有邹韬奋、乔冠华、范长江、胡绳等著名文化人参加的时事漫谈,互相交流信息,分析对时局的看法,然后在漫谈的基础上,采取实际的宣传活动。夏衍、戈宝权等人发表文章,呼吁全世界文化界团结起来,共同反对法西斯,提议组建国际反法西斯作家同盟;以进步文化人士为骨干的中国文协香港分会为响应反法西斯运动举行音乐会,为英苏将士募捐;在港的剧人协会演出了宣传反法西斯的《希特勒的杰

---

① 《周恩来年谱(1989—1949)》(修订本),中央文献出版社1998年版,第514页。
② 《周恩来年谱(1989—1949)》(修订本),中央文献出版社1998年版,第514页。
③ 《周恩来年谱(1989—1949)》(修订本),中央文献出版社1998年版,第523页。

作》,极受国际友人的赞扬,引起空前的轰动。国际反法西斯统一战线的宣传活动,既扩大了国际反法西斯宣传,又团结了国际反法西斯进步力量。

同年9月,周恩来多次致电在香港的廖承志,其中关于扩大文化据点的问题,他在给廖承志的电文中指出,请提出适当人选,以便在上海建立文化工作据点。①

在整个抗日战争期间,周恩来和南方局除对广东和香港等的政治、组织、军事进行强有力的指导外,对香港的文化工作更给予了悉心的指导,甚至每一个活动和具体的行动都考虑得非常细致。周恩来始终认为,香港是中共抗战工作的重要区域,香港也是中国抗战对外宣传的重要阵地。事实上,中共的许多思想主张和抗日理念,也是通过香港这块重要阵地宣传出去的。

### 三、香港沦陷后,妥善安排文化界人士撤离

1941年12月8日,日本偷袭珍珠港,太平洋战争爆发。香港随即沦陷。为此,根据中共中央的指示,周恩来等人加强了与英美政府建立反法西斯统一战线的工作,同时也加强了对华南和香港方面的工作。

就在太平洋战争爆发之前,周恩来判断日美有开战的可能,他致电在香港工作的张友渔,告知张这一情况,并让他做好相关准备。②11月底,周恩来还致电毛泽东,商议英国要求同中共在琼崖合作一事。他提出两点建议:(一)对英条件要高,英是拉我,我也应以同样办法对待;(二)在港设机关电台"以秘密为好",因公开易受捣乱。毛泽东复电同意周恩来的意见。周恩来随即嘱廖承志照办。

太平洋战争爆发的当天,中共中央电示周恩来:

我对英美政府应建立广泛和真诚的反日反德的统一战线;香港文化界人士和党的工作人员应向南洋及东江撤退。③

第二天,周恩来致电廖承志,在分析形势以后,做出周密安排。电文指出:

菲律宾"将不保",新加坡"或可守一时"。估计香港工作人员的退路只有广州湾、东江和马来亚。他还提出:对这部分人,能留港或将来可去马来亚和上海的,尽量留下;能去琼崖、东江游击队则更好;不能留也不能南去或打游击的,转入内地。④

---

① 《周恩来年谱(1989—1949)》(修订本),中央文献出版社1998年版,第528页。
② 《周恩来年谱(1989—1949)》(修订本),中央文献出版社1998年版,第533页。
③ 《周恩来年谱(1989—1949)》(修订本),中央文献出版社1998年版,第534页。
④ 《周恩来年谱(1989—1949)》(修订本),中央文献出版社1998年版,第534页。

电文还要求：尽速争取与英方参谋部谈判合作事宜。同时他还致函英、美两国驻华大使，表达中共将与他们的国家并肩作战的意愿。①

正如中共中央和周恩来所预料的，日军一占领香港就封锁码头、铁路，大肆搜捕抗日分子，大批爱国民主人士和文化界人士所处情势紧迫。为将被困在香港的爱国民主人士和文化界人士抢救出来并转移到安全地带，周恩来代表中共中央多次电示廖承志，提出抢救上述人士的具体意见。廖承志和张文彬等接到指示后，先后在香港、惠阳等地召集广东党组织和部队的干部尹林平、梁广、连贯、曾生等开了一系列会议，决定全力以赴，坚决完成中共中央给予的任务。

在安排香港方面的人员撤退期间，周恩来始终放心不下。12月20日，他又致电廖承志，询问香港文化界人士的安置办法，朋友是否已撤出，以及对新加坡、菲律宾两岛有无联络办法等问题。同时他还致电廖承志、潘汉年、刘少文并中共中央书记处，做出更详细的安排。他提出：

将困留在香港的爱国人士接至澳门转广州湾然后集中桂林；即刻派人告梅龚彬、胡西民，并转告在柳州的左洪涛，要他们接待；政治活动人物可留桂林，文化界可先到桂林新华日报社，戈宝权等来重庆；对戏剧界朋友可要夏衍组织一旅行剧团，转赴西南各地，暂不来重庆；留港的少数人必须符合秘密条件；存款全部取出，一切疏散和帮助朋友的费用均由你们开支；与港政府商定，如他们派军队护送人物及军火至海南岛，可送一批人去，并进行破坏日机场和仓库交通线；派人帮助孙、廖两夫人（注：指宋庆龄和何香凝）和柳亚子、邹韬奋、梁漱溟等离港。②

1942年春，香港文化界的朋友经过辗转颠沛后，终于到达广西等地。鉴于他们生活上存在许多困难，周恩来又于3月12日专门致函郭沫若，请他约老舍共商对到达广西的香港文化界朋友的救济办法。③ 其中，范长江由香港返回桂林后，蒋介石再次下逮捕令。周恩来得知情况，立即指示八路军重庆办事处，设法通过张友渔通知范长江立即离开桂林。周恩来提出，范长江可去武汉附近的李先念部队，也可去苏北的陈毅部队。根据安排，范长江后来去了苏北解放区。

3月17日，周恩来又致电方方、张文彬并报中共中央书记处，提出：

去上海的人数应减少到最低限度。邹韬奋夫人及子女可暂住桂林，我们按月

---

① 《周恩来年谱（1989—1949）》（修订本），中央文献出版社1998年版，第534页。
② 《周恩来年谱（1989—1949）》（修订本），中央文献出版社1998年版，第536页。
③ 《周恩来年谱（1989—1949）》（修订本），中央文献出版社1998年版，第540页。

送津贴,邹本人去苏北转华北。①

为安排好由香港撤出的文化界人士,周恩来多次听取夏衍等人的汇报。他特别关注柳亚子、邹韬奋、茅盾等人的安排和健康。指示夏衍,要在重庆争取以公开合法的方式,以进步文化人的面貌做统一战线工作。

在周恩来的悉心指导下,经过廖承志等的及时组织和周密的部署,广东的中共组织和东江游击队克服了重重的艰难险阻,机智、勇敢地从香港日军的严密统治下,抢救出民主人士、文化界人士何香凝、柳亚子、茅盾、邹韬奋、胡绳、夏衍、戈宝权等七八百人,并护送他们安全到达大后方。同时营救出来的还有余汉谋夫人,国民党官员陈汝棠等,以及在港的英、美、苏、加、荷、比、印等国际友人近一百人。整个抢救过程处处以国家利益为重,对一切抗日爱国人士以诚相待,患难与共,表现了共产党宽广的襟怀。抢救活动提高了共产党的威望,发展了统一战线,体现了共产党对爱国人士和知识分子的尊重和爱护,也加深了他们对共产党的信赖。其中著名作家茅盾后来以自己的亲身经历写了《脱险杂记》一文,文中称,这是"抗战以来(简直可以说有史以来)最伟大的抢救工作。②"

此后,无论是在重庆、南京,还是在延安,周恩来始终继续指导着华南及香港地区中共领导下的抗战斗争,对香港以及与香港有关的文化界人士和文化运动,都给予了高度的关注。应该说,周恩来对抗战期间香港文化运动的领导,他与香港文化界人士结下的不解之缘,为建立新中国以及新中国成立后的社会主义文化建设,奠定了重要的基础。

---

① 《周恩来年谱(1989—1949)》(修订本),中央文献出版社1998年版,第541页。
② 《胜利大营救》,解放军出版社1999年版,第239页。

# 传播党的声音，凝聚中国力量　张同刚[*]
## ——抗战时期周恩来领导报刊宣传的重要要求

抗日战争期间，周恩来采取搭建《新华日报》《群众》周刊、延安新华广播电台等传播平台，团结培养一大批优秀的编辑记者队伍，有针对性地宣传中国共产党的声音，为抗战指明方向，有效发挥了舆论引导作用。同时，抓住外国记者对中国战况和政局进行报道这一有利时机，广交记者朋友，通过他们对中共的持续报道，出版的大量介绍中共的专著，来传播中国抗战声音，展示中国抗战力量。

## 一、创办报刊，搭建传播中国力量平台

抗战时期，如何抢占全国性的舆论阵地，公开打出自己的旗帜，传播延安党中央的声音，宣传党的抗日民族统一战线，是争取民族解放、取得中国革命胜利的一件大事。周恩来积极搭建传播平台，创办报纸杂志，统一抗战思想，传播抗战声音，展示中国力量，为抗战的最终胜利做出了独特贡献。

报刊是舆论战的主战场，舆论宣传，离不开报纸杂志。由周恩来直接创办的《新华日报》于1938年1月11日创刊。它出版的这段时间，正值抗日战争初期到解放战争初期，对这段历史中发生的一系列重大事件，做了忠实的报道。它是中国共产党抗日战争时期在国民党统治区出版的一张公开、大型的全国性的政治机关报。这张报纸在国统区坚持传播延安党中央的声音，宣传党的抗日民族统一战线，宣传马克思、列宁主义，为争取民族解放发挥了巨大作用。毛泽东曾把《新华日报》的这种历史地位、作用，概括为："它如同八路军、新四军一样，是党领导下的又一个方面军。"[①]苏联《真理报》撰文称："自从《新华日报》出版的第一天，它便广泛地揭起了中国人民反对日本侵略者，为中国独立与自由的民族解放战争的光荣旗帜……成了中国人民所爱护的报纸。进步分子和一切爱国志士都敬重它，并很

---

[*] 张同刚，淮阴师范学院宣传部副部长。
[①] 关世申：《"新华副刊"探索》，《新闻资料研究》1982年第3期。

注意倾听它的呼声。"英国的《工人日报》盛赞:"《新华日报》是中国的喉舌。"①

努力奔走,取得在国统区办报刊的权利。国民党不允许共产党在国统区有自己的报刊、有共产党的宣传。因此,如何冲破国民党的限制,创办共产党领导的报刊,发出自己的声音,团结各族人民全面抗战,就显得十分重要。1937年7月10日,"七七"事变后第三天,周恩来同夏衍谈话:"我们要办一张党报,昨天已经决定了,由潘梓年和章汉夫负责。"②8月18日,周恩来和朱德探望国民党元老、监察院长于右任,请于为《新华日报》题写报头,于欣然同意。请于写报头,有利于加强两党合作的气氛,在这些细微之处也可以看出周恩来高超的斗争艺术及执行统一战线政策的用心良苦。10月,根据周恩来指示,潘梓年、章汉夫、杨放之、徐迈进、钱之光、许涤新等陆续聚集南京,筹备出版《新华日报》《群众》周刊。11月下旬,潘梓年等就国民党当局迟迟不给《新华日报》和《群众》周刊发登记证一事,按周恩来指示,向国民党当局进行交涉,争取了先办理《群众》周刊的出版登记手续。12月11日,中国共产党的机关刊物《群众》周刊在武汉创刊出版。12月23日,中共中央代表团和中共中央长江局举行联席会议,决定长江局下设党报委员会,周恩来为委员,具体领导《新华日报》和《群众》周刊的工作。

指明办报刊的方向和编辑方针。周恩来在约见《群众》杂志副主编许涤新等人时指出:"《群众》周刊的编辑方针,同《新华日报》毫无二致,差别就是在于《群众》是党刊,是理论性的刊物,它要更多地从马克思列宁主义出发,要更多地从理论的角度出发,帮助广大读者群众理解抗日战争的正义性,理解抗日战争胜利的必然性。同时,还要从理论的角度出发,去批判一切不利于抗战,以至破坏抗战的各种反动谬论。"③这与恩格斯认为党的报刊的任务"首先是组织讨论,论证、阐发和捍卫党的要求,驳斥和推翻敌对党的妄想和论断"④的主张是一脉相承的。1943年8月11日,周恩来和毛泽东致电董必武,要求《新华日报》《群众》周刊"多登反法西斯主义文章"⑤。

面目不同的报纸,要求不一样。周恩来注重对不同面目出现的报纸提出不同要求。1937年8月24日,周恩来领导下的以群众面目出现的进步报纸——《救亡

---

① 张敏:《潘汉年三兄弟的命运》,《名人传记》,2012年第6期。
② 夏衍:《第一次见到周恩来同志》,《人民日报》,1985年12月17日。
③ 许涤新:《群众周刊大事记·序言》,《群众周刊大事记》,红旗出版社1987年版,第4~5页。
④ 《马克思恩格斯全集(4)》,人民出版社1958年版,第300页。
⑤ 《周恩来年谱(1898—1949)》,中央文献出版社、人民出版社1989版,第561页。

日报》,在上海创刊。1938年4月下旬,周恩来同《救亡日报》负责人夏衍谈办报方针时强调指出,办报要学习邹韬奋办《生活》周刊的作风,通俗易懂,精辟动人,讲人民大众想讲的,讲国民党不肯讲的,讲《新华日报》不便讲的。①

领导践行《新华日报》的指导思想。长期在重庆《新华日报》工作、担任该报最后一任总编辑的熊复回忆说,周恩来领导确定《新华日报》的指导思想是:第一,"坚持党报的党性原则,《新华日报》是'党的喉舌'也是'人民的前锋'"②。第二,坚持党报必须成为党的得心应手的思想斗争武器。抗日战争时期,我们党在国民党统治区除了思想武器没有别的武器,而《新华日报》就是党所掌握的足以担负一个方面军任务的最锐利的武器。③周恩来对于《新华日报》的指导思想,其基本精神今天仍适用于社会主义新闻事业,具有普遍指导意义。

领导《新华日报》的整风、改版。1942年3月14日,根据毛泽东电报指示,周恩来立即对《新华日报》的整风与改版做出部署。18日,周恩来致电毛泽东,报告《新华日报》改进的情况,说有几种副刊已注意吸收外稿,第三版设了"友声",专门发表党外人士的意见。目前正使这份报纸不仅成为反法西斯的论坛,并要成为民主的论坛。不仅常登进步分子的文章,还要登中间分子的文章,现将遵照中央关于整顿三风及你的电示,再求改进。④5月23日,《新华日报》发表社论《敬告本报读者——请予本报以全面的批评》,公开向读者征求意见,为正式改版做准备。

抗日战争时期,周恩来充分利用《新华日报》《群众》周刊等传播平台,在《新华日报》发表了37篇署名文章,在《群众》周刊发表了9篇(其中3篇是重复发表),题词有11次,领导了一场旷日持久的笔战斗争,展示了高超的传播艺术,有效地鼓舞了全民抗战的士气,推动了马克思主义理论传播,丰富了毛泽东思想的理论宝库,奠定了共产党在未来国家中的地位,一切从中国实际出发,在寻找中国道路、展示中国力量等方面做出了积极的努力,为抗战的最后胜利做出了重要贡献。

## 二、建立广播电台,丰富传播中国力量渠道

充分认识广播传播的重要性。抗战时期,国民党对中共的舆论宣传实行严密

---

① 夏衍:《巨星永放光芒》,《人民日报》,1978年3月2日。
② 熊复:《熊复文集(5)》,红旗出版社1995年版,第519页。
③ 熊复:《熊复文集(5)》,红旗出版社1995年版,第520页。
④ 《周恩来年谱(1898—1949)》,中央文献出版社、人民出版社1989版,第527页。

封锁,企图切断中共对外新闻宣传的渠道,加之由于报刊的正常发行受战乱的影响,常不能按期发稿,周恩来意识到,无线电波不受时间、空间限制,能在第一时间发送消息,利用广播电台是个很好的传播渠道。1938年4月11日,周恩来应邀在汉口广播电台发表题为《争取更大的新的胜利》的讲演。[①] 11月7日晚,通过电台向湖南全省发表广播讲话,宣传持久抗战。[②] 1939年1月29日,在《新华日报》上刊登《周恩来启事》,驳斥日军广播中的谣言。[③] 3月,周恩来在新四军军部大会上做报告时指出:"我们政治部以后应该听敌人的广播,好来研究对策。"[④] 5月31日,周恩来发表广播讲话《二期抗战的重心》,通过广播传播抗战声音。[⑤]

创办自己的广播电台。利用广播电台,受到很多限制,只有创办自己的广播电台,才能引导社会舆论朝着有利开展抗日运动的方向上来。1939年11月,周恩来在莫斯科治病期间,同共产国际领导人季米特洛夫会谈,研究在延安建立广播电台。1940年3月25日,周恩来由苏联回到延安,将共产国际援助的一部广播发射机带了回来。中共中央于是决定建立广播委员会筹建广播电台,周恩来任主任。12月30日延安新华广播电台开始试验播音,呼号是XNCR,是中国共产党创办的第一座广播电台,后改称陕北新华广播电台。

关心广播电台的建设。1942年2月中旬,周恩来致电中共中央办公厅,要求建立对重庆及南方党的专门广播,每日播送新闻及宣传教育材料。[⑥] 4月18日,周恩来电告毛泽东,建议对109起反动事件予以编排和广播。[⑦]

注重发挥广播电台的作用。广播电台建立之后,只有充分发挥其作用,才能达到好的传播效果,促进全民抗战的形成,早日取得抗战的全面胜利。1943年8月19日,周恩来致函毛泽东建议:"我们的对外宣传,要建立专门对重庆及大后方的广播,指定专人收编每日广播电文。"[⑧] 9月29日,周恩来同胡乔木、王首道研究对重庆广播问题。[⑨] 1944年12月11日,王若飞致电毛泽东、周恩来、董必武:赫尔

---

① 王凤超:《周恩来新闻活动年表(续一)》,《新闻研究资料》1988年第3期。
② 《周恩来年谱(1898—1949)》,中央文献出版社、人民出版社1989版,第425页。
③ 王凤超:《周恩来新闻活动年表(续一)》,《新闻研究资料》1988年第3期。
④ 王凤超:《周恩来新闻活动年表(续一)》,《新闻研究资料》1988年第3期。
⑤ 王凤超:《周恩来新闻活动年表(续一)》,《新闻研究资料》1988年第3期。
⑥ 王凤超:《周恩来新闻活动年表(续一)》,《新闻研究资料》1988年第3期。
⑦ 《周恩来年谱(1898—1949)》,中央文献出版社、人民出版社1989版,第530页。
⑧ 王凤超:《周恩来新闻活动年表(续一)》,《新闻研究资料》1988年第3期。
⑨ 《周恩来年谱(1898—1949)》,中央文献出版社、人民出版社1989版,第567页。

利得知我方"将广播谈判条件,非常气愤"。① 1945年7月28日,周恩来起草复美国战时情报处(美国新闻处)重庆分处处长费思函:抗战期间同意你们在边区及华北、华中根据地设无线电收音机,并愿意收听你们的无线电广播,也请你们转告有关各方收听延安新华社英文广播。②

周恩来利用广播电台传播经历了从认识广播的重要性,利用广播平台,到建立自己的广播电台,并不断指导发挥广播作用的过程。抗日战争发展的关键时期,在与敌伪展开的空间宣传战中,中国共产党的传播阵地增加了一个重量级的武器——语言广播,周恩来是完成这一传播武器的奠基人和枢纽,对抗日战争的最终胜利起了重要作用。

## 三、培养传播队伍,传播好中国声音

抗战时期,《新华日报》享有"政治家办报""专家办报"的美誉,这与周恩来发现、培养一大批编辑记者等传播人才是分不开的。

帮助战地记者,转入无产阶级新闻从业人员行列。范长江、陆诒、孟秋江是三位著名的《大公报》战地记者,在周恩来的教育、引导、培养下,陆续加入共产党,成为最著名的新闻记者。1938年5月26日、6月7日、6月11日,周恩来三次致信《大公报》采访主任范长江,对战地记者表示关切。③6月上旬,在汉口八路军办事处约见范长江、陆诒,了解前线情况,表示他们所谈民众动员、军民关系和军队政治工作等问题极重要。1939年5月27日,周恩来约《新华日报》总编辑吴克坚和采访科主任陆诒谈采访计划,提出采访工作包括特派员职责,不单限于写新闻、通讯,还应向同情我们的知名人士和各战线有名将领约稿,征求意见和建议,搜集参考资料,与图书室联系等五点意见。④

关心爱护保护新闻编辑人才。1938年10月间,周恩来直接参与筹划,以中国青年新闻记者学会会员为骨干的进步通讯社——国新社成立。国新社一些细小的事情都得到周恩来的关怀。像国新社按月寄发的经费(包括记者的工资和各方来稿的稿酬),由于战争的影响和国民党的封锁,邮路经常中断,每当邮汇不通时,范长江便将这些经费烦请周恩来转交,有的信封上还有周恩来的签名。11月中

---

① 《周恩来年谱(1898—1949)》,中央文献出版社、人民出版社1989版,第592页。
② 《周恩来年谱(1898—1949)》,中央文献出版社、人民出版社1989版,第612页。
③ 《周恩来书信选集》,中央文献出版社1988年版,第150~153页。
④ 《周恩来书信选集》,中央文献出版社1988年版,第174~175页。

旬,周恩来同《救亡日报》记者叶厥孙谈抗战问题时指出,"我们的战略是持久战、全面战",应该坚信我们是会取得胜利的。1941年1月18日(或19日),周恩来得知当天《救亡日报》全部被扣,并获悉白崇禧下令逮捕夏衍,当即通过八路军桂林办事处通知夏衍、范长江立即离开桂林去香港,建立对外宣传据点。1941年2月底,周恩来安排《群众》杂志主编戈宝权去香港工作。9月8日,周恩来与董必武、邓颖超电唁《大公报》张季鸾逝世,称:"季鸾先生,文坛巨擘,报界宗师,谋国之忠,立言之达,尤为士林所矜式。不意积劳成疾,遽归道山,音响已沉,切劘不在,天才限于中寿,痛悼何堪。"①联名送挽联:忠于所事,不屈不挠,三十年笔墨生涯,树立起报人模范;病已及事,忽轻忽重,四五月杖鞋失次,消磨了国士精神。

　　帮助文化界人士,把报刊办成党的统一战线的重要基地。周恩来十分关心邹韬奋,邹主办的《生活》周刊和生活书店,在全国、特别是青年中有着极大的影响。1942年4月9日,周恩来听取香港沦陷时文化界人士分批安全撤离情况的汇报,特别关注柳亚子、邹韬奋、茅盾等人的安全和健康。七八月间,周恩来派人建议韬奋前往苏北抗日根据地,还可以转赴延安,为革命继续发挥作用。8月,周恩来听取生活书店在国统区的布局和工作进展的汇报后,指示:要坚决采取隐蔽的做法,学会做统战工作,以便在艰难的环境下,把革命出版事业坚持下去。秋天,周恩来应《新民报》负责人的邀请,在重庆七皇岗的华一村会见陈铭德、张恨水等人,询问了报社的情况和困难,鼓励大家坚持真理、主持正义,分析了当时的形势,阐明了共产党的统一战线政策。1943年春,张友渔对外公开职业是生活书店总编辑,周恩来亲自找张友渔谈话,交代的主要任务有二:一、要以救国会的出版机关的面貌出现,做好左翼和中间派文化人的统战工作,争取团结尽可能多的作家,出版尽可能多的马列主义、革命文化的书刊,以发挥革命文化运动的堡垒的作用。同时,要保护这个堡垒,使其能存在下去。二、领导生活书店党组织,做好联系进步作家,团结书店职工,同心协力,发挥革命文化堡垒的作用。② 1944年10月12日,周恩来致电林伯渠、董必武、王若飞等:此间邹韬奋生前友人决定11月1日举行盛大追悼会和著作展览并出特刊,请在渝搜集《萍踪寄语》《生活日报》《大众生活》等,并请宋庆龄、柳亚子、张澜、黄炎培、沈钧儒、陶行知等撰写追悼文章。

　　抗战期间,周恩来把报馆变成了人才库,发现、培养了一大批新闻编辑人才。

---

① 王凤超:《周恩来新闻活动年表(续一)》,《新闻研究资料》1988年3期。
② 邹嘉骊:《韬奋年谱(节选·下)》,《新闻学史料》2004年4期。

其中,仅《新华日报》就培养出了范长江、陆诒、孟秋江、何云、陈克寒、石西民、刘白羽、周而复、杨赓、李普、鲁民、邵子南、田伯萍①等一大批无产阶级新闻事业的著名记者,为新中国储备了众多新闻人才。许多爱国青年,也是通过阅读《新华日报》而走上革命道路的。②

### 四、借助外国媒体记者,传播中国力量

"七七"卢沟桥事变揭开了全面抗战的帷幕,中国成为世界关注的焦点。各国纷纷派驻记者,对中国的战况和政局进行报道。周恩来抓住时机,多次主动接见来自世界各国的记者、作家,并先后安排外国友人到解放区去参观考察,通过他们对中国的抗战形势及重大事件的真相做全面准确的宣传报道,特别是对中国共产党的持续报道,以及出版大量介绍中共的专著,来传播中国抗战声音,展示中国抗战力量,从而争取了国际舆论对中国抗战的支持。

抗战时期,来华外国记者们冒着极大的危险深入中共控制区域进行采访报道,撰写了大量文章、书籍,做了多场报告,客观地向国统区和世界人民介绍了中共以及其所领导的抗日根据地的真实情况,向世界发出了关于中共真实的声音,扩大了"红色中国"的对外影响,在国际上传播了中国共产党人的美好形象。周恩来特别注重利用他们的力量传播中国共产党的声音,传播中国抗战,传播中国力量。他和外国记者交谈的主题大都是有关中国的抗日战争和国际反法西斯统一战线问题,但也针对不同的对象谈了他们所感兴趣的问题,态度诚恳,不亢不卑,富有说服力和感染力,常常受到外国朋友的赞赏。③

帮助斯诺传播中共声音。在开展国际交往和全球宣传的组织工作中,周恩来发挥着开拓性的、关键性的作用。埃德加·斯诺是报道"红色中国"的第一位西方记者,周恩来是在边区会见斯诺的第一人,并为他以后几个月的访问安排了日程。这次访问的成果是斯诺后来蜚声世界的名著《西行漫记》(英文书名为《红星照耀着中国》)问世,第一次告诉外部世界,中共是中国战胜日本侵略的潜在力量的核心,有力地打破了中国反动派所宣扬的中共形象。1938年6月的一天,周恩来、邓颖超约斯诺到武昌珞珈山寓所畅谈,周恩来希望斯诺继续真实地向全世界介绍中

---

① 廖永祥:《周恩来与新华日报研究文集》,国际港澳出版社2005年版,第114页。
② 童小鹏:《风雨四十年》第一部,中央文献出版社1994年版,第136页。
③ 童小鹏:《风雨四十年》第一部,中央文献出版社1994年版,第317页。

国人民抗日战争的情况,欢迎他到延安和敌后抗日根据地去采访。斯诺表示很高兴,愿意为中国人民的抗日战争做报道。①1942年5月下旬,周恩来会见随美国军事代表团来渝的埃德加·斯诺,委托斯诺将宣传八路军、新四军作战业绩的有关资料带给居里,并附给居里的信一件。信中表明中共不论在何种困难情况下,都必定坚持抗战,反对内战。

借助外国记者真实、客观、正面报道中国。周恩来在传播中国力量方面,把主要精力放在介绍中共领导下的地区政治和军事情况,战时中国整个情况的广泛说明,以及这两方面的情况对全世界将会产生的影响上面。外国新闻记者都知道,他们从周恩来及他的联络人员那里所得到的材料比国民党发言人所提供的材料更真实。

1937年11月,周恩来在临汾期间,会见英国《伦敦先驱日报》记者詹姆斯·贝特兰,谈话中说坚持华北抗战最要紧的是加强中国的军队,发展群众运动,并强调,组织华北民众抗战的主要任务将落在八路军身上。②1938年1月,艾格妮丝·史沫特莱到武汉。在武汉期间,周恩来多次会见她,向她详细介绍中共的抗日主张,赞扬她的国际主义精神。1938年夏,周恩来和博古、叶剑英分别会见国际友好记者斯诺、艾黎、斯特朗、史沫特莱、爱泼斯坦等,感谢他们支持中国的抗日战争。在武汉期间还会见过美国总领事戴维斯、《纽约时报》记者德尔丁、新西兰记者贝特兰等。1939年1月2日,周恩来对路透社记者发表谈话指出,汪精卫第一次对日本请和运动,见于去年10月广州失守后,汉口沦陷前,当时汪已表示准备对日媾和。其实汪之行动既不能破坏中国内部团结,也不能损害中国抗战力量。12月,周恩来会见安娜·路易斯·斯特朗,在谈话中揭露国民党顽固派准备挑起内战的阴谋。

1944年1月,国民党政府迫于国内外舆论的强大压力,允许第一批重庆中外记者组团访问延安。周恩来在延安亲自指导有关这次访问的安排。"中外记者西北参观团组团"中的外国记者共6人,分别是斯坦因(代表美联社、《曼彻斯特导报》《基督教箴言报》)、爱泼斯坦(代表《时代》杂志、《纽约时报》《同盟劳动新闻》)、福尔曼(代表合众社、伦敦《泰晤士报》)、武道(代表路透社、《多兰多明星报》《巴尔的摩太阳报》)、夏南汉(代表美国天主教《信号》杂志、《中国通讯》)、普

---

① 童小鹏:《风雨四十年》第一部,中央文献出版社1994年版,第153~154页。
② 王凤超:《周恩来新闻活动年表(续一)》,《新闻研究资料》,1988年3期。

金科（代表塔斯社）。①他们于6月9日抵达延安，不久便赴晋绥解放区前线采访。除夏南汉于7月中旬随中国记者返回重庆外，其他记者在解放区活动到10月初。后来，有一批关于中国共产党红色根据地的第一手资料问世。7月19日，周恩来就中外记者访问的情况电复董必武：中外记者来后，外国记者颇积极，"愿意多看、多谈、多住并去前线"，要求与中国记者"分开行动"；"中记则消极，怕看怕谈，愿早归"②。"中外记者西北参观团组团"访问延安时，正是世界反法西斯战争转入反攻之时，中国的抗战具有举足轻重的地位，这几名外国记者的观察与报道，向人们展现了中共领导的敌后抗日根据地对日本侵略者反攻的巨大潜力，具有积极意义是显而易见的。1944年11月16日，周恩来宴请美国新闻处驻渝广播记者福尔曼、《劳工报》记者爱泼斯坦、《纽约杂志》记者白修德。11月17日，周恩来应邀赴福尔曼、爱泼斯坦、白修德等外国记者的宴请。美国作家海明威1941年在重庆访问周恩来后，给美国财政部长摩根索写的一封信上说："周恩来是一个具有极大魅力和智慧的人。他与所有国家的大使馆都保持着密切的联系，他成功地使几乎每一个在重庆与他有接触的人，都接受共产党人对于所发生的任何事情的立场。"③

借助国际媒体，传播中国抗战声音。周恩来在开展国际宣传时不是采用"遥控"的办法，而是用"亲自动手"的办法。1938年4月5月间，中共长江中央局下属机构国际宣传委员会及其办事机构国际宣传组成立，委员会由周恩来、王明、博古、凯丰、吴克坚、王炳南组成，主要工作是翻译出版中共领导人著作，为国际刊物撰稿，以及同外国友人进行联络。1938年8月1日，为纪念国际反侵略战争纪念日，周恩来在《新华日报》上发表给各国共产党报纸撰写的短文《今年的八一》。1939年11月，周恩来给共产国际写了一份长达116页的报告，阐述抗日战争和国共两党情况。报告由师哲和苏联人孙佛译成俄文交季米特洛夫，由他的政治秘书波诺马廖夫将报告压缩，后交斯大林和国际执委们阅读。此报告经周恩来修改后，以《中国抗战的严重时机和目前任务》为题，发表在1940年4月出版的《共产国际》杂志上。

1937年6月26日，在英文世界里享有一定知名度的《密勒氏评论报》援引日文《上海每日新闻》《上海日报》的报道，同期登载了蒋经国与周恩来的会面，以及

---

① 张功臣：《发稿地——延安——1944年"中外记者西北参观团"采访记略》，《新闻爱好者》1997年第7期。
② 《周恩来年谱（1898—1949）》，中央文献出版社、人民出版社1989版，第578页。
③ 童小鹏：《风雨四十年》第一部，中央文献出版社1994年版，第317页。

周恩来抵沪重建中共党组织的两条消息,并配发了周恩来的戎装照。

皖南事变后,为了使世人进一步了解事件的真相,周恩来同美国作家斯特朗长谈了几个晚上,详细地介绍国民党两年来制造反共摩擦事件的真相及八路军、新四军的历史和现状。谈话结束时,周恩来嘱咐斯特朗,这些材料暂时不要发表。1941年1月底,周恩来致函回到纽约的斯特朗,建议她发表所知道的情况。斯特朗在纽约一些报纸和《美亚》杂志上揭露皖南事变真相。①

抗战时期,周恩来特别注重同新闻记者的交往,善于运用媒体的力量,积极宣传党的方针政策,鼓动全民抗战,努力巩固和发展抗日民族统一战线,团结一切可以团结的力量共同抗日,为推动全民抗战,赢得抗战胜利及世界反法西斯战争的胜利做出了卓越贡献。

---

① [美]安娜·路易斯·斯特朗:《我在中国的经历》,《人民日报》,1980年3月27日。

# 周恩来与抗战时的《新华日报》 唐 蕊[*]

《新华日报》诞生于抗日战争时期,是中国共产党建党以来创办的第一份全国性报纸,也是中国共产党在国统区公开出版发行的唯一一份机关报。《新华日报》自1938年1月11日创刊,直到1947年2月28日被国民党封闭,持续了九年多,共出版3 231期。其存续的九年时间里,坚持宣传真理和团结抗战,成为中国共产党统战工作的重要阵地,赢得了各阶层的信任和支持,成为与敌人进行斗争的有力武器。毛泽东曾盛赞它抵得上党的一个方面军,地位几乎等同八路军、新四军。周恩来为它倾注了大量心血,尤其在抗日战争期间,在周恩来领导下的《新华日报》牢牢守住了宣传舆论阵地,配合了党的抗日民族统一战线工作的开展。

## 一、在周恩来的直接领导下,中国共产党的第一份党报在国统区迅速创办

西安事变之后,国共两党经过艰难谈判最终达成了共识,蒋介石承认了中国共产党的合法地位,全民族抗战正式开始了。面对新的形势,中国共产党亟须一张全国性的公开的党报刊物,来宣传抗日思想,还原事实真相,引导大众舆论。

1937年,周恩来在与国民党谈判过程中就想要在国统区创办一份公开出版物,以便扩大党的政治影响,向国统区广大人民宣传党的路线、方针和政策,特别是党的抗日民族统一战线的政治主张。据夏衍后来回忆,卢沟桥事变后,周恩来同他谈话,说到了党中央要在国民党统治区办一张党报的想法,[①]以打破国民党的舆论垄断。他考虑抽调潘梓年、章汉夫等参加党报的创建工作,[②]并要求夏衍在华南地区筹办一份宣传团结抗战,为统一战线左、中、右都能够接受的、非党面目出现的进步报纸。之后,周恩来又约见潘梓年,说服他放弃去根据地的想法,立即着手筹建党报的工作。8月中旬,周恩来在南京与邵力子商谈这个问题,邵力子当时

---
[*] 唐 蕊,中央文献研究室助理研究员。
[①] 《周恩来年谱(1998—1949)》(修订本),中央文献出版社1998年版,第378页。
[②] 夏衍:《懒寻旧梦录》,生活·读书·新知三联书店1985年版,第373页。

任国民党中央宣传部部长,积极主张联俄联共,这个问题在他那里得到了解决,允许中共南京办事处筹创《新华日报》。根据周恩来的指示,潘梓年、章汉夫、许涤新、何云等人聚集南京,从这年十月起开始筹办《新华日报》,此后,因为抗战局势的紧张,筹备工作转移到汉口继续进行。这为《新华日报》在获得批准后迅速创办创造了条件。之后,周恩来借拜访之机请国民党中央监察院院长于右任为《新华日报》题写了报头。

但是,《新华日报》的创办却遇到了国民党的顽固阻挠,以至于虽然准备就绪,也不得不延迟创刊。面对这样的情况,12月21日,周恩来与王明、博古等借与蒋介石会谈的机会,特意提出了《新华日报》的出版工作等问题,蒋介石表示"所谈极好"[1],算是为《新华日报》的创刊扫清了障碍。1938年1月11日,《新华日报》在武汉正式创刊。

抗日是《新华日报》的主要宗旨。周恩来亲自为创刊号题词:"坚持长期抗战,争取最后胜利。"发刊词中说:"本报愿在争取民族生存独立的伟大斗争中做一个鼓励前进的号角""愿将自己变成一切抗日的个人、集团、团体、党派的共同喉舌"。《新华日报》社的章程规定"本报以报道新闻、发扬文化、巩固抗日民族统一战线为宗旨"。可见,自《新华日报》诞生之日起,抗日就成为它最主要的宗旨。

《新华日报》创刊后归长江局领导,王明以长江局书记的身份兼任《新华日报》董事长,他在《新华日报》创刊的第二天即发表了《团结救国》的社论,公开宣扬"一切经过抗日民族统一战线,一切服从抗日民族统一战线"等的观点,与党中央提出的在统一战线中坚持独立自主的原则相悖;他拒绝接受党中央提出的刊登毛泽东的《论持久战》的要求……王明领导下的《新华日报》没能起到应有的宣传引导的作用,甚至一度受到怀疑和攻击。1938年党的六届六中全会之后,王明的错误路线受到批判,中共中央决定由周恩来兼任《新华日报》的董事长,《新华日报》才在周恩来的领导下找到了正确的阵地,真正开始发挥党报的作用。

## 二、周恩来注重对毛泽东等中共领袖思想和观点的宣传,从而达到宣传中共抗日主张的目的

大量介绍毛泽东、朱德等中共领袖们的思想和政治观念以及活动情况等是《新华日报》的一个重要内容,其中出现毛泽东的名字的相关报道有140

---

[1] 《周恩来年谱(1998—1949)》(修订本),中央文献出版社1998年版,第403页。

篇,朱德的相关报道有109篇。① 在报道毛泽东的相关著作方面,周恩来倾注了大量心血,更直接撰写文章,有力地宣传了领袖的思想,让民众更多地了解中共的抗日主张。

毛泽东在1938年5月召开的抗日战争研究会做了长篇演讲《论持久战》,分析了敌我对比情况,最后得出中国的抗日战争会是持久战,不会亡国也不能速胜的结论。但是《论持久战》的刊载和宣传一度受到王明的百般抵制,后来在周恩来的领导下《新华日报》全文刊登了《论持久战》,1938年7月25日,汉口新华日报馆出版了单行本,重庆、桂林、西安等地的新华日报馆,也相继出版了铅印订正本。《新华日报》依据《论持久战》的观点发表了一系列科学分析抗战形势的文章,向人民大众灌输抗战必胜的信念,其中就包括周恩来亲自撰写的《论目前抗战形势》的长篇社论,在10月7日至9日,连载三天。它详细阐述了毛泽东在《论持久战》中提出的抗日战争的战略、战术等问题的观点,告诉人们"只有坚持长期抗战,才能争取中华民族解放战争的最后胜利"。周恩来还委托宋庆龄找人翻译《论持久战》并在海外发行,同样得到了高度评价。

《新华日报》对《论持久战》的相关刊载宣传起到了很好的效果,连蒋介石都支持将《论持久战》中的重要观点作为国民党抗战的战略指导思想,并通令全国。

在抗战进入相持阶段后,太平洋战争爆发,局势变得更加复杂,国民党内反共高潮迭起,军队中出现了厌战的情绪,民众对于抗战的未来缺乏信心。此时,《新华日报》刊载了周恩来的长文《太平洋战争和世界战局》,深刻分析了太平洋战争给中国抗战带来的影响,同时强调太平洋战争和中国的抗日战争是持久的,批评了抗战必败和速胜的观点,引导民众增强赢得最后胜利的勇气和决心。

除了宣传领袖的思想,在周恩来的领导下,《新华日报》作为公开的党报,还有力地配合了党的整风运动。根据毛泽东的指示,周恩来在《新华日报》也开展了整风运动,以改进报社的工作,报社根据不同受众的需要增设各种专栏和副刊,拓展国内外的新闻来源,以人民大众的视角为着眼点,实行通俗化、大众化的方针,深受广大读者的好评。《新华日报》的发行量和影响力超过了当时国民党的《扫荡报》《中央日报》,被戏称"新华扫荡中央"。

---

① 梁忠翠、马玉林:《〈新华日报〉与中共高层形象塑造》,《湖北行政学院学报》2013年第5期。

## 三、周恩来领导新华日报社想方设法冲破国民党的封锁，以多种形式还原事件真相，维护抗日民族统一战线

国民党反动派对《新华日报》的原则是：让你办报，不让你有言论自由；让你出版，不让你发行。《新华日报》宣传团结抗战、宣传真理，揭露黑暗、敢讲真话，因此从它诞生的那天起，就遭到国民党千方百计地破坏、压制、封锁。而《新华日报》的同志们在周恩来的领导下，同国民党反动派斗智斗勇，使得报纸总是能够冲破封锁出现在人们的视野中。

迅速反应，直面事实真相，以不同形式发出中共和民众的声音。周恩来领导《新华日报》对皖南事变的宣传真正揭穿了国民党当局的政治阴谋，以坚决的还击击退国民党反动派的反共高潮，以斗争维护抗日民族统一战线。

1941年1月11日，是《新华日报》创刊三周年纪念日。报社的同志们聚集起来举行纪念会，正当大家聚精会神聆听周恩来的报告时，八路军办事处突然送来一份电报。原来，蒋介石布置重兵对奉命北移的新四军军部九千余人举行围剿，到电报发来时，战斗还在进行中。消息传来，群情激愤。这时候，电灯突然熄灭，会场一片漆黑，不一会，电灯重新又亮起来，周恩来高声讲到："黑暗是暂时的，光明一定会到来！""有革命斗争经验的人，都懂得怎样在光明和黑暗中奋斗。不但遇着光明不骄傲，主要是遇见黑暗不灰心丧气。只要大家坚持信念，不顾艰难，向前奋斗，并且在黑暗中特（显）示英勇卓绝的战斗精神，胜利是要到来的，黑暗是必然被冲破的。"他鼓励大家对亲日派袭击我新四军抗日将士的滔天罪行、对国民党反动派反动的阴谋，一定要斗争到底。同时提醒大家：要准备迎接更严重更艰巨的斗争。

皖南事变中，新四军伤亡惨重，军长叶挺被扣押。1月17日，国民党当局污蔑新四军为"叛军"，下令撤销其番号，将叶挺交军事法庭审判，并准备在各种新闻媒体进行大肆宣传。为了与国民党反动派进行针锋相对的斗争，把皖南事变的真相告诉广大人民群众，《新华日报》社撰写了关于皖南事变真相的报道，结果国民党新闻检查所却全文扣押，不准刊登。周恩来知道后，立即亲笔写了两幅题词："为江南死国难者志哀""千古奇冤，江南一叶，同室操戈，相煎何急！"要求报社第二天务必刊登。

当天晚上，国民党新闻检查人员等待将要出版的报纸，并在报社周围布置了好多警察特务，如果检查不通过，将不允许发行。报社的同志早已做好准备，一方

面,在编辑部、印刷厂设立守卫,不准特务进入,另一方面几个负责同志将检查人员带到会客室虚与委蛇,早有同志将准备好的报纸送来检查,送来的报纸做了改动,事先由编辑同志找了两段无关紧要的文字,在版面设计上和周恩来的题词一样大小,佯装成第二天要出版的报纸。检查人员没有看出什么端倪。而在印刷厂,刊印的却是有周恩来题词和挽诗的报纸。第二天,赶在各大报纸发行前,《新华日报》就开始在大街小巷发售。整个山城因周恩来的题词和挽诗而震动。之后,周恩来又针对国民党的造谣和诽谤展开了有力的还击,让民众在迷雾中看到了事实的真相。

周恩来还利用《新华日报》这一舆论阵地的特殊性,与《大公报》的失实报道展开针锋相对的斗争,更加直接揭露国民党的反动嘴脸,以舆论之枪维护抗日民族统一战线的巩固。

1941年5月,日军约10万人进攻黄河以北位于晋南、豫北的中条山地区,这一地区集结有国民党军队十五六万人。然而他们却对日军的进攻缺乏作战准备,更在日军进攻时大部分采取避战方针。不到20天就损失兵力7万余人,更丧失了中条山及附近地区的大片国土。国民党军队在中山条的惨败,引起国内舆论的一片谴责。蒋介石及国民党宣传部门讳败推过,竟然重复日寇散布的流言,诬陷八路军没有配合行动,坐视友军困战。于是,国民党报纸、通讯社和日寇的反共宣传互相呼应,更公开在新闻界造谣。国民党的《大公报》更是公开相继发表社论、评论,矛头直指共产党和八路军的不作为。一时间反共舆论非常嚣张。

周恩来正身在重庆,与这场反攻舆论做了坚决的斗争。他向蒋介石的代表刘斐提出严正抗议,列举大量事实说明国民党在公开污蔑造谣。蒋介石为此亲自会见周恩来,但也只是假惺惺地表态:"能配合行动就好,只要有成绩,我决不会亏待你们,饷弹自然发给,捉的人我会命令他们放的,根本问题也可以谈好。"[①]

与此同时,周恩来写了一篇《致大公报书》寄给《大公报》总编辑部,列举各种事实对该报的污蔑造谣加以驳斥。在信的最后,周恩来说:"贵报一本大公,将此信公诸读者,使贵报的希望得到回应,敌人的谣言从此揭穿。"23日,《大公报》被迫全文转发了周恩来的信。同时又由张季鸾炮制了一篇题为《读周恩来先生的信》的社评,用"国家中心论"来抗拒周恩来的批评。张季鸾的指责,本身就是一出闹剧。

---

[①]《周恩来传》,中央文献出版社2008年版,第600页。

周恩来的《致大公报书》同时在重庆《新华日报》上发表,并经新华社做了广播。在6月13日,延安的《解放日报》及各解放区的报纸都予以发表。6月17日,毛泽东从延安打给周恩来的电报中说:你的信和《大公报》的文章,我都看了,"很有意思",你"那封信写得很好"①。这封信发表后,在重庆、国民党统治区、解放区乃至全国引起了极大反响,帮助人们弄清了真相,使一切造谣者无言以对。刊登这封信的《新华日报》增刊销售1.7万多份,打破了以往的发行纪录。

除了对真实事件的还原报道外,周恩来还利用《新华日报》这一舆论阵地,以多种方式争取团结抗日力量,争取中间势力。皖南事变后,在周恩来的倡议和领导下,《新华日报》展开了纪念郭沫若五十寿辰和创作生活二十五周年的活动,在郭沫若生日的当天,《新华日报》增出了四版,周恩来发表了代论《我要说的话》,潘梓年、董必武、邓颖超等都发表了相关的纪念文章,之后,《新华日报》还为郭沫若的新剧《棠棣之花》开辟了专刊,周恩来题写了刊头,并修改了有关评论文章。类似的纪念活动还有纪念老舍创作生活二十周年、纪念茅盾五十大寿和创作生活二十五周年纪念活动等,周恩来都亲自参与了筹划和指导。这种新颖的方式不仅冲破了国民党的舆论禁锢,更加起到了团结和凝聚的作用。

## 四、周恩来以身作则,坚持抗日宣传,充当战斗"喉舌"

九年多的时间里,据不完全统计,周恩来在《新华日报》发表的署名文章有37篇,题词11次,经他亲自修改过的稿件不计其数。虽然在国统区的统战工作极为繁忙,但他仍然每天抽出一定时间,指导《新华日报》的工作,接见报社的工作人员,亲自审阅报纸的社论、专论和重要文章,经他修改审阅的文章总是能见到圈圈点点,一丝不苟。

南京沦陷后,日寇直逼武汉。1938年10月1日,周恩来从延安赶回武汉,一边部署在重庆出版《新华日报》,一边和《新华日报》的部分员工一起坚守武汉。10月20日左右,武汉形势急转直下,报刊大多停刊,《新华日报》成了武汉人唯一能看到的一张报纸。武汉沦陷前几天,周恩来每天都抽出时间与留在报社坚守的同志研究报纸的出版。10月24日晚,周恩来来到新华日报办公地,当时报社绝大多数编辑记者已经撤离,只有三位同志留守:一位执笔写稿,一位排版,一位负责印刷。当天夜里,日军攻到武汉城郊,周恩来在报社口述了《新华日报》在武汉的最

---

① 《毛泽东年谱(1893—1949)》中册,中央文献出版社2013版,第308页。

后一篇社论《告别武汉父老兄弟》：我们只是暂时离开武汉，我们一定要回来的，武汉终究要回到中国人民的手中。在日军占领武汉数小时前，这期战火中的报纸传到了武汉读者的手中。周恩来在《新华日报》留守的几位同志全部撤离后才最后离开武汉。

国民党没能将《新华日报》的报道扼杀在摇篮里，又开始在销售渠道上做手脚。自周恩来题词刊登后，发送《新华日报》的报童、报丁几乎每天都要遭到国民党警察特务的殴打甚至扣押。周恩来知道后，多次与国民党方面进行交涉，营救被扣押人员。2月的一天，周恩来由曾家岩乘车到市区，路上正好遇到国民党特务正在追打叫卖《新华日报》的报童。周恩来见状，立即叫司机停车，他走下车来到报童跟前，接过《新华日报》向周围的群众散发。国民党特务虽然不认识周恩来，但是见他从车里走出来，沉着镇定，又举止不凡，一时也手足无措不敢造次。围观的群众有认出周恩来的，流露出钦佩的表情。周恩来还勉励那个小报童："你今天表现得很勇敢！"周恩来亲自在街头散发报纸，一时在重庆广为传播，也大大鼓舞了报社的工作人员。

"新华扫荡中央"，在抗日战争的烽火和硝烟中，《新华日报》在党中央和周恩来的领导下，冲破重重阻碍，大量报道抗日局势，批判汪精卫等卖国投降行径，宣扬民主政治，传递了真实声音，让人民看到了历史的本来，宣传了党的政策策略，引导了社会舆论，团结和凝聚了大众，打击了反动派的嚣张气焰，有力地维护了抗日民族统一战线，真正可谓一支"方面军"。

历史是面镜子，"意识形态工作是党的一项极端重要的工作"，"必须把意识形态工作的领导权、管理权、话语权牢牢掌握在手中，任何时候都不能旁落，否则就要犯无可挽回的历史性错误"。① 而新闻宣传工作是意识形态工作的重要方面，新闻媒体是意识形态领域的前沿阵地。新闻媒体是党和政府传递价值理念、引领社会生活的最佳途径，应当把新闻媒体作为治国理政的重要资源。因此，2014年8月18日，习近平主持召开中央全面深化改革领导小组第四次会议时对新闻媒体的发展提出了更高的要求："推动传统媒体和新兴媒体融合发展，要遵循新闻传播规律和新兴媒体发展规律，强化互联网思维，坚持传统媒体和新兴媒体优势互补、一体发展，坚持先进技术为支撑、内容建设为根本，推动传统媒体和新兴媒体在内容、渠道、平台、经营、管理等方面的深度融合，着力打造一批形态多样、手段先进、

---

① 2013年11月9日，习近平在中共十八届三中全会第一次全体会议上的讲话。

具有竞争力的新型主流媒体,建成几家拥有强大实力和传播力、公信力、影响力的新型媒体集团,形成立体多样、融合发展的现代传播体系。要一手抓融合,一手抓管理,确保融合发展沿着正确方向推进。"

在抗日战争胜利七十周年之际,我们回顾《新华日报》的发展历程,对于今天新形势下做好新闻宣传工作也具有积极的借鉴意义。"明者因时而变,知者随事而制。"在信息传播多元、迅速、大众、自由等新的特征下,如何发挥新闻媒体的监督、宣传、引导的作用,是一个值得继续深入的课题。

# 浅谈皖南事变前后周恩来对国统区文化宣传工作的领导与实践

刘 燕*

70年前,中国人民进行的反抗日本帝国主义侵略的伟大民族革命战争终于取得了最后胜利,这是一百多年来中国人民反对外敌入侵第一次取得完全胜利的民族解放战争,是以国共两党合作为基础,有社会各界、各族人民、各民主党派、抗日团体、社会各阶层爱国人士和海外侨胞及国际友人广泛参加的全民族抗战,也是世界反法西斯战争的重要组成部分。70年后的今天,回顾、总结抗日战争的历史,对于我们以史鉴今,不忘过去,珍爱和平,开创未来,都具有十分重要的现实意义和历史意义。

在这场战争中,周恩来作为中国共产党的主要领导人,奔走在延安、武汉、重庆、南京之间,他为推动抗日民族统一战线的建立、巩固、发展,为团结国民党统治区的爱国民主人士参与全民族抗战,为打退国民党反动派的反共高潮,进行了不屈不挠的斗争,做出了不可磨灭的贡献。特别值得一提的是,抗战时期特别是皖南事变前后,周恩来在国统区的武汉、重庆等地,坚持统一战线斗争,重视文化宣传和新闻工作,团结爱国民主人士和国际进步力量,使中国共产党在国统区始终能够发出正义之声。为扩大党的影响,团结抗日力量,周恩来付出了极大心血。本文就以皖南事变前后,党在国统区宣传工作为切入点,浅谈周恩来代表党中央对宣传工作的领导和实践。

## 一、利用《新华日报》,正确报道皖南事变真相

中共从成立时,就十分重视宣传工作。中共一大通过的《关于当前实际工作的决议》,对开展工人运动的组织工作和宣传工作,做了具体的规定。[①]中央领导机构成立后下发的第一份文件《中国共产党中央局通告》对近期党、团组织的发展以

---

\* 刘 燕,周恩来邓颖超纪念馆。
① 《中国共产党历史》第一卷上册,中共党史出版社2002年版,第87页。

及工人运动、宣传出版工作等,提出了具体的计划和要求。① 此后,在长期的革命历程中,中共在宣传方面逐步形成了较为成熟的工作方针和工作方法。抗日战争时期,特别是抗日民族统一战线建立之后,中共在全国范围内获得了合法的公开活动的权利,为党的宣传工作提供了更为便利的条件。为了最大限度地巩固、发展抗日民族统一战线,反对国民党片面抗战路线和反共高潮,为了团结作为第二条战线的广大中间力量,实现全民族的抗日洪流,在周恩来具体领导下,中国共产党人在国统区开展了许多卓有成效的工作。

1937年"七七事变"爆发后,国共两党经过艰辛谈判,开始了第二次合作。在周恩来与国民党代表顾祝同、蒋介石等人进行的五次谈判中,已经提出了要在国民党统治中心南京公开发行中共党报的要求。为此,周恩来同国民党中央宣传部长邵力子商定在国统区创办报刊的具体事宜。不久,邵力子签署文件,正式批准中共南京办事处在南京筹办《新华日报》。② 但是因为顽固派阻挠及日军逼近,报社被迫迁至武汉成忠街53号。

1938年1月11日,《新华日报》正式在武汉创刊。周恩来为《新华日报》创刊题词:"坚持长期抗战,争取最后胜利。"它是中共中央长江局机关报,隶属于长江局领导,成为中共在国民党统治区公开出版发行的唯一党报。

《新华日报》迅速成为中共在国统区的重要宣传力量。针对国民党统治区的实际情况,《新华日报》正确宣传了中国共产党的纲领路线和方针政策,努力把马列主义的真理传播到人民群众中去。《新华日报》宣传的主要内容是:宣传全面抗战和持久战的路线;反对片面抗战和投降倒退。宣传中国共产党实行民主政治、建立联合政府的主张;反对国民党当局的独裁专制和特务统治。在国际问题上,支持苏联以及英美等国的反法西斯战争。中共党的领袖毛泽东、周恩来、刘少奇、朱德、叶剑英、王若飞、邓颖超、博古、董必武、陆定一等人经常为报纸撰稿,发表反映时局、巩固和发展抗日民族统一战线的文章,充分利用这一阵地,将共产党的声音传播出去。

在发展爱国民主统一战线方面,《新华日报》也做了大量工作,为民主党派和各界知名人士提供一个比较自由的讲坛。冯玉祥、郭沫若、茅盾、柳亚子、沈钧儒、黄炎培、邓初民、陶行知、张西曼、胡厥文、胡子昂等将军、学者、教授和社会活动家

---

① 《中国共产党历史》第一卷上册,中共党史出版社2002年版,第91页。
② 《周恩来年谱(1898—1949)》,中央文献出版社1998年版,第385页。

经常为此报撰稿。它的副刊是进步文化运动的重要阵地,团结了一大批优秀的文学艺术和文化工作者。它的国际报导也很有特色,1942年底,根据周恩来的指示,开设了"国际述评"专栏,由乔冠华主笔。这个专栏的文章以资料翔实、分析透彻、富于哲理和文采而受到读者欢迎,其中文章经常为外国通讯社所转载。

1938年10月25日,汉口失守,同日《新华日报》社迁址重庆。随后,周恩来作为中共中央南方局书记和《新华日报》董事长,直接领导《新华日报》的工作。他及时传达中共中央指示精神,召集研究报纸工作,审阅、修改重要稿件,①在繁忙的工作之余,他还亲自动笔,先后为《新华日报》撰写108篇共计24万字的社论、专论和其他文章,成为宣传党的路线方针政策和抗日民族统一战线的"喉舌"。

《新华日报》有声有色的办报规模和影响引起了国民党顽固派的注意和恐慌。他们不断制造种种障碍和迫害,阻挠《新华日报》的正义之声。创刊仅6天,1938年1月17日,国民党特务机关指使暴徒捣毁报社营业部及印刷厂。长江中央局立即做出决议,由周恩来、叶剑英出面同武汉国民党党政军当局交涉,要求采取有效措施,保证今后不再发生类似事件。②

国民政府为加强在新闻宣传领域的专制统治,于1940年前后,先后颁布了《修正新闻检查标准》《修正战时新闻禁载标准》《战时新闻违检惩罚办法》等法令,规定所有报纸于出版付印前,其内容都必须经国民党的新闻检查机关审查、通过。1940年1月6日,《新华日报》两篇社论均未通过所谓"审查",被迫于头版"开天窗",以示对国民党当局无理刁难的抗议。③

1941年1月4日,新四军军部和所属部队九千余人奉命由泾县云岭出发北移。6日,在茂林地区遭到预先埋伏的第三战区顾祝同和三十二集团军上官云相所部八万余人的包围袭击,双方血战七昼夜,新四军除两千余人突围外,其余六千余人大部壮烈牺牲,军长叶挺在与国民党谈判时被扣押,项英、周子昆被叛徒杀害,这就是"皖南事变"。在抗日战争期间,中国土地上却发生了兄弟阋墙的"内战",一时间震惊中外。

1月11日,在《新华日报》创刊三周年纪念会上,周恩来宣布了皖南事变的消息,谴责国民党顽固派的阴谋,遥祝新四军冲破重围和黑暗。遵照他的指示,第二

---

① 《中国共产党历史大辞典》,中共党史出版社2001年版,第605页。
② 《周恩来年谱(1898—1949)》,中央文献出版社1998年版,第409页。
③ 《新华日报》,1940年1月6日。

天,《新华日报》刊登了周恩来的发言,向全社会谴责国民党发动皖南事变的阴谋。①

国民党顽固派置事实真相和国内外压力、舆论于不顾,继续一意孤行。1月17日,国民政府军事委员会发布通令,诬蔑新四军为"叛军",宣布取消新四军番号,将叶挺军长交付军法审判,并通缉项英。局势更加恶化了。

当晚,周恩来指示《新华日报》拒绝刊登国民政府军事委员会"通令"和"发言人谈话",坚持照常出报,并部署了应付各种可能情况的对策。得悉《新华日报》揭露皖南事变真相的报道和社论被国民政府新闻检察官扣压后,周恩来立即题写"为江南死国难者志哀"和"千古奇冤,江南一叶,同室操戈,相煎何急!?"的题词。要求报社将题词手迹制版登在被扣去的稿件位置上,连夜编排、制版印刷,组织好发行力量,在次日各大报发出之前,送到广大读者手中。周恩来这种强烈的新闻意识,抢在国民政府的"通令"消息发布之前,首先让正义之声传达到读者的心中,以先入为主的意识,向全社会再次揭露皖南事变真相。当日清晨,载有周恩来题词的《新华日报》到达读者手中,并出现在重庆大街小巷的阅报墙上。报纸销量从平时的1 000份猛增到5 000份,《新华日报》在此次事变的报道中,坚持真理,不畏强权,与国民党反动新闻制度进行了不屈不挠的斗争,扩大了在读者中的影响力。

抗日战争时期《新华日报》卓有成效的工作,在国民党政治、经济、文化中心占领了舆论制高点,被人民群众誉为"茫茫黑夜中的一座灯塔",成为中国共产党推进抗日民族统一战线的有力工具和沟通外部世界的一个重要窗口。毛泽东高度赞扬《新华日报》,称其为八路军、新四军以外的"另一方面军",周恩来以其坚定的政治原则性和党性、高超的新闻敏锐度和犀利的文笔,带领《新华日报》取得了与国民党舆论战的胜利。

## 二、利用为郭沫若祝寿的活动,打破皖南事变后宣传领域的沉寂

皖南事变发生后将近半年的时间内,国民党顽固派在政治上和文化上继续进行高压统治,一时间,重庆的进步文化界比较沉寂。为了打破这种局面,让正义之声重新呼之欲出,1941年10月上旬,周恩来想到一种扩大影响的新的斗争方式,这就是由重庆文艺界领衔,纪念郭沫若50寿辰和创作生活25周年。他亲自到郭

---

① 《本报庆祝三周年》,《新华日报》,1941年1月12日。

沫若寓所,将这一想法面告郭沫若和阳翰笙。①

当听到要为自己祝寿时,郭沫若当即推辞。周恩来耐心细致地解释自己的主张:"为你做寿是一场意义重大的文化斗争。通过这次斗争,我们可以发动一切民主进步力量来冲破国民党政治上和文化上的法西斯统治。"听了周恩来的解释,郭沫若同意了。随即,周恩来要阳翰笙代表南方局起草给成都、昆明、桂林、延安和香港等地党组织的电报,要求各地组织做好工作,响应这次活动。

在周恩来部署下,重庆各界成立了一个广泛的、有各方人士参加的统一战线的筹备组织,发起人中不仅有许多民主党派和无党派的著名人士,还有冯玉祥、张治中、邵力子等国民党名流。在新闻宣传领域,除《新华日报》外,《新蜀报》《新民报》《商务日报》和《大公报》都有人参加筹备会。

1941年11月16日,重庆各界人士为庆祝郭沫若同志50寿辰和创作25周年举行了隆重的纪念活动。周恩来亲自到会并致贺词,他高度评价了鲁迅和郭沫若在文艺、学术等方面的成就,并在《新华日报》上以《我要说的话》为题发表文章,②高度评价了郭沫若丰富的革命热情,深邃的研究精神,勇敢的战斗生活。

纪念活动很快波及重庆周边各地,成都、桂林、昆明、延安、香港等地各民主党派、各进步人民团体和文化界著名人士纷纷响应,一时间,中国南方各主要城市重新举起文化、宣传、抗战的旗帜,与国民党顽固派进行不懈斗争。这次活动延续了长达半年之久。参加纪念活动的有文化界、学术界、新闻界以及各民主党派、各群众团体的代表2 000余人,场面十分热烈,可以说盛极一时。这次祝寿活动,是进步朋友们在皖南事变后第一次团聚,通过活动,进步文化人士重新团结战斗起来,一扫皖南事变以来笼罩在重庆上空的沉闷空气。③

周恩来广交朋友,睿智、灵活地运用各种方式方法,在文化宣传领域扫清阴霾,重新带领人们走出思想和宣传的低谷,鼓起全中国人民团结抗日的信念,巩固和扩大了抗日民族统一战线,是给国民党顽固派的一个有力回击。

## 三、利用国际友好人士,做好皖南事变后的对外宣传

周恩来是伟大的外交家,皖南事变发生后,如何将事变真相公之于众,让广大

---

① 《周恩来年谱(1898—1949)》,中央文献出版社1998年版,第529页。
② 《新华日报》,1941年11月16日。
③ 参见廖心文《凝聚中国力量实现全民族抗战——周恩来与抗日民族统一战线》。

民众不受到国民党反动宣传的蛊惑？周恩来想到了交往过的国际友人，为此他做了大量工作。周恩来组织力量准备外文材料，让记者带到南洋、香港、美国等地发表；还安排王炳南、龚澎等人访问他们所认识的外交官和外国记者，向他们宣传皖南事变真相。

这其中，美国记者、作家安娜·路易斯·斯特朗起到了很大作用。

斯特朗是一位热爱中国的美国人。1940年底，她第四次来到中国，当时抗战正处于僵持阶段，中国很多大城市沦陷，在国民党内部反共、投降的声音很多。在这种局面下，国民党趁机发起第二次反共高潮，制造了皖南事变。

事变甫一发生，各路媒体立即予以各种报道，一开始都是诬蔑新四军是叛军的消息。当时国民党的新闻检查制度十分严格，外国记者的报道必须经过国民党的中央宣传部下属的国际宣传处审查才能发表，经国际宣传处审查放行的新闻大都是代表国民党立场的"一面之词"，真实的消息根本传不出去。

在这样的情况下，如何打破国民党的新闻垄断，中国共产党的宣传机构做了卓有成效的工作。他们通过一些同情中国革命的国际友人把皖南事变的真相传播出去。

最早站在共产党的立场上报道皖南事变的记者是美国人埃德加·斯诺，廖承志将皖南事变的消息告诉他之后，斯诺立即予以报道，但国民党不承认这个报道，反而诬蔑斯诺造谣。[①]后来，英国驻重庆的外交官从不同渠道证实了斯诺的观点，蒋介石才算一定程度上承认了这次事变，但是又狡辩说是新四军先袭击了他们的部队。

蒋介石为什么害怕国际社会公布皖南事变的真相？因为他以及国民党军队是要靠抗日民族统一战线争取国际援助的。美国对蒋介石援助与否取决于他是否能有效地组织联合抗日，蒋介石这次围歼共产党所领导的抗日部队——新四军，其事实真相如果让世界知道，将会影响国民党需要的国际援助。所以，蒋介石对此有很大顾忌。

1940年底，斯特朗第四次来到中国，她从路易·艾黎那儿了解到，国民党正在统一战线掩盖下，攻击共产党。12月23日，斯特朗在沈钧儒寓所见到了周恩来。随后几天，她同周恩来进行了几次长谈。周恩来向她介绍了国民党破坏国共合作、破坏统一战线的具体事实。斯特朗之前从爱泼斯坦那儿听到过新四军的行动

---

[①] 李传玺：《皖南事变的真相是如何大白于天下的》，《党史纵览》2005年第7期。

方案,这次与周恩来见面,当面澄清了有关新四军的一些史实,最关键的是周恩来对她谈了自己的分析。之前,新四军一直是从上海伸延到其他地区进行小部队行动,所以,要是撤退的话,就得不到保护。而这些部队大部分是依靠当地人民的支持才能生存,在转移中,蒋介石既不提供粮食也不提供资金。所以一旦执行了蒋介石的命令,共产党的所有部队都会集中到华北,就会成为日本人的靶子,蒋介石就可以控制华中和华南。

之后,周恩来又给了她一部分材料,告诉她先不要发表,"要等我捎信给你,同意你这样做时再发表"。因为当时皖南事变尚未发生,那个时候发表的话国共的冲突肯定会激烈起来,从而授人以柄。"不过我们愿意把这种资料交到值得信任的国外人士手中,以便在蒋介石展开更加疯狂的进攻时及时揭露。我们担心这种进攻。"[1]

斯特朗回到美国后,中国发生了皖南事变,她收到廖承志的信让她发表周恩来给她的材料。当时,充斥在媒体上的都是重庆新闻检查部门审定过的通稿,说新四军是叛军的消息。斯特朗带回的报道在《纽约先驱论坛报》上以该报另一位记者的身份发表了,它与斯诺的正面报道相互印证,更有说服力了。[2]

1941年2月14日,周恩来会见了来华访问的美国总统罗斯福代表居里,交给他一些国民党制造摩擦的材料并指出:如果蒋介石不改变反共政策,将引起国内战争,使抗战熄火,日军南进。居里表示:美国赞助中国统一,反对日本,不愿内战扩大,主张政府改革。随后,居里向蒋介石声明:美国在国共纠纷未解决前,无法大量援华,美中之间的经济、财政等各种问题不可能有任何进展。[3]

周恩来又到英国驻华大使卡尔家中,向卡尔详细介绍了皖南事变情况。卡尔听后很气愤,他电告英国政府,要向蒋介石施加压力。

周恩来还多次会见苏联驻华大使潘友新和武官崔可夫,向他们讲述国民党对八路军、新四军的军事袭扰。

在周恩来的努力下,皖南事变的真相得以公布在全世界面前,国内外的舆论压力使蒋介石妄图推卸责任、嫁祸新四军的阴谋未能得逞。周恩来牢牢把握住舆论的武器,赢得了国内外正义人士的同情和帮助,在皖南事变的新闻宣传方面打

---

[1] 《周恩来年谱(1898—1949)》,中央文献出版社1998年版,第490页。
[2] 杨琳:《安娜·路易斯·斯特朗六次中国行——赵风风访谈录》,《百年潮》2015年第1期,第44、45页。
[3] 《周恩来年谱(1898—1949)》,中央文献出版社1998年版,第503页。

了一个大胜仗。

皖南事变是国民党顽固派的诡计暂时得逞、共产党及新四军蒙受巨大损失的事变。事变发生后,中国共产党立即做出政治上、舆论上的反应,猛烈抨击国民党顽固派的罪恶行径。周恩来在国统区的长江局、南方局领导了卓有成效的非军事手段斗争,调动起文化界、文艺界、新闻界和爱国民主人士以及国际友人参与中国抗战的热情,显示了他高超的领导才能,推进了抗战与民主事业,开创了抗日民族统一战线的新格局。在抗日战争胜利70年后的今天,回顾这段历史,对我们重新梳理、总结周恩来统一战线思想与实践,丰富周恩来精神研究内容,具有十分重要的意义。

# 周恩来与抗战时期的南开 徐 行[*]

诞生于五四运动时期的南开大学,曾被国民政府教育部评价为"私立学校之中成绩卓著者"。但在抗日战争中经历了日寇轰炸,校园被毁、学校被迫南迁的艰苦磨难。作为南开最杰出校友的中国共产党著名领导人周恩来,在抗日战争中不但对统一战线的建立和巩固、对抗日游击战的开展、对国统区党组织的建设做出了不朽贡献,而且始终关心着母校的情况,他积极动员南开师生投入抗日、对南开校长和校友做了大量统战工作。以往无论对周恩来还是对抗日战争的研究均未深入探讨周恩来与抗战中的南开问题,本文将就这个问题试做如下论述。

## 一、南开校园被毁后对师生、校友做抗日动员

诞生于五四运动中的南开大学有着光荣的爱国传统,这一光荣传统在抗日战争时期继续发扬光大。九一八事变后南开师生们组织了国难急救会,以实际行动支持长城抗战,慰劳前方将士。"一二·九"运动中,南开学子积极参加了反日爱国大游行。300多名南开学生还乘火车南下请愿,被阻沧州时,在寒冷和饥饿中坚持向车上旅客和车站附近群众宣传抗日救国的主张。

经过十几年的建设,20世纪30年代南开大学被国民政府教育部评价为"私立学校之中成绩卓著者"。但是,却在1937年7月底被日寇的野蛮轰炸和焚毁,这是抗战时期中国第一所被日寇化为焦土的高等学府。

卢沟桥事变后,日军不断增兵向北平、天津发动进攻。迫于形势,7月下旬南开大学决定进行疏散,紧急整理图书仪器运往租界,但由于受到日军阻拦仅运出一半。日寇认为南开大学是天津抗日的基础,遂于7月29日凌晨开始炮击位于市郊八里台的南开校园。当日下午,日军派出数十架飞机,集中对天津市政府和南开大学等六个目标进行重点轰炸。30日下午,百余日军乘数辆满载煤油的汽车闯入校园,他们抢走图书馆藏书,然后放火烧了图书馆和整个校园。一时间南开校

---

[*] 徐 行,南开大学教授。

园内的秀山堂、思源堂、图书馆、教授宿舍及邻近民房,尽在烟火之中,起火点十余处,烟云蔽天。这场劫难,使南开大学损失惨重,教学楼、图书馆、教师住宅和学生宿舍大部被毁,仪器设备全被破坏,大批珍贵图书遭洗劫,南开校钟亦被劫掠。

日军对中国知名高等学府的故意毁坏,招致了南开师生的强烈愤慨和国内外各界正义之士的一致谴责。正在南京的南开校长张伯苓,得知校园被焚毁的消息后,悲愤地向记者表示:"敌人此次轰炸南开,被毁者南开之物质,而南开之精神,将因此挫折而愈益奋励。"7月31日蒋介石会见教育界著名人士张伯苓、胡适、梅贻琦等人时也表示:"南开为中国而牺牲,有中国即有南开!"[1] 茅盾、郭沫若等56名左翼进步作家,致电南开校长张伯苓及河北女子师范学院院长,表示悲愤和慰问。美国哥伦比亚大学教授基尔帕特里克向记者发表谈话说:"日本在华之行为,实属无耻而愚蠢。天津南开大学被毁,不足使该校归于消灭,良以日军炸弹残酷手段之结果,适足使该有名之学府万古不朽。"[2] 牛津大学、伦敦大学等英国18所大学的170名教授联名致电国民政府教育部部长王世杰,对日军在华轰炸平民及学校表示愤骇,对中国人民表示深切同情。

南开校园被毁后,部分进步学生和校内中共地下党员根据中共北方局的指示,分赴各地参加抗日。大部师生辗转南下,加入国立长沙临时大学。1938年初又奉命迁往昆明,与清华、北大联合成立国立西南联合大学。在长沙临时大学和西南联大期间,亦有数以千计的南开师生投笔从戎、奔赴抗战前线。

南开大学最杰出校友周恩来[3]抗战爆发时任中共中央政治局常委、中央军委副主席,作为中共中央代表,正在为建立抗日民族统一战线到处奔走。七七事变第二天,中共中央就发出了《中国共产党为日军进攻卢沟桥通电》,号召各界团结起来,一致抗日。周恩来更是为促成第二次国共合作、动员民众抗日积极努力。对南开校园遭日军轰炸焚毁一事,现在虽然没有找到周恩来直接表态的材料,但从他后来鼓励校友投身抗日、介绍进步学生去延安和对南开师生做的大量统战工作中可充分表现出他对南开的关心。

国民政府迁都武汉后,为有利于公共合作、团结抗日,周恩来出任了国民政府军事委员会政治部副主任,直接领导第三厅的工作。在周恩来的领导下,第三厅

---

[1] 《不能忘却的历史——南开大学被炸77周年祭》,《南开大学报》,2014年7月16日。
[2] 《不能忘却的历史——南开大学被炸77周年祭》,《南开大学报》,2014年7月16日。
[3] 周恩来1913—1917年在南开中学读书(1917年9月—1919年4月留学日本),1919年9月进入新成立的南开大学,是南开大学招收的第一届学生之一。

在抗日爱国宣传、启发民众觉悟、扩大统一战线方面做了大量工作,取得了卓越的成效。1938年5月,南开校长张伯苓到武汉后,百余名南开校友聚会欢迎张校长。周恩来偕邓颖超出席了欢迎会。周恩来亲切地问候了张伯苓,并和校友一一握手。会间,张伯苓请周恩来向校友讲话。周恩来在讲话中分析了抗战形势,并指明抗战的前途,同时深情地回忆了在南开所受的教诲和南开精神的熏陶。他阐明:"除严格之训练与优良之校风外,有两点至可注意:一为抗日御侮之精神,一为注意科学训练。"①

为了动员南开师生积极抗日,1939年1月初,周恩来应邀出席了位于重庆沙坪坝的南开中学举办的校友座谈会。当他与邓颖超在校长张伯苓陪同下走进学校礼堂时,受到南开校友的热烈欢迎。周恩来在会上就统一战线、抗战形势与前途、青年在抗战中的责任等问题做了发言。他指出:"我们全民族团结起来,建立了抗日民族统一战线,同日寇进行英勇顽强的战争,这在中华民族的历史上是空前的。在东方,在世界历史上也是十分伟大的!青年们一定要关心民族的存亡,在中华民族面临生死存亡的历史关头,要把天下兴亡担在肩上,要把民族的利益看得高于一切。凡是有利于抗战的事都要支持、拥护;凡是不利于抗战的事都要抵制、反对。"②

在发言中周恩来还深情地表示:我也是南开的学生,张校长是我的校长,在座的老师有的也是我的老师,能够回到母校与老师和同学见面,畅谈国家大事,感到十分高兴。他还结合实际对南开的"公能"校训做了新的解释:"在当前,公,就是国家大事,就是抗战到底,取得最后胜利,把日本侵略者赶出我神圣的领土;能,就是学习,学好抗日的本领、建国的本领,打倒日本帝国主义,建设一个强大的国家。"最后,周恩来特别强调:"抗战进入到现阶段的时候,摆在我们面前的许多新的困难正待我们去克服。而克服这些困难的主要有效方法,是真正切实动员和组织民众,尤其是青年群众帮助抗战。因此,青年在帮助克服困难,渡过难关这一目前主要任务上,是负有责任的。"他语重心长地告诫:"青年人,书还是要读的,但是更要关心民族的危亡,要学习抗日救国的道理。在中华民族面临生死存亡的历史关头,我们青年人要把天下兴亡的责任担在肩上。"③

---

① 梁吉生:《周恩来与吴国桢》,《南开学者纵论周恩来》,天津人民出版社2008年版,第156页。
② 《周恩来年谱(1898—1949)》,中央文献出版社1998年版,第439页。
③ 梁吉生:《抗战中的周恩来与张伯苓》,《南开学者纵论周恩来》,天津人民出版社2008年版,第507页。

校友座谈会结束后,张伯苓设宴招待周恩来,作陪的有周和邓颖超的几个老同学,还有几位学生代表。当周恩来得知几位同学都是南开中学话剧团成员时,十分高兴,他回忆起当年在学校演出新剧的情景,勉励这些同学用话剧的形式做抗日救亡的宣传工作。

1月9日晚,周恩来又出席了重庆南开中学举行的校友聚餐会。在会上发表了《抗战建国与南开精神》的演讲,"希望校友们发扬南开精神,继续为争取抗战胜利而努力奋斗"①。他精辟地分析了十八个月来敌我双方的形势,明确指出:"我们已打下抗战必胜的基础,而在争取胜利中又奠定了建国之基础。"他号召大家加强国内团结,反对一切挑拨离间和动摇悲观言行。他阐明南开传统的精神就是爱国与民主的精神,就是苦干实干的精神,他希望各位校友发扬此种可贵的南开精神为抗战建国而努力。

周恩来的讲话,不但使南开师生受到了团结抗战的教育和启发,而且在全民族抗战的新形势下将南开精神赋予了新的内容与活力,对南开校友起了鼓舞和动员作用。当时出版的《南开校友》杂志被读者要求多报道周恩来讲话,有南开校友致信说:"周恩来先生屡次在校友会上做讲演,我们不但要知道这个消息,而且极需要知道演讲的内容。这次他讲《抗战建国与南开精神》,我们想象中他不但说明了抗战建国光明前途,而且更给南开精神作了进一步的发展,将南开精神和今日之抗战建国大业互相联系起来。这一切新的发挥,都是我们不得亲自与会聆听的校友所极盼望知道的。"②

## 二、做南开校长统战工作,安排进步师生赴陕北

1935年的"一二·九"运动,标志着中国人民的抗日救亡运动掀起了新的热潮。南开师生的抗日爱国运动引起了一直在关心着母校情况的周恩来的高度重视。1936年5月15日,周恩来在瓦窑堡写了几封给师友的信。其中一封是给校长张伯苓的。他在信中表示:"不亲先生教益,垂廿载矣。曾闻师言,中国不患有共产党,而患假共产党。自幸革命十余年,所成就者,尚足为共产党之证,未曾以假共产党之行败师训也。"③周恩来在信中肯定了张呼吁停止内战、一致对外的救

---

① 侯自新:《周恩来与南开大学》,《南开学报》1999年第5期。
② 《对〈南开校友〉提供一点意见》,《南开校友》第4卷第6期。
③ 《周恩来书信选集》,中央文献出版社1988年版,第95页。

国热忱,阐明了中共提出的"团结抗日"的主张。此后十余年间,周恩来对老校长做了大量团结、帮助、劝导、启发工作,两人一直保持良好关系,并共同为合作抗日做出了杰出贡献。

全面抗战爆发前,张伯苓深知坚持爱国主义教育的南开已引起日寇仇恨,应在大后方有个回旋余地,于是1936年在重庆又建了一所南开中学。同年底"西安事变"发生后,张伯苓受孔祥熙之托给周恩来打电报希望和平解决。当得知西安事变真的和平解决后,张伯苓非常高兴,在学校大礼堂向师生报告这一喜讯,并特意提到:"西安事变解决得这么好,咱们的校友周恩来起了很大作用,立了大功。"[①]

1937年2月,周恩来在延安接待了天津一家英文报刊(《华北明星报》)的外国记者的采访。他说:我在天津南开读中学、大学。这个学校教学严格,课外活泼,我以后参加革命活动是有南开教育影响的。请你回到天津后,在南开大学张伯苓校长前代我问候。[②]

1937年7月13日,周恩来为与蒋介石谈判国共合作事宜来到庐山,见到了张伯苓。周恩来对张拥护抗战的言行表示赞赏和支持。翌年5月,张伯苓到武汉为南开募款时,曾请周恩来和南开校友、时任武汉市长的吴国桢以及何廉、范旭东等人吃饭,共同商讨南开建设发展问题。张伯苓还在武昌中华大学的演讲中说:"我在北方,经常想到华中,想到华中,就想到'中华',中华大学有恽代英,南开大学有周恩来,这都是杰出的人才,是我们两校的光荣! ……最近,我乘船过三峡,过滩时,船上和坡上的人同心协力动手绞滩,平安渡过险关,我有感如此。回来,写了信给周恩来同学,我说国共两党只有同舟共济,协同努力,战胜恶浪,才能冲破难关,获得胜利!"[③]

1938年底,周恩来作为中共代表团负责人和中共南方局书记常驻重庆后,与南开校友和南开师生的接触更多了。当时张伯苓是国民参政会副议长,居住在重庆沙坪坝南开中学内的教职员宿舍——津南村。周恩来为广泛团结爱国人士抗日,经常到这里去。他多次看望张伯苓,与他谈抗战形势,谈国共关系,阐述共产党的主张,继续做张的统战工作。每逢张伯苓生日、校庆、年节,他都赶到张伯苓家祝贺。1939年春,周恩来外出到浙江、湖南、广西等地视察工作,还托人送花篮

---

[①] 龙飞:《周恩来与严范孙、张伯苓的师生情》,《中华读书报》,2013年5月15日。
[②] 侯自新:《周恩来与南开大学》,《南开学报》1999年第5期。
[③] 吴先铭:《陈时与中华大学的几个片断》,《武汉文史资料》1983年第3辑。

祝张伯苓64岁寿辰。

在政治观点上,周恩来对张伯苓及其周边人总是耐心劝导,从不强加于人。张伯苓曾谈道:"在重庆参政会,会上意见不一样,常常是吵吵闹闹,我发表意见,有的参政员不同意。"但周恩来与他们不同,"他听我的发言,同意的就笑眯眯地点头说:校长讲得好。有的时候就笑笑不发言,尊重我,他是我的好学生嘛!"① 剧作家曹禺曾回忆他和周恩来一起去看望张伯苓的情景。当时张伯苓留他们一起用餐,张伯苓的胞弟、时任南开大学教授的张彭春作陪。席间,张彭春对共产党的一些主张提出批评。周恩来认真倾听,耐心解释说明。周恩来以理服人的处事风格给曹禺留下深刻的印象。②

在团结抗日问题上,周恩来和张伯苓的主张是一致的,他们合作的一个重要成果是输送了一批优秀南开师生奔赴抗日前线。抗战时期,张伯苓多次致函周恩来,介绍南开进步学生赴陕北参加抗日。如1937年底,张伯苓致信周恩来,推荐在武汉税务部门工作的南开校友杨作舟,称其因国家危急,愿"投笔杀敌,赴陕北工作",请周恩来委用。1938年上半年,张伯苓先后向周恩来推荐了在上海中国无线电业公司工作的罗沛霖③、南开大学助教傅大龄、在四川水泥厂供职的刘念悌等南开校友赴陕北参加抗日救国工作。

1939年8月当张伯苓得知周恩来在陕北坠马跌伤右臂后,亲自致函问候。对其跌伤未愈表示不胜惋惜,祝周"吉人天相,早日获痊"。并顺便介绍南开中学教师李梦九"不日将赴陕北",还说李对周恩来"心仪已久"。

在张伯苓校长的推荐下和周恩来的精心安排下,许多南开师生奔赴陕北,参加抗日斗争,在西南联大期间,出现过三次较大规模的从军热潮。有些南开学子还壮烈牺牲在战场。

抗战胜利后,周恩来仍与张伯苓保持着良好关系。1945年国共重庆谈判期间,周恩来陪同毛泽东于9月6日下午赴沙坪坝津南村看望了柳亚子、张伯苓。④ 他们肯定了张伯苓为中国教育事业和团结抗日做出的贡献。新中国建立前夕,周恩来设法托人捎信给张伯苓,让他留在了大陆。

---

① 张晓唯:《教育与政治:南开校长张伯苓与国民政府》,《南开教育论丛》2014年第1期。
② 侯自新:《周恩来与南开大学》,《南开学报》1999年第5期。
③ 罗沛霖在新中国成立后曾任机电部科委副主任,当选中国科学院院士。
④ 《周恩来年谱(1898—1949)》,中央文献出版社1998年版,第633页。

### 三、团结校友一同抗战,支持进步文化事业

中共抗日民族统一战线政策确立后,周恩来积极团结各界人士包括昔日南开校友一同抗战。1936年5月15日,周恩来在瓦窑堡写了几封给师友的信。其中一封是写给昔日南开教师时子周的。① 时子周当时是国民党候补中央委员。周恩来在信中阐明了中共"停止内战,一致抗日"的主张,希望他"广布斯旨于华北,求得抗日战线迅谋建立"②。

抗战时期,周恩来积极联系在武汉、重庆等地的南开校友和师生,团结他们一起抗日。他经常去重庆沙坪坝南开中学内的教职员宿舍——津南村。他有时到他的同学、南开化工研究所所长张克忠家,有时到他的老师伉乃如家,然后去拜访老校长张伯苓。

周恩来与南开教师中关系最密切的是伉乃如(1890—1947),周对他们一家十分信任。伉乃如原是南开的化学教员,后任校长秘书兼大学注册课主任,曾给周恩来授过课,对周非常器重。周恩来临赴欧留学前,曾将自己的一些物品寄存到伉家。南开校园被日寇焚毁后,伉乃如一家搬到重庆津南村,周恩来成了他家的常客。1941年周恩来还出席了伉乃如长子伉铁儁的婚礼,并即席讲话祝福新人。1944年伉乃如的长孙出世时,周恩来也亲莅祝贺。

当"皖南事变"形势紧张时,周恩来在南方局内部做了充分的应急准备,以防不测。他派邓颖超携带重要物品在一个夜晚到伉乃如家,对他们说:"我和恩来随时都可能被捕,我这里有一个小瓷盒交给你们,希望你们能给我保存好。盒内有周恩来获得的勋章和我母亲的手表。"伉家对此重托视为最大的信任,一直将此盒精心保藏到天津解放。③

抗战胜利后,伉乃如将回天津主持复校工作,周恩来专门到津南村与之告别。伉返津后旧疾发作,拖着重病之躯还和南开校友常策欧一同到警察局为周恩来的弟弟④出面担保。周恩寿获释后到伉家致谢时,伉乃如已病逝。⑤这些事充分反映

---

① 周恩来在南开读书时,时子周是南开教师;周加入南开新剧团时,时为团长;他们还一起参加了五四运动。
② 《周恩来书信选集》,中央文献出版社1988年版,第93页。
③ 侯自新:《周恩来与南开大学》,《南开学报》1999年第5期。
④ 1947年周恩来的弟弟周恩寿受党组织安排,秘密运送物资,因邻居告发而被捕。几个月后,在伉乃如等人担保下获释。
⑤ 龙飞:《周恩来和伉乃如的情谊》,《南开大学报》,2014年7月16日。

了周伉两家的亲密关系和团结互助的真情。

在昔日南开同学中,周恩来抗战时期接触最多的是吴国桢(1903—1984)。①吴是比周恩来低一年级的南开中学同学,抗战时期先后任汉口市长和重庆市长,周恩来作为中共代表团的负责人对他做了大量团结工作和统战工作。据吴国桢回忆:1937年年底的一天"当我下班回家时,我妻子突然告诉我说,周恩来来过了,并留下一张名片。当然,我立即去了他的总部,有了我们第一次的团聚,彼此间很有礼貌"。1938年5月吴国桢宴请了周恩来及魏文翰、施奎龄等校友。此后不久,周恩来又回请了吴国桢夫妇,据吴回忆:"我们吃到了汉口能有的最好最贵的一餐,他自己带来的酒也是最好的。"②

周恩来与吴国桢的交往绝不是单纯的叙旧,他是在利用各种机会宣传共产党的抗日方针,巩固和扩大统一战线。汉口失守前,周与吴多次会面,两人的关系是真诚和友好的。当八路军总指挥朱德到汉口时,周恩来还特意安排他们三人会面,他们一起商谈了共同抗日的一些问题。

1938年10月下旬汉口陷落前夕,周恩来曾打电话给吴国桢,希望吴跟他一起走,吴婉言谢绝了。据吴回忆:"他明白我的暗示,再也没同我联系。如果周曾有过要将我招为共产党人的想法,就是在此时打消的。于是我们再次分手,最后都到了重庆。"在重庆期间,周恩来仍与担任重庆市市长的吴国桢保持联系。据吴回忆:"每逢中国节日,他会给我家留名片,我也给他的住地留名片,除了在公共场合或开会,我们再也没有(私下)见面。"③

周恩来虽与吴国桢有昔日同学之友谊,但在大是大非问题上,坚持原则,绝不含糊。1941年1月"皖南事变"后的一天,周恩来拿着《新华日报》来到张伯苓家,恰好伉乃如、吴国桢也在座。周恩来一边把载有他写的:"千古奇冤,江南一叶,同室操戈,相煎何急"抗议诗句的《新华日报》分给每个人,一边十分气愤地说:"你们看看这千古奇冤!我新四军近万名英勇将士没有战死在抗日沙场上,竟饮恨于皖南事变的伏击中。国民党的一些人,用心何其毒也!"吴国桢进行辩解。两人越争越凶,张伯苓从中调和说:"我看多晚你们两个不吵了,中国就好了。"周恩来严

---

① 吴国桢(1903—1984),字峙之,湖北建始人。1914年考入天津南开中学就读。后留美获普林斯顿大学博士,曾任武汉市长、重庆市长、外交部次长、国民党中央宣传部长、台湾省主席、行政院政务委员等职。1953年受蒋介石排挤离台赴美。1984年受邀回大陆观光,未及成行,因病去世。
② 吴国桢:《我所知道的周恩来》,见2014年11月5日光明网。
③ 吴国桢:《我所知道的周恩来》,见2014年11月5日光明网。

肃地反驳道:"这不是我们两个人的问题。"在原则问题上,周恩来是不会让步的,哪怕是对自己的老师、同学或校长。①

1945年重庆谈判期间,周恩来还邀请吴国桢夫妇吃饭。1946年吴国桢当上海市长时,周恩来与他还在南京和上海会过面。蒋介石发动内战后,周恩来就与他分道扬镳了。

抗战时期,周恩来除了做南开校友的统战工作、团结抗战工作外,还积极支持南开校友开展抗日文化事业。在这方面,曾在南开中学、南开大学读过书的戏剧家曹禺深深受益。

周恩来和曹禺都是南开学生,但因年龄差距以前并不相识。抗战时期他们在重庆交往频繁,周恩来对曹禺的话剧作品给予了积极地支持。曹禺在重庆创作的《蜕变》《北京人》和《家》,在公演之初曾遭到一些人的非议,周恩来从艺术和政治的角度提出了自己的看法和意见,对曹禺帮助很大。如1940年,对曹禺创作的话剧《蜕变》,有人批评说剧本中塑造的梁专员那样的好官还不曾找到。但周恩来认为:国民党内若无梁专员这种人,我们在国民党内就得不到支持者。曹禺希望现实中有梁专员这样的好官,反映的正是广大民众的愿望,这也是我党影响日益扩大的结果。②

又如1941年,曹禺的《北京人》问世后,由于剧本描写一个封建大家庭没落、瓦解的故事,有人指责曹禺不够进步。周恩来看了《北京人》的演出后认为该剧具有反对封建主义的内涵和艺术上的成就,并召集南方局文委的同志对该剧进行了讨论,让他们在《新华日报》上发表了正面评论文章,回答了一些人对《北京人》与抗战无关的批评。在《北京人》第二轮演出后,周恩来邀请曹禺到曾家岩50号叙谈。赞赏他在剧中对封建家庭崩溃的描写,是一部反封建的力作。同时,提出了一些修改意见,请曹禺自己考虑,并告诉他如果改起来有困难也不要勉强。

1943年,曹禺改编的巴金名著《家》在重庆公演,深受群众欢迎,创造了抗战时期重庆剧场演出最高纪录,周恩来对该剧的公演给予了积极的支持。他赞赏《家》的剧本与演出,他对在剧中扮演瑞珏的张瑞芳说:"你和觉新的戏,我和你们的邓大姐都喜欢。"③这一时期,周恩来对南开校友曹禺从事话剧创作的鼓励,实际上是

---

① 侯自新:《周恩来与南开大学》,《南开学报》1999年第5期。
② 石曼:《抗战时期周恩来与曹禺的交往》,《红岩春秋》2011年第3期。
③ 石曼:《抗战时期周恩来与曹禺的交往》,《红岩春秋》2011年第3期。

对全国抗日文化事业支持的一个缩影。

## 四、简短的结语

"南开自创办一路走来,最显著的特征是与国家和民族的命运紧密相联。以'允公允能'为核心的南开精神,经过抗战烽火的洗礼不断升华,成为伟大民族精神和抗战精神的具体体现。"[①]在艰苦卓绝的抗日战争中,南开师生弘扬了光荣的爱国主义传统,积极投身于抗日前线,为反对侵略、捍卫民族独立做出了不朽的贡献。

周恩来作为南开最著名的校友,在抗日战争中做出了自己独特的杰出贡献。他不但在建立和巩固抗日民族统一战线、指导敌后抗战、支持抗日文化事业的开展、恢复和健全国统区中共党组织等方面做了大量工作,而且还在动员南开师生参加抗战、安排南开校友奔赴陕北、做校长张伯苓、校友吴国桢等人的统战工作、团结伉乃如等进步师生,支持曹禺的话剧创作等方面做了大量工作。

整个抗战时期,周恩来始终关心着母校南开的发展。他的辛勤工作不但为南开精神和南开光荣的爱国传统增添了光彩,更是为团结全国各界尤其是教育界人士一致抗日增添了力量。他在南开师生中开展的宣传动员工作和团结抗日工作,是其在抗战时期致力于国共合作的一个重要环节。他对南开校友开展进步话剧事业的鼓励和支持,是其努力推动全国抗日宣传高潮,促进全国抗战文艺发展的一个重要方面。他宣传了共产党的抗日主张,鼓舞了南开校友的斗志,坚定了全校师生抗战必胜的信心。他对南开师生做的大量工作有助于巩固和发展抗日民族统一战线,进一步奠定了夺取抗战胜利的群众基础。

抗战时期周恩来对南开校友和师生开展的动员、团结和统战工作,展现了其杰出的组织才能、统战才能和人格的魅力。他以中共代表团负责人和国民政府军事委员会政治部副主任的双重身份与南开校长、国民参政会副议长张伯苓、与先后任武汉市长、重庆市长的吴国桢等人进行了较好的合作,在他周围团结了伉乃如等一批南开进步师生。周恩来对母校师生所做的这些动员、团结和引导工作,是其为建立和巩固全国抗日民族统一战线所做努力的一个重要环节,对坚定教育界、文化界人抗战必胜信心,激发各界爱国热情,鼓励校友以各种方式投身抗战具有重要的作用和深远的历史意义。周恩来杰出的统战思想和高超的统战艺术给

---

① 薛进文:《抗战烽火中的南开大学》,《人民日报》,2015年7月23日。

我们留下了一笔宝贵的精神财富,对我们今日扩大和发展爱国统一战线仍有重要启迪。

# 周恩来与大后方青年学生的抗日救亡运动 张红安[*]

1937年12月中央政治局会议后,周恩来率领中共代表团和长江局进驻战时临时首都武汉。武汉失守后,再次随迁重庆,并领导新组建的中共南方局工作。在大后方的战斗岁月中,周恩来不仅致力于国共合作抗日,而且期望"一直达到全中华民族的动员"[①],领导了大后方的抗日救亡运动。周恩来既重视工人、农民、军队的力量,也重视青年学生的力量,努力推动大后方30万余的青年学生担负起天下的兴亡。在周恩来领导下,大后方青年学生切实成为了抗战中的支柱。

## 一、周恩来重视大后方青年学生的抗日力量

学生时代本是求学的时代,周恩来要充分调动大后方青年学生的抗日力量,在他抗战时期的多篇演讲中有着透彻的分析,其中1937年12月31日在武汉大学所做的《现阶段青年运动的性质和任务》的演讲最具代表性。

(一)"战争了,我们再不能安心求学了"

青年学生是国家民族的未来,天职是学习,学习,再学习。但是,当"敌人要我们每个人、每个人的子子孙孙都做亡国奴"的时候,一切的秩序、常规就被打破了。周恩来向青年学生分析指出,抗日战争"这时代不能与过去'五四''五卅'一九二五年大革命时代相比",因为"过去是对内的局部的政治斗争,这一次却是对外的全面的反法西斯侵略的抗战。现在是整个被压迫、被屠杀、被奸淫、被侵略的中华民族的人民起来反抗的时候,所以现在的形势全变了",而且事实上,因为"战争了,我们再不能安心求学了",到国民政府迁都武汉时,"文化中心的京、沪、平、津、粤、汉,已去其四;后方的学校,也多半停了课;成千成万的青年人无家可归,无学

---

[*] 张红安,淮阴师范学院教授。
① 《周恩来年谱(1898—1949)》,中央文献出版社1998年版,第419页。

可求"。①而后来的情形则更为严重,因为武汉、广州再次相继失守后,中国的六大文化中心全部陷落,除西南区域外的中国大片领土皆沦为敌占区。覆巢之下焉有完卵,据研究统计,"从1937年开始,中国相继有69所高校内迁。其中,迁入四川的高等院校共计48所,占战前中国108所高等学校的44%",就是周恩来演讲的武汉大学也在1938年3月踏上了艰险的西征之路,从珞珈山畔迁到四川乐山脚下。②天下兴亡匹夫有责,在国殇面前,莘莘学子失去了求学的机会,也失去了安宁的生活,在国家环境整个的变动下,其个人命运必然与国家、民族的命运相系,奋起抗争成为了唯一出路。

(二)"抗战局势正遇着一个新的危机"

由于抗战的艰巨性和抗日民族统一战线内部成分的复杂性,中国的抗战道路曲折多舛。国民政府在上海、太原失陷后,胜利信心锐减,而求和空气渐浓。1937年11月28日,德国驻华大使陶德曼在汉口拜访国民政府行政院副院长孔祥熙及外交部长王宠惠,试图调停中日战争。1937年12月6日,国民党副总裁汪精卫在武汉主持召开国防最高会议第五十四次常委会,决定接受德国驻华大使陶德曼调停,实现中日议和。此后妥协空气一直弥漫在国民政府内部,并最终发生了汪精卫投敌叛国的可耻行径。国民政府的怯战议和,对全民族抗战的精神意志造成极大摧残并使抗战有中途夭折的危险。周恩来洞察一切,明确指出:"在上海、太原相继失陷后,目前抗战局势正遇着一个新的危机。这个危机的特点,是政府军队抗战颇难为继而全民抗战尤未兴起的青黄不接,国内外调停的空气相当抬头。"③对于"新的危机"的发生,党的政策就是坚持全面抗战路线,发动民众参加抗战,用民众的力量坚决反对国民党的中途妥协。作为战斗在大后方的党的领导人,周恩来充分认识到"坚持民众的动员,发展我们的力量"④的重要性。在"新的危机"面前,每一位中华儿女都是一份抗日的力量,多一个人坚持抗战,民族就多保留一分尊严,国家就多一分赢得胜利的生机。青年学生投身抗战,可以带动更多的民众投身抗战事业,可以成为动员民众的纽带和桥梁,他们将给中国的持久抗战带来力量与生机。因此,周恩来积极争取和引导大后方青年学生勇于成为继工人、农民之外的又一支中国抗战的有生力量。

---

① 《周恩来选集》上卷,人民出版社1980年版,第88页。
② 《抗战烽火中48所高校内迁入川 谱写艰苦却辉煌的办学历程》,四川在线,2014年9月4日。
③ 《周恩来选集》上卷,人民出版社1980年版,第81页。
④ 《周恩来传》,中央文献出版社1998年版,第523页。

(三)"我们纪念'五四',应该继承它的积极优良传统"

在"五四"爱国运动中,中国催生出一大批深入思考中国社会问题、关心国家前途、民族民运的爱国青年,凝练出爱国、进步、民主、科学的"五四"精神。青年学生爱国群体在"五四"先辈的指引下,在以后中国社会发展的每一个重要关头,都勇立时代潮头。大革命时期,以黄埔军校第一期毕业生为基干编成的教导第1团、第2团,不畏牺牲,直接参加东征战役,在广东棉湖与陈炯明主力对峙,为东征胜利立下了卓著战功;"华北事变"发生后,青年学生不顾危险与严寒,在北风呼啸中走上街头,发出"停止内战,一致抗日"的呼喊,伟大的"一二·九"运动掀起了中国抗日救亡运动的新高潮。

中国的青年运动有着最光荣的传统和最广泛的影响力,这一点对在五四运动爆发后从日本"返国图他兴"的周恩来来说,最有深刻的认识和体会。因此,1939年4月底周恩来到桂林期间,专门会见了为纪念五四运动前来采访的《救亡日报》记者姚潜修,周恩来在谈话中指出:"我们纪念'五四',应该继承它的积极优良传统,为民族解放运动,科学和民主运动,发扬它的光荣历史,以有利抗战建国。"[1] 1944年12月9日,"一二·九"运动九周年来临之际,周恩来在出席延安青年学生及各界代表举行的纪念会上,再次要求大后方青年在抗战最后关头和中华民族新的生机面前,继承"一二·九"精神,并向大后方的三十万大中以上学生发出参加敌后抗战等具体号召。[2]

"五四"以来的青年学生是推动中国社会进步的重要力量,青年学生对"五四精神"的最好继承、对"一二·九"运动的最好纪念,就是不做亡国奴,勇敢地走向抗日战场。

## 二、周恩来坚持大后方青年学生的动员

在"变动的战斗的历史上从未有过的大时代",青年学生的使命是伟大的,艰巨,也是义不容辞的。周恩来寻找一切机会和一切途径深入大中学校的青年学生中间,坚持对大后方青年学生的总动员。

(一)周恩来多渠道坚持动员

一是亲自到大后方的大中学校、青年团体中去演讲,足迹遍及武汉、长沙、重

---

[1] 《周恩来年谱1898—1949》,中央文献出版社1998年版,第448页。
[2] 《周恩来年谱1898—1949》,中央文献出版社1998年版,第605页。

庆等大后方城市,周恩来用科学的分析、燃烧的语言和人格的魅力影响了大批的青年学生。

1937年12月31日,周恩来抵达武汉当月,就应武汉大学地下党支部外围组织"抗战问题研究会"的邀请,给师生做了题为《现阶段青年运动的性质和任务》的重要演讲。

1938年11月6日,在撤离武汉途经长沙的短暂间隙,周恩来到长沙青年会礼堂向湖南各抗日救亡团体做《抗日第二阶段我们的任务》的讲演,重点宣传持久抗战的思想,并向青年学生发出到敌后去,到基层去的号召。[1]

抵达重庆之后,周恩来给青年学生的演讲更为频密。1938年12月下旬,周恩来到沙坪坝国立中央大学向全校师生做题为《第二期的抗战形势》的演讲。1939年1月7日,周恩来到重庆联立高级中学向师生报告抗战形势和坚持持久抗战问题,并为学生题词:"伟大的抗战时代,不要使他空空过去。青年们,要努力学习,学习,再学习!"[2]相隔一天,周恩来又和邓颖超一起出席沙坪坝南开中学校友报告会,就抗战的形势、前途和青年们在抗战中的责任等问题做长篇报告,要求"青年们一定要关心民族的存亡,在中华民族面临生死存亡的历史关头,要把天下兴亡担在肩上,要把民族的利益看得高于一切"[3]。1月10日晚,在南开中学举行的新年聚会上,周恩来再次向南开校友发表《抗战建国与南开精神》的演讲,希望校友们为坚持团结抗战,争取抗战胜利而努力。[4] 1940年9月22日,周恩来去陶行知先生创办的育才学校给全体师生讲抗战形势;9月29日,周恩来应黄炎培邀请,在中华职业教育社发表了《国际形势与中国抗战》的演讲,到会听众达3 000多人。[5]

二是充分利用《新华日报》等舆论工具,宣传党的抗战纲领和抗战政策,鼓舞起大后方青年学生的抗战信心和意志。

报刊是抗日宣传的有效阵地,国共合作实现后,党报党刊和宣传抗日救亡的进步报刊办到了国统区,"仅武汉一地,据1938年4、5月间统计,有40种之多,其中有38种在我党影响之下"[6]。在各类报刊中党报《新华日报》影响最大。《新华日报》1938年1月11日在武汉创刊,武汉沦陷后接着在重庆出版。周恩来从始至

---

[1]《周恩来年谱1898—1949》,中央文献出版社1998年版,第434页。
[2]《周恩来年谱1898—1949》,中央文献出版社1998年版,第440页。
[3]《周恩来年谱1898—1949》,中央文献出版社1998年版,第439页。
[4] 童小鹏:《风雨四十年》第一部,中央文献出版社1994年版,第202页。
[5]《周恩来传》,中央文献出版社1998年版,第586页。
[6]《周恩来研究学术讨论会论文集》,中央文献出版社1988年版,第174~175页。

终领导了《新华日报》的工作,他用在《新华日报》发表社论、代论、专论、题词等方式动员青年学生。1938年3月25日,周恩来为武汉《新华日报》发表题词,号召青年"学习,学习,再学习!"① 1938五四运动到来时,周恩来再次给武汉《新华日报》题词:"我愿全中国学生保持并发扬这一历史传统,贯彻抗战到底,勉为文化先锋。"② 1938年10月25日日军进逼武汉之际,周恩来还口授了武汉版《新华日报》最后一篇社论《告别武汉父老兄弟》:"我们只是暂时离开武汉,我们一定要回来的,武汉终究要回到人民手中。"③周恩来以此鼓励民众和青年不因暂时的挫折而丧失坚持抗战的信心。

此外,《群众》周刊《战时青年》《救亡日报》等宣传党的抗日主张的刊物,在大后方民众中也颇具影响力,周恩来在武汉大学的演讲就刊载于《战时青年》第一期上,很多大后方青年学生就是通过阅读《新华日报》等进步报刊走上了抗日救亡道路的。

三是发挥学生进步团体和秘密党支部的组织力量,唤起了更多青年学生的抗战热情,团结了更多的进步青年学生的抗战力量。

武汉成为战时首都后,大量青年学生团体也聚集武汉,而青年救国团、蚁社、新安旅行团等都是党领导下的宣传抗日救亡的青年学生团体。"新安旅行团"诞生于20世纪30年代的江苏淮安新安小学,在武汉的周恩来,为家乡出了这样一个跑了半个中国、走了两万里路,为抗日救国奔走呼号的儿童团体感到由衷高兴,不仅亲自接见了"新旅"部分团员,而且希望"新旅"立即投身到保卫大武汉的运动中!在周恩来指示下,"新旅"冒着炎夏高温,参加了武汉三镇抗敌歌咏大会、救亡文艺晚会,演出西北边区的秧歌舞,到街头演讲抗战必胜的道理。他们还参加了政治部第三厅领导的抗日献金活动和著名的保卫大武汉火把游行。④ "新旅"保卫武汉的抗日宣传发动工作唤醒了亿万同胞。

到重庆后,周恩来通过在各学校中的秘密党组织和合法组织去指导青年学生的工作。1942年1月,周恩来在总结南方局两年来的工作时,指出西南党组织有七大重要任务,其中第二项任务为:要在主要的群众集聚的单位(工厂、学校、农村、大机关等)建立起巩固的一个乃至数个平行的支部,第六项任务则是进入学校

---

① 《周恩来研究学术讨论会论文集》,中央文献出版社1988年版,第178页。
② 《周恩来年谱1898—1949》,中央文献出版社1998年版,第421页。
③ 童小鹏:《风雨四十年》第一部,中央文献出版社1994年版,第181页。
④ 马儒:《周恩来怎样巧妙为儿童抗日团体筹钱?》,人民网2012-06-05。

中的合法组织,去实现党的抗战、民主、进步的方针。①组织的力量大于个体,爱国进步的青年学生团体影响力更大。

(二)周恩来多内容开展宣传

周恩来对青年学生宣传动员的内容集中在三个方面:

一是指明全面抗战爆发后青年运动的性质。周恩来在武汉大学的演讲中指出:"我们中国的青年,不仅要在救亡事业中复兴民族,而且要担负起将来建国的责任。"②这指明了全面抗战爆发后中国青年学生运动的性质,即兴起、投身一场民族救亡运动并且为独立自由幸福的新中国的来临做好准备。周恩来认为"救国"与"建国"并行不悖,1938年3月25日,周恩来在为《新华日报》的题词中进一步揭示了学习与抗战、学习与建国的关系:"一切学习都为着争取抗战胜利,都为着建设国家复兴民族!"③周恩来对中华民族最终赢得抗战胜利充满信心,而且目光远大,要救国即要努力去争取抗战的最后胜利,要建国即要在这时代里学习得充实起来。

二是明确了抗战全面爆发后青年学生运动的任务。周恩来认为大后方青年学生需要完成四大任务:第一,"到军队里去——这是在今天挽救民族危亡的最有效的方法。"第二,"到战地服务去——战地的民众缺乏组织,到处在流浪着,彷徨着。"第三,"到乡村中去——我们虽然失去了许多地方,但后方还有广大的城乡"。第四,"到被敌人占领了的地方去——我们再不能让华东、华南像东北四省一样,给敌人安安稳稳地拿去了"④。

三是分析了抗战形势并表明党抗战到底的立场。周恩来经常向青年学生分析中华民族面临的危险境地,剖析中国抗战不同阶段的严峻形势,科学预测中国的抗战前途,还把党坚持团结、抗战到底的政策、立场告诉学生。周恩来还多次号召青年学生将个人前途与民族独立、人民事业紧密联系起来,争取中国抗战的最后胜利。

周恩来为大后方青年学生指点了迷津,使他们认清了抗战的前途和道路,树立了抗战胜利的信心和勇气,成为党领导的抗战事业的重要助手,青年学生的抗日救亡运动大大推动了全国的抗日救亡运动,也使得抗日民族统一战线获得了更

---

① 《周恩来选集》上卷,人民出版社1980年版,第110~111页。
② 《周恩来选集》上卷,人民出版社1980年版,第88~89页。
③ 《周恩来研究学术讨论会论文集》,中央文献出版社1988年版,第178页。
④ 《周恩来选集》上卷,人民出版社1980年版,第89~90页。

为深厚的群众基础。

## 三、大后方青年学生是抗战的重要支柱

周恩来在武汉大学演讲中鼓励青年学生克服困难,解除疑团,勇敢,沉毅,艰苦,深刻,成为抗战的支柱。[1]大后方青年学生在周恩来的动员和帮助下,恰如所希冀的那样,用各种方式投身抗战,对中华民族坚持抗战到底发挥出重要的引领和推动作用。

(一)参军参战,直接走上抗日前线

参加军队走上前线,是保家卫国、抵御日寇侵略的最直接方法。新四军是全面抗战爆发后党领导的革命武装力量之一,长江局和南方局不仅领导南方各省党的工作,也领导新四军。作为新四军主要联系人和指导者的周恩来,将一批批立志报国的爱国青年学生输送到新四军的战斗部队中。

周恩来指示将抗日青年训练班的大批学员补充进新四军。1937年11月,长江局领导下的湖北省工委在老根据地七里坪举办游击干部训练班和抗日青年训练班,共有学员六百多人。学员毕业后,周恩来指示一部分随新四军第四支队东进抗日,一部分留在湖北做党的工作和群众工作。[2]周恩来也向新四军领导人推荐有志青年学生加入新四军。1938年5月,周恩来"同到武汉的项英研究新四军工作,并陆续介绍青年学生赴新四军工作"[3]。周恩来还通过安排青年学生参加新四军对他们予以保护。1938年参加保卫武汉抗战宣传工作的"新旅",成为了"中国少年儿童的一面旗帜"。皖南事变发生后,为防止国民党加害"新旅",周恩来通过李克农指示停留桂林的"新旅"迅速分批撤离,转移至苏北抗日根据地新四军中。[4]大后方青年学生奋不顾身参加新四军,使新四军队伍不断壮大,鼓舞了人民军队和人民群众的抗战斗志,为新四军在南方艰苦环境下的坚持抗战抛洒了热血和青春。

(二)回到家乡,投身反抗暴敌的游击战争

太原、上海失陷后,开辟敌后抗战局面日益提升到党的决策的重要层面。长江局和南方局认真贯彻中央指示精神,这其中就包括大力动员大后方青年学生投

---

[1] 《周恩来选集》上卷,人民出版社1980年版,第91页。
[2] 童小鹏:《风雨四十年》第一部,中央文献出版社1994年版,第169页。
[3] 《周恩来年谱(1898—1949)》,中央文献出版社1998年版,第422页。
[4] 《周恩来年谱(1898—1949)》,中央文献出版社1998年版,第427~428页。

入到发展游击队、建立根据地的艰巨的工作任务中。

1938年初,周恩来同到武汉请示工作的中共江苏省委书记刘晓、上海工委书记刘长胜谈话,指示他们要动员城市的工人、学生、革命分子下乡,开辟敌后抗战局面。① 1938年5月徐州失守后,发展游击队、建立根据地更加迫在眉睫,周恩来指示河南省委、湖北省委、安徽省委动员、组织在武汉的学生回到自己家乡,领导保卫家乡与反抗暴敌的游击战争。②

大后方青年学生在周恩来指示号召下,勇敢投身到家乡游击战争和建立抗日游击根据地的斗争中。"河南省委根据指示对游击战争作具体部署,并动员一万多城市工人、学生、革命分子回乡开展工作,沿陇海、平汉线组织游击队,建立根据地。"③武汉失守后,四川成为抗战最后的根据地,在周恩来建议下,一批川籍学生从延安抗大、党校、陕北公学中被挑选出来回四川工作。④东江纵队与琼崖纵队、八路军、新四军并称为"中国抗战的中流砥柱",广州沦陷后一批青年学生与华侨及当地群众一起,参加到东江纵队中,他们开展敌后游击战争,开辟华南敌后战场,坚持华南抗战。⑤青年学生通过坚壁清野、破坏敌人交通线等游击战术反抗了暴敌,又通过开展锄奸活动、组织民众抗日救国组织,保卫了家乡,创建了敌后抗日根据地,让日寇不能肆无忌惮地奴役沦陷区人民。

(三)向往延安,投奔心中的革命圣地

随着斯诺等西方记者对延安的广泛介绍,大后方青年学生也了解了延安,延安军民同心的民主精神与决不妥协的昂扬斗志,同首鼠两端、一党独裁的国统区形成了强烈对比,延安成了大后方青年学生心中的革命圣地,周恩来及长江局、南方局则给予全力帮助。

武汉八路军办事处是大后方优秀青年奔赴延安的中转站。八路军武汉办事处是抗战初期党在国统区设立的一个公开办事机构,秘书的主要工作是接待各地来人,对于进步青年要求去延安,"我们就同他们个别谈话,进行政审、了解他们的经历和对抗日的认识等。经过谈话认为符合条件,办事处即开介绍信,介绍到延安抗大、陕北公学或女大学习"⑥。

---

① 《周恩来年谱(1898—1949)》,中央文献出版社1998年版,第406页。
② 童小鹏:《风雨四十年》第一部,中央文献出版社1994年版,第170页。
③ 《周恩来年谱(1898—1949)》,中央文献出版社1998年版,第421页。
④ 石仲泉:《周恩来的卓越奉献》,中共中央党校出版社1993年版,第105页。
⑤ 石仲泉:《周恩来的卓越奉献》,中共中央党校出版社1993年版,第143页。
⑥ 《怀念周恩来》,人民出版社1986年版,第331页。

周恩来亲自介绍大后方青年学生赴延安,还千方百计为他们安排安全的线路。1938年3月19日,曹渊烈士之子曹云屏给周恩来写信,表达家境贫苦、难以升学之忧,周恩来立即予以复信并嘱其来汉口转延安抗日军政大学陕北公学学习。类似的情况还有熊雄烈士之弟熊任远、孙炳文烈士之女孙维世等,他们都在周恩来介绍下陆续奔赴延安学习。① 1938年6月6日,周恩来"致信世界红十字会河南临汝分会医院院长王冠珊,对其子欲投考陕北公学'志切深造'表示赞赏。考虑到由汉口至陕北的铁路有被日军截断的危险,嘱其设法从豫西绕道西安,直赴栒邑陕北公学分校"②。

在重庆,周恩来还选送育才学校的优秀学生到延安深造。陶行知先生是"新安旅行团"的母校新安小学的创办人,其爱国民主思想以及对教育事业的贡献,赢得了中国共产党人的高度尊敬。1939年,陶先生的重庆育才学校创办后,周恩来、董必武给予积极支持,而且选送了该校的一些优才生到延安深造。③ 南方局的其他成员也积极选送优秀青年学生去延安。康岱沙是当时四川工商巨子康心之的女儿,而她最终成功到延安抗日军政大学学习,是邓颖超帮助达成的心意。④

大后方青年学生奔赴延安,给烽火中的西北小城增添了生机和活力。他们在延安的学习、工作,为党准备了干部储备人才,也为自身投入更艰巨的抗战事业积累了经验。

(四)坚持民主抗战,组成反蒋抗日的"第二条战线"

中国的抗战之路艰苦卓绝,既因强敌,也因内耗,尤其进入相持阶段以后,国民党顽固派制造摩擦愈演愈烈,国统区进步人士也受到了严重摧残。"在这些岁月里,周恩来的另一项成绩就是在国统区的知识阶层中建立了由同情者组成的'第二条战线'"⑤。而"第二条战线"组成人员中就包括青年学生。

大后方青年学生参加了营救马寅初行动。马寅初1938年来到重庆,担任重庆大学商学院院长兼教授,经常公开发表演讲痛斥国民党官僚集团,1940年12月蒋介石下令逮捕了马寅初,并将其关押进贵州息烽集中营。马寅初被捕后,周恩来组织重庆各界人士一道营救。1941年3月30日,重庆大学青年学生冲破重重

---

① 《周恩来年谱(1898—1949)》,中央文献出版社1998年版,第416页。
② 《周恩来年谱(1898—1949)》,中央文献出版社1998年版,第422页。
③ 童小鹏:《风雨四十年》第一部,中央文献出版社1994年版,第306页。
④ 韩素音:《周恩来与他的世纪1898—1998》,中央文献出版社1992年版,第209页。
⑤ 韩素音:《周恩来与他的世纪1898—1998》,中央文献出版社1992年版,第208页。

障碍,举行"遥祝马寅初六十寿辰大会"①。声势浩大的营救行动迫使当局于1942年8月释放了马寅初。

大后方青年学生发起了加入民盟行动。1941年3月19日,"中国民主政团同盟"在重庆成立,希望将国共两党以外主张抗日的政党和人士联合起来,为坚持团结民主抗日而斗争。1944年9月,随着国民党在军事战场上的大溃败,民众对之丧失了信心,在此情况下,中国民主政团同盟在重庆召开全国代表会议,决定改称"中国民主同盟",由团体会员制改为个人申请参加。民盟不以"政团"为参加单位后,"知识分子、青年学生大批参加民盟""无党派关系的人超过原来三党三派的人",②民盟内部组成发生了较大改变,此后,民盟在政治上与共产党通力合作,走上了抗战到底、和平建国的正确道路。

周恩来领导的大后方青年学生抗日救亡运动,是党领导的整个抗日救亡运动的重要组成部分。大后方青年学生通过参军参战、开展敌后游击战争、动员组织民众等多种方式,成为党领导下的重要抗战力量。这一运动也给后人留下了深刻的启示,即:一要相信青年。青年学生中的主体,任何情况下都是国家的希望、民族的寄托,他们能够承载历史的重任,听从时代的召唤;二要了解青年。青年学生个性鲜明,一旦找到适宜方式和适当内容,就能动员起他们的力量;三要深谋远虑。对青年学生的动员必须放眼长远、立足未来,哪怕在民族危亡时刻,也要鼓励他们将"救国"与"建国"统一起来,这样才能为民族复兴培育力量;四要锻炼青年。青年学生充满干劲但缺乏经验,最好的锻炼场是前线、是基层、是乡村,是在平凡岗位上接受洗礼,这样才能为展翅高飞插上有力的翅膀!

---

① 童小鹏:《风雨四十年》第一部,中央文献出版社1994年版,第308页。
② 童小鹏:《风雨四十年》第一部,中央文献出版社1994年版,第269页。

# 周恩来与美术界抗日民族统一战线 吴继金[*]

抗战时期,为了团结和争取广大的民主进步力量,加强抗日民族统一战线,推动"国统区"包括美术在内的抗战文艺运动的发展。周恩来关心美术家的创作和生活,直接参与和领导了许多重要美术活动,对抗战美术的发展给予了直接的关心和指导,为美术界抗日民族统一战线的建立和巩固做出了重要的贡献。

## 一、推动了美术界抗日民族统一战线的建立

毛泽东指出:"统一战线同时是艺术的指导方向。"[①]"现在为了共同抗日在艺术界也需要统一战线,正如鲁迅先生所说的那样,不管他是写实主义派或是浪漫主义派,是共产主义派或是其他什么派,大家都应当团结抗日。"[②]中国共产党对包括美术在内的国统区的文艺工作十分关注,强调这是"一项极端重要的工作",要求国统区的中共党组织"应对发展文化运动问题特别提起注意,应把对文化运动的推动,发展及其策略与方式等问题经常放在自己的日程上"[③],积极建立和扩大包括美术在内的国统区文艺界的统一战线。

抗战时期,周恩来一直领导"国统区"的工作。他坚持马克思主义文艺观,遵照中共中央的指示精神,在国统区积极推动建立包括美术界在内的抗日民族统一战线,为美术统一战线的建立做了重要贡献。

1938年上半年,武汉作为国民政府的临时首都,聚集了包括美术界在内的全国艺术人才的精华。当时,中国共产党驻武汉的领导人周恩来根据抗日民族统一战线原则,据理力争,迫使国民党成立了国民党军事委员会政治部第三厅,将聚集在武汉的各类文艺人才用于抗战文艺宣传上来。1938年3月,在周恩来等人的积极推动下,文艺家在武汉成立"中华全国文艺界抗敌协会"。被选为名誉理事的周恩来在成立大会上发表了重要讲话,他说:"全国的文艺作家们,在民族面前,空前

---

[*] 吴继金,湖北美术学院教授。
[①]《毛泽东论文艺》,人民文学出版社1992年版,第11页。
[②]《毛泽东文集》第二卷,人民出版社1993年版,第121页。
[③]《中共中央文件选集》第12册,中共中央党校出版社1991年版,第486~487页。

地团结起来……有了先驱者不分思想不分信仰的空前团结,象征我们伟大的中华民族一定可以凝固地团结起来。"①这是国统区文化界抗日民族统一战线的组织,实现了一切文学艺术工作者在抗战的旗帜下的团结统一。在"中华全国文艺界抗敌协会"成立的同时,美术界也成立了一个统一战线的组织——"中华全国美术界抗敌协会"。但由于"全国美协""章程里把富于革命战斗传统的木刻排斥在外。然后,他们安排选举的理事会成员以右翼美术家占多数"。②这样排挤了进步的、为革命做出了贡献的木刻家、漫画家,一个解放区美术家都未列入其中。许多进步的美术家当时为了团结,避免分裂,还是勉强地加入了这个协会,但在工作上受到很多束缚和限制,于是他们于6月12日成立了"中华全国木刻界抗敌协会"和"中华全国漫画界抗敌协会"。"木协"和"漫协"都是全国性的统一战线组织,"它的成员彼此在政治倾向、艺术思想上也并非完全一致,但革命的、进步的力量占主导地位"③。周恩来十分关注"木协"和"漫协"的成立,特地派田汉出席了"木协"的成立大会。

通过第三厅这个统一战线组织,周恩来把云集于武汉的各种文艺人才都组织起来,安排到第三厅下属的各个部门。第三厅下辖文艺处,田汉任处长。处以下有美术科,美术科代科长倪贻德。"抗日的烽火和三厅的号召力使一群热血沸腾的美术家们从四面八方汇集到三厅艺术处的美术科来了。这里既有闻名全国的画家,也有刚从美术专科学校毕业的学生。"④先后到美术科工作的美术家有:力群、李可染、丁正献、王式廓、沈同衡、叶浅予、王琦、卢鸿基、罗工柳、冯法祀、周令钊、赖少其等。在周恩来领导下,在第三厅的推动和影响下,云集在武汉的广大美术工作者,以笔为武器,创作了大批风格多样的美术作品,掀起了声势浩大的抗战美术宣传活动。隶属于第三厅的上海漫画宣传队,由叶浅予、胡考、张乐平、张仃、特伟、陆志庠等人组成,在武汉绘制了大量宣传漫画和对敌宣传印刷品。他们于1938年1月在武汉创办了《抗战漫画》半月刊,叶浅予在该刊第8期"全美术界动

---

① 周恩来:《文协成立会上的讲话》,《国统区抗战文艺运动大事记》,四川社会科学院出版社1985年版,第61~62页。
② 阳翰笙:《第三厅——国统区抗日民族统一战线的一个战斗堡垒》(四),《新文学史料》1981年版,第3页。
③ 阳翰笙:《第三厅——国统区抗日民族统一战线的一个战斗堡垒》(四),《新文学史料》1981年版,第3页。
④ 阳翰笙:《第三厅——国统区抗日民族统一战线的一个战斗堡垒》(四),《新文学史料》1981年版,第3页。

员特辑"中所作的《写在特刊前面》一文中号召:"现在抗战已入第二阶段,武汉成为了全国文化的中心,抗战建国的号召已唤醒了一般彷徨、苦闷的美术家……我们希望全美术界携起手来,怀着最大的热情争取民族的独立自由平等,培养我们新的美术生命,漫画界更愿站在最前,负起袭击敌人的任务。"①

国民政府从武汉迁往重庆后,全国各地的不同流派、师承、不同门类的美术家纷纷聚集于重庆。随着抗战进入相持阶段,国民党消极抗战、积极反共的倾向也越来越明显,在文化艺术上实行文化专制的高压政策。在美术界,1941年初国民党社会部通令解散了"中国木刻界抗敌协会"和"中华全国漫画界抗敌协会"等48个文艺团体。为了改变这种沉闷的局面,扩大美术界统一战线,周恩来在南方局文化组会议上提出:"重庆这个'死城'把人民压得喘不过气来。我们面对国民党的压制和封锁,必须想个办法予以冲破,而留在重庆的文艺界朋友也静极思动。"周恩来要求以木刻作为突破口,充分发挥木刻的艺术武器作用。他说:"在各种文艺形式中木刻比较易于结合现实斗争,能直接和群众交流,而且易于传播,影响比较大。"② 1942年1月3日,在周恩来的关怀和文化工作委员会的直接帮助下,王琦、刘铁华、丁正献、卢鸿基、邹恒秋等5人在重庆成立"中国木刻研究会"。为了团结广大木刻工作者,周恩来领导的《新华日报》开辟了《木刻阵线》副刊,专门发表木刻作品。"全体的刀笔战士,共同举起他们的武器——刻刀,检举并肃清破坏团结组织的少数败类,更随时随地地提高警惕性,彻底消灭阻碍木刻进步的蛀虫。"③

## 二、维护了美术界抗日民族统一战线的发展

毛泽东指出:"在中国两大矛盾之间,中日民族间的矛盾依然是基本的,国内阶级间的矛盾依然处在从属的地位。"④强调:"新闻纸、出版事业、电影、戏剧、文艺,一切使合于国防的利益。"⑤中共中央文件中明确要求,在团结抗日的大原则下,应该容许包含各种各色政治态度的文艺作品的存在,应该容许包含各种各色艺术品的自由竞争,同时"应反对文化运动的无原则的门户之见"⑥。

---

① 毕克官、黄远林:《中国漫画史》,文化艺术出版社1986年版,第162页。
② 王琦:《永难忘怀的纪念——一个版画工作者回忆周总理》,《北京文艺》1979年版,第3页。
③ 王文彬:《中国报纸的副刊》,中国文史出版社1988年版,第224页。
④ 《毛泽东选集》第二卷,人民出版社1991年版,第781页。
⑤ 《毛泽东选集》第二卷,人民出版社1991年版,第348页。
⑥ 《中共党史参考资料(四)》上册,中共党史出版社1979年版,第197页。

为了推动"国统区"的抗战美术运动,将更多的美术力量聚集在统一战线的旗帜下,维护美术界的团结和统一,周恩来始终从抗战的大局出发,坚持抗战、团结、进步的原则,同时讲究斗争策略。周恩来指出:"一方面在国共关系不团结状态下采取不刺激办法;另方面努力与国党以外他方面(外交、地方、各党派、文化界)统战工作的开展。"[1]在维护统一战线的前提下,周恩来与国民党反革命的文艺政策进行了针锋相对、有理有利有节的斗争,"如国民党在实际上压迫过甚,我们仍与之说理,请求解除压迫太过的事,也要从正面批评,不能默尔而息,使其误认我为屈服,已不复有何要求"[2]。例如,由于政治立场上的原因,在国民政府举办的第三届全国美展中,展览的组织者将解放区的木刻安排在"没有阳光的楼梯底下"。为此,《新华日报》发表文章进行批评。文章愤怒地揶揄说:"大厅里粉红色的少女在冬阳下微笑,做得意状,阴暗的扶梯后面的木刻画上的战士在微微叹气!抗战题材叹气了!雕虫小技,自然谈不上巧。明珠暗投,不能怪主持者对此门艺术之不注意也。"[3]

同时,为了加强"国统区"和解放区美术工作者的联系和团结,周恩来积极推动了两地的美术交流活动。周恩来亲自带来延安木刻作品到重庆参加"全国木刻展览会",并将重庆木刻家的作品拿到延安展出,在两地文化艺术交流中发挥着穿针引线的重要作用。"周恩来带去的延安木刻,具有解放区火热的生活风情与因吸收了陕北民间艺术而形成的活泼风格,可以说犹如一股崭新的清风吹入'雾都'重庆,令民众看到了解放区明朗的天空,令重庆版画家看到了思想战友的新作。"[4]从而给重庆美术界注入了清新朴实的气息,同时也使解放区美术界随时可以了解国统区美术界的动态。这样,"国统区"与解放区两个不同政治和地理区域中的美术界,改变了各自为阵,甚至相互诋毁的状况,在抗战的旗帜下紧密地团结起来。

《新华日报》是周恩来直接领导之下的在国民党统治区公开出版的中共中央机关报,始终坚持以抗日救亡为大局,对凡是有利于抗日的美术活动、展览和作品及爱国的美术家都进行及时的宣传,给予热情的报道和评价,为维护"国统区"美术界抗日民族统一阵线做出了努力。例如,1939年10月,国民政府军事委员会政治部在重庆举办了《抗建宣传画展览》,其中就有宣传蒋介石的作品。《新华日报》

---

[1] 马芷荪:《周恩来与抗日民族统一战线的巩固和发展》,《文献和研究》1985年版,第5页。
[2] 马芷荪:《周恩来与抗日民族统一战线的巩固和发展》,《文献和研究》1985年版,第5页。
[3] 李桦、李树声、马克:《中国新兴版画五十年1931—1981》,辽宁美术出版社1981年版,第398页。
[4] 范迪安:《周恩来与20世纪中国美术》,《中华读书报》,2008年3月19日。

不仅立即对这次展览进行了报道,并且还发表了题为《胜利的艺术之光》的评论文章。文章对当时作为全国抗战领袖的蒋介石进行了褒扬,其中在谈到"蒋委员长油画肖像"时说:"艺人把彩色的油漆涂出了一个英武卓越的风度和姿态,使人读出了这位坚决奋斗排除万难抗战到底的巨人的铁的意志,由他的拳头握得紧紧的手势再看到他大张着的嘴,似乎是在向全国喊着一个坚决号令。"[1]对齐白石、吴作人、司徒乔、尹瘦石、丰子恺等画家的展览活动,《新华日报》都进行了报道,并发表相关的评介文章,充分肯定了这些艺术家在抗战中对中国美术所做的贡献。当司徒乔的画在重庆展出时,《新华日报》发表专稿,称他"是一个对人民亲切的写实能手",祝愿"替中国新艺术去努力,将来定有无限的成绩"。当丰子恺举办画展时,《新华日报》报道:"中大教授丰子恺,二十八日起假励志社举办画展,陈画一百余幅,多为丰氏数年来精心之作,其风格朴实、奇趣。"1946年1月,齐白石画展在重庆举办。《新华日报》发表文章指出:"白石先生不仅在画技上有超人之处,以先生的品格来说,北平陷敌后,在那里住了八年,未作一画,并拒绝了敌伪的教授之聘,这种高尚的节操,实为艺林生光。"[2]再如,著名国画家张善孖在法国、美国举办了一百多次画展,募集百万元巨款支援抗战。《新华日报》发表文章盛赞张善孖:"为国家筹赈宣传","收获成绩极为丰满","对于我国国际宣传影响至世巨。"[3]《新华日报》在周恩来领导下为广泛团结文艺界、美术界的爱国人士,促进抗日美术运动的发展,起到了重要的作用。

## 三、团结和争取了广大爱国美术家

毛泽东指出:"今天中国政治的第一个根本问题是抗日,因此党的文艺工作者首先应该在抗日这一点上和党外的一切文学家艺术家(从党的同情分子、小资产阶级的文艺家到一切赞成抗日的资产阶级地主阶级的文艺家)团结起来。"[4]中共中央在《关于发展文化运动的指示》中要求"应该联合一切不反共的自由资产阶级(即民族资产阶级)与广大小资产阶级的知识分子共同去做。而不应使共产党员尖锐突出与陷于孤立",同时要"动员各阶层知识分子各部门文化人与广大青年学

---

[1] 黄宗贤:《大忧患时代的抉择》,重庆出版社2000年版,第63页。
[2] 刘岘:《齐白石的画》,《新华日报》,1946年1月30日。
[3] 《新华日报》,1940年9月25日。
[4] 《毛泽东选集》第三卷,人民出版社1991年版,第867页。

生加入这一运动"。①

美术界抗日统一战线的生命力在于争取和影响广大爱国美术家,使之团结在抗战的旗帜下。为了团结和争取广大的民主进步力量,加强美术界统一战线,周恩来非常重视"在文艺界中广泛结交朋友,同他们沟通思想、互相帮助"②。要求"勤交朋友,要尽可能多交朋友","交朋友的面要更广一些,对于政治上、文艺思想上意见不同的人,对他们也要和和气气,切忌剑拔弩张"。③"积极扶持同情分子,努力争取中间分子","要给以适时的批评,具体的建议,并帮助其进步分子的发展"。④对包括美术家在内的非中共文化界人士方面,周恩来提出了"三不原则",即:不要拿抗战的眼光看他们,不能拿抗战前的态度对待他们,不能拿一般党员的尺度去衡量他们、要求他们。⑤"以坚持团结、进步为宗旨,做到党内外有别,求同存异,以理服人,广交朋友。"⑥由于实行了正确的政策和原则,赢得了美术界人士的赞赏,争取了更多的人站在共产党领导的抗日民族统一战线立场上,巩固和扩大了美术界的抗日民族统一战线。

周恩来以身作则,以丰富深厚的学识修养和高尚的人格魅力,结交了许多美术家的朋友。例如,1940年夏初,叶浅予在重庆见到周恩来时,表达了想去延安的愿望,周恩来劝说他们不要急于去延安,留在大后方重庆的用武之地比延安大得多。1943年,郁风在重庆通过夏衍见到了周恩来,也表示想去延安。周恩来同样建议郁风留在"国统区","这里也有很多事情要做"。⑦又如,周恩来曾在1940年9月的一个夜晚,到成都拜访了著名的雕塑家刘开渠。周恩来向刘开渠介绍延安的相关情况后说:"欢迎你去延安,如果一时不能去,留在成都多和文艺、美术界的人士一起,为抗日做些工作也好。"⑧刘开渠尽管由于各种原因没有到延安,但为抗战做了大量有益的工作。再如,著名画家徐悲鸿为了支援抗战,不辞辛苦地在南洋各地举办了数次筹赈画展,他把全部卖得的画款"总额将近十万美金",都捐献祖国以救济难民。⑨1945年初春,周恩来曾委托在重庆的郭沫若前去探望徐悲鸿,并

---

① 《中共中央文件选集》第12册,中共中央党校出版社1991版,第486~487页。
② 《周恩来传》,人民出版社、中央文献出版社1989年版,第514页。
③ 《周恩来传》,人民出版社、中央文献出版社1989年版,第521页。
④ 《周恩来统一战线文选》,人民出版社1984年版,第43页。
⑤ 《周恩来文化文选》,中央文献出版社1998年版,第755页。
⑥ 《周恩来文化文选》,中央文献出版社1998年版,第755页。
⑦ 范迪安、陈履生:《周恩来与中国美术》,广西美术出版社2008年版,第34页。
⑧ 黄宗贤:《大忧患时代的抉择》,重庆出版社2000年版,第60页。
⑨ 吴作人:《徐悲鸿先生生平》,《中国美术》1979年版,第1页。

送去了延安的红枣和小米,使病中的徐悲鸿十分感动。①

为了争取更多文化人同情和站在共产党这一边,周恩来十分关心美术家的工作和生活。1941年,"皖南事变"发生后,国民党非法解散了包括"木协"和"漫协"在内的48个文化团体。周恩来亲自安排李凌、赵沨、张光年、王琦等先后撤离去昆明,并且发给每人200元路费。在木刻家王琦夫妇穷病交加、生活困难的时刻,周恩来让张颖以八路军办事处的名义送给500元慰问金,以解决他们基本生活问题。②抗战后期,国统区经济环境恶化,物价飞涨,文化人士的生活随即陷入困境。南方局除了对包括美术家在内的文化人士进行力所能及的资助外,还利用《新华日报》呼吁当局保障和改善文艺作家的生活。1945年1月,《新华日报》刊登《发起筹募援助贫病作家基金缘起》启事,向社会各界呼吁为文化人士捐款。《新华日报》带头捐款了一万元。③1945年在重庆市中苏文协成功举行了"漫画木刻联展",周恩来会见了参展的部分木刻家、漫画家,勉励他们深入工农群众,把艺术送到工厂农村中去。他还要求把重庆木刻、漫画运动的情况写成书面材料介绍给延安的美术家,"给他们打打气"④。木刻家王琦在日后所写的回忆文章《永难忘怀的纪念》一文中说:"我当时为每期杂志作封面木刻,杂志的负责同志常常把总理对那些木刻作品的意见转告我,给了我莫大的鼓舞和鞭策。"⑤正因为周恩来总是平等待人,坦诚相见,虚怀若谷,互相尊重,因而赢得了艺术家们的尊敬,争取了大量的美术家朋友。

## 四、坚持了美术界抗日民族统一战线的领导权

葛兰西认为意识形态和文化问题不仅对于统治阶级,而且对于夺取政权中的无产阶级同样重要,甚至对整个社会结构的变迁起着重要作用。⑥包括美术在内的文化意识形态是领导权的重要组成部分,而美术界的抗日民族统一战线是中国共产党实现对抗战美术领导权的重要途径。毛泽东指出,艺术上每一派都有自己的阶级立场,我们不用马克思主义来排斥别人,搞关门主义,但也绝不能丧失自己的

---

① 张颖:《周恩来与文化名人》,江苏教育出版社1998年版,第77页。
② 范迪安、陈履生:《周恩来与中国美术》,广西美术出版社2008年版,第20页。
③ 谢丹:《从"第三厅"和"文工会"——以抗战时期国统区的文化工作为中心》,《西南大学硕士学位论文》2012年版,第46页。
④ 凌承纬、张怀玲、郭洋:《中共南方局领导下的抗战美术运动》,《红岩春秋》2011年版,第6页。
⑤ 王琦:《永难忘怀的纪念——一个版画工作者回忆周总理》,《北京文艺》1979年版,第3页。
⑥ 陈宇航:《国民革命中的宣传与文艺策略》,清华大学博士学位论文2008年版,第24页。

立场,"对我们来说,艺术上的政治独立性仍是必要的,艺术上的政治立场是不能放弃的"①。强调在统一战线中要坚持无产阶级的领导权。

第三厅筹备之时,周恩来就冲破了国民党反动派种种限制和迫害,在具体人事安排上确保其实权掌握在抗日派手中。第三厅内各处、科干部人选一般是阳翰笙先同郭沫若商量,然后请示周恩来,由周恩来最后决定。②同时,在第三厅领导干部中成立了一个直接由周恩来领导的党的秘密小组,基层党员成立一个特别支部,由冯乃超任支部书记,刘季平任组织委员,张光年任宣传委员。③第三厅虽然从名义上说是国民党控制的机构,"但可以相对地在我党领导下进行工作了"④,"是以共产党员为主体而且是在中共领导人周恩来同志直接领导下的一个统一战线的机构"。⑤1940年夏,国民党改组了第三厅,另设文化工作委员会,郭沫若为主任,阳翰笙为副主任。"文工会"实际上是在中共南方局和周恩来具体领导下的一个"租界",是国民党统治区内的"革命化基地",群众美称它是"第二红岩""第二(八路军)办事处"。

为了坚持美术界统一战线中的无产阶级的领导权,周恩来在统一战线的旗帜下,改组一些抗战组织团体,加强了共产党对这些组织的领导和控制,确保共产党的政治主张得以贯彻执行。还在"中华全国文艺界抗敌协会"酝酿阶段,周恩来就动员进步文艺工作者积极参加筹备工作。"文协"成立后,共产党组织曾先后派夏衍、冯乃超、田汉、叶以群等中共党员,支持和协助老舍主持工作。这样使"文协"始终处于共产党的控制和影响之下。老舍曾说:"有事我会找周公馆和郭老、茅公他们商议,有他们的支持和协助,张道藩的那一套就叫作螳臂挡车,自找现眼……救中国还得靠这个","他用手比画了个'八'字"。⑥1942年1月,在周恩来的关怀和"文工会"的直接帮助下,王琦等人在重庆成立"中国木刻研究会"。"木研会是党领导的外围文化组织,当然会随时得到党的支持与帮助。"⑦"不管人们怎么看,抗战时期的大多数木刻艺术家认可中共的领导,他们将自己的组织视为中共的外

---

① 《毛泽东文集》第二卷,人民出版社1993年版,第121页。
② 徐行:《周恩来与抗战初期的政治部第三厅》,《南开学报》2005年版,第4页。
③ 阳翰笙:《武汉时期的第三厅:抗战初期中共中央长江局》,湖北人民出版社1991年版,第567页。
④ 阳翰笙:《第三厅——国统区抗日民族统一战线的一个战斗堡垒(四)》,《新文学史料》,1981年版,第3页。
⑤ 王琦:《艺海风云》,人民美术出版社1998年版,第16页。
⑥ 《老舍夫人谈老舍》,《抗战文艺研究》,1983年版,第1页。
⑦ 李桦、李树声、马克:《中国新兴版画五十年1931—1981》,辽宁美术出版社1981年版,第391页。

围组织。"①

　　总之,在周恩来的积极推动和努力下,美术界组成了一个坚强的抗日民族统一战线,一切爱国的美术工作者都团结在抗战的旗帜下,以各自不同的方式为抗战做出了自己的贡献。这不仅促进了抗战美术的繁荣,而且也为新中国美术事业的发展奠定了基础。

---

①　吕澎:《20世纪中国艺术史》上册,北京大学出版社2007年版,第367页。

# 周恩来在中共南方局领导的国际统战工作的历史考察

史艺军　张　磊*

1939年1月,以周恩来为书记的中共中央南方局在重庆成立。南方局成立后,在周恩来等人的领导下,在国民党统治区极其复杂的情况下,高举抗日民族统一战线的旗帜,贯彻抗战、团结、进步的方针,卓有成效领导和开展了抗战时期中共的国际统战政策工作。南方局通过公开的和秘密的渠道,争取抗日进步力量,用各种方式向广大群众宣传中国共产党的路线、方针和政策,并不断发展党的组织,壮大党的队伍。

## 一、抗战时期中共南方局开展国际统战工作的历史背景

20世纪20—30年代,法西斯势力相继在意大利、德国和日本崛起。面对这一国际态势,1935年召开的共产国际七大确定了反法西斯统一战线的政策和策略,通过了《关于建立反法西斯统一战线的决议》。决议揭露了法西斯的本质,呼吁各国人民行动起来,反对法西斯,各国共产党同社会民主党采取联合行动,并联合其他民主阶层建立反法西斯人民阵线,殖民地半殖民地国家的无产阶级要争取建立反对帝国主义侵略的民族统一战线。[1]

1935年12月,中共中央在瓦窑堡召开政治局会议,会议确立了党的抗日民族统一战线的策略。瓦窑堡会议后,毛泽东在向党的活动分子所做报告中指出:"过去一个时期内,中国革命力量和国际革命力量被蒋介石隔断了,就这点上说,我们是孤立的。现在这种形势变了……我们不会再是孤立的了。这是中国抗日战争和中国革命取得胜利的一个必要的条件。"[2]在党的六届六中全会上,毛泽东重申

---

\*　史艺军,辽宁师范大学教授。
\*\*　张　磊,辽宁师范大学。
[1] 珍妮·德格拉斯编、李匡武等译:《共产国际文件》(1929—1943年),世界知识出版社1964年版,第458页。
[2]《毛泽东选集》第一卷,人民出版社1991年版,第162页。

这一思想,他说:中国不是孤立也不能孤立,中国与世界紧密联系的事实,也是我们的立脚点。

1940年起,国民党对中国共产党及其领导下的根据地实行严密的封锁,不许共产党发表战报,不许边区及各抗日根据地报刊对外发行,不许中外记者到延安和各抗日根据地采访。在对解放区实行严密的政治和新闻封锁的同时,国民党利用政治和外交的优势,大造舆论对中共及其领导下的抗日军队进行肆意的诬蔑,如"八路军、新四军游而不击,不听指挥""陕甘宁边区实行割据,向外发展""共产党阴谋推翻我政府"等等。除此之外,国民党还通过限制八路军、新四军活动、缩减后勤补给、截留盟国捐赠物资,意图在抗战中逐步消耗中共领导下的抗日武装力量。中共在极其困难的条件下,仍从抗战和民族存亡的大局出发,坚持以斗争促团结的方针,开展广泛的抗日民族统一战线。为了实现国际国内两条反法西斯统一战线的积极配合、遏制国民党的分裂和打退反共逆流、积极宣传共产党的抗战主张,就亟须对反法西斯国家开展国际统战工作。

## 二、周恩来领导南方局开展国际统战工作的成效

(一)成立外事工作组,制定积极主动的国际统战策略

南方局的国际统战工作是在周恩来的直接领导下进行的,南方局的外事工作基础是中共中央长江局在武汉时期奠定的。在抗战初期,周恩来、叶剑英、王炳南和陈家康等便与在武汉的国际人士广泛交往,提供有关抗日战争的材料,宣传中共的抗日主张,使国际社会初步了解了中国抗战的一些事实情况。1939年4月,南方局设立了对外宣传小组(1940年12月改称外事组),作为开展国际统战工作的机构。外事组的重大问题由周恩来和南方局其他领导同志讨论,提出意见,报请中央决定;重大外事活动都是由周恩来及南方局其他领导同志亲自出面的。

早在1939年冬,八路军、新四军和各敌后抗日武装,在中国共产党领导下,打退了国民党顽固派发动的第一次反共高潮。当时,周恩来正在苏联疗伤。针对共产国际中一些人对中共统一战线政策的怀疑,甚至担心中共热衷于搞摩擦的误判。为了说明真相,周恩来撰写了《中国问题备忘录》。分四部分阐明了中国共产党坚持团结,反对投降与分裂;坚持民主与进步,反对倒退;支持抗战,反对内讧与摩擦的严正立场。这个备忘录经斯大林和共产国际执委看过,发表在《共产国际》杂志上。由于周恩来的努力,大大提高了中国共产党在共产国际中的声望,扩大了中共在国际社会的影响。

南方局成立后,国民党政府开始推行消极抗日,积极反共的政策。虽然美英尚未同日本宣战,但是太平洋地区形势风云日急,美英等国家急盼中国战场能拖住日本的侵略步伐。与此同时,美英等国家担心国民党如果挑起全面内战,国共两党将丧失抗战能力,使日本的气焰更为嚣张。由于国民党的新闻封锁,他们得不到中国抗战的真实情况。因而,美英等国家都愿同中共交往,以了解中国抗战全貌。在此形势下,周恩来带领南方局外事工作组积极同各国大使馆,特别是美英大使馆外交官密切交往。周恩来制定了"宣传出去,争取过来"的策略方针①,中共在抗战时期的对英美国家的统战应主动出击,并采取求同存异的方法,即:"这个统一战线,应该是上层的,同时又是下层的;是政府的,又是民众的。"②在具体要求方面要做到"站稳立场、坚持原则、机动灵活、多做工作、扩大影响、争取多数、孤立敌人"和"中肯求实、有理有节、求同存异、不卑不亢、平等待人、礼贤下士",广泛与各国驻重庆使馆建立联系,结交朋友。③ 特别在"求同存异"方面,利用多种途径,采取多种方式开展与来华外国人士的友好交往工作,争取英美对中共的了解和支持,扩大中国共产党抗战工作在国际社会的影响。

南方局的抗战国际统战工作,在皖南事变前后,是处在艰苦曲折斗争中开创局面的时期;从太平洋战争爆发到抗战胜利则是广泛开展的时期。随着太平洋战争的爆发,中国同美英苏成为反法西斯战争的同盟国。1941年12月9日,中共中央明确提出了建立"太平洋反日统一战线"和保护敌占区英美人士的指示,主张"中国与英美及其他抗日诸友邦缔结军事同盟,实行配合抗战",要求每一个共产党员"应该在各种场合与英、美人士诚恳坦白的通力合作,以增加英美抗战力量,并改进中国抗战现状"。中共中央相信:"中国人民与中国共产党对英美的统一战线特别有重大意义",他们之间的精诚合作是战胜日寇的重要条件与前提。④为了打击日本,毛泽东、周恩来等人认为:"目前共产党人的任务,是同英美及其他一切反对德意日法西斯的人们联合起来。要求全党尤其是南方局,应积极做好英美在华人士的工作,不容许对国际统一战线采取任何轻视或消极态度。"⑤中共中央接连发出建立太平洋反日统一战线和保护敌占区英美人士的指示。根据形势变化

---

① 《周恩来年谱(1898—1949)》,人民出版社、中央文献出版社1989年版,第574页。
② 《新华日报》,1941年12月14日。
③ 中共湖南省委党史研究室编:《中共中央南方局的党建工作》,中共党史出版社2009年版,第15页。
④ 《中国共产党为太平洋战争的宣言》,1941年12月9日;《中共中央关于太平洋反日统一战线的指示》,1941年12月9日,《中共中央文件选集》,第13卷,第248~252页。
⑤ 《南方局党史资料·统一战线工作》,重庆出版社1990年版,第331页。

和党中央的指示,这一时期南方局的外事工作主要是努力争取与英美建立抗日军事合作,并尽可能影响英美对华政策,争取英美了解抗日民族统一战线政策和我军抗日实力,使其更加重视我党领导的抗日武装力量,以牵制国民党的反共分裂活动。

(二)广交国际友人,打破国民党的外交封锁

皖南事变爆发前夕,国民党加快反共步伐,形势严重。毛泽东致电周恩来,要求加强内外联络,制止国民党反共分裂活动。周恩来当即指示南方局军事组将半年来国共双方来往文电和搜集到的国民党秘密反共文件编印成册,向国内各地散发,并委托王安娜带到香港和国外散发。1940年12月下旬,周恩来同即将返美的进步女作家斯特朗进行了几次长谈,"详细介绍国民党两年来制造反共摩擦事件的真相及八路军、新四军的历史和现状"①,揭露蒋介石大打内战,阴谋向日投降,并预言更大的反共事变将接踵而至。12月26日,美国记者斯诺从香港发出电讯,首次向美国公众报告国共在新四军问题上的纠纷。②

在12月25日,中共中央在关于对待美籍新闻记者的态度指示中指出:"为了加强我们国内外的宣传和提高我们的外交地位,我们应当自动地有计划地供给各种适当的情况材料,以便形成我们与英美之间的一定程度的外交关系。"③随后,周恩来指示南方局,除组织口头解释外,还编印传单、小册子(内容包括半年来国共双方来往电文和国民党反共文件等),秘密运到八路军驻桂林办事处和西安办事处向社会各界广泛散发。对外国记者,周恩来更是经常会见,讲形势政策,举行记者招待会或发表演讲。有自由主义思想的外国记者不满国民党的新闻封锁政策,都愿意向中共南方局外事组打探消息。外事组便经常把南方局军事组编写的重要战报和国民党制造摩擦的消息提供给有关使馆和记者。1940年12月24日,周恩来在致毛泽东等人的电报中说:"统计抗战以来,英美记者宣传中共及其领导的八路军、新四军的书籍不下二三十种,影响我党信誉极大,并发生一些外交影响。"④

1941年1月,皖南事变发生。中共中央判断皖南事变只是蒋介石要发动的更

---

① 《周恩来传》,中央文献出版社2008年版,第590页。
② 王明湘等:《中共中央南方局和八路军驻重庆办事处》,重庆出版社1995年版,第176页。
③ 《南方局外事工作概况》,南方局党史资料编辑小组编:《南方局党史资料统一战线工作》,重庆出版社1990年版,第331页。
④ 吴瑞章:《周恩来在建国前的外交思想与实践》,重庆抗战丛书编撰委员会编:《抗战时期重庆的对外外交》,重庆出版社1995年版,第241页。

大规模的反共行动的最初步骤,但美苏等国的积极干预使得这种可能会迅速消失。因为美国和英国看来不仅支持中国抗战,而且都反对国民党挑起国内的反共摩擦。①因此,周恩来立即向国民党提出抗议,亲笔题词并撰写了一系列文章,运用《新华日报》与国民党反动派进行了宣传斗争;同时,立即派遣王炳南、龚澎等走访各国使馆并会见外国记者,向他们揭露国民党进攻新四军的事实真相,批驳国民党的谎言,阐明中共对时局的政策。皖南事变发生后,周恩来设法通知斯特朗请她在美国及时发表了周恩来揭露蒋介石国民党长期反共,酝酿内战的真实材料。斯特朗在美国通过《纽约先驱论坛报》和《美亚》杂志,将这些材料公之于众,打破了国民党的新闻封锁,披露了皖南事变的真相,称这些是"被重庆新闻检查机关隐匿"的事实,引起了强烈反响,使美国一些关注中国形势的人对中国问题有了进一步了解。

1942年10月5日,周恩来在会见美国总统特使威尔基时再次向美方提供国民党制造摩擦的具体材料,说明蒋介石如不改反共政策,势必导致内战加剧,对抗日战争不利。周恩来指示抽调罗清、蒋金涛于1942年起负责编译出版英文小册子,内容主要选自《解放日报》《新华日报》上发表的重要文章和毛泽东、周恩来等中央领导人对时局的讲话,解放区建设情况和外国朋友写的解放区见闻等。这些英文小册子最初是油印本,1943年起,改为铅印本,直到抗战胜利小册子还印刷了全文翻译毛泽东的《中国革命战争的战略问题》《论联合政府》等文章,大约出版了20多种。小册子印好之后都是由南方局外事组的人员冒着危险送到外国友人手里,再转发到海外各地。

(三)通过开展全方位外交,揭露国民党的"反共"阴谋

皖南事变的发生,使英美等国政府极为关切,英美政府对蒋介石的限共反共政策原本是赞同的,可是担心中国内战全面爆发,不利于他们利用中国牵制日本的目的。英国大使卡尔立刻约晤周恩来,请他介绍事件的全部真相。在与周恩来谈话后,"劝告蒋介石停止国内冲突,处理问题不要操之过急,以免造成事变"②。同年2月,美国总统罗斯福委派私人代表居里来中国访问,居里专门约请周恩来晤谈,表示美虽支持蒋介石,但不赞成他打内战,并要蒋介石政府采取改革措施。

---

① 陶文昭、杨奎松、王健朗:《抗日战争时期中国对外关系》,中国社会科学出版社2009年版,第457页。
② 《周恩来传》,中央文献出版社2008年版,第603页。

周恩来针对美国因担心日本南进而急盼中国内部团结抗日、以便牵制日本兵力的心理,向居里提供了国民党制造摩擦的材料,说明蒋介石如不改变反共政策,势将导致中国内战,使抗战停火,而便于日军南进。①居里详细询问了中共对蒋介石投降倾向、英美拉蒋等问题的看法以及皖南事变真相和中共的对内对外政策。美国政府在得到报告后,立即让居里向蒋介石声明:美国在纠纷未解决前,无法大量援华,中美间的经济、财政等各问题不可能有任何进展。②居里与周恩来的此次会晤是美国高级官员与中共领导人的第一次接触,这一接触时间的选择,很清楚反映了"美国对中国团结和稳定至感关切"③,并且说明美国政府绝对不会对国共两党冲突听之任之。居里在离开重庆前的一次公开演讲里,又对国民党提出批评。他说:"中国应有自下而上的彻底的民主",必须改变腐败的政治机构。④美国在援助国民党问题上的态度发生骤然的变化,对国民党造成了很大压力,蒋介石在日记中写道:"新四军问题,余波未平,美国因受共产党蛊惑,援华政策,几乎动摇。"⑤与此同时,周恩来同苏联驻华使馆也一直保持密切的联系。苏联驻华大使潘友新和武官崔可夫先后向何应钦、白崇禧提出质问。潘友新在会见蒋介石时指出:"进攻新四军有利于日本侵略者。他要蒋介石注意,对中国来说,内战将意味着灭亡。"⑥在中国共产党的坚决斗争、国内外舆论一片谴责声中和美、英、苏三国政府的外交压力下,国民政府在政治上已经陷入了异常孤立和被动的境地,其反共活动不得不有所收敛。

皖南事变引起了全世界对中国局势的关注,中国共产党处理这一事件的政治智慧和外交手段,更加显示了共产党是抗日民族统一战线的台柱子,是中国团结抗战的重要力量。"这次反共高潮的打退,在国内政治生活中,将产生严重的意义。他象征着抗日民族统一战线内部阶级力量对比的变动。"⑦1941年7月9日,共产国际执委会书记处发来关于苏德战争与各国共产党任务指示电,电报明确提出:"各国共产党当前的首要任务就是反法西斯各国内部建立民族统一战线,并推

---

① 《周恩来传》,中央文献出版社2008年版,第603页。
② 《新中华报》,1941年3月9日。
③ 转引自《美国外交文件》,1941年第5卷,第611页,陶文昭、杨奎松、王健朗:《抗日战争时期中国对外关系》,中国社会科学出版社2009年版,第464页。
④ 《新中华报》,1941年3月20日。
⑤ 《周恩来传》,中央文献出版社2008年版,第604页。
⑥ 转引自《蒋总统秘录》第12册,第116页;《周恩来传》,中央文献出版社2008年版,第545页。
⑦ 《南方局党史资料·统一战线工作》,重庆出版社1990年版,第68~69页。

动各反法西斯国家政府成立反法西斯统一战线。凡是帮助毁灭法西斯的军事、政治和有利于苏联抗战胜利的都是好的、正确的、应该联合的,凡与此相违背的都是坏的、错误的、应该打击的,一切以此为划分标准。"①13日,中共中央召开会议,一致赞同共产国际的指示,并具体做出决议,强调在中国目前应"设法改善国共关系,改善与英美在华人员的关系,加强海外工作及对日军事行动的侦查破坏"。中共中央明确肯定:"目前是法西斯与反法西斯两大阵线斗争的新的历史时期",前此关于帝国主义战争,关于世界划分成社会主义与帝国主义两大阵营,关于帝国主义阵营存在着两大集团等种种认识标准,统统取消,一切依据反法西斯斗争需要为转移,②这也就使得中共中央的外交政策的原则清晰明了了。

在太平洋战争爆发后,周恩来同许多国家驻华使馆和援华组织广泛地建立联系,结交朋友。他同美国驻华使馆官员谢伟思、戴维斯、文森特等常有往来;会见过美国总统罗斯福代表威尔基、拉铁摩尔;同苏联驻华大使潘友新、武官崔可夫经常见面,交换对时局的看法;同国际友好人士斯特朗、史沫特莱、王安娜、艾黎、爱泼斯坦等时有过从;同美国著名作家海明威、学者费正清和加拿大朋友文幼章等也有交往。海明威向他表示:反对国共内战,主张抗日,不满国民党政府的武断和无能。③周恩来在1941年1月致电廖承志并报毛泽东电文谈道:"根据海明威等所谈,我们在外交方面'大有活动余地'。"④此外,周恩来还接待许多外国记者,向他们揭露国民党顽固派的反共行径,宣传中共中央有关团结抗战的主张,介绍解放区民主设施和八路军、新四军奋勇抗战的事迹。

太平洋战争爆发后的第二天(即1941年12月9日),周恩来代表中共亲自致函英、美两国驻华大使,表示将与他们的国家并肩作战。1942年2月卡尔卸任后,新任英国驻华大使薛穆来到重庆。周恩来多次拜访薛穆大使,并且就许多问题同薛穆进行交谈。从交谈中,薛穆不仅了解了中共的主张及敌后抗日根据地的伟大成就,并且在薛穆的眼里,周恩来是一位能干的外交家。他与周恩来、王炳南成为了好朋友,为中共与英国的关系发展做出了卓越贡献。周恩来的这些积极活动,在重庆的外交界和外国人士中赢得了广泛的信任和友谊,增进了他们对中国共产

---

① 陶文昭、杨奎松、王健朗:《抗日战争时期中国对外关系》,中国社会科学出版社2009年版,第457~458页。
② 《中共中央文件选集》第13册,第164页。
③ 《周恩来传》,中央文献出版社2008年版,第663页。
④ 《周恩来传》,中央文献出版社2008年版,第663页。

党和八路军、新四军的正确认识,在国际舆论界产生重大影响,也为以后新中国外交工作积累了初步的经验。

(四)积极谋求与美国建立灵活的统战关系

抗战时期,中国共产党重视通过国际统战工作来争取国际社会对中共的同情与支持。毛泽东在《论新阶段》中明确指出:只有主要依靠自力更生,同时不放松外援之争取,才是正确的道路。1942年5月至11月间,周恩来根据党中央决定,多次同美国大使馆参赞范宣德、二秘戴维斯等谈话,表示愿与美进行军事合作。如蒋介石允许,中共愿派军队接受史迪威的指挥,入缅作战,并向他们详细介绍了当前国共关系及内战危险和中共实力状况。同年5月,周恩来为了打破国民党的封锁,向美国记者斯诺表示,希望当时正在重庆访问的美国军事代表团和美国记者们前去延安参观访问,他还委托斯诺将宣传八路军、新四军作战业绩的有关资料和一封信带给居里,信中甚至提出:中共领导的军队虽然两年来没有得到国民政府的任何补给,在装备上又远逊于国民党军队,但仍旧牵制着日本在华兵力总数近一半的军队,如果同盟国援华物资能够合理分配给中共军队一部分,相信中共军队将能够更为有效地打击日本人。①同年8月,当居里第二次访华之际,周恩来又致函居里说明了这一点。11月下旬,周恩来、林彪在与范宣德和谢伟思的谈话中,更进一步指出:美国对国民党的影响是有可能改善当前国共关系恶劣局面的唯一力量。并强调,美国人应当尽量向国民党领导人灌输这样的思想,即说明美国希望看到民主在中国的真正进展,说明中共军队作为对日战争的参加者应当按比例得到由美国提供的租借物资的一部分。②1942年间,一些英美荷法等国人士在八路军帮助下,逃出北平,经晋察冀解放区到达延安和重庆。他们将解放区的沿途见闻和解放区的政治军事经济等情况写成通讯,公开发表了出来,引起外界的极大兴趣,使人们充分认识到中共军队的实力和解放区的力量。周恩来于1943年3月在与戴维斯的一次谈话中进一步提到,他欢迎美国政府派一批军官作为观察员到陕西、山西等敌后根据地去搜集情报,并常驻那里工作。此时,中共同美国之间始终没有建立任何一种具有官方性质的联系,在中共中央看来,"第一位的都是要取得美国政府反日正式承认,争取与美国建立一种官方的联系,从而更

---

① 《周恩来年谱(1898—1949)》,人民出版社、中央文献出版社1989年版,第532页。
② 陶文昭、杨奎松、王健朗:《抗日战争时期中国对外关系》,中国社会科学出版社2009年版,第457~471页。

直接地影响美国的对华政策,借钟馗以镇鬼,最终达到阻遏国民党压制和进攻自己的目的"①。

1944年以后,要求结束国民党独裁统治,实行民主、保障言论自由,成为国统区人民的普遍呼声。1944年3月初,英美向中共南方局提出要求,派遣"中外记者西北参观团",一行22人,到延安和黄河以东解放区了解中共军事力量和敌后战场情况。3月9日,在延安参加会议的周恩来亲自打电报给在重庆的南方局负责人董必武并转外国记者团,电文说:我受毛、朱两同志及中共中央委托,特电你们表示欢迎;并要求董必武等人在重庆注意接待和安排好记者团到延安的访问。6月9日,记者团到达延安。毛泽东、周恩来、朱德、叶剑英等给他们以热烈欢迎,并同他们进行了长时间谈话。外国记者到边区各地和其他解放区访问,写了大量的调查报告和报道,比较客观反映了解放区的情况,在国内外影响很大,使国民党对解放区的种种诬蔑不攻自破。

1944年6月下旬,美国副总统华莱士访问中国。他在与蒋介石的会谈中一再表示对国共关系问题的关切,并明确提出希望派遣一个观察组到延安,并于7月下旬向延安派出了美军观察组第一批人员。美军观察组一行17人在组长包瑞德上校的带领下,分两批到达延安。观察组根据所获得的情报,深信同中共合作是符合美国利益的。观察组的设立为延安同美国官方和美军总部之间的直接联系开辟了渠道,也为南方局利用美军飞机在延安到重庆之间传递消息提供了方便。表面上,如罗斯福所说的那样,这是为了获取日本在中国华北和满洲的有关情报。而事实上,它是美国政府为了阻止国共关系日益恶化的一种努力。这恰恰印证"美国向中共控制地区派遣具有美国政府背景的观察组这一行动本身,就已经是中国共产党人在政治上的重大胜利了"②。

1944年8月,南方局通过对战争态势变化,及时向中央报告对国际统战工作的建议,提出"要在一切国际、国内、战时、战后重大问题上,明白表示我们的态度,与对同盟政府与人民的要求。要使盟邦清楚知道我们坚持抗战要彻底胜利,民主政治要彻底实现的决心及努力,强调我们对于战后世界和平与世界经济合作的保

---

① 陶文昭、杨奎松、王健朗:《抗日战争时期中国对外关系》,中国社会科学出版社2009年版,第457~472页。
② 陶文昭、杨奎松、王健朗:《抗日战争时期中国对外关系》,中国社会科学出版社2009年版,第457~474页。

障及可能有极大贡献"①。1944年10月,周恩来在《解放日报》发表了署名文章《如何解决》,再一次提出了同盟国对中共军队的军事援助问题。文章指出:"为着今天更有效地消耗和牵制敌人的进攻,明日更有力地配合盟国的反攻起见,我们有充分权利要求国民政府以应得的军火和物资,来装备和供给我们部队,我们更有充分权利要求同盟国将援助中国军队的武器、弹药及一切器材和物资,按照抗击敌伪数目的比例,以大部分供给八路军、新四军及敌后一切抗日游击队。"②

周恩来领导的南方局通过抗战国际统战工作,使中共的抗日民族统一战线政策、八路军新四军的抗日实力和战绩逐渐受到史迪威和美国驻华大使高斯的重视,经过他们在一定程度上影响了美国的对华政策。蒋介石乘第三国际解散之际掀起第三次反共高潮,由于美国及其他国家都公开反对中国发生内战,使得这次反共高潮在强有力的国际舆论下被压了回去。

## 三、周恩来在中共南方局对国际统战工作的历史贡献

### (一)增进了中共在国际统战工作中的话语权

周恩来领导的南方局国际统战工作就是将我们党坚持抗战、坚持民主,反对投降、反对独裁的主张传递给外国新闻机构,通过他们传递给世界。自太平洋战争爆发起,《新华日报》连篇刊载文章,谈论西方自由民主,强调抗日民族统一战线的民主,反对国民党一党独裁的统治。如1943年纪念美国国庆活动中,《新华日报》这样评论"美国在民主政治上对落后的中国做了一个示范的先驱,教育了中国人学习华盛顿、学习林肯、学习杰斐逊,使我们懂得了建立一个民主自由的中国需要大胆、公正、诚实……"正是在周恩来广泛外交活动的努力下,在国际传播工作中,中共建立了国际话语权。同年,在共产国际解散时,国民党对我党态度开始强硬,中共中央通过南方局和周恩来的广泛游说,致使英、美、苏三国大使高度重视,相继采取行动,对国民党当局施加了压力,使国民党的反共活动有所收敛。

### (二)展示了中国共产党的正面国际形象

周恩来领导的南方局抗战国际统战工作以扩大党的政治影响为主要目的,坚持"有理、有利、有节"的斗争策略为工作要点。所以南方局一方面是介绍共产党进步、开明、积极抗战的形象,另一方面是揭露国民党的专制与腐败。从美国记者

---

① 《南方局党史资料统一战线工作》,重庆出版社1990年版,第116页。
② 《南方局党史资料统一战线工作》,重庆出版社1990年版,第68~69页。

斯诺单枪匹马为中共宣传开始,到抗战中后期,西方记者几乎一边倒地赞扬共产党公正廉洁、坚持抗战的精神,这为中共在国际政治舞台上树立良好的形象奠定了基础。美国总统罗斯福曾讲到:共产主义者在我们国家被叫作社会主义者。我们喜欢他们对于农民、妇女和日本的态度。英国驻华大使卡尔认为周恩来是在重庆最有智慧的人,他相信共产党会在中国取得胜利。可以想象,若没有周恩来领导的南方局积极开展的国际统战工作,要取得这样的国际认同是不可能的。

经过抗战国际统战工作不仅充分展示了中共的良好形象,同时,共产党领导的军队取得的抗日战绩,也逐渐引起西方国家的关注,由此在一定程度上影响了西方国家对华的政策。

(三)彰显了中国共产党人的外交风范和人格魅力

周恩来在南方局工作期间,冲破国民党的重重阻挠,广泛开展国际交往活动,不仅以其出色的外交能力和风范,而且以高尚的情操和极具感染力的人格魅力,向国际社会彰显了一个充满朝气的进步政党形象和中共领导人卓越的外交才能。赢得了国际友人尊敬、信任和友谊。南方局也成为了中共走向国际舞台的重要窗口。

美国记者爱泼斯坦以亲历者的身份,见证了周恩来为领导南方局国际统战工作所做的贡献。他说,周恩来"为了发展中国共产党独立自主的外交,他同外国的外交代表和报界建立了联系,确保他们能够直接了解党的观点和政策,从而粉碎了国民党的新闻封锁和歪曲宣传……同时还帮助许多国际主义战士克服重重障碍去延安……挫败了国民党妄想用谎言和设置障碍来切断世界人民与解放区联系的企图"[①]。费正清这样评价道:"周恩来的魅力在初次见面时就打动了我。在我面前是一位浓眉、英俊的贵胄,却为民众献身;作为个人,他的智慧和敏锐的感觉是罕见的,然而他却致力于集体主义的事业。"[②]美国外交官谢伟思同周恩来接触更多。他在日后回忆说:"周是非常熟练的、敏感的、明智的人。""周是一个令人惊服的人,很难找到他的缺点。周使与他谈话的人,感到很亲切。"[③]

南方局的国际统战工作取得的成绩不仅为中国人民抗日战争和解放战争的胜利创造了国际条件,而且它在长期的艰苦工作中所积累的经验、培养的人才及

---

① 爱泼斯坦:《一位令人永不忘怀的伟大战士》,《南方局党史研究论文集》,重庆出版社1992年版,第9页。
② 费正清:《中国之行》,《中华民国史资料丛稿》,中华书局1983年版,第84页。
③ 《周恩来传》,中央文献出版社2008年版,第664页。

在国际社会中所赢得的信任,为新中国外交工作奠定了基础。新中国成立后,南方局负责外事工作的干部们都成为了国家外交的骨干力量,而领导南方局抗战国际统战工作的周恩来,则成为中华人民共和国政务院总理和第一任外交部长,他为中国革命所做出的卓越贡献彪炳史册!

# 论抗战时期周恩来对美国来渝人士的国际统战工作 杜俊华*

抗战时期,在周恩来的领导下,中共中央南方局外事组的工作人员们高度重视对美国来华人士的国际统战工作,采取了正确的策略和措施,争取了许多爱好和平、反对法西斯的美国来华民主人士对中国抗战的支持,促进了美国民众和政府对中共及其领导的抗日军队的了解。

## 一、抗战时期周恩来开展对美国来华人士国际统战工作的背景

抗日战争是世界反法西斯战争的重要组成部分,作为抗战中流砥柱的中国共产党及其领导下的抗日军队,受到了美国的极大重视。此时,美国在渝设立了驻华外交机构,并派出驻华军事代表团常驻重庆,同盟国的一些重要军事会议在渝召开。为了加强和协调对日作战,美国军政要员也频频来渝,重庆成为国际反法西斯斗争的外交中心之一。这为中共中央南方局在重庆开展国际统战工作奠定了一定的基础。

抗日战争时期,奉行资本主义理念的美国政府为什么愿意与奉行共产主义的中国共产党改善关系呢?这主要是有以下几个因素。首先,抗战的爆发使美国在华利益遭到日本的破坏,它出于维护其在华的最大利益需要,借助中国的两大力量——共产党与国民党联合起来牵制日本。这就为中国共产党与美国关系的发展创造了基本的条件。周恩来在1943年的一次中央政治局会议上指出,现在中共的对外活动,以美国为主,其次是英国。[1]"英和美站在反对日本方面,成为中国抗战的同盟军。"[2]其次,中国共产党及其领导的军队取得了显著的抗日业绩,不断发展壮大,美国出于战后在亚洲的长远考虑,需要加强与中国共产党接触和了解。其三,抗战后期,在一些美国政府官员眼中,国民党由于贪污严重、通货膨胀加剧、

---

\* 杜俊华,重庆大学教授。
[1] 《周恩来年谱(1898—1949)》,中央文献出版社、人民出版社1989年版,第563页。
[2] 《周恩来选集》上卷,人民出版社1980年版,第208页。

政治不民主、豫湘桂战役的大溃败等原因,已在经济、政治、军事、民心上处于危机中,与中国共产党及其领导的抗日军队得到了广大人民群众的拥护形成鲜明对照。他们因而认定中共已具备在战后的中国政治中与国民党一争"雌雄"的实力,甚至会成为执政党。因此,美国希望通过不断改善与中国共产党的关系来保护它在远东的最大利益。其四,抗战时期,在广大的敌后抗日根据地,中共在政治上实行民主选举和"三三制"政权、经济上实行减租减息的政策,有别于苏联的社会主义的政治、经济政策,在一些美国政府官员和英国政府官员眼里,尤其是在两国驻华大使馆官员看来,毛泽东等中共领导人更像"是民族主义者和土地改革者"。美、英两国为了以后离间中共与苏联关系,防止中共"一边倒"的需要,也需改善与中共关系。

抗战时期,中国共产党又为何愿意采取主动措施来改善与美国的关系呢?首先,抗日战争是一个弱国抗击法西斯强国艰苦卓绝的战斗,其斗争的残酷性和持久性,在世界反法西斯战争中也是罕见的,中国共产党需要尽量争取世界反法西斯的最主要力量——美国,使美国政府、来华官员和民主人士,以及美国国内民众对中共领导的抗战持支持态度。其次,中国共产党加强与美国的关系,有利于使它们出于其战时在华的最大战略利益考虑,对国民党施加压力,劝说国民党在抗战时期放弃"反共"。最后,有利于打破国民党对中国共产党国际活动空间的"封杀",避免被国民党政治边缘化,从而争取在中国政治上的"话语权"。

## 二、周恩来领导的中共中央南方局对美国人士的国际统战

抗战时期,中国共产党的对美国际统战工作主要是通过周恩来领导的南方局在重庆进行的。1939年4月,为了加强国际统战工作,周恩来在中共中央南方局专门成立了对外宣传小组,加强党的国际统战工作。1940年改称外事组,成员包括王炳南、乔冠华、陈家康、龚澎、章文晋等人。①周恩来为外事组制定了"宣传出去,争取过来"的方针,采取主动出击,广交朋友的措施,也即:这个统一战线,应该是上层的;同时又是下层的;是政府的,又是民众的。②在策略思想方面,周恩来认为,外事组应不受共产党与美国来华人士意识形态迥异的束缚,而应抓住双方反对法西斯、争取民主的共同性,利用多种途径,通过参加在重庆的国际活动,拜访

---

① 周勇主编:《重庆抗战史(1931—1945)》,重庆出版社2005年版,第237页。
② 周恩来:《太平洋战争与世界战场》,重庆《新华日报》,1941年12月14日。

或接见驻华大使,开宴会和记者招待会等方式,加强与美国来华人员的交往。

(一)周恩来对美国来华人士的国际统战工作

此时,在重庆的周恩来等南方局外事组的成员们,积极利用各种合法渠道与美驻华官员和各界友好人士广泛接触,努力开展半独立的"以外促内"的外交活动,以便使他们对国共两党的关系和中国共产党的方针有更清楚的认识,希望美国政府从各方面(不只是从国民党官方)了解中国抗战的真实情况,认为这是帮助美国决策者制定远东政策的主要因素。

1.周恩来非常重视对美国政府来华高官,特别是高度重视开展对美国总统代表的统战工作

1941年2月14日,周恩来与美国总统罗斯福的代表劳克林·居里在重庆进行了会晤,这是中共领导人与美国官方人士的第一次会面。[①]通过周恩来与美国总统特使居里的交流,美国政府很快通过居里正式向蒋介石声明:"美国在国共纠纷未解决前,无法大量援华,中美间的经济、财政等各问题不可能有任何进展。"[②] 1942年7月居里二次访华时,周恩来在给居里的信中特别提到,希望美国采取措施,使美国援华租借物资能确实用于抗日,否则,国民党可能囤积这些物资用于战后对付反对派。1942年秋天,美国共和党领袖、美国联合援华委员会名誉主席温德尔·威尔基,作为罗斯福的私人代表访问中国。他在宋子文的家里与周恩来会见并谈了话。后来威尔基在他写的《天下一家》一书中说:"我就是在那里和中国共产党领袖之一周恩来作了一次从容不迫、单独而不受阻断的谈话。"他在书中还写道:"我第二次会到周恩来将军是在孔祥熙博士的宴会上,主人应我之请也邀了他和他的夫人。曾经作为他的政敌的那些人以一种愉快但是相当矜持的姿态向他寒暄,同时他的旧交史迪威将军也以显然的尊重态度和他交谈,这种情形看来很有兴味。"抗战时期,经过居里的推荐,拉铁摩尔作为罗斯福的代表到重庆担任蒋介石的政治顾问,周恩来主动拜访了拉铁摩尔。会晤时,他们谈到统一战线的重要性。以后在重庆的交际场合,他们又多次见面,拉铁摩尔曾问周恩来:"你是否认为我在这里作蒋介石的顾问是浪费时间?这是否只是一种字谜游戏,是在演戏?"周恩来马上非常直率地说:不,我认为你在这里有作用的,有助于维护统一战线的局面。拉铁摩尔在《中国回忆录》一书中也谈到了他与周恩来的交往。他这

---

① 《周恩来年谱(1898—1949)》,中央文献出版社1998年版,第503页。
② 《周恩来年谱(1898—1949)》,中央文献出版社1998年版,第503页。

样写道：……周恩来第一次到我这里来，是只身一人，连个翻译都没带。而由官方派给我的翻译兼秘书薛保桥（音）先生也很得体地离开客厅，留下我们两人单独谈话。我们忆起1937年在延安的会面。当时，周给我留下与众不同的印象，他对外部世界的理解相当透彻。忽然间我想起周一直在学习英语，并且我还知道他年轻的时候曾在法国住过一段时间。于是我问："我们能用英语或法语交谈吗？""噢，对不起"，他说，"我的英文程度有限，法语也差不多忘光了，还是用中文吧"。我答道："那你得多多包涵我的中文，我讲的也不怎么好，有些困难的地方请给帮助。"他说那没有问题。于是我们一直用中文交谈……

2. 周恩来等人也采取积极措施，做美国驻华大使馆、美军军官和新闻处人员的统战工作

使馆官员范宣德、戴维斯、谢伟思、庄莱德、柯乐博，武官包瑞德、助理武官德帕斯和美国在重庆的新闻处成员费正清等人都是重庆八办的座上客。比如，美国驻华大使高斯和中印缅战区美军司令史迪威对国民党的一党专政和法西斯特务统治十分不满，对共产党较友好，通过交往，在很大程度上推动了美国政府与中国共产党关系的不断改善。1942年6月，周恩来向史迪威的顾问、美国使馆二秘戴维斯表示，中共军队愿与盟军进行军事合作。1943年11月，周恩来与林彪会见范宣德时又提出，外国（显然指美国）对国民党的影响是可以改善局势的唯一力量。外国的反应将对国民党领导层中有远见的人士，包括蒋介石本人产生影响。他们建议，美国在与中国政府打交道、对中国进行宣传时，应强调美国愿意看到在中国真正民主化的发展，并对中共军队作为抗日力量的一部分表示某种承认。又据1943年12月21日何应钦致电宋子文的电报，密报董必武与美国参议院院外委员会主席康利那的信件，也从一个侧面论证了中共中央南方局比较注重与美国官员的交往。

附：最近董必武与美国参议院院外委员会主席康利那往来文件①

三十二年十二月二十一日据报：董必武最近积极联络在野各党派参政员，以国民参政员名义，致电英美国会议员，谓"开罗会议，贵国协助我国成为自由平等的远东唯一强大国家，致感赞佩。但重庆政府现在仍系法西斯政权，将来成为世

---

① 《参谋总长何应钦致外交部长宋子文抄送最近董必武与美国参议院院外委员会主席康利那往来文件一份以供参考并请商酌予设法纠正函》，中国国民党中央委员会党史委员会编印：《中华民国重要史料初编——对日抗战时期》第五编《中共活动真相》（四），中国国民党中央委员会党史委员会，裕台公司中华印刷厂，1985年11月版，第97页。

界强国的过程中,仍不免遭受革命或演变的痛苦,请考虑现在正在蓬勃兴起的八路军、新四军,请加以同情和援助。因为这是将来新中国的新鲜血液,唯一可靠的原动力"。

为了打破国民党的全面封锁,在周恩来等人的努力下,1944年7月22日和8月7日,以美军上校包瑞德为团长的美军观察组分批抵达延安。这是美方向解放区派出的第一个正式代表机构。其实早在1942年,当时在重庆的周恩来就开始与美国外交官范宣德、谢伟思、戴维斯等人积极接触,并建议美国一些较务实的驻华人员去延安看一看。5月下旬,周恩来会见斯诺,明确表示希望美国军事代表团和记者去延安参观。1943年3月,周恩来在与戴维斯的长谈中,建议美国派一批军官作为观察员到陕西、山西的抗日根据地去。与此同时,美军正在谋划在即将到来的对日决战中在中国华北地区实施登陆作战,罗斯福致函蒋介石,向其提出了向抗日根据地派遣观察组的要求。美国人给这个观察组起了个绰号,叫"迪克西使团"(The Dixie Division)①。1944年6月下旬,毛泽东收到南方局的电报,得知美国军事人员赴延安一事已经确定,不日即可启程,当即复电表示欢迎。②

除了对美国来华官员的统战工作外,周恩来还注重一般美国来华人士的统战工作。他们对周恩来的人格做了很高的评价。比如,在重庆时期,只要周恩来不是很忙,他就同美国《时代周刊》驻华记者白修德交谈,讲白感兴趣的军阀逸事,讲中国的社会现状,讲中国共产党的历史,剖析局势,讲述国共合作的形成,以及周自己的经历。白被周恩来巨大的人格魅力所折服。他说,一见到周恩来,自己的"怀疑和不信任几乎荡然无存","他风度迷人,待人真挚,人们敬仰他,他也信任他们。无可否认,他确实使我五体投地"。③

3.抗战时期在重庆从事统战工作的周恩来还高度重视通过《新华日报》加强对美国的宣传

1939年1月,《新华日报》赞扬美国近来外交政策"走向日趋强硬",强调中国必须善于运用有利抗战的外交形势,"加强与美国的外交关系,亲密中美两国人民的团结",并希望美国"彻底修改中立法,给中国抗战以更大的援助"。④ 1939年10

---

① "迪克西"意指美国内战时期叛乱的南方诸州,在这里则借指陕甘宁边区,以此暗喻延安相对于国民党政府来说是一个对立的区域。
② 《胡乔木回忆毛泽东》,人民出版社1994年版,第335页。
③ 王泓:《周恩来与国际友人》,重庆大学出版社1995年版,第87页。
④ 陶文钊:《中美关系史(1911—1949)》,上海人民出版社2004年版,第192页。

月22日《新华日报》社论肯定了1939年年中以来美国远东政策的积极变化,并提出:"进一步在外交上,加强中美关系。依据自主外交原则,积极活动,总要做到使美国停止军火输给日寇","能够这样,我们在远东有苏美两国亲密的友谊,慕尼黑阴谋者,也无法施其伎了"。①1944年7月4日,《新华日报》社论指出,中国共产党人现在所进行的工作,乃是华盛顿、林肯、杰弗逊等早已在美国进行了的工作,它一定会得到而且已经得到民主的美国的同情。②抗战胜利前夕的1945年7月4日,《新华日报》社论强调,美国在民主政治上对落后的中国做了一个示范,教育了中国人应学习华盛顿、林肯、杰弗逊,使中国人懂得了建立一个民主自由的中国需要大胆、公正、诚实。③

(二)周恩来领导的中共中央南方局外事组人员的国际统战工作

龚澎是南方局从事国际统战工作的主要人员之一。周恩来根据龚澎文化素质高、思维敏捷、办事干练、英语娴熟等特点,将她分配在外事组。她的公开身份是《新华日报》记者,后改任重庆"八办"秘书、周恩来的秘书兼英语翻译。龚澎的主要任务是与各国驻重庆记者联络,向他们宣传共产党的路线、方针、政策,通报敌后抗日战场的情况,揭露国民党制造的阴谋,并通过他们向全世界做广泛报道,争取世界舆论的支持和帮助。龚澎的美丽容貌和女性魅力、勤奋敬业的精神、待人诚恳的态度、光明磊落的胸怀、对事物敏锐的洞察力、分析问题的严密逻辑性、语言的清新幽默感以及对西方记者特性的深刻了解等等,很快赢得了一批外国记者和外交使官的信赖与敬佩。在费正清的印象中,龚澎年轻活泼,又对共产主义事业充满信心。"她的勃勃生机在1943年沉闷、单调的重庆,就像一缕缕清新的空气。她举出了一系列事例揭露国民党的种种暴行,如暗杀、压制新闻报道、查封印刷厂、捏造罪证陷民主人士于囹圄,禁止示威,不准罢工等。"④

此时,外事组的重要成员乔冠华也大力开展对英美人士的统战工作。在乔冠华的回忆中,戴维斯与他交往较多,戴维斯同时也写过客观反映解放区民主改革的材料。乔冠华还保持与美国大使馆的两位参赞科弗兰、阿德勒经常的往来。他们过去曾在罗斯福政府当过财政部的高级官员,参与过罗斯福新政的推行。通过他们了解了不少美国经济、财政等方面的情况,而我方可以让他们知道的情况,我

---

① 《中共中央文件选集》第12册,中共中央党校出版社1991年版,第151页。
② 《新华日报社论:祝美国国庆》,《新华日报》,1944年7月4日。
③ 《新华日报社论:民主颂——献给美国的独立纪念日》,《新华日报》1945年7月4日。
④ 〔美〕费正清:《费正清自传》,天津人民出版社1993年版,第327页。

方也及时提供给他们,彼此很默契。对此,乔冠华曾有叙述:"当时我们熟悉到这种地步,经常争论问题,争论得很激烈,不伤害双方的关系和双方的感情。"①

## 三、抗战时期周恩来对美国来渝人士统战工作的成效

抗战时期,通过周恩来等中共中央南方局外事组人员对包括美国驻华大使在内的来华人士的统战工作,使美国政府和人民对中国共产党及其领导的抗日军队为抗日战争所做出的努力有所了解,使他们意识到了与中国共产党改善关系的重要性,从而推动了中共与美国关系的发展。

美国人士透过周恩来的人格魅力看到了中国共产党人的形象,增进了他们对中国共产党的了解,部分地消除了他们的误解和敌意,并使美国政府为了维持抗战时期的在华利益,向蒋介石施加外交压力,反对蒋在抗战时期发动内战。比如,1943年,国民党顽固派借共产国际解散之机,准备分九路进攻陕甘宁地区,企图发动第三次反共高潮。为此,周恩来对中共中央南方局的同志们的讲话指出:"蒋介石最怕什么? 外国人,尤其是财大气粗的美国人。从战略上讲,蒋介石发动第三次反共高潮不符合美国在亚洲的利益。因此,你们在董老(董必武)的领导下,要通过各种渠道向美国、苏联、英国在重庆的外交人员、记者揭露蒋介石发动第三次反共高潮的真相。"董必武说:"对,如果罗斯福、丘吉尔、斯大林出面反对,蒋介石一定会放弃反共高潮的。"邓颖超说:"所以啊,王炳南、龚澎、乔木(这里指乔冠华)、章文晋等懂外语的同志,要发挥你们的特长,向你们的外国朋友说明情况,让他们再去左右他们的政府。"②通过中共中央南方局外事组成员积极的国际统战工作,一直主张国民党联合共产党抗日的史迪威将军以美国将停止援助为威胁,向蒋介石提出一份备忘录,"以强烈语气要求将胡宗南等部调往山西",参加对日作战。③ 驻重庆的美国大使馆代办艾切森9月11日也在与国民党高官吴铁城的谈话中表示,一个强大、联合的中国一直是美国远东政策的一个基本点。因此美国对于中国人民中间任何与一个强大、联合的中国背道而驰的各种严重倾向均表关注;尤其目前,国共之间的分歧使那些本来应该在云南和别的抗日战场积极杀敌

---

① 乔冠华:《口述自传》,《那随风飘去的岁月》,学林出版社1997年版,第168页。
② 章文晋、王炳南、陈家康、乔冠华、龚澎都是中共中央南方局外事组的重要成员,其主要任务是从事与外国来华、在华人士的国际统战工作,王炳南是组长。这些人要么是留学国外的留学生,比如乔冠华、王炳南,要么是国内著名大学的高才生,比如陈家康、龚澎,英语水平都很高,他们在与外国人打交道中,与外国人成为了好朋友。比如,龚澎及其丈夫乔冠华,与美国驻中国新闻处处长费正清就是很好的朋友。
③ 史迪威:《史迪威日记》,世界知识出版社1992年版,第186页。

的中国大量优秀部队驻扎在西北,不管是政府军还是被围困的中共军队都不能用于对日作战,从而削弱了中国的战争努力。毫无疑问,美国官员的上述表态对于制止国民党顽固派发动第三次反共高潮起了一定作用。美国警告蒋不得发动内战,否则停止援助。①美国公开表示:美英武器不能供给不打"轴心国"的国家。

通过周恩来等人的努力,中国共产党的影响扩大到国际社会中。1945年4月,经过斗争,除董必武外,南方局外事组的两名成员陈家康和章汉夫,也分别以秘书和记者身份作为中国代表团随行人员,出席了在美国旧金山召开的联合国制宪会议。②这是中国共产党第一次派出正式代表出席一般性普遍性国际会议,它在实质上打破了国民党垄断外交的局面,标志着中国共产党独立外交的开始。

抗战时期周恩来采取"求同存异"的手段开展对美国来华人士的国际统战工作,丰富了中国共产党国际统一战线理论。南方局外事组对美国来华人士的统战实践,为以后中华人民共和国的外交活动积累了大量丰富的经验,相关的工作人员也成为解放后外交战线的骨干。在筹备成立中华人民共和国外交部时,重庆南方局(外事组)、延安交际处、北平军事调处执行部的外事人员三部分人,加上李克农那里的一部分人,就成为外交部的基本队伍。

---

① 张培林:《第三次反共高潮的策动与夭折》,《中共党史资料》第42辑,中共党史出版社1992年版,第182页。
② 阎玉田等:《中国抗战局势与国际政治关系》,人民出版社2008年版,第301页。

# 从两次讲话看周恩来对新四军抗战的指导

庞廷娅*

在新四军的抗战史上,周恩来起着重要的作用,其中 1939 年春视察新四军军部对新四军的发展和团结具有重要的意义。期间的两次讲话摘要分别以《目前形势和新四军的任务》《党在新四军中的政治工作》收入《周恩来选集》上卷和《周恩来军事文选》第二卷,本文主要是通过这两篇文献来探讨他对新四军的指导。

## 一、讲话的背景

1938 年 10 月,武汉失守,中国的抗战进入相持阶段,因人力、物力、财力等不足,日本开始调整对华政策,"认定扫荡敌后方是它的中心。不论军事政治文化经济各方面,特别是军事的行动,都把主要的力量放在敌后方"[1]。随着抗战形势和日本对华政策的变化,国民党五届五中全会后,消极抗日、积极反共,摩擦制造不断。江南地区的新四军处于十分不利的态势。它的主力驻扎在皖南,而长江沿岸据点被日军占领,军部背后是第三战区司令部驻地,左右两侧也有国民党军队密集布防,可说是一面临敌、三面受围。它的活动区域被限制在东起芜湖、宣城,西至青阳、大通镇这个横宽约一百公里、纵深不过五十公里的狭长条带。在新的复杂局势面前,如有不测,几乎没有回旋的余地。[2] 如果不能改变这种状况,使新四军得到迅速的发展,显然难以应付即将到来的异常复杂的新局面。

1938 年 9 月 29 日至 11 月 6 日中共六届六中全会在延安桥儿沟召开,全会正确地分析了抗日战争的形势,规定了党在相持阶段的任务,为实现党对抗日战争的领导进行了全面的战略规划。因此,为传达六届六中全会精神和帮助新四军解决上述发展方向问题,确定战略方针,周恩来于 1939 年春借回绍兴省亲名义,前往新四军。本文所要探讨的正是周恩来这一时期的两篇讲话所反映出来的,他对

---

\* 庞廷娅,淮安周恩来故居管理处主任。
[1] 《周恩来选集》上卷,人民出版社 1980 年版,第 101 页。
[2] 《周恩来传》,中央文献出版社 1998 年版,第 542~543 页。

新四军战略方针与政治工作两大方面的指导。

## 二、周恩来对新四军发展战略的指导

1939年2月23日,周恩来到达皖南泾县云岭的新四军军部驻地。期间,周恩来多次召开了各部门的座谈会,仔细听取了新四军各方面的汇报,在进行了认真的调查研究后,在新四军军部干部大会上,周恩来向大家做了《目前形势和新四军的任务》的讲话,讲话的重点主要分为三大部分内容。

（一）明确所处的形势与环境

在讲话中,周恩来向大家首先分析了抗战转向新的阶段敌方、我方、国际三方面的情况,明确了新四军所处的环境。他指出,敌方的政策表现出"认定扫荡敌后方是它的中心""实行政治为主、军事配合的政策""无论如何还是继续战争的局面"等三个方面明显的特点;我方的政策,在新阶段也已转到要重视敌人后方,在敌人占领地区开展游击战,实施新的施政纲领,整理地方武装,跟敌人在政治上经济上文化上军事上争胜负;至于国际方面,也是极注意中国问题的,非常注意敌占领区情况、政策,非常注意游击战争的发展,非常注意中国共产党在游击区的政权,都想看看中国共产党所领导的军队在游击区能不能坚持到最后的胜利,还要看这些军队能不能壮大起来与敌人进行更大的胜利的战斗。讲完这三方面的情况分析后,周恩来向大家说到,"今天新阶段的中心问题是在敌人占领区,在中国的东部,在黄河以东、平汉路粤汉路以东的广大地区""我们要认识这个环境,这就是新四军的环境。新四军就处在敌人占领的中国东部。新四军今天所处的客观环境恰恰使得新四军的地位更加提高,落在新四军肩上的任务也就更加重要"①。

（二）指明前途和克服困难的方法

在明确了目前形势和新四军所处环境后,周恩来紧接着向大家分析了新四军面临的困难和克服困难的分针,指出新四军是有发展前途的。周恩来讲到,新四军虽面临着"敌人的政策和他的军事技术在不断变化""我们活动的地区是有限的""地形交通条件不利""江南的社会环境和历史条件,不十分有利""我们的力量还小"等困难,但是因为前面所讲的形势和环境,新四军是有发展前途的。因为,"我们愈向敌人的后方,愈能够得到发展的机会""愈在困难的条件底下,愈能够显出我们的特长,愈能够锻炼我们。我们不求在安逸的地区发展。因为安逸的

---

① 《周恩来选集》上卷,人民出版社1980年版,第101~103页。

地区谁也要来,谁也能够存在。我们主要地要向困难的地区发展。因为困难危险,国民党的许多部队和工作人员克服不了,忍耐不了。而我们新四军能吃苦耐劳,不怕困难""愈深入到民众中间,愈能够创造根据地""愈复杂,愈能够使我们的统一战线发展。中国统一战线的特点就是复杂。只有在复杂的情形下,我们才能够造成民族统一战线的模范区域""愈有竞赛,愈能够使我们本身进步""愈坚持,愈能够影响全国全世界。我们要坚持游击战争,创造大江南北的根据地,给敌人看,给全国全世界看:我们绝不退后,绝不逃避。在这样困难的地区,我们能够发展游击战争,就用事实证明游击战争在中国的自卫抗战中是能够发展的"。

因此,周恩来指出,要坚持正确的方针来克服上述那些困难:一是要"坚持游击战争"。拿战争的胜利来克服困难。"只有我们胜利的扩大,胜利的增加,才会使友党友军重视我们,使敌人畏惧我们,使国际友邦尊重我们"。二是要"坚持统一战线"。"拿统一战线的发展来击退敌人的一切造谣中伤,团结我们周围的友党、友军、地方政府和广大民众,造成有利的工作环境"。三是要"坚持强大自己"。要使我们的部队发展,使我们的地位提高和力量增强。四是要"坚持深入群众"。要使大江南北广大群众知道我们是为民众谋利益,为民族谋解放的,由劳苦群众以至上层分子,只要不当汉奸,都是我们要团结的,我们要到群众中间去埋头苦干,扩大我们的影响。五是要"坚持帮助友党友军"。我们要采取帮助的方法、影响的方法,使友党友军感到我们是可以合作的朋友。①

(三)确定战略方针和发展方向

针对新四军的发展方向,周恩来明确指出,尽管敌人封锁严密,但根据过去三年游击战争经验,只要我们能够深入广大的群众,在大江南北创造游击根据地是完全可能的。为此,新四军在发展方向上要坚持三个原则:"哪个地方空虚,我们就向哪个地方发展""哪个地方危险,我们就到哪个地方去创造新的活动地区""哪个地方只有敌人伪军,友党友军较不注意没有去活动,我们就向哪里发展。这样可以减少摩擦,利于抗战"。针对新四军的任务,周恩来说到,"过去我们的中心任务,是争取游击队胜利地集中,迅速开赴前线,转入敌人后方作战。我们完成了这个任务。现在我们要与敌人进行艰苦的政治经济斗争"。在罗列了"尽量摧毁敌伪政权""保障恢复我抗日政权""组织民众,训练民众,尽一切可能的力量提高民众的文化程度、政治认识,使他们的政治军事文化水平一天天地提高起来,加强地

---

① 《周恩来选集》上卷,人民出版社1980年版,第104~105页。

方自治的能力"等17条大纲后,周恩来向大家提醒、强调到,"在跟敌人作政治经济斗争中,有这许多工作要我们做,这方面的工作很重要,不亚于拿刀枪跟敌人斗争"。

对新四军今后战略方针,周恩来在反复调查研究和项英、叶挺等商讨后,明确地概括为"向北发展,向东作战,巩固现在阵地":"向北发展"是指多抽部队过江,加强江北领导,使江北成为具有战略意义的根据地;"向东作战"是指出击宁沪地区,使江浙沿海敌人不得安宁,造成巨大的国际国内影响;"巩固现在阵地",是指巩固皖南军部所在地和茅山根据地,提高警戒,防止意外事件。

实践证明,这是对新四军发展的一个重大而正确的战略决策,符合新四军的实际情况,1940年2月19日,中共中央书记处在《对新四军发展方针的指示》中,又强调了新四军要"向南巩固,向东作战,向北发展"[①]。

## 三、周恩来对新四军政治工作的指导

做好政治工作是我们党领导军队的优良传统,周恩来多次强调"以革命主义为基础的革命政治工作是一切革命军队的生命线与灵魂"[②],指出"凡是在敌后组织游击战争的部队,必须要认识人人不仅是游击战争的战士,而且要做到人人是政治工作人员,这样的游击战才能够发展"[③]。在前述《目前形势和新四军的任务》的讲话中,周恩来明确指出,"我们要以政治工作保证建军工作的完成,巩固党在新四军的领导,保持并发扬我们的优良传统"[④]。针对新四军的政治工作,在新四军的一次干部会上周恩来又向广大干部做了一次讲话,讲话的摘要以《党在新四军中的政治工作》之名收入了《周恩来军事文选》第二卷。讲话分别对政治委员、政治机关、营教导和连指导员、连队的政治组织、政治协理员等方面进行了详细而有针对性的指导。

(一)关于政治委员

在讲话中,周恩来首先为大家明确了政治委员的属性和权力的实施。他指出,"我们过去的政治委员一方面代表苏维埃,一方面代表党,我们今天仍然确定政治委员是我们党的代表,同时要保证政府的政策法令及抗建纲领的实施"。针

---

① 《周恩来传》,中央文献出版社1998年版,第544~545页。
② 《周恩来选集》上卷,人民出版社1980年版,第93页。
③ 《周恩来军事文选》第二卷,人民出版社1997年版,第227页。
④ 《周恩来选集》上卷,人民出版社1980年版,第107页。

对政治委员代表党实施权力,周恩来讲到,一方面实行政治委员的制度,另一方面"我们更要提高党务委员会的领导和组织作用""在政治委员领导下,政治部是党的办事机关,还要把党务委员会的威权更加提高,把党务委员会的制度更加明确起来"。

游击战是新四军主要的作战方针,经常分散作战,转移地区,连队变化大,为此,周恩来特别强调连队的政治工作,指出需要有灵活的政治工作来适应连队的要求,要"注意研究连队的经常性的基本教育怎样适合连队的工作,这是连队政治工作的主要方向";同时,周恩来向大家强调到,"连队中另一个政治工作方向,就是与不良倾向作斗争",指出新四军的发展、扩大就要与外间的引诱和不正确的意识做斗争,"应用党的小组、个别教育以及俱乐部的组织进行教育,进行斗争,这样才能使连队坚强起来"①。

(二)关于政治机关

政治机关的领导工作,是我们军队政治工作的优良传统所在,但是随着抗战形势的变化,周恩来指出,"在今天只有这种传统是不够的,单靠着我们过去那样领导工作,已不能满足今天的需要,今天要竭力使我们政治工作领导机关创造更多新的方式与方法来运用,适应新的环境"。然后,为大家分析了政治部、支队政治部工作中存在的不能具体灵活等一些弱点,如对最前线的了解还不够,对敌人的欺骗宣传、前线民众工作和最基础的连队、游击队等的情形知道得还是太少;并向新四军广大干部指出了政治工作的方向,"我们的政治工作要不停留在机关里,做到部队中去;不停留在后方,做到最前线去;不停留在上层,做到最下层去。同时,培养好的政工干部,吸收新的活动分子。政治工作应在部队中、在下层、在前线、在敌人后方"。

针对军队政治机关的组织工作,周恩来讲到,"要使政治工作的基础打在最下层、打在连队,就要使连队中组织工作能够健全,运用活泼,这是组织工作首先应该考虑的",连队的工作不能只注意形式而不注意内容,要建立、健全长期性的组织工作制度,组织条例要注重执行和实效;对干部的考核要详细、客观,要会使用、补充、爱护和分配干部,要提高干部的质量,尤其要使下级干部锻炼成为中上级干部,应该努力培养知识分子党员干部。②

---

① 《党在新四军中的政治工作》,《周恩来军事文选》第二卷,第184、185、189页。
② 《党在新四军中的政治工作》,《周恩来军事文选》第二卷,第185~188页。

(三)关于军队内的统一战线工作

周恩来还针对军医处、电台、兵站的政治工作,以自身在调查中所遇到的问题为例,对新四军军队内的统一战线工作存在的弱点做了批评和指导。

周恩来讲到,"目前工作的中心环节是求抗战的胜利、建军的完成,尤其是统一战线的发展,这一点我觉得我们政治部、支队政治部部分工作还做得不够,这就使我们的领导工作在新阶段中间表现得不能具体灵活,不能收得更大的效果"。他指出,"我们许多工作部门有非党员干部、技术人员,这方面的工作更需统一战线性、特殊性"。为此,周恩来指出,要提高军医处医务卫生人员的政治积极性,使医疗技术加强,使医务卫生人员更加关注伤病同志,提高伤病人员的政治情绪等;要用政治工作来保证电台人员安心做好技术工作等。[①]

## 四、讲话的意义与影响

周恩来的两次讲话都是建立在实地的调查,对新四军的情况有了清楚和具体的了解之上。通过讲话,周恩来向大家精辟地分析了各方面的形势,尤其是新四军面临的困难和任务,更为重要的是向广大干部指出了发展方向,明确了战略方针,清晰了政治工作的重要性,并针对新四军实际情况提出了切实有效的方法。这些带根本性的战略指导意义的讲话,使新四军官兵们很受教育和鼓舞,得到了新四军广大干部的赞成。陈毅、粟裕等在积极执行周恩来的指导方针后,迅速控制了丹阳以北的沿江地区和扬中全岛,成立了苏北特委,之后又夜袭虹桥机场,扩大了新四军的政治影响。[②]

事实证明,在新四军的发展史上,从改编组建到战略方针的制定,从领导层矛盾的协调到军队的思想政治工作,周恩来都曾给予了正确的指导,为新四军的发展壮大和争取抗战最后的胜利做出了重要贡献。本文所揭示的两次讲话,仅是周恩来对新四军大量工作的一个小的缩影,但足可以见出周恩来对新四军抗战的指导。

---

[①] 《党在新四军中的政治工作》,《周恩来军事文选》第二卷,第191~192页。
[②] 《周恩来传》,中央文献出版社1998年版,第544页。

# 试论抗战时期周恩来对国民党军队的统战工作

阚延华 付 津[*]

抗日战争时期，国共两党在中华民族面临危亡之际再度携手、共赴国难，实现了第二次合作，建立了抗日民族统一战线。抗日民族统一战线的建立是中国人民取得抗日战争胜利的基本条件之一。作为抗日民族统一战线的主要开创者和领导者，周恩来对国民党军队做了大量艰辛而卓有成效的统战工作，为扩大中国共产党的政治影响，团结国民党政府和军队中的爱国人士，推动国民党政府努力坚持抗战，维护抗战期间的国共两党长期合作做出了特殊的历史贡献。

## 一、同国民党军政高官广泛接触，影响他们的政治倾向，争取其对我党抗战主张的认同与支持

"九一八"事变爆发后，日本帝国主义大举侵略我国，民族危机空前严重。为了反抗日本帝国主义的侵略，拯救中华，中国共产党大力倡导建立以国共合作为基础的抗日民族统一战线。1935年8月1日，中国共产党发表了《为抗日救国告全体同胞书》即"八一宣言"，呼吁国共"停止内战，一致抗日"。1935年12月，中共中央在陕北瓦窑堡召开了政治局扩大会议，会议从理论和政策上正式确立了中国共产党关于建立抗日民族统一战线策略的总方针。为了推动抗日民族统一战线的形成，周恩来不仅亲自参与制定抗日民族统一战线的方针、政策，而且还积极贯彻执行这一方针、政策，卓有成效地开展了对国民党军政高官的统战工作。

周恩来非常重视同国民党人士的接触和交往，对长期坚持孙中山三大政策的宋庆龄、何香凝等国民党进步人士，周恩来做了大量工作。对他们当时的政治倾向施加影响，以利于国共合作，协力抗击日本侵略者。他曾明确表示："我们只反对国民党中的反动派，并不反对那些愿意抗战愿意民主的国民党员，并且希望他

---

[*] 阚延华，海军大连舰艇学院教授。
[**] 付 津，海军大连舰艇学院政治系博士研究生。

们和我们一道去反对那些反动派。"①当时,担任国民党军事委员会副委员长的冯玉祥是国民党抗战派的重要人物,在西北军中影响很大。1938年2月14日,周恩来会见了冯玉祥将军。同他交谈对时局的看法,向他介绍中国共产党提出的全面抗战的主张,分析中国抗战必须坚持走持久战的道路等问题。自此会晤后,冯玉祥深受启发,与周恩来交往甚密。他还请周恩来派人给他和随从人员讲课,周恩来曾先后派我党的凯丰给他们讲统一战线,吴奚如、李涛讲游击战争,邓颖超讲妇女工作,叶剑英讲持久战。1941年11月,当冯玉祥六十大寿时,周恩来赞扬了他的抗战功绩,称赞他"骂汪精卫反对投降呼吁团结,致力联苏,更为人所不敢为……为民请命,为国效劳","以先生的革命精神,定能成此伟大事业,不负天下之望"②。通过周恩来等共产党人耐心细致工作,冯玉祥在思想感情上更加靠近了中国共产党。冯玉祥曾向延安捐献了大批图书,并极力促成了中华全国文艺界抗敌协会的成立,成为国民党中力主国共合作的一个重要代表人物。另外,周恩来还与许多国民党上层爱国人士如张治中、张冲、于右任等有着广泛的接触,并通过这些民主派和抗战派的力量去抵制蒋介石的反共投降政策,收到了积极的成效。尤其在同国民政府军事委员会政治部部长陈诚的工作接触中,周恩来曾向陈诚提出了许多加强军队政治工作的具体建议,并由陈诚到军事委员会做了报告,对国民党整个军队都产生了一定的影响。

在与国民党军政高官的接触交往中,周恩来根据党中央的指示,首先把统一战线的重点放在争取以张学良为首的东北军和杨虎城为首的十七路军。在民族危机日益严重的形势下,东北军和十七路军的广大将士们纷纷要求抗日救国。1936年1月毛泽东、周恩来、朱德联名发表《致东北军全体将士书》,表示红军愿与他们首先停战,共同抗日。接着,在周恩来领导下,党中央派李克农到洛川与张学良等人会谈。周恩来指示李克农商谈要坚持瓦窑堡会议精神,停止内战,一致抗日。李克农与张学良的会谈,双方就停止内战,建立联合政府、互相通商等方面达成了五项协议。此次会谈为周恩来与张学良在延安会谈奠定了基础。1936年4月9日,周恩来与张学良在延安举行会谈,共商抗日救国大计,就逼蒋抗日的可能性,红军与东北军互不侵犯、互相帮助、互派常驻代表,以及帮助东北军进行抗日教育等问题进行讨论。"会谈中,他们达成了协议,取得中国应停止内战,团结一

---

① 《周恩来统一战线文选》,人民出版社1984年版,第70页。
② 周恩来:《寿冯焕章(玉祥)先生六十大庆》,《新华日报》,1941年11月14日。

致抗日的共同认识。"①与此同时,党中央先后派申伯纯、汪锋和王世英等人与杨虎城进行会谈中,双方达成了互不侵犯、互派代表、密切联系、共同抗日的协议。这样,经过党中央和周恩来的一系列艰苦工作,红军与东北军、十七路军"三位一体"的西北抗日民族统一战线终于建立起来,为抗日民族统一战线的形成创造了有利条件。

为促进抗日民族统一战线的建立,周恩来还曾先后给一些国民党高级将领甚至蒋介石本人写信,阐述共产党的抗日纲领、爱国主张。他在给陈果夫、陈立夫的信中指出,为国共两党共同抗日,希望国民党"立停军事行动,实行联俄联共,一致抗日"②。在写给胡宗南的信中呼吁,"力停内战,共谋抗敌"③。在写给蒋介石的信中,希望蒋"从过去之误国政策抽身而出,进入于重新合作、共同抗日之域"④。1938年初,他向国民政府军事委员会副总参谋长白崇禧介绍了毛泽东的《论持久战》,白听过看过之后认为很好。于是,给桂系部队师一级军官每人发了一本,还向蒋介石推荐,并说要全国人民都看。3月上旬,白崇禧到徐州协助李宗仁指挥作战之前,还专门请周恩来、叶剑英商谈津浦战场的作战方针问题。他到徐州后,基本上采纳了周恩来提出的阵地战和运动战相结合、守点打援的方针,对取得台儿庄战役的大捷起到了至关重要的作用。另外,周恩来还曾多次与国民党第二战区副司令长官卫立煌、参加过"长城抗战"和"绥远抗战"的著名抗日将领傅作义等国民党高级将领交谈,促使他们积极响应团结抗日的主张。在武汉,由周恩来直接领导的中共代表团军事组,也积极地向来访的国民党军事人员宣传我党的抗日主张和八路军、新四军的战绩,帮助他们振奋抗战精神,以求共同抗日。周恩来这些工作对团结和争取国民党高层人士,影响他们的政治倾向,推动建立抗日民族统一战线起到了积极的作用。

## 二、向国民党军队宣传和推行革命的政治工作,提高国民党军队官兵的御寇精神和觉悟

抗战初期,面对强势的日本军队,国民党军队表现出萎靡不振的精神状态,缺乏应有的战斗力。对这种情况,周恩来等许多共产党人都认为,国民党军队内

---

① 力平:《周恩来一生》,中央文献出版社2001年版,第158页。
② 《周恩来统一战线文选》,人民出版社1984年版,第17页。
③ 《周恩来统一战线文选》,人民出版社1984年版,第17页。
④ 《周恩来统一战线文选》,人民出版社1984年版,第22页。

部缺乏强有力的革命政治工作是一个重要原因。为此,1938年1月,周恩来在上海公开发表了《抗日军队的政治工作》的重要文章,指出:"两个月全国抗战的教训,很清楚而迫切地把改造军队使之适合民族抗战需要的大问题,摆在全国人民的面前,特别是尖锐地提在国民党的面前。""只有在抗战军队中把政治工作实际地建立起来,才能把民族抗战的战斗力提高,才能把官与兵、军与民联结成一条心,像一个人一样,为民族的独立自由而战斗到底!"①他还强调指出:"以革命主义为基础的革命政治工作是一切革命军队的生命线与灵魂!"②他还全面论述了抗战军队政治工作的任务和内容。指出:"革命军队的政治工作的目的,是提高革命军队的战斗力。"③同时,针对国民党军队政治工作徒具形式,流于空谈的弊病指出,必须改革政治工作,以取得确实的效果。因此,国民党军队的政治工作必须做到:第一,"向每个部队的官兵实施革命的政治教育","高度地提高战士的民族觉醒与自我牺牲精神",教育的过程中要"反对政治教育的形式主义和宗教仪式"。第二,强调"全体政治工作人员以身作则的模范作用"。第三,必须注意实施政治工作的方法。第四,"努力改善士兵的待遇与生活"。第五,"建立革命军队自觉的军风纪"④。在周恩来等共产党人的呼吁下,国民党出于加强政治工作等多方面的考虑,于1938年2月改组了军事委员会的政治部,周恩来出任了副部长职务。

周恩来在不断呼吁国民党要加强军队中政治工作的同时,还注意采取实际步骤在政治工作上给国民党军队以积极的帮助和影响。1938年开始,在周恩来的倡导和帮助下,国民党先后举办了珞珈山军官训练班和南岳游击干部训练班。训练班的学员主要是来自国民党军队的营以上军官。我党我军的许多人,如叶剑英等,都在此从事过教学活动。所教授的内容除了游击战术外,还有政治工作。例如游击干训班把星期天列为民运工作日,学员们叫"政治工作实习日"。每个星期天,学员们分成小组,分途下山,到民众中去,走家串户进行访问,帮助群众做事,宣传抗日救亡的道理。应国民党要求,周恩来也曾亲自去两个训练班讲课,还派人直接参加了南岳班的组织工作。在1939年8月召开的中共中央政治局会议上,周恩来汇报时说:"这几乎是我们接近中央军官最好的机会,只可惜人去少了。"⑤

---

① 《周恩来选集》上卷,人民出版社1980年版,第92页。
② 《周恩来选集》上卷,人民出版社1980年版,第93页。
③ 《周恩来选集》上卷,人民出版社1980年版,第95页。
④ 姜思毅:《中国共产党军队政治工作70年史》第二册,解放军出版社1991年版,第157页。
⑤ 《周恩来传》,中央文献出版社1998年版,第533～534页。

通过周恩来等共产党人的这些活动与影响,使国民党军队的许多军官了解与掌握了我军的游击战术和政治工作的一些做法,对改善国民党军队的抗战精神状态,提高其战斗力起到了一定的作用。同时,周恩来等共产党人出色的工作也给他们留下了深刻的印象。以后,有许多学员长期与我们保持友好关系,有的还在战争的纵横捭阖中,参加了解放军。

毛泽东的人民战争思想,是一个军事、政治相融合的概念。实行彻底的人民战争是中国抗日战争取得胜利的必由之路。周恩来深刻领会了这一思想的内涵,向国民党军队极力宣传这一思想,以求得抗日战争的最后胜利。周恩来在《抗战军队的政治工作》一文中强调指出:"要保护人民的利益,使军民打成一片。"这样,人民才会自愿地帮助军队。同时,要宣传与动员人民,组织人民,武装人民,"只有这样,抗日的军队才能取得千千万万的民众力量的配合,抗战军队的一切需要与补充才能依靠人民的力量来解决"①。在周恩来任国民政府军事委员会政治部副部长期间,他把第三厅建成了以共产党人为核心,吸收国民党左派和各民主党派、人民团体和爱国人士参加的抗日民族统一战线组织,并开展了大量的宣传民众、支援抗战的活动。主要有:一是举办"第二期抗战扩大宣传周"活动。活动的内容包括文字宣传、口头演讲、歌咏演唱、美术展览、戏剧演出、电影放映等。这一活动的高潮是庆祝台儿庄大捷时,宣传活动搞得群情激昂,使沉寂了十多年的江城武汉几乎万人空巷;二是为纪念"七七"抗战一周年而开展的"献金运动"。这一运动历时5天,共设了6个献金台,计有50余万人献金超过一百万元。1938年7月11日的《新华日报》报道说,"这是中国兴亡的重大测验!测验的结果如何?可以肯定的回答:中国绝不会亡!中国一定复兴!"这一运动还席卷了中国南部各大中城市以及海外华侨,情绪均极为激烈。这些活动的开展,宣传了抗战,唤醒了民众,有力地支援了军队的作战。广大民众对抗日军队的支持与支援,又进一步激发了国民党军队的抗日热情,对提高其战斗力有着不可低估的作用。

### 三、在国民党军队中广泛开展团结、争取军界特别是地方实力派工作,巩固扩大抗日统一战线

当时国民党军队中很多地方实力派普遍和国民党中央有矛盾,蒋介石一心想利用抗战,削弱地方势力,从而达到消灭异己,进行独裁统治,实现一党专政的目

---

① 《周恩来选集》上卷,人民出版社1980年版,第97~98页。

的。地方势力为了保存实力,竭力减少自己的部队在抗战中损失和消耗。周恩来利用这点开展了对国民党军队中地方实力派的统战工作。

周恩来把"与各地方军队联系"列为统一战线原则之一。他和毛泽东一样非常重视开展对地方实力派的工作。周恩来说,地方实力派近乎中间,或者是中间和顽固之间,在阶级性上是接近反动派的,在反蒋这一点上又起了中间力量的作用。1938年,周恩来率中央代表团进驻武汉。1938年11月,桂系组建广西学生军,周恩来抓住时机派年轻党员、团员参加,在学生军中宣传党的抗日民族统一战线主张,团结学生军中的进步学生和人士深入乡村,向群众宣传抗日救亡政策,不失时机地以民众运动的威力,推动国民党中下层军政干部和开明绅士、商人参加抗日民族统一战线。1938年,广西学生军从桂林出发开赴第五战区,路经武汉,周恩来应白崇禧之邀,向广西学生军做抗战形势报告,受到热烈欢迎。

对于滇军,1939年初,周恩来就指示云南省工委,在统一战线的工作中,要利用国民党中央与龙云地方实力派的矛盾,做争取地方实力派的工作,以利我们动员群众,坚持抗战,更好地发展我们党的工作。① 由于朱家璧与滇军颇有渊源,周恩来决定派其到滇军中开展工作,还亲自向朱做了"利用关系进入滇军,广交朋友,以进步面貌出现,扩大党的影响"的指示。1940年末,朱家璧到达重庆,周恩来专门与其谈话,并将其组织关系留在南方局,帮助朱在滇军中开展工作。在周恩来的直接指挥下,他们利用在滇军中取得的合法地位开展统战工作,团结军部军官,用进步的思想文化教育士兵,改善官兵关系、军民关系,向滇军中下层军官宣传我党的抗日民族统一战线,提高了滇军的战斗力。

程潜当时任第一战区司令长官兼河南省政府主席。进步人士李世璋任第一战区政治部主任,李是周恩来的老朋友。后周恩来介绍中共党员张友渔到该政治部任设计委员,对程潜进行统战工作。当时河南大军云集,包括中央军、西北军、东北军各系统,周恩来指示中共河南省委加强对各军队的统战工作,省委为此专门成立了统战委员会,开展了对商震、张轸、于学忠、何基沣等部队和地方国民党官员的统战工作,周恩来在武汉会见何基沣时说:"中山陵前,出了个剖腹明志的续范亭将军;卢沟桥上,出了个坚决抗日的何基沣将军,这都是我们中华民族的骄

---

① 《南方局党史资料》,1987年第3期,第49页。

傲!"①并欢迎他去延安参观访问。

周恩来还积极派人到四川实力派刘湘的部队去做工作,并在刘湘的核心组织武德励进会建立了中共的秘密支部,刘湘病死后,二十二集团军司令邓锡侯接任他的川康绥靖主任,当他来武汉时,周恩来主动会见了他,并希望他与八路军、新四军团结抗日,在台儿庄一役,二十二集团军打得十分英勇,其中一二二师师长王铭章在激烈的血战中,以身殉国,当灵柩到达武汉时,周恩来前往迎接并致祭,《新华日报》还为此发表文章《向为国牺牲的模范军人致敬》。第一二二师师长陈离负伤到汉口医治,周恩来亲自到医院探望,使陈离深为感动。刘文辉曾任国民革命军第二十四军军长、四川省政府主席、川康边防总指挥,拥有10余万军队,占领大半个四川,是四川政治舞台上举足轻重的人物。因此,周恩来把刘文辉列为重点争取对象之一。刘文辉第一次与共产党人接触是在1938年,周恩来派董必武、林伯渠到刘文辉成都的住所探望他,与其商讨团结地方民主力量一致抗日和反对蒋介石的投降妥协的问题。在交谈中,刘文辉了解了中共的抗日救国方针和抗日民族统一战线的政策,这为日后共同团结抗日打下了基础。1939年,董必武和林伯渠又在重庆潘文华的家里与刘文辉会面,通过分析当前国内外形势,阐明了抗战必胜、妥协必败的道理,坚定了刘文辉抗战的信心。1942年2月,周恩来通过中国民主政团同盟成员张志和的联系,在重庆机房街吴晋航住宅同刘文辉见面,在一个多小时的谈话中,周恩来向刘文辉分析了当前的形势,阐明了抗日救国的道理。周恩来说:当前全国人民的要求是坚持抗日反对投降,坚持团结反对分裂,坚持进步反对倒退,而关键则在于坚持民主,反对独裁。并表示在反对蒋介石法西斯统治的斗争中,共产党愿意同国民党民主派合作,尤其希望西南地方的民主力量能同党密切联系,具体配合。这次会晤,坚定了刘文辉的抗日决心,是川系同共产党合作的一个重要转折点。刘文辉后来回忆:使我明确了政治方向,增加了前进力量。经过这次会晤后,我同党的关系,也就从一般联系开始进入了实际配合的阶段。这次会晤之后,周恩来先后派华岗、张友渔等人同刘文辉保持联系,帮助其学习政治理论,理解我党的方针政策。1942年6月,在刘文辉的同意下,我党在刘文辉驻地架设了一个秘密电台,加强了延安与川康的沟通。当蒋介石的特务发现电台并对其进行干扰时,刘文辉派兵没收了特务电台,并警告在其军部搞

---

① 中共湖北省委党史资料征编研委员会编:《抗战初期中共中央长江局》,湖北人民出版社1991年版,第18页。

特务活动的政训处主任丁保国如果以后再有此种不法行为,定要严办。并且根据周恩来的建议,加强了西南地区各方力量的团结和联系工作,主动与四川的邓锡侯、潘文华,云南的龙云等地方实力派联合,达成了川滇康三省联合抗蒋自卫的协议,粉碎了蒋介石消灭己方力量的阴谋。后来邓锡侯、陈离在解放战争中都先后率部起义,这与当时周恩来的统战工作是分不开的。

周恩来对国民党地方实力派团结和争取工作对推动国共两党共同御敌,为建立、巩固和扩大抗日民族统一战线发挥了重大作用。不仅如此,它的深远影响在解放战争时期反映了出来。在解放战争中,国民党陆海空军170余万人起义、投诚和接受改编,其中不少官兵和将领是从抗战时期起就同我们有统战关系的。

周恩来等共产党人针对整个抗日军队提出的一些见解,进行的一些活动,既是对我军历史经验的总结与运用,又是对国民党军队施加的影响与改造。虽然由于国民党军队阶级本质的限制,他们并没有也不可能有真正的政治优势,但也有一些抗日坚决和有进步倾向的国民党军队官兵,在上述思想和我党实践的影响下,提高了抗日觉悟,在一定程度上改善了官兵关系与军民关系,发扬了英勇战斗的精神,为巩固和发展抗日民族统一战线,为抗日战争的最后胜利提供了保证。

# 对抗战时期周恩来赴苏疗伤时在共产国际活动的历史考察 刘小花[*]

1939年7月10日,周恩来不慎从马背上摔下来,造成右臂粉碎性骨折。因延安医疗条件有限,治疗效果不理想。中共中央决定让周恩来去苏联治疗。8月1日,中共中央书记处致电斯大林和季米特洛夫:恳请速派一架飞机来延安把周恩来接到莫斯科去治疗他的手臂或者速派飞机运送骨科专家和外科医生以及做外科手术所必需的技术设备来延安。[①]8月11日,季米特洛夫回电中共中央:同意周恩来前往苏联治疗,并已派医生乘汽车去延安接周恩来到兰州。[②]8月27日,周恩来离开延安,于9月中旬飞抵莫斯科,直接住进克里姆林宫医院接受治疗。10月8日,季米特洛夫电告中共中央周恩来已于9月19日做完手术,并称:"一周之后刀口愈合得很好。现在正在进行治疗程序。手臂的弯曲程度可能比预期的要大。但是手臂的活动不可能完全恢复。"[③]1940年2月25日,周恩来伤愈离开莫斯科,至3月26日平安返回延安,前后在苏联停留了5个多月。虽然时间短暂,但是周恩来不仅于住院期间坚持工作,出院后更向共产国际积极沟通,做出详细的正式报告,说明中国抗日战争和中国共产党的情况,争取共产国际和苏联对中共的理解和多方支持。本文试图利用最新出版的共产国际档案史料,就周恩来赴苏疗伤期间的工作和活动做一梳理。

## 一、向共产国际做出正式报告,争取共产国际和联共(布)对中共抗战的理解和支持

抗日战争爆发前后,中共在共产国际的指导和帮助下,与国民党再次合作建立抗日民族统一战线。至1939年末,抗日战争已历时两年半。抗日进入相持阶

---

[*] 刘小花,南昌八一起义纪念馆陈列部副主任。
[①] 《共产国际、联共(布)与中国革命档案资料丛书》第18卷,中共党史出版社2012年版,第244页。
[②] 《共产国际、联共(布)与中国革命档案资料丛书》第18卷,中共党史出版社2012年版,第247页。
[③] 《共产国际、联共(布)与中国革命档案资料丛书》第18卷,中共党史出版社2012年版,第289页。

段后,抗战阵营的内部矛盾日益明显和暴露。新形势下,抗战能否持久坚持下去?抗日民族统一战线能否维持?中共中央能否正确处理好统一战线中与国民党的关系等一系列问题都是共产国际迫切关心和了解的。对于中共来说,也亟须共产国际给予进一步政策指导和多方援助,以推动抗日战争继续进行。

1939年12月29日,周恩来起草了一份长达116页的《中国问题备忘录》提交共产国际执委会。这份备忘录共分为"中日战争的新阶段""抗日民族统一战线与国共合作""党的工作与八路军、新四军的工作""中共七大和准备工作"四个部分,重点介绍了中日战争进入新阶段后,统一战线的形式及特点,中共的统一战线政策及对国民党政府的态度。1940年1月17日—19日,周恩来又向共产国际执委会主席团进行了口头报告。出席会议的有季米特洛夫、歌德瓦尔特、库西宁、曼努意尔斯基、拉科西、皮克、马尔蒂、伊巴露丽等,冈野进和任弼时也列席了会议。[①]在报告中,周恩来从中共抗战的实际出发,引用最新的数据说明中国抗日形势的发展,回应共产国际所关切的一些问题。

1. 抗日民族统一战线能否继续维持下去?

抗日民族统一战线是在共产国际直接指导和支持下建立起来的。抗日民族统一战线破裂与否关系到中国抗战能否坚持,也直接关系到苏联自身的安全问题。这是共产国际对中共一直担心和疑虑的。共产国际甚至还于1939年夏成立了专门的中国问题研究小组,集中研究如何巩固民族统一战线,加强抗战。[②]周恩来在报告中介绍到:中国的抗日民族统一战线,是在矛盾的发展中。党统一战线转坏,分裂与投降的危险将加大。有时因为抗战继续,摩擦到一定限度,又会缓和起来。有时因为统一战线发展,又使统治阶级及其政党不安起来,而发生新的摩擦。这就使中国的抗日民族统一战线,经常处在一种复杂曲折的变化过程中。[③]总的来说,中国的抗日民族统一战线有八大特点:"第一,是全民族抗日的,这是它的优点;第二,是以三民主义为政治基础的,这就是说中国统一战线有现成的三民主义为政治基础,这是它的强点;第三,是有军队的;第四,是有15年经验的;第五,是不平衡的,同时也是不平等的;第六,是长期性的,统一战线是保证抗战的,但抗战期中并不能保证统一战线不生变化,所以统一战线是要在长期中求进步,同时

---

[①] 《周恩来传》,中央文献出版社1998年版,第570页。
[②] 《共产国际、联共(布)与中国革命档案资料丛书》第18卷,中共党史出版社2012年版,第140页。
[③] 《共产国际、联共(布)与中国革命档案资料丛书》第18卷,中共党史出版社2012年版,第302页。

也会遇到危险。第七,是大多数民众尚未组织的,遂使广大民众虽参加了抗战,但尚不能给统一战线以有力的组织基础;第八,是处在新的国际环境中的。"[1]周恩来强调指出:"不管怎样,事实上,统一战线是存在着和发展着的,而且国共两党的重新合作,正为中国统一战线的主要内容。没有这,统一战线的存在不可能,抗战的发动和坚持也不可能。"[2]为此中共一向坚持"一切服从抗日,抗日高于一切;三民主义是统一战线的政治基础;国共合作是统一战线的组织基础;国民党的进步、共产党及其军队的巩固和发展是统一战线的保证;坚持长期抗战,反对投降分裂;为中华民主共和国的彻底实现而斗争"[3]等原则以维护和巩固统一战线。也就是说,在中共的推动和争取下,抗日民族统一战线虽然有分裂的危险,但还是努力维持着。

2. 如何正确处理共产党与国民党关系?

自抗日民族统一战线建立以来,国共两党虽然再度携手合作,但是一直冲突和摩擦不断。1939年两党关系越来越复杂,国民党竭力阻止共产党敌后根据地的扩大,并对边区实施封锁。1939年夏,两党部队在山东、河北等地还发生了一些武装冲突。国民党六中全会的召开进一步恶化了两党的关系。蒋介石及国民党在原则上始终不愿意承认国共合作。周恩来在报告中讲到:蒋介石基本思想及政策为联合苏联,但是要反对共产主义;联合中国共产党,但是要溶化共产党;需要群众,但是要统治群众。[4]为此,中共采取了"团结和斗争"的策略。周恩来在向共产国际强调:共产党自抗战以来,"在对蒋介石及国民党政府的态度上一直遵守三个原则:"拥护蒋介石领导抗战;承认国民党在全国政权军队中的领导地位;承认抗战建国纲领为国民政府在全国的施政方针"[5]。

根据上述原则,共产党对蒋介石基本上站在援助他的立场上,使之坚持抗战趋向进步;对国民党则站在使国民党进步的立场上,推动和赞助国民党中的进步分子,使之积极起来,主持正义,扩大国民党范围,反对国民党部的落后及其特务

---

[1] 《共产国际、联共(布)与中国革命档案资料丛书》第18卷,中共党史出版社2012年版,第304页。
[2] 《共产国际、联共(布)与中国革命档案资料丛书》第18卷,中共党史出版社2012年版,第303~304页。
[3] 《共产国际、联共(布)与中国革命档案资料丛书》第18卷,中共党史出版社2012年版,第309页。
[4] 《共产国际、联共(布)与中国革命档案资料丛书》第18卷,中共党史出版社2012年版,第308页。
[5] 《共产国际、联共(布)与中国革命档案资料丛书》第18卷,中共党史出版社2012年版,第310页。

机关的作用;对国民党政府,多经过参政会,向其做各种建议。①

周恩来也指出目前两党合作还存在诸多难以解决的问题。如:"中共的发展问题""中共参加政权问题""国民大会问题""陕甘宁边区问题""八路军新四军问题"。这些问题产生的根源其实是国民党害怕中共发展壮大,一直限制和阻止中共及其部队发展,企图缩小共产党活动区域或彻底消灭共产党。②

3. 如何加强党及八路军新四军力量？

中共自抗战后,党的发展不论在数量上还是在区域上都得到了增长。周恩来报告称,中共在许多大城市恢复并建立了新的党组织,尽管在国民党统治和日寇占领的区域,主要采取秘密的形式;党员方面,这两年多的发展较抗战前几乎达到七倍,在1937年六七月所得的统计已达到498 115人。③干部培养上,中央直接办的党校以及边区机关、短训班做了大量的工作,以满足党对干部的需求。中共党的领导方面更加巩固了,尤其是中共的中央委员会从没有像现在以毛泽东同志为首的团结一致了。④

八路军与新四军的力量也得到加强。周恩来报告称:八路军在合编时的人数大概有5万人,到今年(1939年)开始,发展达6倍。新四军组建时只有4 000多人,至今年8月,已发展到3万余人。敌后游击根据地的数目也得到增加。⑤八路军新四军的发展和胜利,是保证党的胜利的杠杆。虽然抗战后八路军新四军得到了发展,但是周恩来也指出存在一些弱点,"特别是因为新的成份加多,战斗频繁,军队本身的继续巩固,有些地方不够,在教育上也慢得很,一般的只能注意对于游击战争的训练,而军队质量的提高,即在干部中间也差得很。由游击部队向着正规部队建设的进度也慢的很。这都是值得注意的事"⑥。

周恩来报告引用大量数据,详细具体地向共产国际汇报了两年多以来,中共为建立和维护抗日民族统一战线,为中国抗战做出的艰苦努力和不懈斗争。这对亟须了解中国抗战形势的共产国际来说,是非常及时和需要的。报告在共产国际

---

① 《共产国际、联共(布)与中国革命档案资料丛书》第18卷,中共党史出版社2012年版,第310~311页。
② 《共产国际、联共(布)与中国革命档案资料丛书》第18卷,中共党史出版社2012年版,第314页。
③ 《共产国际、联共(布)与中国革命档案资料丛书》第18卷,中共党史出版社2012年版,第320~321页。
④ 《共产国际、联共(布)与中国革命档案资料丛书》第18卷,中共党史出版社2012年版,第322~323页。
⑤ 《共产国际、联共(布)与中国革命档案资料丛书》第18卷,中共党史出版社2012年版,第323~324页。
⑥ 《共产国际、联共(布)与中国革命档案资料丛书》第18卷,中共党史出版社2012年版,第325页。

执委会主席团内引起了广泛的反响,在一定程度上打消了共产国际对中共中央能否维护统一战线,妥善处理国共关系的疑虑和担心,加深了他们对中共的理解、信任和同情,坚定了共产国际对中国能取得抗战胜利的信心。季米特洛夫邀请周恩来家宴时,就请周恩来回国后向那些战斗在前线和后方的抗日战士问好,并说:"我相信,中国革命胜利的日子已经不远了。"①

周恩来的报告也为共产国际进一步帮助指导中共提供了重要决策依据。鉴于中国局势和共产党复杂的斗争条件,季米特洛夫责成卡里利奥、迪阿斯、弗洛林、周恩来等组成的委员会同中国同志和共产国际执委会干部部及其他部的工作人员一起讨论,为共产国际执委会主席团拟定相应的建议。②同时于1月29日就中共问题致信询问斯大林,恳请斯大林在两个基本问题上能给予中共中央指示和建议:"(1)为了防止中国统治集团向日本帝国主义投降,共产党应该采取怎样的方针和措施;(2)为了在目前条件下继续进行斗争,特别是鉴于国民党领导集团实行迫害共产党和消灭特区及八路军、新四军的政策,共产党应该采取怎样的方针和措施。"并将周恩来的报告附后送交斯大林。③

2至3月间,共产国际执行委员会主席团针对周恩来的报告通过了一系列决议。④在《共产国际执委会主席团关于中共代表团报告的决议》中肯定了中国共产党的政治路线是正确的,指出"共产党在日中战争期间为动员中国人民的力量起来同日本侵略者作斗争做了大量工作,坚决实行抗日民族统一战线策略,近来在自己队伍的成长方面也取得了成绩,成为国内一个巨大的政治因素"⑤。在《中共中央为即将举行的党的代表大会拟定的基本政治方针》决议中指出:目前民族统一战线分裂和向日本帝国主义投降的危险是中国人民最主要和直接的危险。因此,共产国际认为动员千百万人民克服投降危险乃是共产党的中心任务。⑥针对国共两党关系上,共产国际建议中共"遵照抗日斗争的需要并以1937年的协议为出发点;要做出一切必要的努力来消除误解和冲突;承认国民政府及其首脑蒋介石

---

① 《周恩来年谱(1898—1949)》,中央文献出版社1998年版,第463页。
② 《共产国际、联共(布)与中国革命档案资料丛书》第19卷,中共党史出版社2012年版,第7页。
③ 《共产国际、联共(布)与中国革命档案资料丛书》第19卷,中共党史出版社2012年版,第11页。
④ 《共产国际、联共(布)与中国革命档案资料丛书》第19卷,中共党史出版社2012年版,第40~59页。
⑤ 《共产国际、联共(布)与中国革命档案资料丛书》第19卷,中共党史出版社2012年版,第40页。
⑥ 《共产国际、联共(布)与中国革命档案资料丛书》第19卷,中共党史出版社2012年版,第44~45页。

在继续抗战中的威望,同所有拥护抗日的人紧密合作,尽全力同国民党军队在争取民族解放的共同事业中搞好兄弟关系"①。值得注意的是,共产国际也提出:针对国民党的摩擦与冲突,中共不应接受导致消灭或孤立边区,削弱八路军和新四军的战斗力为条件的妥协。②这个文件对中共最迫切、最担心的两个问题进行了答复。虽然随着局势的变化,国共冲突愈来愈严重,此后更是发生了皖南事变这一重大事件。但从总的来说,中共还是按照共产国际的指示,一直努力维持抗日民族统一战线。

此外,共产国际还通过了《关于中共组织和干部工作的决议》《关于中共进行马列主义报刊宣传和口头宣传的决议》《关于动员中共青年的决议》。应该来说,这些决议对于指导中共今后的具体工作,加强抗战有着积极意义。季米特洛夫把决议亲自交给了周恩来,并说明这是在斯大林亲自主持下讨论和草拟的。周恩来把它的中文译本随身携带回国,交给中共中央。③

同时,季米特洛夫致电中共中央,告知周恩来会亲自通报共产国际就中国问题所讨论和协商的所有情况,并请中共如在某些问题上有不同意见,速告共产国际并说明理由。电报末尾特别交代:周恩来抵达后请立即电告。④3月26日,周恩来回延安后,中共中央接连举行会议,听取了周恩来的汇报,讨论了一系列重大问题,并对各项工作进行调整,做出具体部署。⑤

## 二、积极沟通联络,为中国共产党争取经费援助

全面抗战爆发后,中共财政收入主要依靠国民政府的抗日军饷和国内外进步人士的一些财力物力援助。但这些经费是远远不够的。1939年7月,中共中央在给共产国际执行委员会书记处的电报中指出:"我们军队的开支,包括党组织和学校的开支,每月无论如何也不能少于500万元,而国民党每月发给八路军60万元,发给第四军13万元,每月缺失427万元。以前我们从我们所占领的地区获得收入,但是现在由于我们一大部分地域丧失和国民党政策的缘故,我们的财政状况

---

① 《共产国际、联共(布)与中国革命档案资料丛书》第19卷,中共党史出版社2012年版,第44~45页。
② 《共产国际、联共(布)与中国革命档案资料丛书》第19卷,中共党史出版社2012年版,第44~45页。
③ 《周恩来传》,中央文献出版社1998年版,第572页。
④ 《共产国际、联共(布)与中国革命档案资料丛书》第19卷,中共党史出版社2012年版,第62页。
⑤ 《周恩来传》,中央文献出版社1998年版,第574页。

极其困难。"①报告最后请求共产国际给予500万美元的财政援助。②1940年2月,中共中央再次致电季米特洛夫,指出:蒋介石迄今每月拨给共产党73万元。这个数字只等于全部军事开支的1/40。除此之外,没有任何武器装备。③

鉴于中共在财政方面的困境,积极沟通联络共产国际负责人,为中共争取援助无疑是周恩来在苏期间的重要使命。中共中央多次致电周恩来,要他转告苏联和共产国际领导人中共的财政状况。1939年11月26日,中共中央致电周恩来:"后方机关的开支每月就有50万中国元。所有现金到今年年底才能拿到。党的第七次代表大会所需资金还没有着落。请与有关同志协商,积极解决这个问题。请于今年年底携带资金返回延安。"④

为此,周恩来向季米特洛夫说明了中共财政困难状况,并递交了1940年党和军队的开支预算,请求共产国际给予援助。在这份详细预算中,可以看到党的每月开支总数为707 960中国元,收入数是300 000中国元,每月缺口407 960中国元,合58 280美元;军队每月开支总额为4 200 000中国元,南京国民政府拨给军饷770 000中国元,地方政府机构所得军队收入1 330 000中国元,每月缺口2 100 000中国元,合300 000美元。中共党和军队每月财政赤字为358 280美元。⑤

周恩来向季米特洛夫的沟通应该说是积极有效的。1940年2月23日,季米特洛夫就向中共提供财政援助一事专门致信斯大林。信的开头写道:"中共中央委托周恩来向我们提出了党和军队的开支预算,说明了党非常困难的经济状况,并请求提供资金援助。"⑥信中,季米特洛夫向斯大林建议:1940年度向中国共产党提供35万美元的援助是适宜的。可以看到,季米特洛夫建议给中共35万美元的援助数额是非常接近中共财政缺额的。这也说明周恩来提交的经费预算非常准确和务实。不过,最后斯大林批复给中共的援助金额为30万美元。⑦这在后来中共给共产国际的电文中也得到确认。1940年8月,中央致电季米特洛夫,告知:5月底前已收到款项14.667万美元以及8 200英镑,加上周恩来前往莫斯科之前

---

① 《共产国际、联共(布)与中国革命档案资料丛书》第18卷,中共党史出版社2012年版,第240页。
② 《共产国际、联共(布)与中国革命档案资料丛书》第18卷,中共党史出版社2012年版,第242页。
③ 《共产国际、联共(布)与中国革命档案资料丛书》第19卷,中共党史出版社2012年版,第26页。
④ 《共产国际、联共(布)与中国革命档案资料丛书》第18卷,中共党史出版社2012年版,第296页。
⑤ 《共产国际、联共(布)与中国革命档案资料丛书》第19卷,中共党史出版社2012年版,第28~30页。
⑥ 《共产国际、联共(布)与中国革命档案资料丛书》第19卷,中共党史出版社2012年版,第27页。
⑦ 张泽宇:《抗战时期苏联和共产国际对中共的财政援助》,《党史研究与教学》,2011年第5期。

收到的6万美元和7 500英镑,共计26.9470美元。但这是按照之前周恩来同索尔金①所谈妥的英镑对美元汇率1∶4所折算的。但现在中国每一英镑仅合3美元60美分。因此,中共请求共产国际按照目前英镑的价额折算,希望从共产国际处得到规定给中共30万美元款项中的余款8.741万美元。②9月份,周恩来又收到共产国际经费4.3287万美元和11 500英镑。次年2月17日,中共又收到2.45万美元及潘友新转来的3万美元。③至此,周恩来在共产国际积极协调的30万美元已经落实,这在很大程度上缓解了中共的财政困境。

1940年1月29日,中共中央青年委员会也电请周恩来和任弼时,请求转告青年国际提供经费援助。信中称,随着中国青年运动的发展,必须建立培训青年运动领导人的学校。现有的安吴学校局势紧张,难以为继,需迁至延安,请求青年共产国际每月提供1万美元。④

除了经费援助外,周恩来还积极争取干部培训、医疗设备、无线电通讯器材、新闻纸等援助项目。1939年周恩来和任弼时致信季米特洛夫,反映设在乌鲁木齐的一所为八路军培养军事技术干部的军事学校,由于缺乏军事技术装备(缺少新型飞机、坦克、汽车等)和军事教员,教学难以进行。希望共产国际能解决一些必要的军事技术装备和教员,让学员能够继续学习以完成学业,或者将其中优秀学员送到苏联莫斯科或阿拉木图地区军事培训班继续学习。⑤关于无线电等器材的援助,1940年4月23日,共产国际执委会书记处致电周恩来,告知:无线电发报机及其马达、制锌板材料和无线电器材已经发出到兰州了。报纸印刷纸张在乌鲁木齐。同时,共产国际正在弄清楚能否寄送药品、卷烟纸和自然科学参考书等。⑥此后,共产国际还就建立新的联络点多次致电周恩来等,以期给中共更多的物资援助。⑦中共也陆续获得了药品、武器等物资。应该来说,上述这些援助的获得,与周

---

① 索尔金(1899—1987),1937—1941年任共产国际执委会国际联络部副部长、共产国际执委会通讯社副社长,1941—1947年为共产国际执委会干部部高级顾问。
② 《共产国际、联共(布)与中国革命档案资料丛书》第19卷,中共党史出版社2012年版,第80~81页。
③ 此3万美元是因英镑在中国不流通,中共遂将之前收到的13 500英镑寄回苏联,请共产国际一并兑换成美元寄回。见《共产国际、联共(布)与中国革命档案资料丛书》第19卷,中共党史出版社2012年版,第107页。
④ 《共产国际、联共(布)与中国革命档案资料丛书》第19卷,中共党史出版社2012年版,第13页。
⑤ 《共产国际、联共(布)与中国革命档案资料丛书》第18卷,中共党史出版社2012年版,第287页。
⑥ 《共产国际、联共(布)与中国革命档案资料丛书》第19卷,中共党史出版社2012年版,第66页。
⑦ 《共产国际、联共(布)与中国革命档案资料丛书》第19卷,中共党史出版社2012年版,第84~87页。

恩来在共产国际期间多方争取是密不可分的。

## 三、及时协调解决各类事宜,为共产国际与中共架起良性沟通桥梁

周恩来到共产国际以后,与中国共产党驻共产国际代表任弼时一起,及时协调解决各类突发事宜,消弭中共与共产国际之间的误会,增进两者感情。

周恩来在苏期间,正值斯大林诞辰60周年。为此,季米特洛夫12月7日致电中共,请中共于12月18日前寄来毛泽东撰写的以《斯大林是中国人民独立的朋友》为题的短文和朱德撰写的以《中国战士高呼斯大林的名字》为题的短文。①当时,世界各国的共产党大都接受共产国际和联共(布)的指导和帮助,中共也不例外。因此,苏联共产党的领袖斯大林享有很高的权威和地位。就像后来毛泽东文中所写到的:"斯大林同志的这个生日,在全世界上,只要是知道的又是革命的人们,可以料得到,会在他们心中引起亲切的热烈的庆祝的。"②

但是中共迟迟未将贺信寄到。于是,周恩来和任弼时于15日再次致电中共中央提醒:"12月21日是斯大林同志诞辰60周年,请寄贺电来。"③最后,中共如期发来了贺电。毛泽东亲自撰写了文章《斯大林是中国人民的朋友》,并在延安各界庆祝斯大林60寿辰大会上发表了演说。在当时的背景下,这对融洽中共与共产国际及苏联的关系,争取更多的援助无疑有着积极作用的。

1939年9月,为了加大中共抗日宣传,打破国民党新闻封锁、争取国际援助,毛泽东邀请埃德加·斯诺再次访问陕北畅谈国内外形势及中国共产党的方针及政策。在同埃德加·斯诺的谈话中,涉及国共两党合作政治基础,共产党独立性等敏感性话题。1939年11月10日,季米特洛夫致电毛泽东,认为埃德加·斯诺在10月21日的《每日先驱报》上发表谈话具有挑衅性,并询问毛泽东是否对斯诺谈了"现在处于共产党军队控制下的地区,在行政方面独立于蒋介石政府。在消灭国民党独裁和取代它建立共产党人及其他人士的民主机构之前,中国不可能完全统一"等内容。季米特洛夫认为这些谈话内容具有挑衅性,容易被国民党利用,不利于维护抗日民族统一战线。④

---

① 《共产国际、联共(布)与中国革命档案资料丛书》第18卷,中共党史出版社2012年版,第297页。
② 《斯大林是中国人民的朋友》(一九三九年十二月二十日),《毛泽东选集》第二卷,人民出版社1991年版,第657~658页。
③ 《共产国际、联共(布)与中国革命档案资料丛书》第18卷,中共党史出版社2012年版,第299页。
④ 《共产国际、联共(布)与中国革命档案资料丛书》第18卷,中共党史出版社2012年版,第291页。

周恩来、任弼时立即就此事件与莫尔德维诺夫①进行了交谈,并表明态度,认为斯诺的报道是挑衅性的,此报道会被用于挑衅目的。同时,周恩来电请中共中央告之毛泽东向斯诺发表谈话的具体内容。②11月21日,中共中央答复季米特洛夫:埃德加·斯诺发表的谈话未经毛泽东审阅,谈话内容完全是谎言和挑衅,正在采取必要措施揭露他的阴谋。此外,已经给驻乌鲁木齐和香港的同志们及同情者发去指示,让他们同斯诺断绝一切联系。③

1940年2月23日,季米特洛夫再次致电中共中央,坚决请求不要让毛泽东和其他中国同志再向外国记者发表谈话,就像对埃德加·斯诺发表谈话那样,因为这可能被用于挑衅目的。④

埃德加·斯诺同情中共共产党,是毛泽东深为信任的外国记者,也是中共向外界表明态度和宣传自己的重要窗口。与此相反,国民党顽固派以及日本帝国主义对斯诺的所作所为极其仇视。因此,共产国际担心因为毛泽东的不当言论成为国民党挑起摩擦和分裂的借口,导致抗日民族统一战线的破裂。而中共在当时抗战极端困难的情况下,对共产国际的指示更多的是"服从",因此电报声称对斯诺采取了必要措施。但我们知道,这件事情并没有影响到此后毛泽东和斯诺之间的友谊。在此期间,周恩来及时向共产国际执委会顾问等进行积极沟通解释,使中共中央及时给了共产国际"满意"的回复,消减了共产国际对中共能否维护国共合作民族统一战线的忧虑。

周恩来还同共产国际就有关中共"七大"的召开时间及人事安排问题进行了磋商,⑤并借机向共产国际反映了王明、李德二人的问题。王明是深得共产国际信任人员,1937年后被共产国际派回国内参加抗战。周恩来向季米特洛夫介绍王明回国后,提出"一切经过统一战线"的错误口号,并到武汉主持长江局,企图另外组织自己的班底等所犯错误。季米特洛夫听后表示非常惊讶。⑥同时,周恩来提请国际监委审查李德问题。李德,这位打着"共产国际派来的顾问"旗号的德国人,曾使中央苏区遭受重大损失。国际监委主席弗洛林根据中国党的意见主持了审理。

---

① 莫尔德维诺夫,1938年至1940年任共产国际执委会干部部高级顾问。
② 《共产国际、联共(布)与中国革命档案资料丛书》第18卷,中共党史出版社2012年版,第292页。
③ 《共产国际、联共(布)与中国革命档案资料丛书》第18卷,中共党史出版社2012年版,第295页。
④ 《共产国际、联共(布)与中国革命档案资料丛书》第19卷,中共党史出版社2012年版,第31页。
⑤ 《共产国际、联共(布)与中国革命档案资料丛书》第18卷,中共党史出版社2012年版,第340页。
⑥ 《周恩来选集》下卷,人民出版社1984年版,第311页。

最后审理的结论是"李德有错误,免于处分"①。

周恩来对王明、李德等干部问题的反映处理,对于共产国际及时了解其在中共组织干部人员存在的问题,避免共产国际对中共政权过多干预,保持中共在干部任免上的自主权,进一步巩固毛泽东在中共领导地位有重要作用。在苏期间,周恩来不仅同共产国际高级领导进行会谈,还同各国共产国际代表们进行了深入广泛交流,分别会见了共产国际执委皮克、伊巴露丽、库西宁、安东尼斯库、马尔蒂等,互相交换意见,积极沟通。②当时共产国际的领导同志都还担心中共以乡村为中心,离工人阶级太远。周恩来解释道:中共在农村里经过长期斗争的锻炼,有毛泽东同志的领导,完全可以无产阶级化。③当时国际的工作人员对他印象很深,甚至称他是"毛泽东的使者"④。

## 四、走访慰问在苏人员,关心解救党员干部

周恩来到莫斯科后,没有忘记远离祖国在苏学习、工作的人员。在繁忙的工作之余,周恩来还抽空到莫斯科郊外的中国党校去看望正在那里学习的中共党员。那所党校,对外称疗养院,实际上是为中共培养政治、军事干部的学校。党校分政治、军事两个班,政治班有蔡畅、张子意、李士英、马明方等,军事班(伏龙芝军事学院)有刘亚楼、方志纯、钟赤兵、卢冬生等,鼓励学员们安心学习,早日学成回国。

1940年2月23日,周恩来和任弼时出发之际,还致信季米特洛夫,请将苏兆征的儿子苏秋秋在结束学业后,派回中共中央安排任用,并请共产国际向他提供摄影摄像、配件和必要资料,使他回国后能从事电影摄影。⑤

周恩来还到莫斯科郊区的国际儿童院看望中国的孩子们。⑥这所幼儿园是1937年国际革命战士救济会在莫斯科市郊莫尼诺建立的。中国抗战爆发后专门接收中国共产党领导人及革命者的后代。毛泽东、刘少奇、瞿秋白、赵世炎、李富春等人的子女都曾在儿童院学习生活。周恩来、邓颖超专门抽出时间去看望这群孩子,关心他们的身体健康和学习生活状况。

---

① 师哲口述、师秋朗笔录:《我的一生——师哲自述》,人民出版社2001年版,第110页。
② 《周恩来年谱(1898—1949)》,中央文献出版社1998年版,第462页。
③ 《周恩来选集》上,人民出版社1980年版,第178、179页。
④ 师哲口述、师秋朗笔录:《我的一生——师哲自述》,人民出版社2001年版,第111页。
⑤ 《共产国际、联共(布)与中国革命档案资料丛书》第19卷,中共党史出版社2012年版,第32页。
⑥ 《周恩来传》,中央文献出版社1998年版,第572页。

在苏期间,周恩来还解救了在困境中的中共中央委员陈郁。陈郁,广东省宝安县南头陈屋村(今深圳市南头区南头村)人,在大革命期间结识周恩来。他曾组织工人队伍支援过周恩来等领导的第一次东征,并在周恩来等启发引导下加入了中国共产党,被任命为全国海员总工会主席。1931年6月21日,在中央安排下赴苏联学习。在苏联留学期间,陈郁受到王明的残酷迫害,被指控有反党反革命活动以及参加组建(罗章龙)第二党的活动,后被送到斯大林格勒拖拉机厂劳动。自此,陈郁与中共中央失去了联系。周恩来到莫斯科,得知陈郁还活着,而且蒙受了不白之冤。他亲自到共产国际监委办理手续,撤销了王明对陈郁"最后严重警告的处分",并将陈郁调回莫斯科,决定带他一起回国。[①]

抗战时期,周恩来赴苏虽为治疗臂伤,但他却时刻惦记着工作。在他心里,工作比医病更重要![②]因此,周恩来虽然在苏停留时间短暂又紧张,却开展了大量卓有成效的工作。他向共产国际做出正式报告,说明中国抗日战争的情况及抗战决心,为中国人民抗战和中共赢得更多支持援助;广泛沟通,与共产国际及各国共产党代表建立良好的关系,架设沟通的桥梁;事无巨细,关怀在苏工作和学习人员,为他们送去党的温暖。总之,周恩来不辱使命,在苏期间多方活动为中共能在极端困难的环境下继续坚持抗战起了特殊而重要的贡献。

---

[①] 《周恩来传》,中央文献出版社1998年版,第572页。
[②] 《周恩来传》,中央文献出版社1998年版,第567页。

# 周恩来对华南抗战做出的贡献 陈永红[*]

抗日战争时期,周恩来主持中共在南方局的工作,对于华南敌后抗日武装斗争,以及如何在华南地区开展统战工作,做了大量的指示和战略性的指导,对于推动华南抗战,壮大华南抗日的力量,做出了重要贡献。

## 一、指导华南敌后抗日武装斗争

1938年10月12日,日军从惠阳大亚湾实行海上登陆,大举向华南及广州进攻,周恩来即派巡视员黄文杰到广东,主持召开省委紧急会议,决定开展前线和沦陷区的抗日游击战争,省委领导人分赴各地加强领导。翌年1月经中共中央批准,以周恩来为书记的中共中央南方局成立,他派组织部长博古到广东出席省委第四次执委扩大会议,传达了党的六届六中全会精神,确定:广东党工作的基本方针,即在战争的过程中积极积蓄力量,准备在抗战最后阶段起决定作用。广东党组织的四大任务是:①广泛发展敌后抗日游击战争,配合正规军打击敌人;②扩大动员组织人民群众;③建立统一战线精诚团结的范例;④建立强大的党的基础,工作中心放在东江、琼崖两地区,作为支持长期抗战的重要根据地。[①]当时有人担心这样会影响统一战线,周恩来在中共中央南方局一次会议上,批驳了在敌后方独立开展抗日游击战争会"影响统一战线"的错误观点,肯定了广东敌后游击战争的方针和做法。

在1940年4月29日的中共中央书记处会议上,周恩来听取中共广东省委书记张文彬报告省委的工作后,就省委的中心工作做了指示:从广东的环境看,"我们党与群众工作有发展的极大可能,也有向坏转的可能"。今后的中心工作要放到武装斗争上,要到敌后去活动,否则不能发展。要建立政权。领导机关要隐蔽起来,干部要职业化,隐蔽在群众中,省委的工作中心,第一是在敌后建立政权和

---

[*] 陈永红,广东省委党史研究室副研究员。
[①] 《广东工作报告摘录及谈话记录》,1940年6月11日,见中央档案馆、广东省档案馆编印《广东革命历史文件汇集》第37册,270页。

武装,第二是国民党统治区的工作,第三是香港、广州等敌人中心城市工作。① 1940年夏,周恩来向将去海南参加领导抗日斗争的庄田和林李明指出:①琼崖是一个具有重要战略意义的地方,但条件十分艰苦,为取得斗争的胜利,要准备付出很大的代价;②冯白驹是海南人民的一面旗帜,中央意见要冯当特委书记兼琼崖抗日游击队的政委,你们可当其助手;③在民族统一战线旗帜下,发展进步力量,争取中间势力,孤立顽固势力;④要坚持统一战线中的独立自主原则,尽可能扩大军队,建立政权;⑤开办各种学校,培养干部;⑥大力加强部队的政治思想工作;⑦逐步把五指山根据地建立起来。②张文彬回到广东后认真传达贯彻了周恩来和中央的指示。中共琼崖特委召开了执委会议,传达贯彻周恩来和党中央的指示,统一了认识,调整了领导班子,由冯白驹担任琼崖特委书记,更加明确了坚持琼崖抗战的战略方针。

1940年春,在华南地区的顽军3 000多人围攻东江抗日前线的曾生、王作尧领导的人民抗日武装。曾、王部的领导机关对形势做了错误的分析和估计,决定部队向东转移到海丰、陆丰,结果沿途遭顽军拦截追击,部队损失严重,处境困难。为此,周恩来于5月8日向中共中央书记处提议发出指示,指出:①目前国民党当局尚保持抗日面目,同时进行反共,准备对日投降,但也不易整个投降分裂,地方突变随时可能发生,因此必须大胆坚持敌后抗日游击战,不怕摩擦,才能生存发展。②曾、王部应回到东莞、宝安、惠阳地区,决不可在我后方停留。不向日寇进攻,而向我后方行动,在政治上是绝对错误的,军事上也必归失败。③周恩来还指示广东省委加强对敌后游击战争的领导,动员地方党组织发动群众支援人民抗日游击队。广东省委随即派东江特委书记尹林平担任曾、王两部政治委员,后又任东江军政委员会主任。曾、王部接到指示后,返回惠、东、宝地区,坚持开展抗日游击战争,获得了生存和发展,并开辟了东江抗日游击根据地。

中共广东党组织在土地革命战争时期遭受国民党反动派的严重破坏,1936年开始恢复重建。抗日战争时期,周恩来和中共中央长江局、南方局指导广东党组织建立健全各级组织,大力发展党员,至1939年10月,广东地区共有党员2.2万

---

① 《周恩来年谱(1898—1949)》,人民出版社、中央文献出版社1989年版,第454页。
② 庄田:《我从延安返海南时中央领导同志和我谈话的要点》,载《广东党史资料》第5辑,广东人民出版社1985年版,第72页。
③ 《中共中央关于曾生、王作尧两部应回防东莞、宝安、惠阳地区及行前应注意事项的指示》,1940年5月8日。见《南方局党史资料》第4册,重庆出版社1990年版,第46页。

多人(含潮梅地区12个县约4 000多党员),成为国民党统治区中党员最多的省份之一。他们创建了广东各地的抗日游击队,坚持了长期抗战。1939年之后,国民党顽固派掀起了三次反共高潮,广东共产党组织也面临着遭受巨大破坏的危险。周恩来及时地发出一系列指示,部署防范措施,保证了党组织和党员的安全,为广东抗战保存和输送了骨干力量。1940年,为了避免党的领导机关遭受破坏后其他组织受到牵连,或造成群龙无首局面,周恩来和南方局经中共中央批准,决定在广东成立南方工作委员会(以下称"南方工委")。南方工委负责管辖广东、广西、江西等地党组织;撤销广东省委,分设粤北省委、粤南省委;粤北省委、潮梅特委下属各级党组织取消集体领导的委员会制,实行单线领导的特派员制。此后,周恩来多次强调要贯彻执行"隐蔽精干,长期埋伏,积蓄力量,等待时机"的方针,建立自上而下的平行组织,"领导游击区及秘密党的组织和人均须区分开","香港、琼崖、东江游击区由南委直接管理,但须与秘密党机关隔离,交通驻地均应分开"。①

1942年5月下旬,中共南方工委组织部长郭潜被捕叛变,随即粤北省委书记李大林、南方工委副书记张文彬等人先后被捕。周恩来闻讯,立即向南方工委书记方方发出"关于南委直接管辖下的下级党组织暂时停止活动"等指示。随后,他又致电东江军政委员会主任尹林平,指示南委工作地区除敌占区、游击区党组织照常活动外,国民党统治区党组织一律暂停活动,割断与暴露地区的组织关系,已暴露的干部立即撤往游击区,其余应利用职业隐蔽,执行"勤学、勤业、勤交友"的方针。同时,周恩来还专门与到重庆汇报工作的中共潮梅特委委员张克谈话,要求南委和潮梅特委采取三项紧急措施:①设法找到地方并要他隐蔽起来;②暂时停止组织活动;③撤退和疏散干部,首先是有色彩的干部。鉴于南委和粤北省委遭受破坏,粤南省委已撤销,周恩来和南方局决定成立中共广东省临时委员会。设于东江游击区,与东江军政委员会共同担负领导全省党政军之责。广东党组织及时地贯彻上述指示,各级党组织和党员都得到了保护,粉碎了国民党顽固派的破坏阴谋;同时加强敌后抗日武装斗争的领导,大批党员转移到游击区,充实了抗战力量。

1943年2月25日,周恩来鉴于东江军政委员会成员大多是广东各抗日根据地的军政主要干部,当时的战争环境十分险恶,因此向东江军政委员会发出指示:

---

① 《周恩来关于南方组织重行划分问题致陈云、方方电》,1942年6月6日,《南方局党史资料》第2册,重庆出版社1990年版,第43、44页。

"军政委员会不要举行全体会议。在目前情况下,各军政指挥员离开部队集中开会,是非常不妥的","你们应加紧实行精兵简政政策、缩小后方,充实战斗部队"。①

广东的抗日武装自建立之日起,虽然一直是在中国共产党的领导下进行抗日斗争,但是却始终以民众武装的面目出现,没有公开宣布为中国共产党领导的部队。经全面分析和认真研究,1943年9月20日,周恩来电复尹林平:东江纵队为中外共知的中共领导的游击队,发表宣言毫无问题,而且应该强调只有中国共产党领导的游击队才能在敌后存在和发展。12月2日,在广东人民抗日游击总队的基础上,广东人民抗日游击队东江纵队宣布成立,公开发表《东江纵队成立宣言》。随后在广东琼崖、珠江三角洲、粤中、潮梅、南路的人民抗日武装部队也都公开发表成立宣言,公开宣布为中国共产党领导的部队。

对于不同的地区,周恩来提出不同的工作目标和策略。他在1944年1月15日致电尹林平时提出:凡游击队所到及其周围地区,都可发展党与群众工作,并依靠武装,创立和扩大抗日人民政权;但在敌顽易入侵地区,必须部署秘密工作,并与原有地方党割断关系;省港群众工作可派人单独做,不与地方党联系。②同年6月21日,周恩来又致电尹林平:为了避免引起敌人过多注意和保全城市地下工作,目前在香港、九龙市区散发大量宣传品和采取所谓军事攻势都不合适,这些做法会"引起敌对我之严重扫荡"。"依目前情势,尚不应采取此过份的暴露行动。"③他还根据抗战形势发展变化的形势。提出了发展抗日游击战争的行动方向。由于日军在太平洋战场接连失利,他们已感到其海上交通有被盟军切断的可能,为了保住其太平洋战场的最后防线进行垂死挣扎,便发动了打通中国大陆交通线(平汉、粤汉、湘桂铁路)的作战。根据这一形势,周恩来于7月25日,为中共中央起草致尹林平电,指出广东的工作仍应遵照开展敌后游击战争的方针加紧进行:凡敌占区,尽力发展抗敌武装斗争,希望广东我武装能扩大一倍,并提高战斗力;在国民党军队所在地,我地方党员仍应坚守隐蔽待机的方针勿变,但可酌情抽部分干部到游击队受训,参加游击工作;同琼崖游击队打通电台联系;广州、九龙

---

① 《周恩来同意广东军政会新名单和加紧实行精简政策给林平的指示》,1943年2月25日,见南方局党史资料征集小组编印《南方局党史资料》第4册,第53页。
② 《周恩来年谱(1898—1949)》,人民出版社、中央文献出版社1989年版,第570页。
③ 《周恩来年谱(1898—1949)》,人民出版社、中央文献出版社1989年版,第577页。

城市的武装斗争不宜常做。①

到抗战后期,广东人民抗日武装和抗日根据地出现了大发展的局面。为迅速在华南建立进退有据的战略根据地,周恩来在1945年3月6日为中共中央起草致中共广东省区委的电报中提出:"在目前敌占地区及其周围,特别是湘粤桂边区,国民党的兵力乃极为薄弱,在将来沿海及敌占的城市要道,定将成为敌、我、友、顽争夺的场所。同时,也有可能日寇在盟国未登陆前,乃至登陆后发动新的攻势,将国民党这些军队压入山地,或部分消灭之。依这些估计及目前情势,我华南抗日武装斗争应由小北江入手,以湘粤桂边区为主要发展方向,方能向北有所依靠,并便于造成更大的根据地,进行持久的斗争。"②周恩来还在1945年6月16日为中共中央起草致中共广东区委的电报中又指示:目前国民党正"专门依求外援,等待胜利,积极伪装民主,准备内战,但在敌人未败退前,还不能放手内战";"美国政府目前的政策是扶蒋、抗日、反共";"我党除在华北、华中扩大武装,扩大解放区外,还须在华南利用目前有利条件,迅速建立战略根据地,以便在敌人败退时,我华南武装能进退有据;在国民党发动内战时,你们能配合全国起来制止内战"。广东区委为实现这项战略方针,应"迅向北江地区发展","扩大游击根据地"。③ 同年8月11日,周恩来为中共中央起草致中共广东区委电时又指出,华南马上会出现蒋介石、余汉谋"争夺敌伪而又共同压我的局面",因此要求广东抗日游击队向粤北发展,和正在南下的王震部队会合,"造成我华南制止内战的主要根据地"。④广东党组织和东江纵队遵照周恩来和中央的指示,全力向北发展,扩大根据地和游击队,并派部队北上粤北地区,以接应王震所部。

在中共中央、中央南方局的领导和周恩来的精心指导下,广东党组织积极动员和发动群众,使广东的抗日武装力量和游击区、根据地得到了大发展。1937年抗战开始时,广东全省中共领导的抗日武装不足100人,到抗日战争胜利前夕,发展到近3万人。"在华南沦陷区组织和发展了敌后抗战的人民军队和民主政权,至今天已成为广东人民解放的旗帜,使我党在华南政治影响和作用日益提高,并

---

① 《周恩来年谱(1898—1949)》,人民出版社、中央文献出版社1989年版,第579页。
② 《中共中央关于华南工作方针的指示》,1945年3月6日,见南方局党史资料征集小组编印《南方局党史资料》第4册,第67页。
③ 《中共中央关于华南战略方针和广东区党委工作的指示》,1945年6月16日,见南方局党史资料征集小组编印《南方局党史资料》第4册,第71~72页。
④ 《周恩来年谱(1898—1949)》,人民出版社、中央文献出版社1989年版,第613~614页。

成为敌后三大战场之一。"①游击队活动的范围达70多个县,在东江、琼崖、珠江三角洲、粤中、北江、南路、韩江等地建立了抗日根据地和游击区,面积达8.2万平方公里,抗击和牵制日伪军15万余人。

## 二、建立华南抗日民族统一战线

周恩来是建立抗日民族统一战线的倡导者和推动者之一,他是中国共产党从事统一战线工作的主要代表,对包括华南地区在内的国共合作抗日局面形成做出了杰出的贡献。

为了争取与国民党琼崖当局合作抗日,中共琼崖特委主动派代表与琼崖当局谈判。但当局却无诚意,竟将指导谈判的中共琼崖特委书记冯白驹逮捕。周恩来闻讯,当即亲自向国民党当局交涉,并提出抗议。同时指示中共南方工委迅速向广东省国民党当局提出交涉。在多方面的推动下,蒋介石终于下令琼崖国民党当局无条件释放冯白驹。随后,琼崖国共双方谈判达成了合作的协议。

周恩来还在汉口争取英国驻华大使卡尔支持,使八路军香港办事处得以成立。并指示办事处负责人廖承志、潘汉年,与宋庆龄和保卫中国同盟保持密切的联系,共同在香港大力开展争取华侨和港澳同胞支援祖国抗战的活动。经过他们的努力,华侨和港澳同胞也为广东抗战捐赠了大批钱物,并组织各种团队直接到全省各地参加抗战活动。

周恩来为争取国民党粤军将领张发奎、余汉谋等坚持团结抗战做了许多工作,建立了较好的关系。应张发奎要求,周恩来及上海党组织动员一批进步文化界知名人士和青年组成战地服务队到张部工作,其中有一批共产党员。他们成立了中共特别支部,其中有些人后来在张发奎军的长官部担任秘书、副官、参谋等职。他们直接接受周恩来的指示,并与中共广东省委保持联系,在战区开展维护团结抗战工作。

1938年10月12日,日军大举进犯广东。周恩来直接指导中共华南局和抗日游击队伍,同时立即连夜起草致国民党军事当局《对日寇进攻华南的初步分析及建议》。意见书全面分析战争的起因和军事特点,提出对日作战的方针为"坚持华南抗战,以击退日寇冒险的进攻,以坚定英国对我的援助,以击破日寇的一切阴

---

① 《中共中央军委对华南根据地工作的指示》,1944年7月5日,《南方局党史资料》第4册,第57页。

谋",并提出9条具体建议。①意见书受到国民党军事当局的高度重视。当时任军事委员会第一作战组组长兼军令部第一厅厅长的刘为章,详细看了周恩来的意见书,并根据周恩来的具体建议,为军令部起草了关于在华南补充军队和发动民众的签呈报军事委员会。

抗战时期,周恩来通过八路军桂林办事处与国民政府军事委员会桂林办公厅主任李济深等人建立了良好的关系。1943年冬,蒋介石为了就近控制李济深,决定撤销桂林办公厅,将李济深调回重庆任军事参议院院长。李济深未赴任,坚持在桂林开展抗日民主活动。1944年夏,日军发动了打通大陆交通线的作战。当桂林行将沦陷之时,周恩来对李济深的安全十分关注,派人与他联系,建议他撤离桂林,回到家乡苍梧组织民众武装,与中共武装相配合,共同抗日。同时,周恩来还派人与蔡廷锴、张炎等取得了联系。同年,7月4日,周恩来致电中共广东省临委书记尹林平,指出:据确切信息,蒋已布置特务要将李济深骗至重庆改组政府,如李拒来,拟刺杀。望速告李绝不要来渝,并防备暗害。②不久,周恩来又指示中共广东省临委:"一旦粤汉路被敌打通,应坚持广东半独立的局面,以影响李济深的民主运动,能为此,我们必予以赞助,并切实合作。"③1945年3月6日,周恩来为中共中央代拟的致广东省临委的电报中又指出:"上层统战关系及外交工作在华南特别重要,应力求打通南路,与李济深等联系。"④广东省临委遵照党中央和周恩来的指示,派人与李济深取得了联系,建立起合作关系,并酝酿建立抗日民主的军队与政权。中共西江党组织领导的郁南抗日民众武力指挥部还邀请李济深到所部视察并发表演说。在中共的支持下,李济深积极联络和影响张发奎、蔡廷锴、张炎等爱国将领,推动华南抗日民主局面。

### 三、指导秘密营救爱国人士

1941年12月,当日军侵占香港、九龙时,数百名文化界知名人士和爱国民主人士被困在香港,周恩来亲自部署在广东、港九地区开展的抢救文化人活动,促进了抗日爱国民主运动的发展。在日军向港九发动进攻当天,中共中央就急电周恩来、廖承志,要求多方设法保护并帮助文化界人士、爱国民主人士撤出港九到东江

---

① 《周恩来年谱(1898—1949)》,人民出版社、中央文献出版社1989年版,第422页。
② 《周恩来年谱(1898—1949)》,人民出版社、中央文献出版社1989年版,第578页。
③ 周恩来:《对第三党在粤工作指示》,1944年9月7日。
④ 《周恩来年谱(1898—1949)》,人民出版社、中央文献出版社1989年版,第605页。

抗日游击区、根据地去。为此,中共中央南方局、周恩来于12月9日急电八路军驻香港办事处、广东东江抗日游击队领导人,要求他们不惜任何代价,不怕牺牲,积极营救,千方百计迅速地将文化界知名人士、爱国民主人士转移到后方安全地区保护起来。接着,周恩来还就香港文化界人士、民主人士如何安置,在港各界朋友怎样安全撤出电询廖承志,关心抢救文化人工作的开展情况。12月下旬,周恩来致电廖承志、潘汉年、刘少文并中共中央书记处,对开展抢救文化人的工作做了详细的部署,将困留在香港的爱国人士接至澳门转广州湾然后集中桂林;即刻派人告知梅龚彬、胡西民,并转告在柳州的左洪涛,要他们接待;政治活动人物可留桂林,文化界可先到桂林新华日报社、戈宝权等来重庆;对戏剧界朋友可要夏衍组织一旅行剧团,转赴西南各地,暂不来重庆;留港的少数人必须符合秘密条件;存款全部取出,一切疏散和帮助朋友的费用均由你们开支;与港英政府商定,如他们派军队护送文化人及军火至海南岛,可送一批人去,并对日机场和仓库交通线进行破坏;派人帮助宋庆龄、何香凝和柳亚子、邹韬奋、梁漱溟等离港。

遵照中共中央、周恩来的指示,八路军驻香港办事处主任廖承志、中共南方工委副书记张文彬在香港、宝安、惠阳先后召集中共香港组织和广东党组织及广东人民抗日游击总队领导人对营救工作进行研究和布置。经有关各方前后六个多月的紧张斗争,冲破日军的严密搜查封锁,克服了种种艰难险阻,付出了大量的人力、物力和财力,终于胜利地从港九地区营救了爱国民主人士和文化界知名人士共300余人,连同其他人士共800余人,并护送他们安全回到大后方。

周恩来对获救文化人周密安排,多次发出指示。1942年3月12日,致函郭沫若,请郭约老舍一起,会面共商对到达广西的香港文化界朋友的救济办法。17日,电示方方、张文彬并报中共中央书记处:去上海的人数应减少到最低限度。邹韬奋夫人及子女可暂住桂林,我们按月送津贴,邹本人去苏北转华北。[①]4月9日,周恩来在听取夏衍关于香港沦陷时文化界人士分批安全撤离情况的汇报时,特别关注柳亚子、邹韬奋、茅盾等人的安全和健康。要夏衍在重庆争取公开合法,以进步文化人的面貌做统一战线工作,争取复办《救亡日报》,争取公开合法的地位。6月14日,周恩来写信给柳亚子,关心他的安全和生活,希望他"重整南社旧业"[②]。周恩来在得悉国民党下令通缉邹韬奋后,立即电告八路军香港办事处负责人连

---

① 《周恩来年谱(1898—1949)》,人民出版社、中央文献出版社1989年版,第527~528页。
② 《周恩来书信选集》,中央文献出版社1988年版,第218页。

贯。一定要让邹韬奋就地隐蔽,并保证他的安全。以后,通过中共地方组织的帮助,邹韬奋暂时避居广东梅县江头村。七八月间,周恩来派人转告邹韬奋:为了保证他的安全,并使他能为革命继续发挥作用,建议他前往苏北抗日根据地,还可以转赴延安。不久,邹韬奋被护送到上海,转赴苏北。

　　对于周恩来亲自部署的这场营救工作,茅盾评价称"是难以想象的仔细周密,是抗战以来(简直可以说是有史以来)最伟大的'抢救'工作,这真正是一场秘密大营救"。它有效地保护了中华民族一批精英。它对进一步密切中国共产党和知识分子、民主人士的患难与共的关系,进一步调动他们的积极性,促进抗日民族统一战线的巩固和发展,起了重要作用。这不仅促进了抗日爱国民主运动的发展,还为抗日战争胜利后解放战争时期的人民民主统一战线奠定了一定的基础。

　　综上所述:在抗日战争时期,周恩来负责主持中共在南方党组织和国民党统治区统一战线的工作,对中共广东组织的建设和抗日武装斗争,开展统战工作,抢救被困于香港的文化界知名人士和爱国民主人士等,做了大量的指示,给予了正确的指导,为华南抗战的开展做出了重要的贡献。

# "领导干部应该起示范作用"  杨明伟[*]
## ——从抗战期间周恩来反复强调的一个重要问题想到的

全面抗战爆发后,在民族危亡的历史关头,周恩来等中共领导人提出或强调过许许多多重要的思想观点和战略部署。笔者认为,其中对领导干部的表率和示范作用的要求,至今仍然闪烁着真理的光辉,具有极为重要的现实意义。

抗日战争期间,周恩来在《群众》周刊、《解放》周刊、《解放日报》《新华日报》《救亡日报》等报刊发表了众多文章,在各种公开性的大会和内部会议上发表了无数次报告、讲话、发言、谈话,这些重要文献,除阐述中国抗日战争形势和任务、中国共产党的主张、统一战线工作、军队政治工作、抗战宣传工作等方面内容外,周恩来还着重讲了一个重要的问题:肩负着引领中华民族完成独立解放历史重任的中国共产党,"领导者自己要起模范作用"[①]。无论"模范作用"还是"示范作用",强调的都是党员尤其是领导干部的表率作用和带头作用的问题。解决好这个问题,对于我们党的历史使命,至关重要。

## 一、为什么要突出讲"先锋""模范""示范"作用

对日本侵华以后中华民族的危机和中国共产党人所肩负的历史重任,以毛泽东为代表的中国共产党人一开始就有着清醒的认识。自1937年日本发动卢沟桥事变后,日本侵略者由侵占中国东北到大举侵华,吞并整个中国的野心和胃口越来越大。仅仅几个月时间,上海、太原、南京等大城市相继失陷。在日本帝国主义的铁蹄下,中国人民面临的危机逐步扩大,"东北危机""平津危机""华北危机""全中国危机"……一次次国破家亡的刺痛!正如我们的国歌里所诉:"中华民族到了最危险的时候,每个人被迫着发出最后的吼声"。

而恰恰是在这样的国家危亡、全民族危机的情形下,蒋介石国民党阵营对来犯之日本侵略者的态度却令国人心寒意灰:先是采取不抵抗政策,助长日军的长

---

[*] 杨明伟,中央文献研究室研究员。
[①] 《周恩来年谱(1898—1949)》,中央文献出版社1998版,第565页。

驱直入;专注于"攘外必先安内",做令亲者痛、仇者快的事;军事上节节溃退,"部分军人发生颓丧失望的心理";民众动员方面"包而不办","前线得不到民众的响应,后方得不到民众的援助,民众武装不能组织"……对此,周恩来一针见血地指出:"这是给日本造顺民,给自己造反对者。不怕战争失利,最怕战争失去了人心!失掉民众,这是万劫不复的。"由于国民党的这些态度和做法,加重了中华民族的危机,导致了周恩来所列举的四种后果:"汉奸政权的活跃""投降主义的生长""特殊化思想(许多人企图在日本侵略者特殊化策略之下苟安)的增长""失败主义情绪的发生"。

在这样的民族危难时刻,在国民党政府妥协退让以及一些亲日派一味求和甚至投降的时候,需要有人、有组织坚定地站出来引领民族方向、振兴民族精神。这就是中国共产党人当时所扮演的历史角色、所要起的历史作用。对中国共产党人应该怎么做,周恩来早在抗战初期的1937年11月就明确提出,中国共产党人的任务是:"我们要为消灭这一切现象与克服这一切危机而奋斗,而战斗到底。要如此,就必须坚持抗战到底。只有全民众起来抗战,抗战才能持久;只有坚持抗战,才能得到国际友邦的赞助,才能拒绝任何不利于我们的调停,才能最后战胜敌人。"周恩来还从华北抗战的角度明确提出,必须坚持持久抗战。他说:"坚持反对投降主义、失败主义及特殊化的倾向,是争取持久战的先决条件。只有反对这些汉奸,才能团结全华北人民,全华北军队,影响全中国,乃至全世界,坚持华北持久战争,而取得最后胜利。"[①]

1938年5月,毛泽东发表著名的《论持久战》,全面阐述了中国的前途和战略方针,驳斥了社会上广泛存在的"亡国论"和"速胜论",提出了"中国人民的大联合"的主张,号召建立"中国抗日统一战线"和"国际抗日统一战线"。毛泽东还将游击战提升到战略高度,并科学地预测了抗日战争将经过战略防御、战略相持和战略反攻三个阶段,最后中国人民通过持久抗战必须取得最后胜利。

在《论持久战》中,毛泽东还清楚地告诉世人,中国共产党领导的军队是什么样子的:"实行官兵一致、军民一致。"毛泽东在这篇论著中多次强调了"官兵一致"和"军民一致"的原则,并特别指出,没有这两个原则的军队"不适宜于执行彻底战胜日寇的任务"。其实,毛泽东在这里就是要告诉人们:中国共产党的干部以及共产党军队中的"官"是什么样子的;共产党的干部与群众之间,共产党的军队与老

---

① 《周恩来选集》上卷,人民出版社1980年版,第81~87页。

百姓之间,是什么样的关系!这样的党,这样的"官",这样的军队,就是一种示范!

同年10月,毛泽东在中国共产党扩大的六届六中全会上做报告,详细阐述了《中国共产党在民族战争中的地位》,其中再次强调,要战胜日本帝国主义、建设新中国,中国共产党必须认清自己。在这篇论著中,毛泽东提出了一个值得深思的问题:"就是中国共产党在民族战争中处于何种地位的问题,这就是共产党员应该怎样认识自己、加强自己、团结自己,才能领导这次战争达到胜利而不致失败的问题。"毛泽东专门拿出一节来阐述"共产党在民族战争中的模范作用"。他明确提出:"共产党员不能不自觉地担负起团结全国人民克服各种不良现象的重大的责任。在这里,共产党员的先锋作用和模范作用是十分重要的。"毛泽东还概括了这种"先锋的模范的作用"表现的各个方面,包括英勇作战、执行命令、遵守纪律、团结统一、"言必信,行必果"、不傲慢、协同工作、实事求是、远见卓识等等。毛泽东还特别概括了共产党的干部在政府工作中的先锋作用和模范作用表现在哪些方面,他说:"在政府工作中,应该是十分廉洁、不用私人、多做工作、少取报酬的模范。"他进一步强调:"共产党员无论何时何地都不应该以个人利益放在第一位,而应以个人利益服从于民族的和人民群众的利益。因此,自私自利,消极怠工,贪污腐化,风头主义等等,是最可鄙的;而大公无私,积极努力,克己奉公,埋头苦干的精神,才是可尊敬的。"[1]

在要求共产党员和党的干部以先锋模范作用来承接党的历史重任方面,周恩来与毛泽东有着高度的共识。早在日本侵占东北和图谋华北的时候,周恩来就明确提出,共产党员和党的干部"应当以身作则""在战斗中成为绝对的模范作用"。[2] 全面抗战爆发后,周恩来进一步强调了党的干部"以身作则的模范作用"的问题,他说:"必须在思想上政治上行动上能够做全体官兵的模范,忠实于革命主义,以百折不挠的意志,艰苦耐劳的作风,去影响全体官兵;以谦逊和睦的态度,耐心说服的精神,去团结全体官兵。"还特别提出:"一切高傲的出风头的空谈的恶习,以至贪污腐化的生活,必须克服与排除。"[3]抗战期间,周恩来根据党内整风的要求,还制订了《我的修养要则》并多次阐述了《怎样做一个好的领导者》等问题,无论是全党整风环境下还是在南方局整风的各种会议上,他都强调过党的领导干

---

[1] 《毛泽东选集》第二卷,人民出版社1991年版,第521~522页。
[2] 《周恩来军事文选》第一卷,人民出版社1997年版,第265、266页。
[3] 《周恩来选集》上卷,人民出版社1980年版,第97页。

部模范带头作用的问题,多次谈及党员和党的领导干部"要成为生活学习的模范"。①

历史文献中记载了历史的事实和历史的逻辑,它清楚地告诉我们:中国共产党及其领导的人民军队在抗日战争中所发挥的中流砥柱作用,是国际国内时局变化的需要,战争复杂形势发展的需要,是中华民族伟大斗争的需要,是人民大众的期盼,是历史使然。人民群众期待中国共产党肩负这样的历史责任,而要完成这样的历史使命,干部问题、领导者问题,尤为重要。这就是毛泽东、周恩来等人为什么要思考和提出由什么样的人来领导这支队伍,树立什么样的榜样的原因。

## 二、周恩来为领导干部确立的一些"表率"标准

中国共产党要担负起中华民族解放的伟大历史重任,并不是一件简单的事情;党的领导干部有没有承受这一历史重任的本领,也不是与生俱来的。为培养和锤炼这样的能力,中国共产党付出了惨痛的代价和巨大的牺牲,但依然坚忍不拔地不断学习、不断探索、不断总结经验,尤其是记取失败教训,逐步发展壮大,逐渐形成了一个成熟的党的领导集体,也逐渐成为一个成熟的政党。到了抗日战争时期,一方面要与日本侵略者殊死搏杀,另一方面还要应对国民党反动派的反共逆流。在艰苦卓绝的斗争中,党的自身建设,尤其是干部队伍建设的问题,就显得格外重要和突出。因此,毛泽东在延安整风运动期间特别强调:"在担负主要领导责任的观点上说,如果我们党有一百个至二百个系统地而不是零碎地、实际地而不是空洞地学会了马克思列宁主义的同志,就会大大地提高我们党的战斗力量,并加速我们战胜日本帝国主义的工作。"但是,这样的"担负主要领导责任"党员和领导干部,需要具备什么样的基本素质,在哪些方面起示范作用呢?当然,毛泽东所提出的"系统地而不是零碎地、实际地而不是空洞地学会了马克思列宁主义"这是最基本的要求。除了这类基本的要求外,还有毛泽东在上述《中国共产党在民族战争中的地位》中所列举的那些具体的方面。这里不再赘述。

对这个问题,周恩来也有着自己的深刻思考。抗日战争期间,周恩来根据他的工作特点,根据自己经常往来于国际国内各类人士之间、敌人与朋友不同阵营之间的经验,提出了一些有关党的领导干部"模范""示范"和"表率"作用的具体标准和要求。

---

① 《周恩来年谱(1898—1949)》,中央文献出版社1998版,第560页。

这些标准和要求,主要体现在1943年3月发表的《我的修养要则》①、同年4月发表的《怎样做一个好的领导者》②等文献中。综合起来看,周恩来重点讲到了以下几个方面:

(一)要有确定的马列主义的世界观和革命的人生观。

(二)要有学习精神,加强学习,加强自身修养。

(三)要有坚持原则精神,思想认识上要有原则,要有底线,要敢于与自己的、他人的一切不正确的思想意识做原则上坚决的斗争。

(四)要有高度的纪律性,要讲政治,抓紧思想政治的领导,不断提高自己的思想水平,加强自己的政治锻炼,尤其是注意抓大事、提高政治警觉性。

(五)要敢于直接解决问题,尤其在特殊情况下要直接给予示范。

(六)要学会理论联系实际,并经过最实际的调查研究,使实际材料与党的原理原则联系起来。

(七)要有坚韧的奋斗精神,善于动员组织的力量和群众的力量,为克服工作中一切困难而斗争。

(八)要相信群众力量,任何时候都要认清领导与群众的关系,学会接近和联系群众,与群众交朋友,与他们打成一片,永远不与群众隔离;要向群众学习,面向群众,汲取群众经验,倾听群众意见,并帮助他们;必须把领导者与群众两方面的经验综合起来。

(九)要学会团结人,要照顾全局,照顾多数,以及和同盟者一道干。"要做领导者,必须团结他所不喜欢和不愿接近的同志。"③

(十)要慎重地挑选干部。挑选干部的标准,政治标准与工作能力,二者是缺一不可的,而政治上可以信任是先决问题。

(十一)要反对一切实际工作中的机会主义(如马虎主义,空谈家,妄自尊大者,官僚主义,形式主义,文牍主义,事务主义等)以及蜕化或腐化思想等等。

(十二)要敢于承认和改正错误,领导威信不是从掩饰错误中而是从改正错误中提高起来的;不是从自吹自擂中而是从埋头苦干中培养起来的。改正错误后只会增强而不会减弱工作信心。只有那种要虚荣爱面子的人才会怕揭发错误。

---

① 《周恩来选集》上卷,人民出版社1980年版,第125页。
② 《周恩来选集》上卷,人民出版社1980年版,第128~132页。
③ 《周恩来选集》上卷,人民出版社1980年版,第287页。

这仅仅是笔者对周恩来在抗日战争期间一些讲话和文章涉及的有关领导干部先锋模范、示范带头等作用论述的简单概括。内容涉及世界观、人生观，政治思想、组织纪律、思想认识，群众观点和群众路线，工作态度、工作方法和奋斗精神，个人修养包括思想作风、思想境界、生活作风、眼界胸怀以及对待自己的缺点错误等问题上的一些基本的要求。周恩来认为，一个共产党员尤其是党的领导干部，如果不在这些方面严格要求自己，不起模范带头作用，不为群众做示范，就难以承担历史使命。

自中国共产党成立之日起，就确定了自己是一个先锋模范的政治组织，这点毫无疑问。但是，真正成为这样的组织，却是要经过一个艰苦锤炼的过程的。应该说，中国共产党的领导干部的示范作用和模范带头作用，经过土地革命战争时期的血与火的洗礼后，到了抗日战争时期全面树立起来，尤其是通过延安整风后，进一步在思想上和组织上真正确立起来，真正成为中华民族先锋队的组织者和领导者。正如邓小平在延安整风期间所说的：我们党加强整风工作，是从三个方面着手的：一是把整风作为领导干部"今后中心工作任务之一"，"整风就是我们党的思想革命，是党的百年大计，就是建立无产阶级思想，消灭小资产阶级思想。过去是轻重倒置，光整下级，自己不能以身作则"；二是"我们过去没有拿整风的精神布置整风"，"今后领导机关的负责干部在领导整风中要起示范作用"；三是"整风要注意思想领导，针对学习对象打通思想""如果是一个为共产主义事业奋斗到底的人，就一定要整风，改造思想"。① 延安整风特别强调整顿领导干部的作风、特别强调领导干部的先锋模范作用和示范带头作用。

总结中国共产党取得革命和战争的伟大胜利，经验有千条万条，其中重要的一条，就是这种模范作用、表率作用和示范作用。没有这些作用，就难以团结一切可以团结的人组成最广泛的统一战线，也就难以取得抗日战争和解放战争的伟大胜利。

## 三、表率和示范作用，在任何时期、任何情况下都是党对领导干部的基本要求

中华民族的先贤对领导者的先锋模范和示范带头作用早有清醒认识，至今留下了"其身正，不令而行；其身不正，虽令不从""上梁不正下梁歪"等千古名言，讲

---

① 《邓小平军事文集》第一卷，军事科学出版社、中央文献出版社2004年版，第362页。

的就是榜样力量的惊人影响。这些至理名言,也成为中国共产党发展壮大的基本理念和各个历史时期对领导干部的基本要求。

自抗日战争特别是延安整风后,在不同历史时期和历史阶段上,中国共产党在带领人民不断完成又不断承担历史使命的过程中,始终特别强调领导干部的先锋模范作用和示范带头作用,特别要求党的干部尤其是领导干部要时时处处给广大党员和人民群众做出示范、做出表率。

就在新中国即将成立的时候,周恩来特别强调了共产党的领导者以模范作用来团结最广大的人民群众的问题。他说:"我们今天是新中国的主人,不能讲起来是无产阶级领导的人民大众的政权,人民民主的国家,可是做起来却是一小圈圈人,不像个领导者,反倒像个孤立主义者,做的跟说的不一样。"他认为,对各种各样的人,甚至曾经是反对过我们的人,"我们在精神上要有这样的气概,把他们都改造过来,领导起来","对于反动营垒中可能分化出来的人物,要争取他们,教育他们,帮助他们"。"这样一想,我们就看得广了,不会把自己划在一个小圈子里边了。用这样的精神去做事情,才能团结更多的人和我们一道走,同时反过来,我们还跟他们学习。""团结最广大的人们一道斗争,这样才算有勇气,这种人叫做有大勇"。[①] 周恩来是这样总结概括毛泽东的工作作风和工作出发点的:"根本着眼点就是把无产阶级的马克思主义思想运用到中国,争取最广大的人民大众团结在无产阶级周围来取得革命的胜利,而不是把自己缩小到最小的圈子里来空谈革命。""就需要集合一切可能集合的力量,而不是只靠先锋队办事。无产阶级是先锋队,但不能仅靠先锋队"。"把更广大的农民团结在一起,把百分之九十以上的人民团结在一起"。"一定要结合中国的实际,做许多艰苦的具体工作,不屈不挠地前进,长期地奋斗,努力争取大多数的人民,争取大多数的青年群众跟着我们走,而不是靠着我们这个小队伍"。[②] 他在谈到如何巩固新生的人民政权的时候,特别指出:要想使人民民主政权得到巩固,"党要成为警钟,并为人民示范"[③]。

老一辈革命家和那一代共产党人所树立起来的这种模范和示范作用,引领了新中国的一代风尚,也为中国共产党承接新的历史重任打下了良好的基础。

进入改革开放时期后,中国共产党面临着国内国际前所未有的各种复杂局面

---

① 《周恩来选集》上卷,人民出版社1980年版,第328~330页。
② 《周恩来选集》上卷,人民出版社1980年版,第338~340页。
③ 《周恩来军事文选》第四卷,人民出版社1997年版,第183页。

以及改革开放和社会主义市场经济的各种考验,在新的历史条件下,中国共产党承担着更为艰巨的全面推进中国特色社会主义事业的历史重任。要实现由全面建设小康社会到全面建成小康社会的宏伟目标,最终实现中华民族伟大复兴,中国共产党就必须始终沿着正确的方向前进,始终成为中国特色社会主义事业的领导核心,始终凝聚起全党、全国各族人民的意志和力量。因此,全面从严治党始终是摆在党的领导集体面前的一个重大课题。为此,党中央对党的先锋队作用,对党的领导干部的模范带头作用、示范作用,特别地看重。

早在改革开放之初,邓小平在重申坚持"四项基本原则"问题时就强调:"为了促进社会风气的进步,首先必须抓好党风,特别是要求党的各级领导同志以身作则。党是整个社会的表率,党的各级领导同志又是全党的表率。"[①]

党的十五大以后,江泽民多次专门讲过高中级干部要意识到肩负的重大历史责任问题,特别强调领导干部在党风建设中的重要性,他说:党内要真正形成良好的风气,"高中级干部的带头示范作用至关重要""领导干部特别是高级干部在群众中树立什么形象,有重要的导向作用"。他还指出:"全党同志特别是领导干部,一定要树立和保持共产党人的高尚情操和革命气节,追求积极向上的生活情趣,养成共产党人的高风亮节。党员、干部的道德情操和人格力量对全社会有着重要示范作用。"[②]

胡锦涛对各级领导机关和领导干部的以身作则作用,也有过数次论述,尤其强调:"要求下级做到的自己首先做到,要求下级不能做的自己首先不做,起好带头和示范作用。"[③]十六大以后,他进一步提出:要"使广大党员和党员领导干部在推动党和人民事业发展中充分发挥先锋模范作用和示范带头作用"[④]。"做到一个党员一面旗帜、一名干部一支标杆,形成良好的带动和示范效应。"[⑤]

党的十八大以后,中国共产党承担起引领中国人民全面建成小康社会和实现中华民族伟大复兴中国梦的历史重任,为此,习近平对领导干部的典型和示范作用也有着深刻的阐述,特别强调"领导带头、以上率下"的效应。习近平指出:"正人必先正己,正己才能正人。中央怎么做,上层怎么做,领导干部怎么做,全党都

---

① 《邓小平文选》第二卷,人民出版社1994年版,第177页。
② 江泽民:《论党的建设》,中央文献出版社2001年版,第278、282、534页。
③ 见2001年12月30日《人民日报》。
④ 《十六大以来重要文献选编》(下),中央文献出版社2008年版,第174页。
⑤ 转引自《加强和改进新形势下军队党的建设的科学指南》,《中国论文网》,2012年7月18日刊文。

在看。首先从中央做起,各级主要领导亲自抓、作表率。"他要求各级领导班子成员特别是主要负责同志在群众路线教育实践活动中,"以向我看齐的姿态听意见、摆问题、管自身、抓督查,发挥示范作用"①。2015年初,他又对县委书记们提出了在树立良好作风方面起"示范作用"的要求,说:"在县一级这个层面,县委书记对一方党风政风具有示范作用。老百姓看党,最集中的是看县委一班人特别是县委书记。县委书记作风不好,党在当地群众心目中的形象就会大打折扣。"②

历史和现实充分说明,充分发挥领导干部的先锋模范作用和示范带头作用,是中国共产党取得一个又一个胜利的根本保证,是加强自身修养、搞好队伍建设和带领群众前进的重要法宝。

---

① 2014年10月8日,习近平在党的群众路线教育实践活动总结大会上的讲话。
② 2015年1月12日,习近平同中央党校第一期县委书记研修班学员座谈时的讲话。

# 后 记

2015年10月,中国中共文献研究会周恩来思想生平研究会和淮阴师范学院在淮安联合召开"周恩来与中国力量"学术研讨会。会后,我们将论文汇编成册,供研究者参考。错漏之处,敬请指正。

编者
2016年1月